한반도 세계정부 창설로 제8차 5개년 경제개발계획 정책자료집

반도 세계정부 창설로 제8차 5개년 경제개발계획 정책자료집

강주효 지음

KSI 한국학술정보(주)

▌머리말

대우주의 일기가 서양에 '대서양'에 머물던 것이 우주대순환의 운동법칙에 준하여 '환중본지도'(還中本地道: 우주의 일기는 중심의 근본에서 이탈되었던 일기는 중심의 근본으로 되돌아온다는 대우주의 대진리를 우리는 도(道)라고 한다.) 및 '환중본지치'(還中本之治: 중심의 근본으로 우주만물을 다스려 나아가는 즉 하나의 지배사상을 우리는 대우주의 대진리라고 하며, 이러한 대진리로 우주만방의 우주만백성을 다스려 나아가는 모태가 된다.) 그리고 '환중본지덕'(還中本之德: 인간이 우주만물을 다스리는 하나의 대본은 바로 현묘지덕(玄妙之德)이 하나의 근본이 되오며, 이러한 중심의 근본에서 우주만물을 다스리는 모태며, 덕치주의(德治主義)는 대자연의 본질이 바로 덕(德)으로서 이러한 대자연의 대진리로 우주만물을 다스려 나아가는 이론적인 모태를 공자성현은 다스리는 근본은 덕치본(德治本)이라는 논리를 설파하였으며, 이것은 바로 대자연의 본질이 덕으로서 우주만물을 인간이 다스리는 하나의 근본으로 작용함으로써 공자성현은 덕치(德治)라고 단언하였다.)로서 노자성현은 '상덕'(上德)은 바로 도(道)와 동일한 개념으로서 해석하였다.

논자는 서구문명에 대한 독설을 강조하는 의미는 바로 인간이 인간을 다스리고 아울러 우주만물을 다스리는 근본은 하나로서 이러한 다스리는 근본이 바로 덕치중본(德治中本: 덕으로서 우주만물을 다스리는 근본이나 대본은 필연적으로 대자연의 중심지인 한반도에 있으므로 이러한 한반도에서 인간을 선정지치(善政之治) 및 '선정지덕'(善政之德) 그리고'선정지도'(善政之道)로서 다스리는 근본을 삼으면 필연적(必然的)으로 우주만물(三生萬物)은 인간의 순리에 따르게 된다는 논리가 성립된다고 할 수 있겠으며, 그것을 논자는 중심지본조화세계(中心地本造化世界) 및 중심지본완성세계(中心地本完成世界) 그리고 '중심지본인간세계'(中心地本人間世界)라고 하며, 이것을 동양철학에서는 천인일치합일세계(天人一致合一世界)라고 부른다.)으로서 인간이 우주만물을 최상의 덕(德) 및 최고의 덕(德) 그리고 현묘지덕(玄妙之德: 대자연의 어머니의 덕으로 자식을 다스리는 데 있어서 자식에게 무한한 덕을 베풀고서도 어머니는 자식을 소유하지 않으면서 그러한 어머니는 공(功)을 절대로 자식에게 돌리는 것을 우리는 현묘지덕이라고 할 수 있겠다.)으로서 삼라만상(森羅萬象)에 존재하는 우주자연(宇宙自然)의 우주만물(宇宙萬物)은 다스려 나아가는 이론적인 모태가 바로 현묘지덕이라고 할 수 있겠다.

논자가 이러한 자연주의 사상을 설파하는 것의 근본은 바로 인간이 살아가는 일체의 대진리의 가치척도가 되는 것이 '흙'(土)에 근본이 있으며, 아울러 '중'(中)에 천하의 다스리는 근본이 있으므로 이러한 근본으로써 다스리게 되면 서구문명으로 인한 민주주의 정당정치가 얼마나 허구인가를 우리에게 자각하게 할 것으로 사료하기에 이러한 자연주의 사상을 설파하는 근본 원인을 찾을 수 있다고 할 수 있겠다.

서구문명은 인간으로 놓고 볼 때에 '육체'(體 및 身)에 해당하게 됨으로써 대우주가 '성장기'(여름: 夏)의 단계에서 21세기부터는 '완성기'(가을: 秋)에 해당하게 됨으로써 지구의 중심인 한반도로 우주기운 및 자연의 기운 그리고 인간의 기운이 한반도에서 합일하는 세계관이 도래가 되므로 즉 '도(道)가 천지(天地)를 낳고, 자연(自然)이 덕(德)으로써 만물을 기르고, 인간이 한반도에서 완성'을 실현하는 것이 우주역사법칙(宇宙歷史法則)이라고 할 수 있겠다.

아울러 인간으로 놓고 볼 때에는 '청년기'에서 육체를 성숙하는 데 있어서 정신인 자아와 본능에 의한 대립이나 갈등관계가 일어나게 되는데 이것을 정치에 대입하게 되니까 즉 서양의 정치제도인 민주주의 정당정치가 바로 한계점 및 모순점 그리고 한시대적인 역사의 전유물로서 역사 속으로 사라지게 된다는 논리가 바로 내 몸의 진리에서 태동하게 된다는 논리가 성립하게 된다. 즉 서양의 공산주의 아버지인 칼 마르크스는 포이에르바흐의 유물론(唯物論)에 물질을 대입시켜 '사적유물론' 및 '유물사관' 그리고 '변증법적 유물론'을 만들어 냄으로써 공산주의 사상의 철학적인 모태가 태동하게 되었다.

이러한 역사법칙은 바로 대우주가 '물질'(器)에 의해서 여름의 성장기에 해당하게 됨과 동시에 소우주(인간)는 '청년기'의 단계에서 육체적인 성숙에 따르는 정신적인 빈곤화 현상으로 인한 번뇌망상에 의한 자아세계가 구축하지 않음으로써 거기에는 필연적으로 마음의 갈등이나 대립이 생성하게 되는데 그것을 확대한 것이 오늘날의 서양의 정치제도인 민주주의 정당정치 제도가 한계점에 봉착하게 되는 근본 원인이 된다고 할 수 있겠다. 아울러 대우주는 서양의 물질세계는 역사적인 종말을 고하고, 중심의 근본에서

'중도출현'(中道出現)을 하게 됨으로써 '완성기'의 우주자연은 '가을'(秋)의 단계에 진입하게 됨과 동시에 소우주인 인간은 '장년기'에 진입하게 됨으로써 인간중심세계관에 의해서 우주만물을 '조화세계', '완성세계'를 실현하게 된다는 우주대진리에 입각하여 이 글을 만천하에 고하는 바이다.

우리는 서구문명이 인간의 육신으로 비유할 때에 껍데기뿐인 물질세계는 역사적인 종말을 고하고, 동양세계에 의한 '음의 세계'(陰義世界), '정신세계'(精神世界), '도의세계'(道義世界)가 한반도에서 도래됨으로써 서구문명으로 인한 잃어버린 인간성을 회복하게 됨으로써 인간은 인간으로서 완전한 '자아세계'(自我世界), '본능세계'(本能世界), '마음세계'(一心世界)가 도래됨으로써 인간은 인간으로서 '인간완성세계관'(人間完成世界觀)이 도래되어 한반도에서 인간이 우주만물을 다스려 나아가는 모태가 된다는 논리이다.

우리는 서구문명으로 인한 껍데기뿐인 물질문명의 굴레에서 벗어나 진정한 자아의 주인으로 당당하게 정도의 길을 가야 한다고 사료하며, 수구세력들의 정치공작 및 주입식 공작세뇌정치의 굴레에서 완전히 벗어나 바른 정도생활로 이어져 나아갈 때에 인간은 본능이 지배하는 인간다운 삶을 영위할 수 있다고 사료하며, 그것을 논자는 '무위정치'(無爲政治)에 의한 현묘지덕으로서 우주만방의 우주만물을 다스려 나아가야 할 것으로 사료한다.

우리는 서구의 낡고 부패한 정치권력의 구시대적인 패러다임에서 벗어나 정치의 본질이 수구세력들이 국민의 호주머니를 털어나아가는 행위가 진정으로 정치의 본질인가를 논자는 되묻고 싶다. 지금 한국의 수구세력들은 과거의 낡고 부패한 정치구조 속에서 방황하고 있으며, 이러한 진퇴양난의 한 치의 앞날을 내다볼 수 없는 먹구름이 자신들의 과거행적에 대한 비리를 압박하고 있으므로 더 이상 물러날 곳도 없고, 또한 더 이상 전진할 수 없는 '진퇴양난'(進退兩難)에서 허우적거리고 있는 것이 그들의 실상이다.

아울러 논자에게 금품으로써 유혹하여 자신들의 과거행적의 비리를 재부활하려는 움직임을 보이고 있는 것이 한국의 수구세력들의 현주소이다. 논자는 그들의 일거수일투족에 대한 압박정치를 감행하고 있으며, 어떠한 기업이나 공직자가 불법비리를 삼을 시에는 성역 없이 직위고하를 막론하고 법과 원칙에 준하여 사법 처리함으로써 새로운 새 시대에 즈음하여 국민들의 의식수준이 업그레이드된 현실에 역행하는 자들은 엄단을 함으로써 한국정치가 투명하고 공개화된 청정한 정치형태로 새로운 새 시대에 즈음하여 도약의 발판을 삼아 나아가야 한다고 사료한다.

우리는 서구문명으로 인한 유무형의 장점 및 단점을 철저하게 논리적으로 분석을 함과 동시에 그러한 근본적인 문제점을 '창조와 혁신' 및 '창조와 파괴' 및 '창조와 개선' 그리고 '창조와 개혁' 및 '창조와 근본'을 바르게 정립함과 동시에 전 지구적인 차원에서 새로운 신대안을 모색하게 됨으로써 구시대적인 서구의 유물사관은 역사의 종말을 고하고, 새로운 신대안으로써 '중본귀일'(中本歸一) 및 '중화귀일'(中和歸一) 그리고 '중정귀일'(中正歸一)을 하게 됨으로써 천지가 중심의 근본에서 제자리를 잡게 됨으로써 논자는 위로부터의 '포덕지치'(布德之治) 및 '중본지치'(中本之治) 그리고 '중용지도'(中庸之道)로써 인간이 인간을 위로부터의 솔선수범하게 됨으로써 아래로의 만백성들은 덕치에 감응하여 만백성들이 정치지도자를 따르게 됨으로써 동양의 무위자연의 대진리에서 태동한 도치정치는 우주만방의 우주만백성을 대화합의 정치로써 다스려 나아가는 이론적인 모태가 될 것으로 사료한다.

아울러 중본귀일을 하게 됨으로 써 '대자연의 중심지', '소우주의 중심지', '대우주의 중심지'가 됨으로써 이러한 한반도는 '대우주의 축소판이요' 또한 '소우주의 축소판'으로서 인간에 관한 일체의 대진리가 함축됨과 동시에 '인간'이 살아가는 데 '지식'(知識), '대진리'(大眞理), '무위지도'(無爲之道)가 인간이 살아가는 진리의 가치척도가 됨과 동시에 이러한 지식을 인간의 경제행위에 필요한 최고의 재화나 용역을 호득해 나아가는 경제시스템을 우리는 '지식기반경제'라고 정의한다.

아울러 자연중심세계관은 바로 인간이 자연의 '흙'(土)에서 '지적(知的) 창의성(創意性)의 극대화(極大化)'를 통해서 지식창조 및 지식혁명 그리고 지가혁명을 주도하게 됨으로써 서구문명으로 인한 낡고 부패한 구시대적인 황금만능주의 사고에 의해서 인간 타락 현상을 우리는 타산지석의 거울로 삼아서 인간은 인간으로서 자신의 본능이 자신을 지배해 나아가는 '참인간상'(眞人間相)을 구현해 나아가야 할 것으로 사료한다.

우리는 서구의 물질세계에 의한 외면적인 세계관에서 조속히 벗어나 동양세계에 의한 인간의 내면세계에 의한 무한대의 잠재의식

속에는 우리가 염원하는 바를 성취할 수 있는 무형의 재산이 바로 국가부강으로 나아가는 경제의 신패러다임이 될 것으로 사료한다. 그것이 다름 아닌 '뇌본사고'(腦本思考), '뇌본지력'(腦本知力), '뇌본창조'(腦本創造)를 주도해 나아가는 초석이 될 것으로 사료하며, 우리는 그러한 세계를 5차원의 '마음혁명'(一心革命), '뇌본혁명'(腦本革命), '마음세계'(一心世界)가 도래됨으로써 인간의 뇌에서 생각하는 힘(念力)에 의해서 마음으로 전달되어 하나의 생각이 형상화됨으로써 물질을 생성시키는 원동력이 된다는 논리이다. 논자는 이러한 경제시스템을 바로 '마음의 경제학' 및 '마인드 콘트롤 이코노미' 그리고 '뇌본사고심창조세계'(腦本思考心創造世界: 즉 인간의 뇌에서 생각하는 능력이 바로 마음에 전달되어 마음에서 창조의 근원이 된다는 논리이다.)에 의해서 인간은 인간을 마음으로 다스리는 모태를 논자는 '뇌본정치'(腦本政治)라고 할 수 있겠다.

이러한 정치형태를 논자는 '두뇌정치'(頭腦政治), '뇌본정치'(腦本政治), '뇌본심정치'(腦本心政治)의 형태가 전개될 것이며, 이러한 인간의 뇌에서 마음이 생성되었으며, 이러한 뇌에서 마음이 생성된 시대는 약 38억 년 전으로 거슬러 올라가면서 인간의 마음이 생성되는 근원이 되었으며, 향후에 도래될 마음세계는 천지창조의 근원이 된다고 사료하는 바이다. 우리는 이러한 시대의 변화와 순리에 능동적으로 대처하여 미래역사를 창조해 나아갈 수 있는 민족적인 역량을 하나로 결집시켜 나아가야 한다고 사료한다. 이러한 사회를 '창조화 사회'라고 정의한다.

우리는 창조화 사회가 도래됨으로써 서구문명으로 인한 '전통적인 생산방식', '재래식의 생산방식', '구시대적인 생산방식'의 낡은 사고개념에서 완전히 벗어나 동양문명에 의한 신비주의(神秘主義)에 의한 무형의 잠재적인 재산이 고부가가치를 지향해 나아가는 이론적인 모태는 바로 논자의 '신자연혁명'에 근원이 됨과 동시에 서구의 '굴뚝산업', '공해산업', '환경피해산업'은 역사적인 종말을 고하고, 논자는 이러한 대안으로써 '첨단지식창조' 및 '첨단지식혁명' 그리고 '첨단지식지가'를 형성하게 됨으로써 '첨단지식연구소'에 의한 지식을 '실용실험학문'(實驗實用學文)으로서 '첨단지능형 지식공장'에서 서구의 생산방식에서 초월한 '질의경제'에 따르는 '질의혁명', '품질혁명', '지식혁명'을 주도하게 됨으로써 '주문형 생산방식', '맞춤형 생산방식', '특용작물 생산방식', '특화생산방식'

으로서 인간의 개성화시대에 따르는 소비패턴은 '선호단계'에서 '예술단계'로 진입하게 됨으로써 소비자들의 개성에 맞는 상품화를 주도하게 됨으로써 고부가가치의 지식산업으로서 인간의 먹을거리에 대한 차원 높은 삶의 질적인 향상을 도모해 나아갈 것으로 사료하며, 그것은 다름 아닌 '인류공익', '인류공존', '인류공선'으로 이어져 나아가는 '인류미래비전'(人類未來備展)을 세계정부 연구소에서 전 세계 각국정부의 정치지도자에게 고하는 바이다.

세계정부 연구소장 강주효 올림

차례

제1장

세계정부의 연혁

20세기에 점철되었던 '국제질서'(양극화), '세계질서'(전쟁과 약탈의 시대), '우주질서'(혼돈이나 혼륜의 시대)에서 벗어나 21세기는 대우주가 중심의 근본에서 이탈되었던 우주만물은 '중심지도'(中心地道: 중심에서 도(道)가 등권함.), '중심지본'(中心地本: 중심의 근본에 하나로 귀일함.), '중심본성'(中心本性: 중심에서 인간의 본성(마음)이 하나로 귀일함.)으로 삼생만물(三生萬物)이 회삼귀일(會三歸一)함으로써 대우주의 창조본성(空心世界), 소우주의 창조본성(일심세계 또는 도심세계 그리고 도의세계)은 지구의 지축이 관통하는 한반도에서 하나의 근본으로 복귀됨으로써 동양의 '유기체적 세계관', '생태론적세계관', '천인합일적세계관'이 도래되어 동양철학은 바로 하나의 일기에 의해서 우주세계를 다스려 나아가는 모태가 될 것이다. 아울러 서구문명은 '유물사관'(唯物史觀), '사적유물론'(史的唯物論), '변증법적 유물론'(辨證法的唯物論)에 의해 우주세계를 3차원의 '상대성'에 의한 '대륙문명권'(大陸文明權)에 의해서 서구의 민주주의를 표방하는 미국 및 동구의 공산주의를 표방하는 소련이 국제질서를 주도함으로써 이러한 국제질서는 양육강식에 의한 힘의 지배논리에 의해서 '이념적', '냉전적', '대립', '갈등', '투쟁', '모순'이 재연 반복되어 국제질서는 '양극화'(兩極化)로 치닫고 있다.

아울러 논자는 우주세계를 통찰하는 통찰력으로 우주오행(宇宙五行)의 정기가 땅에 내려오게 됨과 동시에 인간에게 내려오게 되면 '오상'(五常)에 의한 한반도를 중심축으로 '동쪽'(東)으로는 '인'(仁)을 표방하며 '중국'(中國), 서쪽(西)으로는 '의'(義)을 표방하며 '미국'(美國), 남쪽(南)으로는'예'(禮)를 표방하며 '일본'(日本), 북쪽(北)으로는 '지'(知)를 표방하며 '러시아', 그리고 중앙(中央)에는 '신'(信)을 표방하면서 '한반도'가 '세계중심국가'(世界中心國家), '인간중심국가'(人間中心國家), '자연중심국가'(自然中心國家)로서 인간이 살아가는 일체의 대진리 및 우주철학 그리고 삶의 가치척도가 됨과 동시에 21세기에 새롭게 전개될 '신국제질서'(新國際秩序), '신세계질서'(新世界秩序), '신우주질서'(新宇宙秩序)는 '호혜공존'(互惠共存), '화해공존'(和解共存), '공존공영'(共存共榮)의 '신세계질서'가 한반도를 중심축으로 지역적인 방위각에 입각한 동, 서, 남, 북을 중심으로 한반도가 세계중심국가로 세계질서는 '다자간(多者間) 다극화(多極化)'가 주도될 것으로 사료한다.

세계정부론(世界政府論)의 삼극(三極) 오대덕(五大德) 조직도

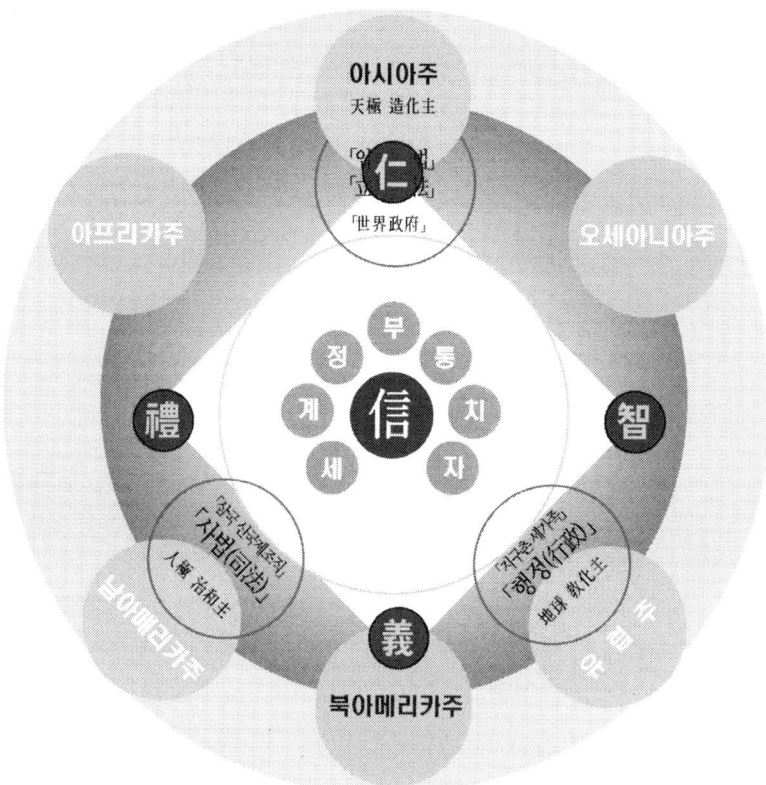

'◇' 다이아몬드는 영원하고 불변적인 것을 상징
'5大德 조직: 인(仁), 의(義), 예(禮), 지(智), 신(信)'
'○' '우주세계(宇宙世界)'를 상징함. 지구(地球)(동양철학의 음양오행의 삼극오대덕 조직도)
*주: 세계정부론의 근본적인 사상은 자연의 덕에 따르는 도치정치 사상으로서 전 인류의 영원하고 불변적이며 보
편적인 정치사상이 될 것이라 확신한다. '전 세계(全世界), 전 인류(全人類)를 포괄, 함축하다.'

아울러 논자의 동양의 '3대혁명'으로 인한 도치정치의 대의원 제도는 무위자연의 '햇볕정치'(陽光政治), '현묘지덕'(玄妙之德), '포덕지치'(布德之治)로서 이러한 도치정치(道治政治)는 덕치본(德治本)이요 덕치본(德治本)은 포덕지치(布德之治)라고 정의하며, 동양의 '신자연혁명'(新自然革命)은 흙에 대한 지식적 가치를 추구함으로써 질적인 혁명을 주도하고 동시에 '1차산업'의 농업, 어업, 축산업을 첨단지식기반경제로 도약하기 위한 '질적혁명'(質的革命), '품질혁명'(品質革命), '지식혁명'(知識革命)을 주도함으로써 '신산업화'(新産業化: 무공해청정기술), '신지식생산방식'(新知識生産方式: 첨단지식공장화), '첨단지식기술'(BT, NT, CT, IT 등은 첨단지식가공을 통해서 신생산기술에 의한 무공해 청정 지식기술)로서 이러한 지식기반경제의 신패러다임은 바로 '1차산업'에 그대로 적용하고 즉 '첨단과학영농화'에 의한 '첨단생물지식공장화'(尖端生物知識工場化), '첨단수산물지식공장화'(尖端水産物知識工場化), '첨단축산물지식공장화'(尖端畜産物知識工場化)에 의한 인류 미래 농업의 형태는 완전한 '농업용 로봇', '지능로봇', '인공지능로봇'에 의해서 지식공장의 생력화(生力化: 인간의 힘든 노동력을 기계자동화 및 무인화 그리고 지식공장화로 대처해 나아가는 팩토리 오토메이션(FA화)을 실현함과 동시에 우주정거장에 인공지능형지식공장화를 건설하여 양·질의 고품격인 무공해 청정지식농산물을 대량생산하게 될 것이다.)에 의해서 첨단지식공장화의 무인화를 실현할 것이다.

세계정부(世界政府)의 삼권분립의 주요업무 과제

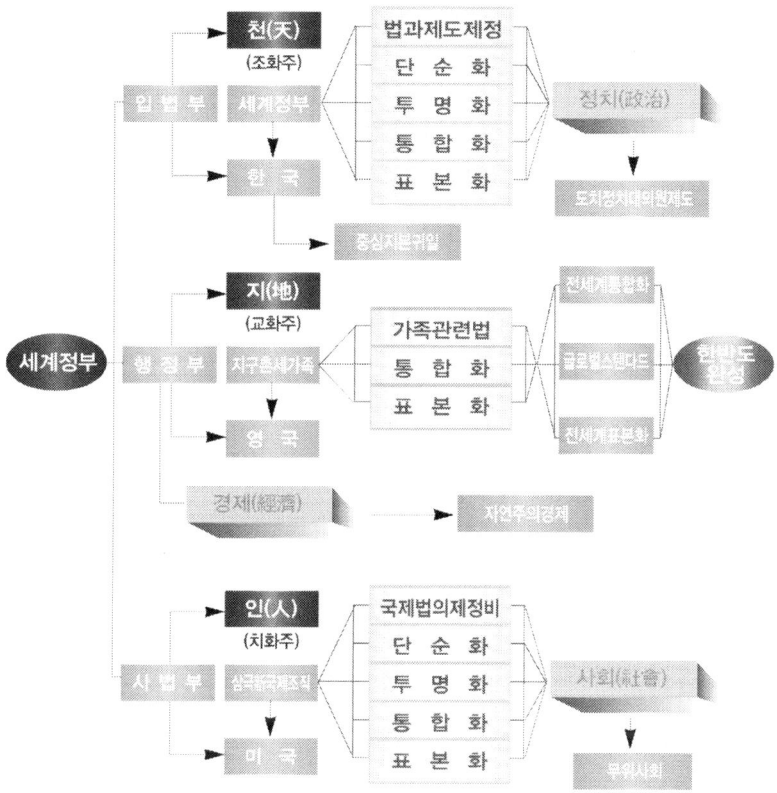

※ 입법부는 세계정부, 행정부는 지구촌 세 가족, 사법부는 삼극 新국제조직으로서 세계정부가 대표한다. 즉 서구문
명은 보이는 '물질세계'가 역사를 주도하는 '사적유물론'이라고 하오나, 동양세계는 눈에 보이지 않는 인간의 내
면세계에 의한 동양철학의 신비주의 즉, 정치가 우주만을 완성세계로 인도하게 될 것이다.

마지막으로 지구촌의 전 세계 각국정부를 하나로 통합하여 각국 정부의 '대표정부'(代表政府)인 한반도에 강력한 세계정부를 창설함으로써 전 인류가 안고 있는 현안의 제 문제점을 도출하여 '언어단일화'(한국의 한글), '화폐단일화'(한국의 원화), '제3단계 3개년 완전군축작업'(세계경찰청의 설립으로 국제질서 및 세계질서 그리고 우주질서를 다스리는 하나의 근본으로 다스려 나아감.), '제8차 5개년 경제개발계획'(전 인류의 경제의 궁극적인 목표는 인류공존공생의 실현), '전 세계 각국정부의 완전한 전자정부 실현'(월드 - 와이드 - 웹의 완성), '전 세계 1일 생활권시대의 도래'(초음속여객기 1HR 5000KM 주행, 우주시대 및 초스피드시대 그리고 시·공 초월 세계가 도래가 됨.), '전 세계 각국정부의 행정의 표본화', '전자주민등록증 발급'(개인정보의 대한 전자문서화의 실현) 등으로 서구산업사회와는 차원이 다른 4차원세계(정신세계), 5차원세계(一心世界)가 도래되어 고차원세계에 의한 한반도에서 온전한 '인간완성시대'(人間完成時代)가 도래될 것으로 사료하는 바이다.

세계정부의 세계통치자 정무대 조직도

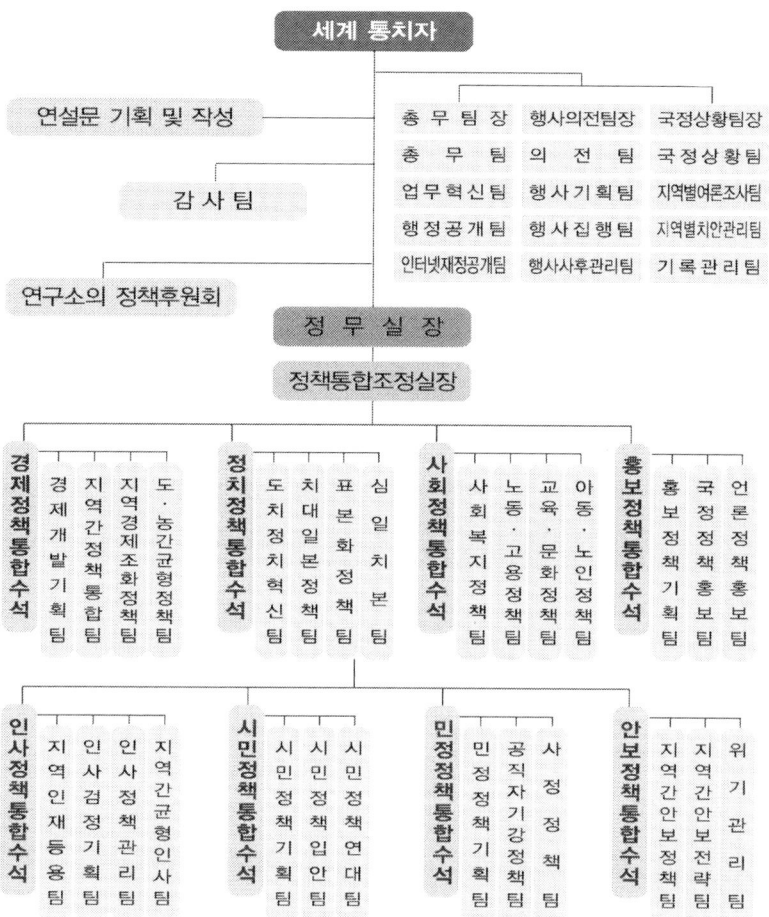

주) 세계정부의 정무대 조직은 완전한 팀제에 의한 성과급제를 실현한다.
* 세계정부의 정무대(政務臺)의 정책통합조정실장은 세계 유수 연구재단과 정책후원회 제도에 정책 인센티브 제도를 상실화한다(세계 공무원은 시험지질평가제도를 도입한다.).

아울러 전 인류의 '미래사관'(未來史觀), '미래역사'(未來歷史), '역사창조'(歷史創造)를 위한 초석으로 세계정부 연구소는 '전 인류 미래비전'(全人類未來備展)을 제시드리오며, 이러한 논자의 동양의 '3대혁명'은 인류역사 창조를 위한 초석으로 전 인류의 보편적(普遍的)인 진리가 실용화됨으로써 '만민일체평등사상'(萬民一體平等思想), '인류세계평화공존'(人類世界平和共存), '인류공존공영을 실현'하는 모태가 바로 '세계정부 연구소'로부터 시작된다는 논리를 전개드리는 바이며, 아울러 서구유럽의 3대혁명으로 민주주의 정당정치가 보편화되었으나 논자의 동양의 3대혁명은 천, 지, 인의 논리에 입각하여 하늘'天'(조화주: 한반도), 땅'地'(교화주: 영국), 인'人'(치화주: 미국)에 의한 우주의 삼극논리에 의해서 동양의 3대혁명의 '완성세계'(完成世界)로 세계정부 연구소가 전 인류를 인도해 나아갈 것으로 논자는 '정심대각'(正心大覺)으로 우주만물의 이치(理致)를 통달(洞達)함으로써 전 인류의 영원한 아버지로 인류만대에 물려줄 유산이 될 것으로 확신하는 바이다.

세계정부 행정부 조직도

주) 세계정부의 세계통치자는 '지식경영 마인드'의 기법의 도입으로 세계 공무원은 지식공무원으로서 전 인류의 봉사자 및 행정가 그리고 자신(지식국가경영)의 업무를 '개선', '혁신', '창조'를 통한 지식경영의 실적에 의한 완전한 연봉제를 도입한다.

세계정부(世界政府)의 기능(機能)

구분		주요내용	비고
세계정부(世界政府) 기능(機能)	국방	세계정부가 공식출범하여 주변 4강의 제3단계 완전군축 후에는 '지역경찰제'의 도입으로 국제질서를 수호한다.	완전군축
	경제시스템	무위자연의 道 – 진리에 인간의 순리에 순응하는 자연주의 경제체제는 완전한 자유시장 기능에 의해서 일체의 작위가 배제된 상태에서 세계정부는 최소한의 근본만 유지하고 각국정부에 의해서 운영된다. 아울러 세계경제는 하나의 단일경제권으로 통합되면서 완전한 자유무역을 실현한다.	자연주의 신경제(녹색 생물경제)
	재정	세계정부는 완전한 재정실명제의 도입으로 재정의 투명성을 제고시키고 통치자로부터 솔선수범함과 동시에 빈민국가에 대한 재정적 지원을 강구함으로써 교육, 행정, 복지, 기타 등의 원조를 함으로써 각국 정부의 재정적 균형을 달성토록 한다(지역 간의 빈부격차 해소).	재정인터넷 공개화
	국제치안질서	무위자연의 도치정치사상의 도입으로 개인의 가치관을 정립하면서 '자아완성', '자아실현', '인간완성'으로 국가 간의 치안질서는 완전군축 후에는 지역경찰의 국제질서 및 세계질서를 대저해 나아간다(세계경찰청의 도입).	세계경찰청
	감사원	세계정부는 감사원의 완전한 독립기관으로서 삼부(三府)에 대한 회계검사와 직무감찰로 감사를 실시하여 불합리한 재정은 투명화, 공개화하도록 함과 동시에 예산안의 편성에 의해서만 재정을 지출한다(사전정책감사 및 사후정책평가).	정책감사(사전, 사후 평가제)
	지구촌 빈부격차 해소	지구촌은 동·서 간에는 어느 정도 빈부격차가 해소되었으나 남·북 간에는 빈부격차가 심화됨으로써 세계정부는 이러한 빈부격차를 해소하기 위한 방안으로 제8차 5개년 경제개발계획을 실천함으로써 근원적이고 본질적으로 지구촌의 지역적인 빈부격차를 해소해 간다(남·북 간의 빈부격차 해소)	경제개발 종합계획

제주특별시 자치도

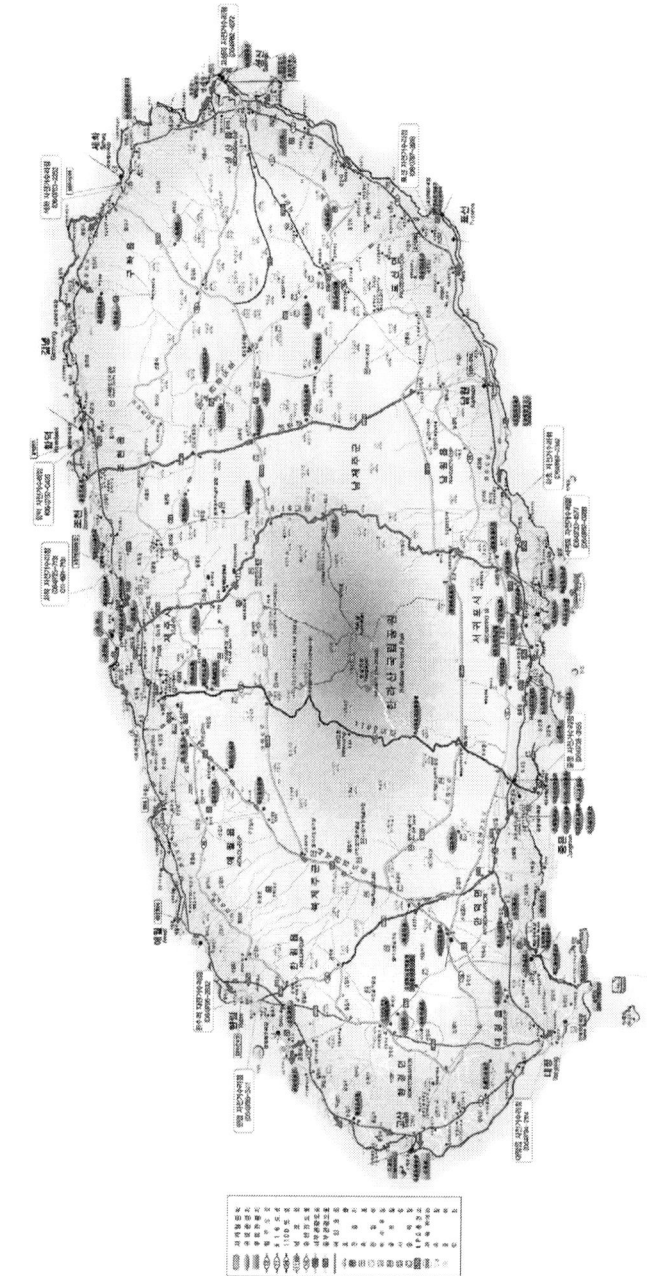

도로구간별 거리

▶제주시 ←18.6km→ 애월 ←9.8km→ 한림 ←17.7km→ 고산 ←13.5km→
대정 ←18.4km→ 중문 ←16.8km→ 서귀포 ←16.7km→ 남원 ←15.6km→
위미 ←15.8km→ 성산 ←17.7km→ 세화 ←21.3km→ 함덕 ←20.1km→ 제주시

* 참조 세계정부 창설은 한섬은 한반도 제주특별시에 설립한다.

제2장

세계정부의 경제개발의 이론적인 모태인 첨단지식기반경제(尖端知識基盤經濟)란 무엇인가?

제1절 개요

삼라만상(森羅萬象)에 존재하는 우주만물은 섭리역사(攝理歷史)의 이법(理法)에 준하여 '생성'(生成), '발전'(發展), '소멸'(消滅)의 대순환의 메커니즘에서 벗어나는 것은 아무것도 없다고 사료한다. 그러한 것들 중에서 영원불변적인 대우주의 대진리만큼은 영원히 존속함으로써 논자는 이것을 '상도'(常道), '상심도'(常心道), '상도지심'(常心之道)과 '우주본원'(宇宙本源), '우주본체'(宇宙本體), '우주본심'(宇宙本心)이 바로 우주창조본성이라고 논자는 정의한다. 이것은 다름 아닌 대우주 및 소우주가 존재하는 이상 영원히 존속될 것으로 바로 대우주의 '영원성'(永遠性), '불멸성'(不滅性), '항구성' (恒久性), '자능성'(自能性)을 갖추고 있으므로 시대의 변천이나 세월의 흐름에도 영원히 종속하는 대진리의 가치척도가 바로 '우주본체'(宇宙本體)를 담고 있는 '대기'(大器: 퍼내어도 끝이 보이지 않고, 담아도 넘치지 않는 영원한 대진리의 가치척도는 바로 '중심'(中心) 및 '영점'에서 음(마이너스)도 아니요 또한 양(플러스)도 아닌 제로점(0점)이 바로 우주본체의 본원인 대우주와 대진리의 가치척도가 바로 한반도가 된다는 논리이다. 즉 이러한 논리를 동양세계와 서양세계에 그대로 대입하면 한반도는 동양(음), 서양(양)을 그대로 포괄함으로써 제로점에서 음, 양이 공존하여 대우주는 서구의 육체적 성숙에서 해탈함으로써 '물질세계', '정신세계', '일심세계'가 삼위일체가 형성되어 현대 서구의 '삼진세계'(三眞世界中心歸一)가 '일진세계'로 회삼귀일하고 우주세계는 '하나의 정치사상 (一政思)', '하나의 정치제도(一政制)', '하나의 인류통치자(一人統)' 에 의해서 우주만물을 다스려 나아가는 일체의 대진리나 대근본이 바로 한반도에 함축되어 있다. 고로 이것이 우주근본이며, '도'(道) 가 바로 대우주와 대진리의 가치척도가 된다는 논리이다.

우리는 대우주가 분열기운으로 인하여 우주만물이 '쪼개고', '전문화', '분업화'(편의 분업화가 서구경제의 양의 경제를 주도하게 됨.)가 되고, 이러한 대우주의 분열기운 때문에 우주만물이 분할 및 분열의 기운으로 이어져 나아감과 동시에 중심지본(中心地本)에서 이탈되었던 우주기운은 소우주인 인간마저 '인간성'(人間性: 마음) 을 상실하고 대우주가 '중심근본귀일'(中心根本歸一)하여 잃어버린 '인간성'(人間心世界中心歸一: 마음의 영원한 고향이 바로 한반도이다. 즉 한반도에서 '지식혁명'(知識革命), '녹색혁명'(생물공학시대), '질의혁명'(質義革命), '정신혁명'(精神革命), '마음혁명'(一心革命)을 주도함으로써 인간은 인간으로서 완전히 해탈(神＋人＝神人合一時代)의 토대 위에서 일신시대(一神時代)가 도래되어 '단군'이 예언한 '신국건설'(神國建設)하게 됨으로써 지구촌의 온 누리는 신(神)이 내려서 우주창조본성으로 귀일하게 된다는 논리)을 회복하여 잃어버린 '자아세계'(自我世界), '진아세계'(眞我世界), '영아세계'(靈我世界)의 주요지인 '인내천사상'(人乃天思想: 하늘의 머리인 영이 인간의 머리(頭)에 내려온다는 동학교주 최재우가 부르짖던 인내천(人乃天)이 '완성세계'(完成世界)를 이루게 된다고 할 수 있으며, 이것이 바로 '천인일치사상', '천인합일사상', '천인일치세계관'이 한반도에서 도래된다는 논리)이 도래되어 우리의 '뇌본창조'(腦本創造), '뇌본창조지식'(腦本創造知識), '뇌본창조화사회'(腦本創造化社會)가 된다. 우리는 이러한 세계관을 '뇌세계'(腦本世界), '창조화세계'(創造化世界), '지식기반세계'(知識基盤世界)가 도래되고 서구의 '물질세계'(物質世界), '양의세계'(陽義世界), '양의경제'(量義經濟)에 의한 편의 분업화에 의한 대공장제가 등권됨으로써 '굴뚝산업', '공해산업', '환경파괴산업'은 한시대적인 전유물로 역사 속으로 사라지고 그 대안으로 동양세계에 의한 '질의세계'(質義世界), '음의세계'(陰義世界), '질의경제'(質義經濟), '녹색생물경제'는 서구의 구시대적인 방식에서 벗어나 지식을 '응용'(應用), '실용'(實用), '가치화'(價値化: '흙의 가치의 극대화', '지식적 가치의 극대화', '질적인 가치의 극대화'로 인간의 삶을 질적인 고차원 세계로 인도)를 극대화하여 서구의 대공장제에 의한 '판박이식 대량생산', '롤러식 대량생산', '단순노동식 생산방식'으로서는 인간의 뇌가 창조화의 근본이 되었으나 뇌가 활동하지 않는 육체 행위 주체가 바로 서구의 산업혁명의 결과론이다. 이러한 결과론이 바로 삶의 질적인 저하를 가져오는 원동력이 되었다.

아울러 동양세계는 '신지식생산방식'(新知識生産方式), '최첨단지식기술'(崔尖端知識機術), '하이테크-지식기술'(바이오 테크노로지 및 바이오 생명공학 그리고 바이오 생물공학 및 유전자지식공학)이 21세기의 '첨단지능형지식공장화'(尖端知能形知識工場化), 무공해 청정지식산업에 의해서 '질의혁신'(質義革新), '녹색생물혁신', '품질혁신'(品質革新), '가치혁신'(價値革新)을 통해서 '소량생산'(少量生産), '대량생산'(大量生産), '신지식생산'(新知識生産)을 실현하여 '효용가치의 극대화'(效價極), '효율가치의 극대화'(效率價極), '인간가치의 극대화'(人價極)를 통해서 '인간경영'(人間經營), '인재경영'(人才經營), '영재경영'(靈才經營)을 실현하여 인간중심세계관에 따르는 효용가치의 극대화를 실현할 수 있다고 사료한다.

우리는 이러한 생활의 신패러다임에서 의, 식, 주 행위의 주체가 바로 지식기반경제로 나아가는 초석으로 '지식창조'(知識創造), '지식혁명'(知識革命), '질의혁명'(質義革命), '가치혁명'(價値革命)을 주도하여 서구의 '육체단순노동자'(肉體短順勞動者)시대는 역사적인 종말을 고하고, 동양세계의 신패러다임인 '첨단지능형연구소'(尖端知能形研究所)에서 새로운 지식혁명을 통해 인간의 경제행위 주체는 바로 '지식효용가치'(知識效用價値), '지식실용가치'(知識實用價値), '지식고부가가치'(知識高附加價値)의 극대화를 실현하여 전 인류의 '삶의 가치'(生意價値), '질의가치'(質義價値), '내면가치'(內價値), '고차원가치'(高次價)를 극대화시켜 서구의 낡고 부패한 구시대적인 패러다임에서 역사해탈을 통해서 신역사창조의 주역으로 세계정부 연구소 강주효 소장은 인류역사 창조의 신기원을 성취해 나아갈 것으로 확신하는 바이다. 그것이 바로 '신지식기반경제'(新知識基盤經濟)의 요체가 된다는 논리를 전개하는 바이다.

제2절 첨단지식기반경제(尖端知識基盤經濟)에 대한 개념, 정의

서구의 산업혁명으로 인한 '경제체제'가 우주세계 및 우주만물 그리고 우주자연을 리드해 왔으나 우주대순환의 법칙에 준하여 서구의 '물질세계'(物質世界), '문질문명'(物質文明), '유물사관'(物質史觀)은 보름달에 이른 만삭에 도달하여 서서히 기울어짐과 동시에 한시대적인 전유물로 역사 속으로 소멸되고 있으며, 이러한 '세계정부 연구소'의 강주효 소장은 신대안(新代案)으로 '정신세계'(絶對精神), '정신문명'(精神文明), '유심사관'(唯心史觀), '초월적세계관'(超越的世界觀)으로 전문화에 의한 우주만물은 중심지본(中心地本)에서 '통일'(統一), '균형'(均衡) 그리고 '조화'(造化), '완성'(完成)을 실현해 나아가는 것이 우주섭리역사(宇宙攝理歷史)의 이법(理法)이라고 단언하는 바이다.

아울러 서구의 산업혁명으로 인한 '대공장제'(大工場制)(굴뚝산업, 공해산업, 환경파괴산업)는 한시대적인 전유물로 역사 속으로 소멸하고, 논자의 동양의 신자연혁명으로 인한 '신생산방식'(新生産方式), '신지식생산방식'(新知識生産方式), '첨단지능형지식공장화'(尖端知能形知識工場化) 시대가 도래되어 '친환경적'(親環境的), '친진리적'(親眞理的), '친주거적'(親住居的), '친자연적'(親自然的), '만유공존철학적'(萬有共存哲學的)인 모태 위에서 서구의 자연관은 자연에 대한 이성적인 '이분법적'(二分法的) 법칙이 오늘날의 모든 분야가 '대립적'(對立的), '분열적'(分列的), '분파적'(分波的), '부분적'(部分的) 갈등이나 모순점의 이데올로기에서 벗어나 동양세계는 '통합적'(統合的), '통일적'(統一的), '전체적'(全體的), '종합적'(綜合的), '우주적'(宇宙的), '일체적'(一切的)인 '신사고관계'(新思考關係), '신의식세계'(新意識世界), '무의식세계'(無意識世界), '잠재의식세계'(潛在意識世界), '초능력세계'(超能力世界), '염력세계'(念力世界)에 의해서 인간의 '내면세계'(內面世界)에 의한 '자아완성세계'(自我完成世界)에 의한 '우주본원'(宇宙本源), '우주본체'(宇宙本體), '우주본능'(宇宙本能), '우주본성'(宇宙本性)을 회복하여 지구의 중심축인 중심지본(中心地本)에 삼생만물(三生萬物)이 하나로 중심에 회삼귀일(會三歸一)함으로써 '생명의 영원한 고향이요', '진리의 영원한 본원이요', '마음의 영원한 고향'으로서 이러한 한반도는 '인간중심세계관'(人間中心世界觀), '자연중심세계관'(自然中心世界觀), '생물지본세계관'(生物支本世界觀), '동물지본세계관'(動物支本世界觀), '만선지본세계관'(萬善地本世界觀), '만유공존세계관'(萬有共存世界觀) 시대가 도래되어 한반도에서 '천인합일세계관'(天人合一世界觀) 시대가 도래된다. 우리는 서구의 '부분'이나 '분열'의 모태에서 벗어나 '전체'나 '일체'를 바라보는 넓은 '시야'(視野)와 '심안목'

(心眼目) 그리고 '종합적'인 도량이 요구되는 시점이기도 한다.

아울러 논자는 "내 몸에 진리를 득한다."라고 하는 명제(命題)는 '하늘'(天)에는 음, 양 오성(달＋태양＝화성(火星)＋수성(水星)＋목성(木星)＋금성(金星)＋토성(土星)이 있으며, '땅'(地)에는 동양(陰: 여자)＋서양(陽: 남자)＝불(火)＋물(水)＋목(木)＋금(金)＋토(土)가 있으며, '인간'은 음(여자)＋양(남자)＝'간장'(인도양)＋'심장'(태평양)＋'비장'(북빙양)＋'폐장'(대서양)＋'신장'(남빙양)으로 대우주 및 소우주의 이치(理致)는 동일하며, 논자는 이것을 천지동근(天地同根) 만물일체(萬物一體) 심신불이(心身不二)로서 하늘에도 음(陰), 양(陽)이 있고, 땅에도 음(동양), 양(서양)이 있으며, 인간에게도 음(여자), 양(남자)이 있으므로 한쪽에 변화가 감지되면 다른 쪽에서도 감응(感應)하여 변화가 일어나는 것이 바로 논자가 주장하는 '만물유기체설'(萬物有氣體說), '천인상감설'(天人相感說), '천인상응설'(天人相應說)이다. 아울러 대우주는 인간세계에서 벗어나 '정신세계'(絶對精神世界), '마음세계'(하늘의 공심(空心)과 인간의 도심(道心)이 하나로 합일함.), '초월세계'(초월세계관으로 시·공 세계를 초월한 인간의 마음세계)에서 하나의 일기에 의해 우주만물을 다스리는 하나의 근본으로 다스려 나아가는 모태가 바로 '천인상응설'(유기체적 세계관)이라고 정의한다.

이러한 동양의 신지식기반경제(新知識基盤經濟)에 대한 개념으로 '인간중심세계'(人間中心世界)에 따르는 '뇌본지식'(腦本知識), '뇌본창조'(腦本創造), '뇌본지가세계'(腦本知價世界)에 따르는 '질의혁명'(質義革命), '질의혁신'(質義革新), '질의창조'(質義創造)를 실현하여 인간 일체의 경제행위에 주체는 바로 '신지식'(新知識), '신지식생산방식'(新知識生産方式), '첨단지능형지식공장화'(尖端知能形

知識工場化)에 의해서 인간에게 필요한 최고(最高)의 재화(財化)나 최상(最上)의 용역(用役)을 '지식가치의 극대화'(知識價値意極大化), '땅 가치의 극대화'(土義價値意極大化), '효율가치의 극대화'(效率價値意極大化), '효용가치의 극대화'(效用價値意極大化), '실용가치의 극대화'(實用價値意極大化), '조직의 효율가치의 극대화'(組織效率價値意極大化)를 실현하고 지식기반경제를 주도하게 될 '첨단지식 지능형연구소'(尖端知識知能形研究所)에서 끊임없는 '지식창조'(知識創造), '지식혁신'(知識革新), '지가사회'(知價社會)를 주도하게 됨으로써 '친환경적 개발'(親環境的開發), '친환경적 생산'(親環境的生産), '친환경적 지식창출'(親環境的知識創出)을 통해서 인간의 질적인 혁신(革新), 창조(創造), 가치극대화(價値極大化)를 통한 삶(生)의 질적(質的)인 향상(向上)을 도모함과 동시에 '인류공존'(人類共存), '인류공영'(人類共榮), '만유공존공생'(萬有共存共生) 시대를 첨단지식기반경제(尖端知識基盤經濟)가 주도해 나아간다고 정의(定義)한다.

즉, 서구의 산업혁명으로 인한 '양의경제'(量義經濟)의 메커니즘에 의한 대공장제의 분업화에 의한 대량생산의 메커니즘은 인간의 삶의 가치척도가 되는 '진리본원'(眞理本源), '진리본능'(眞理本能), '진리본심'(眞理本心)의 가치척도가 전도하게 됨과 동시에 물량화(物量化)에 의한 인간근본의 본성을 타락하게 되는 근본요인으로 작용하게 되었다.

우리는 이러한 자본주의(資本主義) 자유시장경제(自由市場經濟)는 한시대적인 전유물로 역사 속으로 소멸하고 동양의(논자, 노자, 장자) 사상인 '무위자연설'(無爲自然說)을 한 단계 업 - 그레이드시켜 '고차원세계'(高次元世界)에 의한 '질의경제'(質義經濟), '지식경제'(知識經濟) 그리고 '자연경제'(自然經濟)로 나아가게 됨으로써 '흙의 가치의 극대화'(土價極), '자연적 가치의 극대화'(自價極), '효율가치의 극대화'(效價極)를 통한 '인간중심경영'(人間中心經營)의 근본 토대 위에서 인간 내면적 가치의 극대화를 실현하여 첨단지식기반경제(尖端知識基盤經濟)의 요체는 바로 '고부가가치'(高附加價値)의 극대화를 통한 인간의 삶의 질적인 향상을 도모함으로써 '인류공존'(人類共存), '인류공영'(人類共榮), '만유공존공생시대'(萬有共存共生時代)가 한반도에서 도래되어 '우주중심세계관'이 도래되고 이러한 한반도는 '천인합일적 세계관', '유기체적 세계관', '생태론적 세계관'에 의해서 우주만물을 창조화 사회로 나아갈 것으로 사료한다.

우리는 서구의 '구시대적 생산방식', '재래식의 생산방식', '전통적 생산방식'에서 벗어나 새로운 '신생산방식'(新生産方式)에 의한 '지식생산방식'(知識生産方式), '주문형생산방식', '맞춤형생산방식', '특화된 생산방식'(개인의 개성화에 따르는 특화생산방식으로 고부가치의 극대화)으로 '첨단지능형지식공장화'에 의해서 '질적인 가치', '질적인 상품의 가치', '질적인 고부가가치'를 극대화함으로써 동양의 질의경제에 따르는 첨단지식기반경제는 '신산업화'(新産業化)에 의한 무공해청정(無公害淸淨) 지식기술(知識機術)로 자연과 인간이 공존하는 공존철학적 모태 위에서 태동되어 인간의 삶의 터전인 자연과 더불어 공존함으로써 만유공존공생시대가 도래되어 나아갈 것으로 사료한다.

제3절 첨단지식기반경제에 따르는 새로운 '신지식생산'의 경제메커니즘이란 무엇인가?

서구의 양의세계(陽義世界), 양의경제(量義經濟), 물질세계(物質世界)에 의한 유물사관 그리고 변증법적 유물론은 대우주의 문명사적 '대순환'(大循環), '대전환'(大傳環)으로 '환태평양시대'(대우주의 심장부)가 도래되어 대서양의 팍서 - 아메리카 시대에 머물던 우주 일기는 아시아의 중심축인 한반도로 대전환을 모색하게 됨으로써 '인류문명의 발상지', '반도문명권시대 도래', '신문명권인 정신문명' 시대가 도래되어 인간의 육체적인 성장에 따르는 자아세계(自我世界), 영아세계(靈我世界), 진아세계(眞我世界)가 회복됨으로써 대우주 및 소우주는 역사필연(歷史必然)의 법칙에 준하여 우주창조본성(宇宙創造本性)으로 복귀하게 된다. 우리는 이러한 사회 구조를 '창조화사회'(創造化社會), '뇌본사회'(腦本社會), '지가사회'(知價創造社會)라고 부른다.

이러한 서구의 아담스미스의 '국부론'의 이론적인 모태는 산업혁명으로 급격한 산업화, 공업화 정책으로 대공장제(大工場制)에 의한 대량생산의 메커니즘은 천혜 및 천연의 자연에서 발췌한 재료나 원료를 가공하는 '가공무역'(加工貿易)의 형태는 단순상품(單順商品)의 대량생산 형태로서 '롤러식 생산방식', '판박이식 생산방식', '단순 생산방식'에 의한 '전통적 생산방식', '재래식의 생산방식', '구시대적인 생산방식'에 의한 인간의 노동행위는 육체적인 단순노동으로서 '노동가치설'(勞動價値說)은 낮은 수준의 지대의 몫(임금)으로서 노동자에게 귀속되어 인간의 삶은 낮은 수준의 생활상으로 나아가는 이론적인 모태가 되었다.

이러한 산업혁명의 결과론은 '계층 간', '산업 간', '지역 간'의 극심한 빈부격차가 확대되어 인류가 출현한 이래 최악의 '기아', '빈곤', '영양실조'로 유엔의 통계자료에 의하면 하루에 어린이가 40,000명씩이나 죽어가는 비정한 현실을 고려할 때에 서구 자본주의 지유시장경제체제는 한시대적인 전유물로서 전 인류를 구원할 수 없는 '탈자본주의', '탈민주주의', '탈정당정치', '탈물질문명'으로서 서구문명은 인간의 육체행위(小宇宙: 身成長, 大宇宙: 物質成長)로 볼 때에 '과반수'에 불과한 제도적인 모순점의 한계로 나타나게 되었다.

아울러 동양의 신자연혁명인 첨단지식기반경제는 자연의 '흙'(土)의 지식접목을 통한 '흙의 가치의 극대화', '지식가치의 극대화', '효율성의 가치극대화', '부가가치의 극대화'를 실현하게 되는 원천적인 에너지는 '뇌본지식에네지', '뇌본창조에네지', '뇌본지가에네지'로서 인간의 뇌가 근본이 되는 창조화 사회로 나아가게 됨과 동시에 농촌의 토지에서 '첨단과학영농화'에 의한 첨단농법(尖端農法: 무토양재배 방식, 수경재배 방식, 양액재배 방식)에 의한 '첨단생물지식공장화'(尖端生物知識工場化)에 의해서 양, 질의 무공해 농산물의 지식공장적 생산방식에 의해서 농산물의 '고급화'(高級化), '고품질화'(高品質化), '고품격화'(高品格化)를 실현하여 '질적혁신'(質的革新), '질의혁명'(質義革命), 고'질의품질혁신'(質義品質革新)으로서 서구의 '단순생산방식', '단순가공생산방식', '판박이식 생산방식'은 역사적인 한시대적 전유물로서 역사 속으로 소멸하고 동양의 '신지식생산방식'(新知識生産方式)은 '첨단지식연구소'에서 지식창조에 의한 '지식가공'(知識加工), '지식혁신'(知識革新), '지식창출'(知識創出)에 의한 '첨단지능형지식공장화'(尖端知能形知識工場化)에 의한 신생산 방식은 '대량생산'(大量生産) '소량생산'(小量生産)의 방식이 접목된 '주문형생산방식', '맞춤형생산방식', '특화생산방식'으로 인간의 뇌본창조지식을 실험실용화(實驗實用化)를 통한 경제생활의 영위에 필요한 '최고의 재화'나 '최상의 용역'으로 '차원 높은 삶의 질적인 향상'을 도모해 나아가는 모태가 바로 논자의 신생산 방식의 이론적인 모태가 성립된다고 할 수 있겠다.

이러한 신지식생산 방식은 천혜 및 천연의 자연조건을 인간의 인위적인 고도환경제어에 의한 생물의 '최적의 환경조건', '고도환경조건'을 인위적으로 조성하여 자연조건과는 전혀 무관한 천혜의 조건을 조성하여 인간에게 필요한 양·질의 우수한 무공해 농산물을 '신지식생산방식'(新知識生産方式), '첨단농법생산방식'(尖端農法生産方式), '첨단지식공장적생산방식'(尖端知識工場的生産方式)에 의거하여 서구의 재래식의 생산방식과는 차원이 다른 '고차원지식세계'(高次元知識世界)에 의해서 천혜의 자연조건 및 천연의 자연조건을 그대로 답습하여 '친환경적 지식생산방식'(親環境的生産方式), '친자연적 생산방식'(親自然的生産方式), '천연 및 천혜의 신생산방식'(天然天惠新生産方式)으로 대자연의 대진리에서 인간 삶의 영위에 필요한 최상의 재화나 최고의 용역을 대자연의 식모(食母: 어머니)에서 호득해 나아간다.

아울러 서구의 구시대적인 생산방식에서 해탈하여 논자의 동양의 신지식생산 방식은 대자연과 인간은 더불어 공존함으로써 자연과 인간은 하나로 혼연일체(混然一體)가 형성되어 대자연과 대진리의 가치척도가 됨으로써 인간은 자연의 순리(順理)에 순응(順應)함으로써 서양의 자연관은 자연에 대한 이성적인 대립적 분열은 우주만물의 대립이나 투쟁 지향적인 삶의 모태가 되었으나 동양의 자연관은 대진리의 인간이 '순응'하여 즉, 인간은 대자연의 대진리의 가치척도가 되는 자연진리에 순응함으로써 천지만물은 '호혜공존', '공존공영', '만유공존공영의 실현'으로 나아가는 이론적인 모태는 바로 인간의 몸을 확대한 대자연과 진리의 가치척도가 된다는 논리가 성립된다고 할 수 있겠다.

우리는 서구의 이분법적인 사고관념에서 역사해탈을 통해서 논자의 '신의식세계'(新意識世界), '무의식세계'(無意識世界), '잠재세계'(潛在世界), '염력세계'(念力世界), '초월적 세계관'(超越的世界觀)이 도래되어 인간 내면세계에 의한 무한대의 '신물질창조'를 실현하여 인간은 서구의 낡은 3차원의 '상대성'에서 역사해탈을 통한 동양세계에 의한 '신비주의'(神秘主義) 철학적 모태 위에서 대자연에서 4차원의 '절대계' 및 5차원의 '마음세계'가 도래되어 인간은 인간으로서 우주창조 본성으로 귀일하게 됨으로써 '만유창조본성'(萬有創造本性)은 바로 인간 내면세계의 완성(인간의 몸과 마음은 하나(심신일체)가 됨으로써 대우주 및 소우주가 하나(물심일체) 자연과 인간 역시 하나(혼연일체)가 형성됨으로써 우주만물은 하나로 형성이 됨.)에 의해서 실현된다는 논리를 전개하는 바이다.

제4절 첨단지식기반경제에 따르는 첨단지식공장화란
무엇인가?

　서구 산업혁명의 이론적인 모태는 스코틀랜드 출생인 아담스미스의 국부론(國富論)의 모태는 핀의 분업화에 의한 대공장제에서 '양의경제'(量義經濟)에 의한 천혜의 자연자원 및 천연의 자연자원에서 채취한 재료나 원료를 대공장에서 가공하는 '가공무역'의 형태가 오늘날까지 지속되고 있으며, 이러한 경제의 구시대적인 패러다임은 '낡은 의식구조'(舊意識), '낡은 사고관념'(舊觀念), '낡은 유물사관'(舊唯物史觀)에서 역사해탈(歷史解脫)을 통한 새로운 새 시대에 즈음하여 '신경제'의 신패러다임으로 대전환을 모색해 나아가야 하는 역사적인 분기점이요 또한 역사적인 대전환점이라고 단언한다.

　그것은 다름 아닌 '세계정부 연구소'로부터 새 역사창조의 이론적인 모태를 창조할 수 있으며, 이러한 이론적인 모태는 바로 '인류미래사관'(人類未來史觀), '인류미래역사'(人類未來歷史), '인류역사창조'(人類歷史創造)를 위한 초석이 될 것이며 아울러 서구의 '산업화→탈산업화', '공업화→탈공업화', '신산업화→무공해 청정기술→첨단기술→첨단지식→하이테크 지식산업'에 의한 제5세대 기술의 완성세계에 의한 인류 미래 역사는 서구의 낡은 의식구조에서 벗어나 새로운 '신의식세계'에 의한 고차원세계(高次元世界)로 인도하여 인간 삶의 질적인 향상과 더불어 인간이 살아가는 진리의 가치척도가 되는 자연과 더불어 공존공생의 철학적 모태가 정립하게 될 것이다.

　이러한 동양세계의 종합적인 이론적인 초석으로 이어져 나아가는 세계정부 연구소는 '인류미래비전'(人類未來備展)을 제시드리며, 그것은 다름 아닌 동양사상적 모태인 노자와 장자 사상인 '무위자연설'(無爲自然說)을 계승, 발전시킨 논자의 '신자연혁명'(新自然革命)에서 이론적인 모태를 찾을 수 있다고 사료한다. 이러한 천, 지, 인의 논리에 입각하여 '하늘'(天)로부터 '뇌본중심세계'(腦本中心世界)가 도래됨으로써 '천지창조'(天地創造), '우주창조'(宇宙創造) 그리고 '우주창조본성'(宇宙創造本性)의 이론적인 모태는 바로 '뇌본가치(腦本價値)의 극대화(極大化)'와 동시에 '땅'(地)으로부터는 무위자연설(無爲自然說)에 의한 '자연의 식모'에서 인간에게 필요한 물질을 호득하고 무위자연의 도(道)에서 인간에게 필요한 정신을 호득함으로써 논자의 신자연혁명의 요체는 바로 서구의 '탈산업화→탈공업화→굴뚝산업→공해산업→자연훼손→자연파괴 행위→약탈적 자연관'으로부터 역사해탈을 통한 '땅의 가치의 극대화→자연적 가치의 극대화→지식적 가치의 극대화→효율성 가치의 극대화→효용성 가치의 극대화→실용성 가치의 극대화→창조적 가치의 극대화→품질가치의 극대화→인간가치의 극대화→조직의 효율성 가치의 극대화→무공해 청정기술적 가치의 극대화→첨단지식적 가치의 극대화→하이테크 지식기반 가치의 극대화'의 실현으로 서구의 낡고 구시대적이고 재래적인 생산방식에서 완전히 벗어나 동양세계는 '신지식생산방식(新知識生産方式)→질적지식생산방식(質的知識生産方式)→품질혁명질적혁신(品質革命質的革新)→인간중심경영혁신(人間中心經營革新)→첨단지식적공장생산방식혁신(尖端知識的工場生産方式革新)으로 서구의 '양의경제'(量義經濟: 소품종 대량생산)의 메커니즘으로서 상품의 종류는 적은 반면에 적은 품종에 대한 생산방식은 대량생산의 메커니즘은 바로 인간의 육체적 행위에 대한 삶의 질적인 저하를 가져오는 원동력이 바로 서구 공장제에 의한 대량생산의 한계점이요 또한 모순점으로 서구문명의 종말론으로 이어지는 원동력으로 작용하고 근본적인 신대안으로 '혁신적 창조', '창조적 개혁'을 통해서 서구문명으로 인한 일체의 유물사관을 새롭게 정립해 나아가는 모태가 바로 '신의식 세계', '신관념 세계', '무의식 세계', '잠재적 세계', '염력 세계', '초월적 세계'가 바로 한반도에서 새롭게 전개될 역사창조의 핵심과제로 대두되는 바이다.

이러한 동양의 신자연혁명으로 첨단지식기반경제(尖端知識基盤經濟)에 의한 '첨단지식공장화'(尖端知識工場化)란, 서구의 대공장제(大工場制)에 의한 분업화(分業化)로서 공장에서 소품종(小品種)에 따르는 롤라식(ROLLER式: 기계문명에 의한 자동화 시스템은 단순한 육체노동행위로서 경제의 희소성의 원칙에 비교해 볼 때에 아무런 희소성의 가치가 없는 단순노동행위로 인한 인간의 노동행위에 비하여 저부가가치화로 노동자들의 생활상은 궁핍한 생활상으로 이어져 나아가는 모태가 된다. 즉 삶의 질적인 저하는 바로 궁핍한 생활상으로 이어져 나아가는 서구경제의 한계점이자 모순점이다.) 생산방식(生産方式), 소품종에 의한 판박이식(板博以式: 프레스 형식에 의한 단순한 대량생산 방식은 인간의 육체적인 노동가치에 비하여 저효율 및 저소득원으로 이어짐.) 대량생산(大量生産) 방식 그리고 단순노동행위로 인한 상품의 질적 가치가 없으므로 노동자들은 자본가들로부터 정치적인 착취의 수단으로 동원됨으로써 서구 자본주의 경제는 궁핍한 노동자들의 생활상의 모순점 및 한계점에 의해서 한시대적인 전유물로서 삶의 질적인 저하를 가져오는 주요인으로써 작용하게 되었다.

반대급부적으로 동양의 '신자연혁명'에 의한 '첨단지능형지식연구소'(尖端知能形知識研究所), '첨단지능형실험실지식연구소'(尖端知能形實驗室知識研究所), '첨단지식창조용연구소'(尖端知識創造用研究所)에서 '신지식생산방식(新知識生産方式), 신지식실험실용생산방식(新知識實驗室用生産方式), 신첨단지식공장적생산방식(新尖端知識工場的生産方式)으로서 지식혁명(知識革命), 지식가치혁명(知識價値革命), 지식실용가치극대화(知識實用價値極大化), 부가가치지식극대화'(附加價値知識極大化)를 추구하게 됨과 동시에 '첨단지식공장화'의 '공장내부'(工場內部)는 '천혜의 자연조건', '천연의 환경조건', '쾌적한 환경조건'을 컴퓨터 자동화 시스템에 의한 인위적 고도환경제어(헬륨전등에 의한 발광(發光) 및 발열(發熱) 그리고 바이오 온도조절센서가 부착됨으로써 헬륨전등은 자동으로 공장내부의 온도시스템을 컴퓨터 시스템에서 조정하는 기능일체를 고도환경제어시스템이라고 정의한다.)를 실현함과 동시에 '생물공학산업'(生物工學産業), '수산물공학산업'(水産物工學産業), '축산물공학산업'(畜産物工學産業)에 의한 24시간의 고성능 감시카메라를 이용하여 화상모니터 관리요원에 의해서 생태학적인 '정밀분석', '과학적 분석', '생태학적 공학분석'에 의한 최적의 제어시스템으로 제어함과 아울러 '공장외부'(工場外部)는 최첨단 공장의 지붕 위에 설치된 '태양열 집열판'으로 자가 생산된 솔라에너지로 여름에는 냉방시스템으로서 생물 생육에 최적의 환경조건, 겨울에는 '헬륨발광열'에 의한 공장내부의 컴퓨터 자동시스템의 제어장치에 의해서 세팅된 온도조절 장치에 의해서 최적의 생물의 생태학적 조건을 만들어 줌으로써 1년에 2묘작 하던 재래식의 생산방식에서 완전히 벗어나 1년에 연중무휴 신지식생산방식에 의해서 생물의 라이프 - 사이클 조절기능에 의해서 기존의 생물의 중기성장은 멈추게 하면서 끊임없는 열매의 성장 및 결실을 촉진하여 하나의 식물종에 의해서 1년 내내 성장 및 열매를 생산할 수 있는 최첨단지식기술과 첨단영농법인의 미래의 지식산업에 대한 고부가가치산업으로 향후의 첨단농업은 '완전한 지식농업', '완전한 첨단농업', '완전한 첨단농법', '완전한 바이오 - 농업', '완전한 지식공장화' 시대가 도래되어 서구의 낙후된 재래식 생산방식에서 완전히 해탈한 지식농업, 과학농업, 첨단기술농업으로 농업의 미래는 '부농의 시대', '친환경적 관광농업', '첨단 하이테크 지식농업'으로 농산물의 '질적 혁신', '질의혁명', '품질혁명'으로 인류미래의 먹을거리 외식산업에 대한 고차원적인 삶의 질적인 혁신을 주도해 나아가는 이론적인 초석이 될 것이다(즉 인간의 사상체질(태양, 태음, 소음, 소양)에 의한 '주문형 식단제', '맞춤형 식단제', '기능성 식단제'가 도입되어 자연과 인간은 일체세계가 도래된다).

제5절 첨단지식기반경제에 따르는 뇌본경제(腦本經濟)란 무엇인가?

대우주가 중심의 근본에서 이탈되었던 우주만물은 서구에 머물면서 대우주는 '물질'(器: 육체적 성숙)에 의한 성장에 따르는 인간본성을 상실하고 우주법칙은 필연적으로 '중심지본'(中心地本)에 삼생만물(三生萬物)이 중심근본에 하나로 회삼귀일(會三歸一)하여 만물의 영장인 인간 역시 '인간본원'(人間本源), '인간본능'(人間本能), '인간본성'(人間本性)을 회복하여 서구의 물질문명으로 인한 잃어버린 인간성을 회복함으로써 한반도에서 대우주의 '우주본원' (宇宙本源: 창조본원), '우주본체'(宇宙本體: 물질생성), '우주본심' (宇宙本心: 중도출현(中道出現)으로 공심세계(空心世界), 허심세계 (虛心世界), 공도세계(公道世界)로 나타남으로써 소우주인 인간에게는 평상심지위도(平常心之謂道)와 대우주의 공심세계(空心世界) 가 하나로 중심지본에서 합일세계관이 도래됨으로써 동양사상의 대표적인 사상인 '천인합일사상'(天地合一思想), '천인일치사상'(天人一致思想), '우주합일세계관'(宇宙合一世界觀)이 한반도에서 도래되어 대우주 및 소우주는 완전한 하나의 '일체세계관'(一切世界觀: 태양계(太陽係: 우주의 '천'(天: 태양), '지'(地: 달), '인'(人: 지구) 및 천왕성 및 명왕성 그리고 태양계 및 은하계가 중심축으로 하나의 덩어리가 되는 것)으로 우리는 인간과 대우주가 일체로서 하나의 일기에 의해서 우주만물을 다스려 나아가는 모태가 된다고 논자는 정의한다.

인간세계에서 가장 낙후된 서구문명이 바로 물질문명이라고 논자는 대선각자로서 우주만방, 우주만백성에게 고하며, 이러한 인류진화발전기(人類進化發展機)의 단계로서 '제1단계: 자아투쟁단계'(自我鬪爭段係), '제2단계: 자아상호대립공존단계'(自我相互對立共存段係), '제3단계: 자아완성단계'(自我完成段係), 자아실현단계(自我實現段係), 인간완성단계(人間完成段係)로 이어져 나아감으로써 현대의 서구문명은 '자아상호대립공존'(自我相互對立共存段係)으로 자아(自我)가 미성숙하여 야기되는 일체의 근본이나 제반문제가 자아(自我)로부터 시작되며, 이러한 자아의 미성숙 단계가 바로 우리는 서구문명으로 인한 '인간은 낙엽과 같은 존재', '군중 속에 고독' 그리고 '3S(섹스, 스크린, 스포츠)'가 지배됨으로써 인간은 인간본능을 상실하게 되는 근본 원인은 바로 '물질세계'(物質世界)가 나(自我)를 잊게 만드는 근본 원인이 되었다. 이러한 서구문명의 결과론으로 '자아상실'로 이어짐으로써 인간은 하나의 낙엽과 같은 존재가치가 없는 삶으로 인도하게 되었다. 아울러 동양의 '신자연혁명'(新自然革命)은 이러한 서구문명으로 인한 일체의 제반문제점을 '신대안'(新代案)으로 서구의 일체적 모순점을 '혁신'(革新), '창조'(創造), '개혁'(改革)을 통해서 만백성들이 나라의 주인으로 바른 삶(正道生活)을 영위할 수 있도록 논자는 최선의 노력을 다해 왔다고 자부하는 바이다.

이러한 개혁의 본질은 수구세력들의 음성적인 먹이사슬을 원천적으로 차단함과 동시에 국민들의 호주머니를 털어낸 그들의 음성적인 자금줄을 원천적으로 차단함으로써 조직해체를 통해서 정치착취의 해체를 하는 길만이 국가는 '소유분배구조'(所有分配構造)

의 불균형을 근본적으로 혁명적인 개혁으로 국민대중 다수가 균등한 소유분배구조를 정립해 갈 수 있도록 함에도 불구하고 국민다수가 참여한 경제개발계획과 국민이 낸 세금으로 재벌을 육성한 '박정희 군단'에 대하여 엄격한 역사적인 심판을 내려야 할 역사적인 분기점에 머무르고 있는 것이 한국정치의 현주소라고 논자는 단언하는 바이다.

즉 국가정치지도자의 미래를 내다볼 수 없는 '국가정책'(國家政策)의 입안(立案)이 바로 정치적인 정·경 유착에 의한 정치적인 '특권의식', '극한적인 지역인재 등용'에 의한 분배구조를 근본적으로 왜곡한 결과물이 바로 대한민국의 빈부격차의 근본 원인이며 이러한 소유분배구조를 개선하는 방안은 바로 '재벌군단'을 해체시켜 새로운 '신경제'(新經濟: 지식기반경제)의 신패러다임에 맞는 '녹색생물지식공학' 경제체제를 도입함으로써 가능하다는 논리를 전개드리오며, 그것은 다름 아닌 재벌그룹의 해체를 통해서 '소유'(국민대중다수)와 '경영'(경영은 전문경영인) 그리고 '기업의 재무구조에 대한 혁명적인 투명성'(분기별 기업공개 법제화) 및 '회계부정행위자에 대해서는 10년 이상의 중형'을 선고할 수 있도록 '법제화'(국회의 입법기능)를 통해서 왜곡된 '소유구조'를 범국가적인 차원에서 '소득분배정의'(所得分配正義), '노동자의 노동생산성＋물가인상률', '국가의 조세제도'(가진 자는 누진과세, 못 가진 자는 국가복지정책의 일환으로 빈부격차의 근원을 해소하는 첩경이 됨, 이것을 경제학자 케인즈는 '화폐일반이론'에 의한 수정자본주의 사상이 잉태되는 근원으로 작용함과 동시에 현대적인 복지정책이론이 성립하게 됨.)를 실현해 나아가야 한다고 사료한다.

아울러 '재벌계열사' 기업은 완전한 독립기업의 형태로서 대전환을 모색함과 동시에 '분기별 기업경영실적'을 투명하게 공개화, 법제화를 통해서 적자가 나는 기업은 문을 닫아야 함과 동시에 새로운 신경제의 신패러다임으로 대전환을 모색해 나아가야 한다고 사료한다. 이러한 입법은 바로 '소유경영분리법안'(所有經營分理法案)을 여·야가 '만장일치'(萬場一致)로 제정하여 수구세력들에 의해서 왜곡된 '소득분배불균형'을 근본적으로 개선(改選), 혁신(革新), 제도개혁(制度改革)으로 재벌그룹의 완전한 해체작업을 통해서 새로운 새 시대에 즈음한 '신경제체제'(질의경제의 메커니즘에 의한 동양의 신자연혁명으로 '탈농촌화', '탈농업화', '탈이농화'에 의한 첨단과학영농화의 첨단농법에 의한 첨단생물지식공장화, 첨단지식연구소에 의한 각도별 '첨단지능형아파트 지식연구단지' 그리고 탈농촌화를 통한 문화(文化) + 자연(自然) + 인간(人間) + 지식(知識) + 진리(眞理)가 공존하는 인간의 '주거혁명'(住居革命)을 통한 '첨단태양열전원주택'(尖端太陽熱田園住宅)을 건립하여 솔라-에너지에 의한 무공해 청정에너지에 의해서 각 가정에 솔라 냉·난방을 자가 생산된 전기에너지로 충당함과 동시에 지구촌의 전 세계 경제개발의 초석으로 세계정부 차원에서 지식기반경제를 주도하여 지식근로자에 의한 '지식경영', '지식생산', '지식공장화'에 의한 '질의혁명'(質義革命), '질의가치'(質義價值), '고품질혁명'(高品質革命)을 주도하여 소량생산(少量生産) 시스템 및 대량생산(大量生産) 시스템이 공존하는 '주문형 생산시스템', '맞춤형 생산시스템', '특화생산시스템'을 구축하여 '지식근로자'의 지식가치에 의한 소득분배정의를 실현함으로써 서구의 산업혁명에 의한 지역 간의 빈부격차를 근본적으로 혁신 및 창조 그리고 개혁을 주도함으로써 지구촌의 2%의 점유한 자가 지구촌의 전 재산의 50%를 점유하는 기형아적 왜곡된 분배현상을 인류분배정의에서 강력한 제도개혁을 통해서 부정 축재한 재산의 몰수를 통해서 세계정부의 경제개발에 초석으로 이어져 나아갈 것으로 사료한다.)을 강구해 나아가는 정치지도자의 현명한 통찰력이 요구되는 시점이기도 하다.

우리는 박정희 군정에 의해서 경제개발정책은 '정치적인 특권층', '지역특권 인물중심', '지역편중에 의한 개발정책'에서 벗어나 전 국토의 '균형발전'(均衡發展)을 도모함과 동시에 어떠한 정치적인 색채가 없는 완전한 탈자본주의 경제는 민간주도로 이어져 나아가야 한다고 사료한다. 이러한 대안이 바로 논자의 '신자연혁명'의 요체가 된다는 사실을 만천하에 고하며, 그것을 지구촌에 확대하면, 바로 '인류공존공영'을 실현하는 초석이 될 것이요, 또한 세계정부에서 추진하게 될 제8차 5개년 경제개발계획으로 전 세계 각국정부의 GDP국민소득은 40,000달러를 상회하게 될 것으로 논자는 대선 각자의 입장에서 인류가 출현한 이래 어느 누구도 흉내 내지 못하는 '전 인류 미래비전'을 제시하는 바이다.

아울러 기독교에서는 '신'(神)이 천지창조를 했다고 하며, 도교에서는 '도'(道)가 천지창조를 했다고 하며, 어느 종교나 어느 종파에 관계없이 인간이 출현한 근본은 바로 '우주정기'(宇宙精氣)의 기운을 아버지가 받고, 땅에서 어머니의 피(血)를 받아 인류출현의 근원이 된다는 논리가 성립된다. 즉 영혼의 고향은 하늘이요, 또한 육신의 고향은 땅(자연)이다. 즉 창조(創造)란 '하늘' 및 '일신'(一神)만이 하는 것이다. 인간 '두뇌'(頭腦)에 '하늘'(靈)이 내려오게 됨으로써 인간 두뇌에 의해서 '인간창조', '천지창조', '만물창조'의 근원이 된다고 할 수 있겠다. 이것이 동학혁명의 최재우 교주의 '인내천사상'(人乃天思想)의 논리가 성립되며, 이러한 논리는 소우주인 인간은 하늘로부터 '성'(性), 땅으로부터 '명'(命)을 받고, 인간으로부터 '정'(精)을 부여받았으며, 대우주는 하늘로부터 '신'(神), 땅으로부터 '기'(氣)를 부여받았으며, 인간은 '정'(精)을 부여받게 됨으로써 단군이 예언한 개척정신을 통한 영토회복 및 신국건설(神國建設)을 건설하게 되는 근원이 바로 하늘의 일신이 인간세계에 내려오게 됨으로써 '신+인 합일시대'(神人合一時代): 신선시대에서 얘기하는 신인(神人)시대가 도래됨과 동시에 천지만물은 하늘의 신의 정기에 의해서 만물을 다스려 나아가는 모태가 바로 일신시대(一神時代: 우주정기에 의한 하늘의 일신에 의해서 천지만물을 다스려 나아가는 모태가 된다고 할 수 있겠다.)가 한반도에서 도래하게 됨으로써 인간은 영생의 꿈이 실현될 것으로 사료한다.

아울러 서구의 '산업혁명'은 '양의경제'(量義經濟)에 따르는 인간의 노동행위는 '단순노동'(短純勞動), '단순생산'(單順生産), '단순가공'(單順加工)의 형태는 인간의 노동행위(勞動行爲)에 따르는 가치척도는 매우 낮은 수준급의 '저임금'(低賃金), '고노동'(高勞動), '삶의 질의 저하'(生質下)로서 노동자들의 궁핍한 삶의 모태가 서구의 산업혁명에 의해서 주도되었으며, 아울러 조직 구성원의 개인 능력이 도외시 대중조직(大衆組織)에 의해서 획일화(劃一化)된 단순노동행위가 육체노동행위로서 인간의 노동에 대한 지대의 몫(임금)이 매우 낮은 수준급에 달하였다.

동양의 '신자연혁명'(新自然革命)은 서구의 '대공장제'(大工場制)

에서 완전히 해탈하여 '첨단지식연구소'(尖端知識研究所)에서 인간의 의, 식, 주에 소요되는 경제행위 일체가 '뇌본지식'(腦本知識), '뇌본창조지식'(腦本創造知識), '뇌본창조혁명'(腦本創造革命), '지식창조'(知識創造), '지식혁명'(知識革命), '지가사회'(知價社會)를 주도하게 됨으로써 '신지식생산방식'(新知識生産方式), '신지식가공방식'(新知識加工方式), '신지식공장생산방식'(新知識工場生産方式)에 의해서 질의경제에 따르는 '질의혁명'(質義革命), '질의혁신'(質義革新), '질의창조'(質義創造)를 통해서 상품의 지식 가치화의 극대화를 실현하여 인간의 노동행위는 '정신노동'(精神勞動), '지식노동'(知識勞動), '지식근로자'(知識勤勞者)에 의해서 인간의 경제행위가 주도됨으로써 서구의 대중조직의 폐단에서 벗어나 소그룹의 팀제 조직에 의해서 조직원 개인의 '자질', '능력', '전문성', '종합적인 관리 능력의 극대화'를 실현하게 됨으로써 '조직의 효율성', '조직의 효능성', '조직원의 공동목표'를 실현하게 됨으로써 하나의 '파트너십'에 의한 '정보공유'(情報共有)를 채택하여 자신의 노동행위에 대한 고부가가치의 극대화를 실현함으로써 인간 삶의 가치척도는 '고차원세계'에 의해서 주도될 것으로 사료하며, 이러한 경제행위 일체를 우리는 '뇌본경제'(腦本經濟)라고 정의한다.

제6절 첨단지식기반경제에 따르는 지가경제(知價經濟)란 무엇인가?

　서구의 산업혁명은 '산업사회'(産業社會), '고도산업사회'(高度産業社會), '자본주의 사회'(資本主義社會)가 도래됨으로써 인간은 인간으로서 '물량화'된 가치척도가 인간성의 근원을 타락시키는 근본 요인으로 작용하였다. 이러한 서구의 '물질세계', '물질문명', '물량화의 메커니즘'은 한시대적인 전유물로 역사 속으로 사라지고 새로운 새 시대의 신패러다임으로 '정보화 사회'를 기반으로 '월드와이드웹'(worldwide web), '정보고속도로'(情報高速道路), '정보초지식화'(情報超知識化), '정보초스피드시대'(情報超速道時代)가 도래되어 서구의 낡은 구시대적인 '정보통제'(情報統制), '정보억압'(情報抑壓), '정치통제'(政治統制)가 완전히 소멸됨으로써 우리의 정보화 시대는 '정보의 확산', '정보의 공유', '라이프 사이클의 수명주기'가 단축됨으로써 정보화 사회의 우리는 '초스피드'시대라고도 부른다. 왜냐하면 '월드 - 와이드 - 웹'은 바로 '정보'(情報)에 '지식'(知識)을 접목하면 '초정보지식사회'(超知識情報化社會)가 도래됨으로써 시간성(時間性)과 공간성(空間性)을 인간의 '마음세계'(一心世界), '신인세계'(神人世界), '일신세계'(一神世界)가 우주 만물을 지배함으로써 '시·공초월세계'(時空超越世界)가 가능하다는 논리를 전개하는 바이다.

　아울러 논자가 주장하는 동양의 '신자연혁명'으로 인하여 서구의 '대공장제'에 따르는 '굴뚝산업', '공해산업', '환경파괴산업'은 역사 속으로 사라지고 동양세계는 '음의세계'(陰意世界), '질의세계'(質意世界), '내면세계'(內面世界), '의식세계'(意識世界), '무의식세계'(無意識世界), '잠재세계'(潛在世界), '염력세계'(念力世界), '초능력세계'(超能力世界), '신비세계'(神秘世界), '가치세계'(價値世界), '닫힌 세계'(障幕世界), '지식세계'(知識世界), '창조세계'(創造世界), '조화세계'(造化世界), '중용세계'(中庸世界), '인간세계'(人間世界), '신인합일세계'(神人合一世界), '일신세계'(一神世界)가 도래되어 '미래역사'(未來歷史), '미래사관'(未來史觀), '인류미래사관비전'(人類未來史觀備展)에 대한 정의(定義)를 내리는 바이다.

아울러 동양의 '신자연혁명'으로 '첨단지능형지식연구소'(尖端知能形知識研究所)에 의한 인간중심세계관(人間中心世界觀), 자연중심세계관(自然中心世界觀), 우주중심세계관(宇宙中心世界觀)에 따르는 하늘의 머리인 '영'(靈), 인간의 두뇌인 '뇌'(腦)가 하나로 합일하는 '영뇌합일세계관'(靈腦合一世界觀)이 도래되어 천지창조의 근원으로 작용됨으로써 인간의 '뇌본세계'(腦本世界)에 의해서 '창조화사회'의 원천으로 이어져 나아가게 됨으로써 우리는 이러한 사회를 '뇌본세계'(腦本世界), '뇌본창조'(腦本創造), '뇌본지식'(腦本知識)에 의한 '첨단지식형연구소', '첨단지식창조형실험실연구소'(尖端知識創造形實驗室研究所)에서 창조화된 지식이 자유시장의 메커니즘에 의해서 자신들이 추구하는 '지식적 가치'(知識的價値), 시장기능(市場機能)에 의해서 '지식매매'(知識賣買)가 되는 그러한 경제 - 메커니즘을 우리는 '지식기반경제' 또는 '지식기반사회'라고 하며, 이러한 사회는 필연적으로 '지가가치'(知價價値), '지가매매'(知價賣買), '지가사회'(知價社會)라고 정의한다.

서구문명은 눈에 보이는 세계만이 존재가치(存在價値)를 인정하였으나 동양철학의 모태는 '신비주의'(神秘主義)에 의한 인간 내면 세계에 의한 '의식세계'(意識世界), '자아세계'(自我世界), '잠재세계'(潛在世界), '염력세계'(念力世界), '초월적 세계관'(超越的世界觀)이 우주세계를 지배해 나아가는 모태가 될 것이며, 이것이 바로 동양철학의 핵심과제이다. 아울러 서구의 '물질세계'는 인간세계에서 가장 낙후돼 보이는 존재 세계만이 인정하는 가장 낮은 급의 저효율의 세계관이 우리를 지배해 왔다. 아울러 동양세계는 눈에 보이지 않는 '신비세계'(神秘世界)가 존재한다고 노자 성인은 설파하였다.

즉 '도'(道)를 도라고 하는 것은 도가 아니요. 이름을 이름이라 하는 것은 이름이 아니다. 즉 도가도(道家道)는 비상도(非常道)요 또한 명가명(名家名)은 비명가(非家名)라 한다. 아울러 대우주의 '공심세계'(空心世界), 인간의 '도심세계'(道心世界), '도의세계'(道義世界)가 하나로 합일하면 천지창조의 근원이 된다는 논리이다. 이것을 불가에서는 '일체유심조'(一切唯心造)라고 한다. 즉 천지창조의 근원은 바로 인간의 '마음세계'(一心世界)에서 창조한다는 논리가 성립된다. 우리는 서구의 3차원이 보이는 세계에서 해탈하게 됨과 동시에 동양세계는 '도의세계'(道義世界), '진리세계'(眞理世界), '본원세계'(本源世界), '창조세계'(創造世界)가 도래되어 '절대정신'(絶對精神)시대를 마음에서 창조함으로써 인간은 천지창조의 근원으로 복귀하게 된다는 논리이며, 그것은 다름 아닌 '영뇌본세계'(靈腦本世界), '뇌본창조세계'(腦本創造世界), '뇌본혁명세계'(腦本革命世界)에 의해서 우주창조 본성인 '마음세계', '일심세계',

'공심세계'가 하나로 합일하는 세계관이 도래됨으로써 '지식기반경제'(知識基盤經濟), '지식기반사회'(知識基盤社會), '지가기반사회'(知價基盤社會)로 나아가는 초석이 바로 논자의 '신자연혁명'(新自然革命)에 의한 '첨단지능형지식창조용연구소'(尖端知能形知識創造用研究所)에서 '창조지식'(創造知識), '지식혁명'(知識革命), '지식가치혁명'(知識價値革命)을 주도함으로써 지식기반경제에 따르는 '지가사회'(知價社會)로 나아가는 초석이 될 것으로 확신한다.

아울러 서구의 낡고 구시대적인 생산방식에서 벗어나 새로운 새 시대에 즈음하여 신생산방식에 의한 '신지식생산방식'(新知識生産方式), '신지식가공생산방식'(新知識加工方式), '첨단지식공장생산방식'(尖端知識工場生産方式)에서 '질의혁명'(質義革命), '질의가치'(質義價値), '질의지식가치'(質義知識價値)를 극대화하여 서구의 대공장제에 의한 '굴뚝산업', '공해산업', '환경파괴산업', '환경훼손산업'으로부터 벗어나 신생산방식에 의한 새로운 신경제의 신패러다임을 창조함으로써 서구의 '단순노동행위', '단순가공행위', '단순생산방식'에서 벗어나 새로운 신지식생산방식에 의한 고부가 가치 지식산업화를 유도하게 되는 근본 원동력은 바로 인간의 '뇌본중심사회'에 따르는 '첨단지식창조형연구소'(尖端知識創造形研究所)가 인류미래의 새로운 신경제의 신패러다임을 주도함으로써 '뇌본경제'(腦本經濟)에 의한 '뇌본생산방식'(新腦本生産方式), '신뇌본지식생산방식'(新腦本知識生産方式), '신뇌본지식공장화'(新腦本知識工場化)시대가 도래되어 인간의 의, 식, 주가 일체의 경제행위에 소요되는 가치척도의 기반은 바로 '지식가공'(知識加工), '지식생산'(知識生産), '지식가치화'(知識價値化)를 주도하게 됨으로써 '지가경제'(知價經濟), '지가사회'(知價社會), '지가가치산업'(知價價値産業)으로 신경제를 주도하게 될 것으로 사료하는 바이다.

제7절 첨단지식기반경제에 따르는 초지식기업(超知識企業)이란 무엇인가?

서구의 산업혁명으로 인하여 자연에서 채취한 재료나 원료를 가공하는 가공무역의 형태는 바로 '대공장제'(大工場制)라고 단언하며, 동양의 신자연혁명은 '첨단지식연구소'(尖端知識研究所), '첨단지식창조형연구소'(尖端知識創造形研究所), '첨단지식실험실용화연구소'(尖端知識實驗實用化研究所)에서 '지식가공'(知識加工), '지식생산'(知識生産), '지식고부가가치화'(知識高附加價値化), '첨단지식지능형공장화'(尖端知識知能形工場化)에 의해서 인간의 의, 식, 주와 일체의 경제행위 주체는 바로 지식이 사회의 기반이 되는 '지식기반사회'(知識基盤社會)로 나아가고 있는 것이 지구촌의 현실이기도 하다. 우리는 서구의 '단순한 노동방식', '단순 생산방식', '단순 가공방식'에서 벗어나는 길만이 인류미래의 삶의 질적인 향상을 도모해 나아가는 이론적인 모태가 되며, 서구의 산업혁명은 인간의 육체적인 노동행위에 불과하므로 노동행위에 대한 생산성 및 상품의 품질저하 그리고 대량생산방식에 의해서 인간을 하나의 '물량화', '황금화', '앰모니즘'에 의해서 인간본연의 인간성을 상실함과 동시에 물질에 의한 '쾌락주의', '향락주의', '황금우상화 정책'으로 인하여 인간은 인간본연(人間本然)의 인간성(人間性)을 상실하는 근본 원인으로 가치관(價値觀)의 전도시대를 맞이하게 되었다.

이러한 서구문명의 모순점은 바로 '물질세계', '육체적 성숙', '자아의 미성숙'에 따르는 근본적인 문제점을 해결하는 첩경은 바로 탈물질문명(脫物質文明), 탈자본주의(脫資本主義), 탈민주주의(脫民主主義)를 통한 인간의 육체적인 성숙에 따르는 자아의 미성숙 과정에서 나타나는 현상이 바로 서구문명의 한계점이요, 또한 모순점이라 정의한다. 우리는 인간의육체적인 성장에 따르는 '자아완성'(自我完成), '자아실현'(自我實現), '인간완성'(人間完成)에 따르는 우주만물은 100%의 '성인'(聖人)의 경지에 오르는 '물심일체'(物心一體: 대우주의 물질 대 소우주의 마음이 일체가 되는 것), '심신일체'(心身一體: 인간의 몸과 마음이 하나가 되는 것) 그리고 '공심일체'(空心一體: 대우주의 마음과 인간의 마음이 하나로 일체되어 인간은 마음세계에 의해서 심자각(心自覺)을 실현하여 마음에서 대우주의 대진리를 공심상통세계관(空心相通世界觀), '유무상통세계관'(有無相通世界觀: 노자의 지론에 준하면 무극(道生一)과 태극(一生二) 그리고 우주만물(二生三), 삼생만물(三生萬物)은 하나의 일기로서 상통하게 된다는 논리)이 도래되어 자신 마음의 깨달음(自心覺)이 바로 자아세계의 진정한 '대스승'으로 자리매김을 다해 나아갈 것이다.

이러한 세기적인 변혁에 즈음하여 서구의 낡은 구시대적인 패러다임에서 역사 해탈하여 인간의 '외면세계'(육체적)에서 벗어나 21세기는 인간의 '내면세계'(自我世界)가 확립됨으로써 신의식세계(新意識世界), 자아완성세계(自我完成世界), 정신세계(精神世界),

무의식세계(無意識世界)가 도래되어 '자아적 가치'(自我的價値), '지식적 가치'(知識的價値), '공존적 가치'(共存的價値), '진리적 가치'(眞理的價値), '내면적 가치'(內面的價値)가 우주세계를 지배해 나아갈 것이며, 이러한 신패러다임의 변혁에 즈음하여 우리는 서구의 구시대적인 자본주의 제도에서 벗어나 새로운 신경제에 의한 신패러다임으로 역사적인 대전환점을 모색해 나아가야 할 역사적인 분기점에 있는 것이다. 이러한 신대안으로 지식기반경제 및 지식기반사회로 전환하게 됨으로써 서구의 자연에서 채취한 재료나 원료를 가공하는 '단순가공무역'의 형태에서 벗어나 인간의 '뇌본경제'(腦本經濟)에 의한 지식창조를 실현하고 이러한 지식을 새롭게 가공하여 인간의 경제행위에 영위되는 일체의 의, 식, 주의 경제행위는 바로 지식기반이 되는 '신지식생산방식'(新知識生産方式), '신지식가공방식'(新知識加工方式), '첨단지식공장화'(尖端知識工場化)에 의해서 최고의 재화나 최상의 용역으로 고부가가치를 창출하는 기업의 형태를 우리는 '초지식기업'(超知識企業)이라고 정의한다.

이러한 첨단지식기반경제에 따르는 '초지식기업'(超知識企業)의 개념으로는 인간중심세계관(人間中心世界觀)에 따르는 인간의 '뇌'(腦)가 하나의 근본으로 뇌본진리세계(腦本眞理世界), 뇌본지식경제(腦本知識經濟), 뇌본지가사회(腦本知價社會)에 따르는 '영뇌지본사회'(靈腦之本社會)가 하나의 근본이 됨과 동시에 '뇌본지식창조'(腦本知識創造), '뇌본지식혁명'(腦本知識革命), '뇌본지가가치혁명'(腦本知價價値革命)을 주도함으로써 '뇌본지식경제'(腦本知識經濟)에 의한 '첨단지식창조형연구소'(尖端知識創造形硏究所)에서 실용지식창조(實用知識創造), 실용지식가공(實用知識加工), 실용지식생산시스템(實用知識生産制度)에 의해서 인간의 경제행위의 의, 식, 주의 행위는 '탈공장제'(脫工場制), '탈판박이식생산방식'(脫板博移式生産方式), '탈롤라식생산방식'(脫圓通形生産方式)은 단순한 '가공무역'(加工貿易), '단순생산'(短順生産), '단순노동'(短順勞動)의 형태는 저효율(低效率)의 저부가가치생산(低附加價値生産)으로 이어져 나아가는 모태가 바로 대량생산(大量生産)의 경제 메커니즘이 서구경제의 '양의경제'(量義經濟)라고 한다.

이러한 양의경제에 따르는 '제조업'(굴뚝산업의 부가가치는 10%)의 형태는 '저부가가치생산'으로 이어지는 모태가 되었으나 동양의 신자연혁명(新自然革命)은 첨단지식창조(尖端知識創造), 첨단지식기술(尖端知識機術), 첨단지식생산방식(尖端知識生産方式), 첨단지식공장생산방식(尖端知識工場生産方式), 하이테크(HI‐TECH) 지식산업(高機術知識産業)에 의한 '초지식기업'의 지식생산의 부가가치는 50%로 이어지게 되는 원동력은 '질의경제'(質義經濟: 다품종소량생산), '질의혁명'(質義革命), '질의혁신'(質義革新)을 통한 상품에 대한 지식가치의 극대화, 자연적(土) 지식가치의 극대화, 자연친화적 공존가치의 극대화를 통한 '품질혁명'(品質革命)을 주도하여 인간은 고차원세계(高次元世界)에 의한 삶의 질적인 향상을 도모해 나아가는 지식기기업의 형태를 우리는 '초지식기업'(超知識企業)이라고 정의(定義)한다.

서구의 육체적인 성장에 따르는 인류 진화발전의 단계는 '자아상호대립공존'(自我相互對立共存: 서구문명) – '자아완성단계'(自我完成段係: 우주만물이 중심지본에 귀일함으로써 인간 역시 중본지심(中本地心)에 귀일하여 대우주의 순환법칙으로 인간성이 중심지본에 귀일하여 자아완성세계가 도래됨.) - '자아실현'(自我實現: 인간은 서구문명에서 잃어버린 인간성을 완전히 회복하고 '참자아'(眞自我)→'참진아'(眞我)→'참영아'(眞靈我)→'참신아'(眞神我) 세계가 도래되어 인간은 인간으로서 해탈하고 하늘의 신(神)이 우주만물을 지배하는 일신시대가 도래되어 우주세계는 하나의 다스리는 치일본에 의해서 만물을 다스려 나아가는 모태가 될 것이다.), '인간완성'(人間完成) 세계가 도래됨으로써 동양의 우리는 '음의세계', '정신세계', '절대세계', '정조세계', '순결세계', '질의세계', '중용세계'에 의해서 '중심지본'(中心地本), '생물지본'(生物支本), '만선지원'(萬善支源), '만물지본'(萬物支本)으로 우주만물은 '화육'(和育), '화생'(和生), '보양'(保養)케 하는 근원이 된다고 할 수 있겠다. 이러한 근본은 바로 대자연과 대진리에서 태동한 무위자연의 도(道)에서 인간에게 필요한 최상의 재화나 최고의 용역으로 '첨단지식기반경제'(尖端知識基盤經濟), '첨단지식기반사회'(尖端知識基盤社會), '첨단지식기반지가사회'(尖端知識基盤知價社會)에 의한 '신지식생산방식', '신지식가공방식', '신지식공장생산방식'을 채택함으로써 서구의 육체적인 단순노동행위, 단순생산방식, 단순가공방식에서 벗어나 새로운 신생산방식에 의한 인간의 삶의 질적인 향상을 도모해 나아가는 초석이 될 것으로 사료한다.

제8절 결어(結語)

　서구 유럽의 영국에서 일어난 '산업혁명'(1760~1830)으로 대우주의 물질에 의한 산업혁명은 인간에게는 '물질문명'(物質文明)을 잉태하였으며, 이러한 서구의 물질문명으로 인한 자본주의 자유시장경제체제는 육체적인 성숙에 불과한 제도적인 '한계점', '모순점', '한시대적인 전유물'로서 역사 속으로 '탈자본주의→지식자본주의→지식캐피탈리즘', '탈민주주의→도치정치→도의세계도래', '탈정당정치→대의원제도→개인의 자질과 능력 및 전문성 그리고 종합적인 관리능력의 극대화(국가비전 제시)', '탈대공장제－첨단지식생산공장화→첨단지식가공공장화', '탈산업화→신산업화→무공해청정지식기술', '탈공업화→최첨단지식기술→최첨단 하이→테크(HIGH－TECH KNDWLEDGE) 지식산업', '자연주의 경제(NEO－NATURALISM ECONOMY)', '마인드－이코노미'(MIND－ECONOMY: 마음경제시대 도래)가 도래되어 서구산업화로 인한 구시대적인 유물사관으로부터 역사 해탈을 통한 '자아세계'(自我世界), '본능세계'(本能世界), '마음세계'(一心世界), '일신세계'(一神世界)가 도래됨으로써 인간은 인간으로서 '역사해탈'을 통한 진정한 우주만물의 영장(靈長)으로 인간세계에 의한 다스림의 근본으로 우주만물을 다스려 나아가는 모태가 바로 논자가 주장하는 '3대혁명'으로 하늘(天)의 조화주로서 '도치정치혁명시대', 땅(地)의 교화주로서 '신자연혁명', 인(人)으로서 치화주에 의한 '세계정부혁명시대'를 논자가 주도함으로써 서구의 '3대혁명'으로 영국의 '산업혁명'(스코틀랜드 출신인 아담스미스의 국부론), 프랑스의 '대혁명'(자유, 평등, 박애), 미국의 '독립혁명'(천부인권설)로 이어지게 됨으로써 이러한 서구의 근대 사상적 기조는 '계몽주의 사조'(루소) 및 '공상적 사회주의'(오웬, 프리에, 생시몽은 자본주의 내적 모순점을 지적하는 사상가로서 사회주의에 의한 공산주의 계획경제의 이론적인 모태가 됨과 동시에 칼-마르크스의 정치경제학의 시조라고 부르며, 레닌이 볼셰비즘 혁명을 성공하여 마르크스의 자본론을 도입하였다. 우리는 이것을 마르크스-레닌주의(M-L주의)라고 부르며, 이것이 공산주의의 이론적인 모태로 성립되었으며, 동구유럽은 소련이 위성국가로서 공산주의, 서구 자본주의는 미국이 주도하여 '대륙문명권'(미, 소시대)에 의한 국제정세는 양극화(兩極化)에 의해서 미, 소련이 주도하게 되었다.)에 의한 '시민명예혁명'에 의해서 주도가 되었던 점으로 놓고 볼 때에 서구의 산업혁명으로 인한 산업화의 급격한 공업화정책으로 3차원의 상대성(相對性)에 의한 이원론적(二元論的) 세계관, 인간중심적 사고(人間中心的思考)에서 출발한 도구적(道具的) 자연관(自然觀), 기계론적(機械論的) 자연관을 거론하면서 서양의 자연관은 자연과 인간을 분리하여 '이원론적 세계관', '이분법적 세계관', '상대적 세계관'과 동시에 서구의 자연관은 '도전'(첼린저)을 함으로써 인간은 '자연'과 '우주'까지 지배, 정복하게 되었다. 이러한 도구적 자연관은 '정신'(精神), '이성적'(理性的)인 존재로서 인간과 자연은 '대립', '투쟁', '갈등'을 본질적인 바탕 위에서 이원론적 형이상학(形而上學)을 전제로 한다.

이러한 도구적 자연관은 '기계문명'(機械文明)과 과학의 발달로 인한 '환경오염행위', '환경파괴행위', '자연생태계파괴행위', '수질

오염 및 담수의 오염', '기후의 온난화', '오존층의 파괴행위', '토양오염', '생물종의 감소' 등으로 인하여 인간이 축적한 서구 물질문명의 한계를 노출함으로써 서구문명은 '탈물질문명', '탈자본주의', '탈민주주의'로서 제도상의 한계점(과반수 다수결 논리) 및 모순점으로 한시대적인 전유물로 역사 속으로 사멸하고 그 대안으로 노자성인은 "자연으로 복귀하라.", "자연으로 되돌아가라." 그리고 "근원으로 돌아가라.", "영아에 복귀하라.", "자기를 무(無)로 돌려라." 하는 명제는 바로 그 시절에 우주만물을 예지, 통찰하여 오늘날 우리들에게 설파하고 있는 것이다.

아울러 서구인들은 물질문명으로 인한 인간의 인간성을 회복할수 없다고 사료하며, 이러한 인간행복의 가치척도는 물질세계가 아닌 '자아세계', '본능세계', '마음세계'가 바로 인간행복의 가치척도가 된다는 사실을 인식함으로써 서구인들은 이분법적인 사조에서 벗어나 새로운 동양사상에 눈을 돌리고 있는 현상은 바로 '인간성 회복'의 척도가 된다는 논리이다. 아울러 서구인들이 무분별하게 자연훼손행위에 대한 개발행위를 다시 대자연의 품으로 돌리고 있는 것은 바로 '자연보호사상', '친자연환경정책', '친환경적 개발'을 주도함으로써 인간이 무분별하게 개발한 행위로 인하여 자연은 심각한 몸살을 앓고 있으나 늦게나마 자성과 성찰을 통해서 인간성 회복으로 돌아오게 되는 것은 우주필연의 대진리에 순응하는 첩경이 된다고 자부하는 바이다.

이러한 동양사상은 '유기체적(有氣體的) 세계관', '생태론적 세계관', '천인합일적 세계관'이 '신대안'으로 거론되고 있다. 즉 동양세계는 천지동근, 만물일체, 심신불이, 신토일체, '심토우일체'(心

土宇一體: 인간의 마음과 자연의 흙과 그리고 우주가 하나로 일체 된다는 논리가 바로 천인일치합일세계관)가 형성되어 나(자아 ,진 아, 영아에 의한 본능세계가 인간을 지배한다.)의 본능이 자신의 자아세계를 지배한다는 논리가 정립된다. 이러한 동양의 자연관은 '순응'함으로써 대자연의 대진리에 인간이 스스로 순리에 순응함으 로써 인간은 인간으로서 바른 '정도생활'(正道生活), '순리생활'(順 理生活), '자연진리'에 준하는 '무위생활'(無爲生活)로 나아가는 초 석이 된다는 논리이다. 논자의 이러한 동양사상의 '노자'와 '장자' 사상인 '무위자연설'(無爲自然說)을 계승, 발전시켜 한 단계 '업그 레이드'시킨 '고차원세계'에 의한 '대자연의 식모(어머니)'에서 인 간에게 필요한 물질생성의 근원으로 '신지식생산방식', '신지식가 공방식', '첨단지식공장화생산방식'에 의해서 서구의 '단순생산방 식', '단순가공생산방식', '판박이식 생산방식'에 의해서 주도된 '양 의경제'(量義經濟)에 의한 대공장제에서 대량생산의 메커니즘은 상 품에 대한 물량화로서 시장기능에 의해 부가가치가 현저하게 낮은 제조업의 부가가치는 10%에 미달하는 그러한 구시대적인 생산방 식이 바로 낮은 효율성 및 저임금의 근원으로 작용하게 되는 근본 이 되었다.

아울러 동양의 신자연혁명의 경제요체는 바로 '뇌본경제'(腦本經 濟)로서 인간의 무한대의 '지식 창의성의 극대화'를 통한 첨단지식 연구소가 주도함으로써 서구문명으로 인한 저질의 상품에 대한 대 량생산으로 인한 저효율 및 저임금의 근원에서 혁명적인 변혁을 주 도해 나아갈 것으로 사료하는 바이다. 이러한 신경제의 패러다임으 로 '질의혁명', '질의창조혁명', '질의지식창조혁명'을 인간의 '뇌'가 주도함으로써 논자는 이러한 경제메커니즘을 '뇌본경제'(腦本經濟)라고 정의한다. 이러한 인간의 뇌본경제를 본질적인 바탕 위에서 '첨단지식연구소'에서 '지식창조'(知識創造), '지식혁명'(知識革命), '지식가공'(知識加工), '지식창출'(知識創出), '지식가치'(知識價値), '지가가치'(知價價値), '지가생산'(知價生産), '지식기술'(知識機術) 그리고 '하이테크-첨단지식기술'에 의한 신산업화의 첨단지식기술 및 첨단기술 하이테크 지식기술은 무공해청정기술로서 자연과 인간에게 아무런 피해를 주지 않는 공존철학적인 모태가 성립함으로써 동양의 신자연혁명은 바로 '신토일체사상적'(身土一體思想的) 토대 위에서 '지가경제'를 실현해 나아가는 초석이 바로 인간이 살아가는 진리 가치척도가 된다는 논리가 성립된다.

인간의 기술주기는 제5세대 기술로서 첨단기술이 완성단계에 진입하여 '자연', '인간', '문화', '기술', '지식', '진리'가 우주세계를 지배해 나아가는 모태가 될 것으로 사료한다. 이러한 지식기반경제는 필연적으로 기업의 형태는 바로 '첨단지식연구소'에서 인간의 '두뇌혁명'(頭腦革命), '두뇌경영'(頭腦經營), '두뇌생산'(頭腦生産), '두뇌지식'(頭腦知識), '두뇌창조'(頭腦創造), '두뇌지가'(頭腦知價), '두뇌가치'(頭腦價値)가 지배해 나아가는 경제메커니즘을 우리는 뇌본경제라고 하며, 이러한 뇌본경제에 따르는 기업의 형태는 바로 '초지식일류기업'(超知識一流企業)의 형태로 연구소, 대학교, 지식-네트워크에 의한 '질의혁명', '질의가치 생산', '질의품질 혁명시대'를 주도하여 서구의 판박이식 대량생산 메커니즘이 아니라 '지식적 가치', '상품적 가치', '친환경적 가치'를 실현하게 됨으로써 동양의 질의경제는 소량생산, 대량생산이 공존하는 공존철학적인 모태 위에서 만유공존공생을 실현하는 첩경이 바로 초지식일류기업이라고 할 수 있겠다.

서구의 판박이식 대량생산, 롤라식 대량생산, 단순가공식 대량생산의 경제는 역사 속으로 소멸하게 됨과 동시에 동양세계는 '질의 가치', '지식가치', '고부가가치'를 추구하여 대자연과 인간이 공존하는 모태가 바로 만유공존공생시대가 도래됨으로써 향후에 이러한 지식기반경제는 100년~150년을 지속하게 될 것이다. 우리는 서구의 낡고 구시대적인 경제사조에서 벗어나 새로운 미지세계에 대한 끊임없는 인간의 도전과 역사창조 작업은 영원히 지속될 것이며, 그것은 고차원세계에 의한 인간의 삶의 질적인 향상을 도모하고 동시에 '개성화 시대', '가치화 시대', '지식화 시대', '진리화 시대'가 도래되어 향후 인류 미래는 '상대성'(물질세계), '절대계'(정신세계), '일심세계'(마음세계)가 도래됨으로써 서구문명으로 인한 잃어버린 인간성을 회복하게 됨으로써 인간은 인간으로서 마땅히 지켜야 할 '의리'나 '도리'를 지키게 됨으로써 하늘의 천리 및 땅의 제 질서 그리고 인간의 도리가 상통하는 우주세계관이 도래되어 나아갈 것으로 사료한다.

제3장

세계정부의 경제개발의 이론적인 모태인 신자연주의(新自然主義) 경제란 무엇인가?

제1절 개요

　대우주가 서구에 머물면서 우주분열의 기운으로 인하여 만물이 쪼개지던 것이 대우주의 순환법칙에 의해서 '중심지본'에서 이탈되었던 삼생만물(三生萬物)이 하나의 근본으로 회삼귀일(會三歸一)하여 우주만물은 중심지본에서 '통일세계', '균형세계', '조화세계', '완성세계'를 실현하는 것이 섭리역사의 이법이다. 이러한 대우주는 서구의 우주분열 기운은 역사적인 종말을 고하고, 동양세계에 의한 우주기운은 '통합기운'(統合氣運), '통일기운'(統一氣運), '완성기운'(完成氣雲)에 의해서 우주만물은 '중심지본'에서 서구의

'불균형→균형세계', '부조화→조화세계', '미완성→완성세계', '우
주의 혼돈이나 혼륜→우주의 코스모스(조화)→우주완성세계관'으로
나아가는 것이 우주대자연의 법칙이다.

　아울러 중심지본에서 대우주의 본원(本源), 본체(本體), 본심(本
心)에 의한 '무위지도'(無爲地道)가 출현하여 우주만물은 하나의
다스리는 근본에 의해서 만물을 '조화세계', '완성세계'로 인도되는
것이 우주진리라고 할 수 있겠다. 이러한 대우주는 '통일기운'(統
一氣運), '통합기운'(統合氣運), '완성기운'(完成氣運)에 의해서 중
심에서 '하늘'(天)과 '땅'(地)과 '인간'(人)이 하나의 일체(一切)로서
'한 덩어리'(지구의 땅도 한 덩어리가 형성되어 나아갈 것으로 사
료함, 즉 음양오행의 정기에 의해서 분열된 땅의 기운이 하나로
중심근본에 모이게 된다는 논리이다(中土一切: 중심에 땅이 모이
게 됨으로써 일체가 됨.)가 생성되는 것이 대우주가 나아갈 미래사
관의 행로(行路)라고 할 수 있겠다. 우리는 이러한 미래사관을 '천
인일치 세계관'(天人一致世界觀), '천인일치 합일세계관'(天人一致
合一世界觀), '천인합일세계관'(天人合一世界觀)이 한반도에서 도
래되어 나아가는 것이 섭리역사의 이법이다. 아울러 인류문명(人類
文明)의 발상지(發想地: 인간이 정주생활(定住生活)을 통해서 자연
에서 흙(土)을 일구게 되는 것을 우리는 문화라고 하며, 그것은 다
름 아닌 인간이 땅을 일구는 데서 문화가 등권되고 이러한 한반도
의 지형은 바로 인간형상으로서 인간이 살아가는 대진리의 가치척
도가 바로 한반도에 함축되어 있다는 논리이다.)인 한반도에서 새
로운 '신문명권'(新文明權), '반도문명권'(半島文明權), '신정신문
명'(新精神文明) 시대가 도래되어 서구의 물질문명은 역사적인 종

언을 고하고, 새로운 정신문명시대가 도래되어서 우주세계를 광명대도(光明大道)로서 마음의 영원한 등불로서 동방의 등불이 우주세계를 인도하게 될 것이다.

이러한 세계를 '빛력세계'(光力世界), '광명세계'(光明世界) '천사세계'(天使世界), '도의세계'(道義世界)라고 부른다. 대우주가 광명대도가 발(發)함으로써 소우주인 인간 역시 마음의 영원한 등불로 승화되어 오늘날의 '양심세계'(良心世界), '양심세계'(陽心世界), '도의세계'(道義世界)로 승화되어 인류제약을 척결하는 원천이 바로 인간의 '내면세계'에 의해서 이루어진다는 논리이다. 마음의 어두운 기운(陰氣)이 소멸하여 '성'(性), '명'(命), '정'(精)이 합일되어 '광력'(光力: 대우주의 빛에너지가 인간의 마음에 발하게 됨으로써 양심(陽心)이 인도됨으로써 인간의 인류제약의 근원에서 벗어나 범죄가 없는 지역 간의 경계가 통제가 없는 영원한 자유를 만끽하면서 '불생불멸'의 근원으로 돌아가게 된다.)이라는 빛에너지가 인간 내면세계에서 발현하여 양기(陽氣)에 의해서 인간은 인간으로서 인간완성을 실현하게 되는 근본 모태가 태동하게 된다는 논리이다.

아울러 중심지본의 근본이 되는 한반도는 '양의 세계'(陽意世界), '음의세계'(陰意世界)도 아닌 하나의 '우주합일세계'(宇宙合一世界), 즉 '양'(陽, +)도 아니요 '음'(陰, -)도 아닌 하나의 '중심지도'(中心之道)에서 출현되는 대우주의 본체로서 본심은 바로 '무위지덕'(無爲之德), '현묘지덕'(玄妙之德), '중용지덕'(中庸之德)으로 서구문명은 자연에서 재료나 원료를 '대공장'(大工場)에서 가공하는 '가공무역'(加工貿役)이 주류를 이루었으나 동양세계는 대자연의 식모(食母)에서 '자연적 가치'(自價値), '지식적 가치'(地價

治), '덕치적 가치'(德價値), '진리적 가치'(眞價値)로 이어져 나아
감으로써 위로부터 솔선수범(세계통치자)은 바로 만백성들의 근본
(根本)이나 대본(大本)이 됨과 동시에 '중용철학'(中庸哲學), '중용
사상'(中庸思想), '중용정치'(中庸政治)가 지구의 중심축이 관통하
는 한반도로부터 새 역사창조가 주도하게 될 것이며, 그것은 다름
아닌 '세계정부 연구소'의 연구소장으로부터 새 역사창조가 실현되
어 나아갈 것으로 확신하는 바이다.

아울러 서구문명은 자연과의 대립이나 투쟁지향적인 사고관념에
서 해탈하고 동양세계는 대자연과 인간은 하나의 일체로서 무위자
연(無爲自然)의 덕(德)으로 우주만물을 '화육'(和育), '화생'(和生),
'보양'(保養)케 하는 자연진리에 인간이 스스로 순리(順理)에 순응
(順應)하는 '정도생활'(正道生活), '무위생활'(無爲生活), '순리생활'
(順理生活)로 대자연과 인간은 '심신일체'(心身一體), '물심일체'(物
心一體), '신토일체'(身土一體)가 형성되어 서구의 잃어버린 인간성
회복으로 '자아적 가치'(自價値), '진아적 가치'(眞價値), '심아적 가
치'(心價値)가 우주세계를 지배해 나아가는 모태가 될 것으로 사료
한다. 이것은 다름 아닌 대자연의 대진리에 인간이 순리에 따르고
통치자는 '포덕지치'(布德之治), '현묘지덕'(玄妙之德), '치덕지본'
(治德之本)으로 인간이 우주만방(宇宙萬邦)에 우주만백성(宇宙萬百
性)을 다스리는 하나의 근본(治一本)으로 우주만물을 다스려 나아
가는 모태가 바로 대자연의 대진리인 덕치본(德治本)으로서 한반도
에서 천지만물을 다스려 나아가는 모태가 될 것으로 사료한다.

제2절 신자연주의(新自然主義) 경제에 대한 개념, 정의

　　서구의 산업혁명은 자연에서 채취한 재료나 원료를 가공하는 가공무역의 형태는 인간의 삶의 진리의 가치척도가 되는 삶의 터전인 '자연환경 파괴', '자연환경 훼손', '약탈적 자연관'으로 인하여 지구촌은 극심한 자연환경의 오염으로 인한 '생태계의 위기', '지역 간의 극심한 빈부격차의 확대'로 몰아가고 있는 것이 산업혁명의 '모순점'이자 '한계점'이며, '한시대적인 전유물'이기도 하다. 이러한 근본적인 '신대안'(新代案), '신정책'(新政策), '신비전'(新備展)으로 논자의 '우주진리'(宇宙眞理), '우주철학'(宇宙眞理), '우주근본'(宇宙根本)의 원칙에 입각한 동양의 '신자연혁명'(natural revolution)은 '인간중심세계'(人間中心世界), '자연중심세계'(自然中心世界), '중심지본세계'(中心地本世界)로 이어지게 됨으로써 인간의 '뇌본중심세계'(腦本中心世界), '뇌본창조세계'(腦本創造世界), '뇌본지식경제'(腦本知識經濟)시대가 도래됨으로써 인간은 '우뇌본사회'(右腦本社會)에 의한 '창조화세계'가 되고 농촌에 흙(土)에 대한 지식적 가치(知識的價値), 질의가치(質義價値), 창조적 가치(創造的價値), 가치적 혁명(價値的革命), 품질혁명(品質革命)이 '뇌본지식경제'(腦本知識經濟)를 주도하게 됨과 동시에 '지식경영'(知識經營: 지식적 가치의 극대화를 실현함과 동시에 자신의 업무에 대한 지식혁신과 지식창조 그리고 지식실용화를 통한 고부가가치를 극대화토록 하는 경영방식을 논자는 지식경영(知識經營)이라고 정의(定義)한다.), '지식마인드', '마인드 컨트롤'(mind – control)의 방

식에 의거하여 대자연에서 인간에게 필요한 자연적 가치(自價值),
지식적 가치(知價值), 마인드 가치(心價值)를 극대화함으로써 대자
연에서 인간의 경제행위에 소요되는 일체의 '물질적 가치'(物價值),
'정신적 가치'(精價值), '윤리적 가치'(倫價值), '도덕적 가치'(道價
值)를 실현하고 이러한 대자연은 '만물지모'(萬物之母), '생물지본'
(生物支本), '만선지원'(萬善之源)으로 인간이 생(生)을 영위하는
데 필요한 일체(一切)의 재화(財化)나 용역(用役)은 대자연에서 호
득(護得)해 나아간다고 할 수 있겠다.

이러한 '뇌본중심경제'(腦本中心經濟), '뇌본중심창조경제'(腦本
中心創造經濟), '뇌본중심자연경제'(腦本中心自然經濟)로 대전환
을 모색하게 됨으로써 우리는 이러한 경제메커니즘을 바로 '자연
친화적 경제'(自親經), '친환경적 경제'(親環經), '자연적 가치 경
제'(自價經)라고 정의할 수 있겠다.

아울러 서구의 약탈적인 경제관은 인간 삶의 터전인 자연을 황
폐화함으로써 인간의 근본이나 대본 그리고 진리의 가치척도가 전
도되었으나 동양세계는 바로 친환경적 자연경제가 자연 보호정책
을 통해서 인간에게 필요한 양, 질의 물질적 가치 및 정신적 가치
그리고 윤리적 가치를 극대화함으로써 서구의 양육강식(弱肉强食)
에 의한 지배와 복종의 상호관계가 아니라 동양세계는 '호혜공존'
(互惠共存), '화해공존'(和解共存), '만유공존공생'(萬有共存共生)
으로 이어져 나아가는 모태가 바로 자연친화적인 가치를 극대화함
으로써 가능하다는 논리가 성립된다. 이러한 동양세계는 철저한
'친자연보호정책'(親自然保護政策)으로 일관하고 이러한 보호정책
의 기반 위에서 인간에게 필요한 물질을 '자연의 식모'에서 호득

(護得)해 나아가는 일체의 경제행위를 우리는 '자연주의 경제', '녹색경제', '생물공학시대'라고 정의할 수 있겠다. 논자는 이러한 것을 땅(土)의 가치 극대화(土價極), 지식의 가치 극대화(知價極), 연구가치 극대화(硏價極)하여 서구의 대공장제의 몰락에 대한 '신대안'(新代案), '신정책'(新政策), '신비전'(新備展)으로 '첨단지식실험실용화공장'(尖端知識實驗實用化工場: 첨단지식창조용연구소에서 개발한 신약개발에 필요한 지식의 실험실용화를 통해서 인간의 '바이오 - 경제시대'를 준비해 나아가는 초석이 될 것이다.), '첨단지능화지식공장화'(尖端知能化知識工場化: 서구의 대공장제의 몰락에 따르는 실험실에서 연구한 결과를 가지고 지식공장에서 인간에게 필요한 물질을 호득해 나아가는 신경제 신지식생산방식에 의한 경제메커니즘이라고 할 수 있겠다. 이러한 경제는 서구의 대량생산에 의한 상품가치 하락의 주요인에서 벗어나 주문형생산방식, 맞춤형생산방식, 특화된 생산방식을 채택하여 서구문명으로 인한 '기성복시대'는 종말을 고하고, 동양세계는 개인의 개성화에 따르는 '맞춤식 정장시대'가 도래된다고 할 수 있겠다. 즉 경제의 구조적인 메커니즘이 바로 이러한 신패러다임으로 대전환을 모색해 나아감으로써 우리는 이러한 경제를 총괄적으로 '뇌본중심경제'라고 정의할 수 있겠다.

이러한 신경제는 바로 시장기능에 의해서 '희소성의 가치추구', '희귀성의 가치추구', '맞춤형 가치추구'로서 서구의 물량화에 따르는 근본적인 문제점을 해소할 것으로 사료하며, 이러한 것을 신경제를 '질의경제'에 의한 신패러다임으로 다품종(多品種: 상품에 대한 품종의 수가 엄청나게 증가하게 됨으로써 개성화시대가 주도되어 나아갈 것이다.) 소량생산(少量生産)에 의한 상품의 시장기능에서 가치의 극대화를 실현하여 인간의 정신노동의 대가는 바로 삶의 질적인 향상을 도모해 나아가는 고차원세계의 뇌본중심경제라고 할 수 있겠다.) 그리고 '첨단지식가공생산방식'(尖端知識加工生産方式: 첨단지식에 의한 신생산방식을 채택하면 생물지식공장에서 필요한 '식물의 줄기의 생성세포 조작', '식물의 성장속도를 인간이 인위적으로 조절 가능한 유전자 조작방식', '식물의 생, 노, 병, 사를 이용한 라이프 사이클을 이용하여 인간에게 줄기의 성장은 멈추게 하면서 새로운 열매성장', '하나의 줄기식물에서 복합유전자 조작으로 열매는 2~3개의 상품을 생산'(맞춤형 생산시스템)은 무한대로 생산이 가능한 방식을 논자는 신생산방식의 요체라고 정의한다. 서구에서 생산하는 구시대적인 생산방식은 바로 1년에 2묘작이 근본이오나 이러한 재래식 방식에서 벗어나 첨단지식생산방식을 채택하면 1년에 무한대의 식물의 라이프 사이클을 조작하는 생산방식으로 필요한 무공해 청정상품에 대한 품질은 업그레이드하면서 대량생산 및 소량생산이 공존하는 방식을 채택하여 인간에게 필요한 뇌본중심경제에 의한 양, 질의무공해 농산물을 무한대로 생산이 가능한 방식을 채택함으로써 서구의 자본주의 경제와는 '양적 측면' 및 '질적 측면'이 다른 '고차원세계'에 의한 '첨단지식기술'(尖端知識機術), '첨단기술'(尖端機術), '최첨단 하이테크 기술'에 의한 인류의 미래역사 창조의 원천으로 이어져 나아갈 것이며, 그것은 다름 아닌 인간의 뇌가 우주만물의 창조자로서 하나의 근본이 되는 '뇌본중심경제'(腦本中心經濟), '뇌본창조경제'(腦本創造經濟), '뇌본지가경제'(腦本知價經濟)가 인류미래의 새로운 신경제의 신패러다임으로서 논자로부터 역사창조의 주역으로서 당당하게 자리매김을 다해 나아갈 것으로 사료하는 바이다.

이러한 동양의 '신자연주의 경제'에 대한 개념으로서는 '질의경제(質義經濟)에 따르는 다품종(多品種) 소량생산(少量生産: 희소성의 원칙 및 희귀성의 원칙으로 고부가가치창출), 대량생산(大量生産: 서구의 판박이식 육체노동 행위에 의한 생산방식과는 차원이 다른 상품에 대한 질의가치 및 지식가치 그리고 품질혁명을 주도하게 됨과 동시에 첨단지식가공방식에 의한 고차원세계에 의해서 식물의 라이프 사이클을 이용하여 고소득 및 고생산 그리고 고부가가치 생산을 주도하게 됨으로써 기존의 서구의 재래식의 판박이식 방식과는 차원이 다른 지식생산 방식을 논자는 신생산방식이라고 한다. 여기에는 필연적으로 질의혁명 및 지식혁명 그리고 품질혁명을 주도하게 됨으로써 인간의 정신적인 근로가치를 극대화토록 함으로써 인간 삶의 질적인 향상을 도모함과 동시에 서구의 물량화로 인하여 잃어버린 인간성을 회복함으로써 인간은 인간본연의 의리적 가치 및 도리적 가치 그리고 윤리적 가치를 극대화함으로써 한반도에서 인간행복(행복의 가치조건은 물질적 가치, 본능적 가치, 쾌락적 가치가 공존하게 됨으로써 한반도에서 인간 행복의 조건이 구현될 것으로 사료한다.) 방식에 의거하여 인간의 먹을거리 외식산업, 먹을거리 외도산업, 먹을거리 관광산업의 육성책으로 친환경적 지식산업, 친자연적 개발산업, 자연친화적 주거환경의 조건을 충족하게 됨으로써 대자연과 인간이 공존하는 공존철학적 모태 위에서 자연의 본질인 덕화(德化)로써 지구촌의 지역적인 개발을 도모함으로써 인류공존공생공영을 실현해 나아간다'라고 정의한다.

즉 서구 경제의 모순점은 바로 인간의 육체적인 성숙에 따르는 것을 '색'(섹스), '체'(肉), '물질'(器), '황금', '앰모니즘', '쾌락주의', '향락주의'와 같은 경제의 구조적인 메커니즘이 바로 인간의 본능이 지배하는 것이 아니라 육체 즉, 껍데기뿐(영혼의 집)인 경제의 구조적인 모순점이 바로 역사의 한시대적인 전유물로서 인간 타락상의 근원으로 작용하게 됨으로써 논자는 '탈자본주의', '탈민주주의', '탈정당정치', '탈물질문명' 등이 서구문명의 몰락하는 전기가 될 것으로 사료한다. 이러한 근본적인 '신대안', '신정책', '인류미래비전'을 세계정부 연구소에서 '창조혁명'을 주도하게 됨으로써 가능하다는 논리를 전개하는 바이다.

이러한 자연주의 경제의 요체는 바로 대자연과 인간은 하나의 유기체적 일체로서 '유무상통세계관'(有無相通世界觀: 대우주로 놓고 볼 때 무극(一), 태극(二), 삼태극(三)으로 세 가지는 서로 유기체적 세계관에 의해서 相通한다.)이 도래됨과 동시에 혼연일체(混然一體)로서 자연과 인간이 하나가 됨으로써 우주만물은 '중심지도'(中心地道), '중심지본'(中心地本), '중심지덕'(中心地德)이 출현하게 됨으로써 중심의 근본에서 '인류대화합 정치시스템'이 바로 논자가 주장하는 '도치정치'(道治政治) 이론이라고 설파하는 바이다.

우리는 서구의 물질세계에 의해서 인간의 타락상에서 벗어나 새로운 새 시대에 즈음하여 새로운 신의식세계에 의한 '인격적 가치', '도리적 가치', '윤리적 가치', '도덕적 가치', '자아적 가치', '정신적 가치', '내면적 가치'에 의해서 인간이 우주만물을 완성세계로 인도해 나아갈 것으로 사료한다. 우리는 영혼의 껍데기뿐인 육체세계에서 벗어나 새로운 자아세계로 인도해 나아가는 것이 섭리역사의 우주법칙이라고 단언하며, 아울러 서구에 머물던 우주일기인 정치권력 및 문화와 문명권이 중심지본으로 삼생만물이 회삼귀일하게 됨으로써 우리는 신문명권인 '반도문명권'(半島文明權)에 의한 한반도에서 대우주의 본원 및 본체 그리고 본심에서 태동하게 되는 도(道)가 출현하게 됨으로써 인간에게는 '정신호득'(精神護得), '정신문명'(精神文明), '자아세계'(自我世界)가 도래됨으로써 우리는 서구에서 잃어버린 인간성을 회복하고 '심신일체'(心身一體), '물심일체'(物心一體), '신토일체'(身土一體)에 의해서 대우주 및 소우주는 하나로서 일체가 형성됨으로써 천인합일세계관이 도래되면서 우주세계를 지배해 나아갈 것으로 사료한다. 우리는 인간에게 필요한 물질이나 정신적 가치를 대자연에서 호득하게 됨으로써 자연적 가치의 극대화를 통해서 인간은 삶의 질적인 향상을 도모함과 동시에 고차원세계에 준하여 수준 높은 가치추구를 실현해 나아갈 것으로 사료한다.

제3절 신자연주의 경제의 핵심은 바로 현묘지덕(玄妙之德)이란 무엇인가?

대우주의 일기는 대자연의 중심지가 되는 한반도로 우주의 일기인 정치권력 및 문화와 문명권이 중심지본에 이전하게 되는 문명사적 대전환기라고 논자는 단언한다. 즉 서구문명으로 인한 물질문명은 한시대적인 전유물로서 역사 속으로 소멸하게 됨과 동시에 새로운 '신문명권'(新文明權)인 '반도문명권'(半島文明權: 신문명권인 정신문명시대 도래) 및 '반도경제권'(半島經濟權: 신자연주의 경제권에 의한 현묘지덕으로서 서구의 불균형을 조화세계 및 완성세계로 인도하게 됨.) 그리고 '반도정치권'(半島政治權: 무위자연설의 본질적인 토대 위에서 위로부터 현묘지덕 및 포덕지치 그리고 중용지덕으로써 우주만물을 다스려 나아가는 정치시스템이 도치정치이다.)에 의해서 서구의 자본주의 경제의 몰락에 따르는 유일한 신대안으로서 영구불변 및 항구적 그리고 시대가 변해도 멸하지 않는 영원불변적인 존재로서 자연주의 경제의 요체는 바로 '현묘지덕 경제'(玄妙之德經濟)라고 단언한다.

이러한 현묘지덕 경제란, 무위대자연의 햇볕으로서 우주만물을 포용하면서 화생(和生), 화육(和育), 보양(保養)케 함과 동시에 '양광정책'(陽光政策)에 의한 삼라만상에 존재하는 우주만물을 위로부터 '포덕지도'(布德之道), '포덕지치'(布德之治), '현묘지덕'(玄妙之德)으로 '치일본덕치본입도'(治一本德治本立道: 다스리는 하나의 근본은 덕으로서 다스리는 것이 근본이 됨과 동시에 인간은 대우주의 대진리에 입각한 입도를 세우는 것이 우주만물을 다스리는 치덕본(治德本) 및 치덕도(治德道)가 된다. 위로부터 솔선수범하면서 만백성의 국부(國父)로서 세계통치자(人類統治者)는 우주천리(宇宙天理)를 인간에게 교화시켜서 만백성을 양광정책(陽光政策) 및 양광정치(陽光政治)로 포용하면서 천지만물의 대본이 되는 인간세계가 바로 우주만물을 다스려 나아가는 모태가 된다는 논리이다. 고로 인간은 '수기수덕입도천리순응'(修己修德立道天理順應)이라는 논리가 성립된다고 할 수 있겠으며, 이것이 도통군자가 해야 할 책무라고 단언한다.)로서 대우주의 대진리의 본체 및 공심이며, 또한 소우주의 '정신적', '윤리적', '도덕적'인 가치 기준의 모태가 바로 대우주의 도(道)에서 이론적으로 정립된다고 할 수 있겠다. 이러한 것을 '도치정치'라고 논자는 설파하였다. 고로 현묘지덕경제란, 무위대자연의 '식모'(어머니)에서 인간에게 필요한 '물질호득'(物質護得: 어머니를 보호하면서 물질생성을 실현한다.

이것은 인간의 뇌본경제에 의한 지식창조 및 가치창조 그리고 질의 창조로 이어지면서 가능하다는 논리가 성립된다고 할 수 있겠다.) 및 무위대자연의 '도'(道)에서 인간에게 필요한 '정신호득'(精神護得: 대우주의 도에서 생성된 정신은 인간에게 대입하면 정신세계 및 절대정신 그리고 정신문명으로 이어지게 됨으로써 서구의 인간성 상실에 대한 근본적인 처방이 될 것으로 사료한다. 즉 인간은 인간본성을 회복하게 되는 근본으로 이어져 나아간다고 할 수 있겠다.)을 하게 됨으로써 대우주(지구) 및 소우주(인간)에게는 필연적인 역사순환의 법칙이 성립하게 되는데 이것을 헤겔은 "역사도 한 인생에 비유한다."라는 명제가 성립된다고 할 수 있겠다. 아울러 대우주는 우주관(宇宙觀) 및 소우주는 인생관(人生觀) 등식의 논리가 성립되오며, 우주철학적인 근원으로서 대우주로 볼 때에 물질이 '유물론'(唯物論)에 의해서 마르크스는 물질을 포이에르 바하의 유물론에 대입시켜 '사적 유물론'(史的唯物論), '유물사관'(唯物史觀), '변증법적'(정(正), 반(反), 합(合) 즉 정립(正立) 및 반정립(反正立) 그리고 통일(統一)로서 우주만물이 지구의 중심축인 한반도로 삼생만물이 회심귀일하게 됨으로써 남, 북 통일은 바로 '지역통일', '세계통일', '우주통일'로 나아가는 초석이 된다는 논리이다.

논자는 이것을 '중도'(中道), '중화'(中和), '중정'(中正)으로서 우주만물을 인간이 다스리게 됨으로써 조화세계가 실현하게 된다는 논리가 성립이 된다.)인 논리에 의해서 서구에서 '반(反)' – '반정립(反正立)'에서 대우주의 순환법칙에 준하여 서구문명은 종말을 고하고, 새로운 새 시대의 새 역사창조 작업이 바로 세계정부 연구소의 연구소장인 강주효로부터 새 역사창조 작업 즉, '**후천개벽시대**'(後天開闢時代)가 도래되어 새 역사창조화 작업은 필연적으로 선지선각자의 두뇌에 의해서 역사창조화 작업이 실현됨과 동시에 권력자가 역사창조화 작업을 집행(實踐)하게 된다는 것이 바로 논자의 '정치관'(政治觀)이다. 이것이 바로 '동양세계'의 정치관의 하나의 근본이 된다는 논리가 성립된다고 할 수 있겠다. 즉 '선지선각자'(先知先覺者: 우주만물을 다스리는 이치를 먼저 깨달은 사람을 말한다. 즉 이러한 자는 하늘의 천리를 정치지도자에게 교화시켜서 만백성을 다스리는 근본 모태로 삼는다. 이것을 햇볕정치(陽光政治) 및 포용정책(包容政策) 그리고 중본지덕(中本之德)으로서 우주만방에 우주만백성을 다스려 나아가는 모태가 된다는 논리이다.)의 세계정부 연구소장이 '두뇌'(頭腦)를 제공하면서 '이명박 정부'가 '신역사창조'(新歷史創造) 작업을 실현하는 것이 논자의 일관된 '정치사관'(政治史觀)이라고 할 수 있겠다.

아울러 이러한 '현묘지덕 경제'(玄妙之德經濟)란, 우주만방에 우주만백성을 다스려 나아가는 데 있어서 위로부터 덕치본(德治本)은 아래로의 만백성이 순리(順理)에 순응(順應)하게 됨으로써 논자의 도치정치는 바로 인류대화합의 정치가 실현하게 될 것으로 사료하며, 아울러 인류통치자는 이러한 덕치본으로서 다스리면서도 만백성을 소유하지 아니하면서 통치자의 덕치(德治)에 감응(感應)하게 됨으로써 우주만방의 만백성들은 인류통치자의 덕치에 따르게 됨으로써 '인류대화합정치'(人類大和合政治)가 실현하게 될 것이며, 그것은 다름 아닌 무위정치로서 다스릴 때에 가능하다는 논리가 성립된다고 할 수 있겠다. 이러한 정치형태는 논자는 '햇볕정치'(陽光政治) 및 '중용정치'(中庸政治) 그리고 '도치정치'(道治政治)로서 만백성을 다스려 나아가는 모태가 될 것이다.

이러한 동양의 신자연혁명에 의한 '현묘지덕 경제'란, 대우주의 어머니가 자식을 덕화(德和)로써 우주만물을 포괄하게 됨으로써 중본지덕(中本之德)으로써 우주만물을 포용하게 됨으로써 만백성의 어버이로서 '인류통치자'(人類統治者)는 어머니가 자식을 품으로써 포용하는 그러한 마음으로서 우주만방에 우주만백성을 다스려 나아가는 이론적인 모태가 바로 현묘지덕(玄妙之德)이라고 정의한다. 이러한 동양의 신자연혁명은 대우주의 어머니의 현묘로서 우주만물을 포용하게 됨으로써 중심지본에서 전 인류를 위한 대화합의 정치제도가 바로 '도치정치'(道治政治)라고 단언하는 바이다. 이러한 자연주의 경제의 본질은 바로 무위자연의 현묘지덕으로서 우주만물을 포용함으로써 하나의 다스리는 모태에 의해서 인간이 우주만물을 다스려 나아가는 초석으로서 이어져 나아갈 것으로 확신하는 바이다.

제4절 신자연주의 경제의 궁극적인 목적은 바로 만유공존 철학(萬有共存哲學)이 하나의 근본이다

　서구의 대자연과 인간과의 관계는 이성적 관계에서 이분법적인 관계로 자연과 인간을 분리하는 이분법적인 사고개념에 의해서 설정된 자연관은 우주근본 이법(理法)에서 벗어나는 행위일체로서 자연과 인간의 대립, 투쟁적인 요소가 바로 우주만물을 투쟁지향적인 관계로 설정하게 됨으로써 이러한 모순점으로 인하여 서구의 자연관은 역사적인 종말을 고하게 될 것으로 사료하는 바이다. 아울러 서구문명은 대우주가 3차원의 '상대성'(相對性: 음, 양이 대립)에 의해서 중심지본에서 이탈되었던 우주일기는 자연과 인간의 관계 설정은 '이분법적인 사고', '상대적 개념', '자연과 인간의 이원화'에 의한 인류문명사는 '대륙문명권'(大陸文明權)에 의한 소련(虎)이 주도하는 동구유럽의 공산위성국가 및 서구를 주도하는 자본주의 미국(龍)이 주도하는 국제정세는 '양극화'(兩極化)에 의한 소련과 미국이 즉 '용호상박'(龍虎相搏)에 의한 국제정세는 '냉전적', '이념적', '극한적 대립', '극한적 투쟁', '갈등', '모순'에 의한 정치이데올로기 시대가 전개되면서 서구의 국제정세는 양극화에 의한 한 치 앞을 내다볼 수 없는 힘이 지배하는 약육강식에 의해서 국제정세가 전개되었다. 이러한 국제정세는 우주순환의 대법칙에 의해서 '탈양극화정세'(脫兩極化政勢), '탈대륙문명권'(脫大陸文明權), '탈물질문명'(脫物質文明) 시대가 도래됨과 동시에 우주만물이 중심지본에서 이탈되었던 우주만물은 중심지본에 삼생만물(三生萬物)이 하나로 회삼귀일(會三歸一)하여 '중심지본만물인간완성세계'(中心地本萬物人間完成世界)가 도래됨으로써 서구에서 '삼진'(三眞: 하늘의 진리 및 땅의 진리 그리고 인간의 진리 즉 이것을 삼진이라 한다.)이 중심지본귀일(中心地本歸一)하게 됨으로써 이러한 삼진세계는 중심에서 하나로 융합하게 되는데 이것을 우리는 '일진시대'(一眞時代), '절대진리', '절대가치'가 도래됨으로써 우주세계를 다스려 나아간다. 이것을 논리적으로 설명드리면 '하늘의 진리'(天眞理) 및 '땅의 진리'(地眞理) 그리고 '인간의 진리'(人眞理)를 우리는 삼진이라고 부르는데 이러한 삼진세계가 한반도에서 하나로 합일하게 되는데 논자는 이것을 '천인합일세계관'(天人合一世界觀) 및 '천인일치세계관'(天人一致世界觀) 그리고 '우주중심세계관'(宇宙中心世界觀)이 도래된다는 논리가 성립되오며, 이러한 것을 '천지동근'(天地同根) '만물일체'(萬物一體) '심신불이'(心身不二)가 성립되어 대우주(지구)의 축소판이 인간이요 또한 인간의 확대판이 바로 대우주라고 할 수 있겠다. 이러한 동양세계가 추구하는 세계관은 '유기체적 세계관', '생태론적 세계관', '천인합일적 세계관'이 한반도에서 실현됨으로써 이러한 한반도는 상대공존(相對共存)의 필칙(必則)에 준하여 한반도를 중심축으로서 지역적인 방위각에 입각하여 동(東), 서(西), 남(南), 북(北)이 형성됨과 동시에 중심(中央)에서 새로운 '신국제정세'(新國際政世), '신세계정세'(新世界政勢), '신우주질서'(新宇宙秩序)시대가 도래됨으로써 논자는 이러한 신세계정세를 '다자간(多者間) 다극화(多極化)'에 의한 한반도가 중심축으로 동쪽(東)으로는 '인'(仁)을 표방하면서 대표국가로서는 '중국', 서쪽(西)으로는 '의'(義)를 표방하면서 대표국가는 '미국', 남쪽(南)으로

는 '예'(禮)를 표방하면서 대표국가는 '일본', 북쪽(北)으로는 '지'
(知)를 표방하면서 대표국가는 '러시아', 중앙(中心: 음(-), 양(+)
도 아닌 중립 또는 중도(中道), 중화(中和), 중정(中正)으로 우주만
물이 제자리를 잡게 됨으로써 불균형→균형, 부조화→조화, 우주의
혼돈이나 혼륜→우주의 코스모스(조화)로서 '신'(信)을 표방하면서
'인류대표국가'(人類代表國家)로서 '한반도'(韓半島: 인간형상을
함으로써 인간의 내 몸에서 하나의 정자(씨앗)를 밭(田: 어머니)아
생명이 탄생한다. 즉 이것을 남자의 정자가 여자의 자궁에 착상하
게 됨으로써 만물지본(萬物地本)이 된다는 논리이다. 즉 논자는 동
양의 '신자연혁명'(新自然革命)은 우주철학의 근원에서 태동한 위
대한 창조화 작업이라고 할 수 있겠다.)가 인류종주국(人類種主國)
및 '인류우두머리민족'(人類頭人民族)으로 구시대적인 역사청산 작
업 및 새로운 새 시대의 역사창조 작업을 병행해 나아가는 모태가
바로 한반도에서 신역사창조 작업이 실현된다는 논리이다. 이러한
한반도에서 우주정기에 입각한 오대(現代-21세기부터 五代)에서
'오상'(하늘(天)에는 오성(五星: 화성, 수성, 목성, 금성)-땅(地)에
내려오면 오대양 육대주-인간(人)에게는 오장육부가 된다는 논리
이다.)에는 신세계정세는 논자가 주장하는 우주정기에 입각한 '다
자간 다극화'에 의해서 서구의 약육강식이 지배하는 힘의 논리가
아니라 동양세계는 '호혜공존', '화자공존', '화해공존', '공존공생', '만
유공존공생'이 도래됨으로써 서구문명으로 인한 일체의 불균형 및
부조화 그리고 미완성 및 우주의 혼돈이나 혼륜을 한반도에서 '균
형세계', '조화세계', '완성세계', '우주코스모스(조화)'로 나아가는
모태가 될 것으로 사료한다.

우리는 서구문명의 낡고 육체적으로 타락한 인간상에서 벗어나 새로운 신의식세계에 준하여 정신세계에 의해서 잃어버린 '자아세계'(自我世界), '본능세계'(本能世界), '본성세계'(本性世界)에 준하여 서구문명은 약탈적 자연관으로 인하여 자연은 인간에게 유, 무형으로 자연재앙으로써 인간에게 앙갚음을 하고 있으며, 이러한 서구인들은 스스로의 자각과 성찰로써 친환경적인 자연의 품으로 다시 되돌리고 있는 것은 인간의 인식작용으로 인하여 지각을 통해서 마음의 깨달음으로 성찰하기 때문이라고 논자는 단언하는 바이다. 아울러 동양세계는 '친환경보호정책', '친자연적 보호정책', '친생태학적 개발정책'을 주도함으로써 대자연과 인간이 공존하는 공존 철학적 모태 위에서 자연과 더불어 인간은 '정도생활'(正道生活), '도덕생활'(道德生活), '순리생활'(順理生活)을 통해서 대자연을 벗 삼아서 어머니의 품으로 되돌아가는 것이 만고불변의 진리이다. 우리는 이러한 대진리를 자각하여 향후에 도래될 미래사관 및 미래역사 그리고 역사창조의 주역으로서 당당하게 자리매김을 다해 나아가야 한다고 사료한다.

아울러 서구의 환경파괴 행위 및 환경훼손행위 그리고 약탈적 자연관으로 인한 일체의 제 모순점에서 벗어나 새로운 새 시대에 즈음하여 동양세계는 우주세계를 포괄, 함축하는 '사상통합'(思想統合), '종교통합'(宗敎統合: 제정일치제시대(祭政一致制時代) 도래), '인류통합'(人類統合), '지역통합'(地域統合), '세계통합'(世界統合), '우주통합'(宇宙統合)의 근본 모태 위에서 '중심지본'(中心地本)에서 '음(陰)'(동양), '양(陽)'(서양)을 함축함으로써 한반도에서 '인간세계'(人間世界), '천사세계'(天使世界), '우주세계'(宇宙世界)를 다스려 나아가는 모태가 될 것이다. 아울러 서구문명으로 인한 '석두경제'(石頭經濟: 인간의 본능인 뇌가 지배하는 경제의 메커니즘이 아니라 육신이 지배하는 경제의 메커니즘을 우리는 석두경제 및 육체경제 그리고 물질경제(껍데기 경제)라고 정의한다). 즉 이러한 석두경제는 '육체노동자'(肉體勞動者)로서 머리(頭)를 쓰지 않는 결점으로 고노동에 비하여 저효율의 경제는 인간 삶의 질적인 저하를 가져오는 전환기가 되었다.

그러나 논자의 '신자연혁명'은 바로 인간의 본능(本能)이 지배하는 뇌본경제는 두뇌에 의해서 인간의 경제행위에 소요되는 '지식가치', '내면가치', '창조가치'를 추구함으로써 신상품(新商品), 신물질(新物質), 신정신적 가치(新精神的價値)가 추구하는 '자아세계'의 완성을 의미한다. 한국경제를 놓고 볼 때에 '박정희 군단'에 의해서 경제개발 일체의 행위가 바로 '석두경제'(石頭經濟)라고 정의한다. 우리는 서구식의 '판박이식 경제', '롤러식 경제', '단순생산방식' 경제의 메커니즘에서 벗어나 '신생산방식', '신지식생산방식', '첨단지능형지식공장화'에 의해서 미래경제가 주도하게 될 것이며, 이러한 경제를 우리는 '뇌본경제'라고 정의한다. 아울러 서구식의 판박이식 경제에서 벗어나는 길은 바로 '재벌해체'를 통해서 새로운 신경제의 메커니즘으로 대전환을 모색해 나아가야 할 역사적인 분기점이다. 이러한 두뇌경제(頭腦經濟)에서는 '두뇌근로'(頭腦勤勞), '정신근로'(精神勤勞), '지식근로'(知識勤勞), '지식창조근로'(연구소)의 행위에 따르는 '두뇌행위'(頭腦行爲)의 일체를 우리는 지식근로자로서 정의하며, 이러한 거시적이고 광의적이며 종합적으로 우리는 '지식근로자'(知識勤勞者)라고 정의한다.) 및 '물질경제'

(物質經濟), '육체경제'(肉體經濟), '단순경제'(單順經濟) 그리고 이러한 경제의 종합적인 경제로 정의할 때 '양의경제'(量義經濟: 대공장제에서 단순한 상품으로서 동일한 개념의 상품을 대공장에서 판박이식 대량생산의 메커니즘)를 우리는 서구경제의 한계점이자 모순점으로서 역사 속으로 소멸하게 될 것이다. 이러한 신대안으로서 동양세계는 '질의경제'(質義經濟)에 의한 '제1기: 지식혁명시대', '제2기는: 질의혁명시대', '제3기는: 창조혁명시대'가 도래됨과 동시에 '땅의 가치', '자연적 가치', '지식적 가치', '내면적 가치', '자아적 가치'의 '가치혁명' 시대가 도래됨으로써 서구의 양의 경제 및 양의가치 그리고 물량화적 가치는 역사 속으로 소멸함으로써 새로운 새 시대의 문명사적 대전환기로 서구문명에서 동양문명으로 즉 대륙문명권시대에서 반도문명권시대가 도래되어 우주세계는 '진리본원국가, 진리근원국가, 진리창조국가'로 한반도의 한민족이 우주세계를 호령해 나아가는 대역사창조가 바로 세계정부 연구소의 강주효로부터 역사창조가 시작이 된다는 정치논리를 전개하는 바이다. 신경제로서 대전환을 모색해 나아가야 할 역사적인 분기점이다. 우리는 이러한 경제관을 첨단지식기반경제의 토대가 구축되는 것을 논자는 뇌본경제라고 정의한다. 이러한 뇌에서 '창조화혁명'을 주도하게 됨으로써 서구문명 및 서구경제 그리고 서구철학은 한시대적인 전유물로서 역사 속으로 소멸됨으로써 우주의 중심지본에서 이탈되었던 우주일기가 '중심지본귀일'(中心地本歸一)하게 됨으로써 소우주인 인간은 대우주의 역사필연의 법칙에 따라서 서구문명으로 인하어 중심에서 이탈이 되었던 '자아본성'(自我本性)을 회복하게 됨으로써 즉 잃어버린 '인간성'(마음은 중심지본(한반도)이 마음의

영원한 고향이요 또한 생명창조의 영원한 고향이다.)을 찾게 됨으로써 인간은 인간으로서 '자아대립공존'(自我對立共存: 서구문명(물질문명)에서 발동한 세계관) - '자아완성단계'(自我完成段繼: 동양세계(정신문명)에서 발현한 세계관)로서 인간은 인간으로서 온전한 인간상을 구현하게 된다. 아울러 서구세계관은 육체적 성숙에서 벗어나 이제는 자아세계에 의한 인간은 인간으로서 인간완성을 실현하게 됨으로써 이러한 한반도는 '만물지본'(萬物地本), '생물지본'(生物支本), '만선지원'(萬善支源), '만물지본'(萬物支本)이 된다는 논리가 성립이 되오며, 이러한 것을 논자는 '만유공존철학시대'라고 정의한다.

제5절 신자연주의 경제에 따르는 경제개발의 핵심과제는
만유공존공생시대(萬有共存共生時代)가 도래된다

서구문명으로 인한 '대공장제'(大工場制)는 천혜 및 천연의 자연에서 재취한 재료나 원료를 가공하는 '가공무역'(加工貿役)으로 인한 인간의 삶의 가치척도가 되는 자연환경을 훼손하게 됨으로써 인간은 인간으로서 본연의 근본이나 가치전도로 인하여 '자아세계'를 상실하게 되었으나, 동양세계로 우주자연의 제 질서 및 인간의 도리가 상통하게 됨과 동시에 우주만물이 중심의 근본에서 이탈되었던 우주일기가 중심지본(中心地本)의 삼생만물(三生萬物)이 하나로 회삼귀일(會三歸一)하게 됨으로써 소우주인 인간 역시 잃어버린 자아회복을 통해서 동양세계에서 인간은 인간으로서 '본능세계'(本能世界), '자아세계'(自我世界), '본성세계'(本性世界)가 도래됨으로써 '현대사회'(現代社會)의 물질세계에 의해서 잃어버린 인간성의 회복을 통한 '자아대립공존시대'(自我對立共存時代)에서 동양의 '오대사회'(五代社會: 21c 이후~)에서는 '자아완성세계'(自我完成世界), '자아실현세계'(自我實現世界), '인간완성세계관'(人間完成世界觀)이 중심지본인 한반도에서 도래됨과 동시에 동양의 자연관은 자연과 인간을 하나의 혼연일체(混然一體)로 보는 인간은 대자연의 한 피조물로서 서구문명에서 자연과의 이분법적인 대립관계를 청산하면서 동양세계는 자연과 인간이 공존하는 '신토일체사상'(身土一體思想)이 지배하게 됨으로써 인간은 인간으로서 삶의 '가치척도'(價値尺度), '지식가치척도'(知識價値尺度), '진리가치척도'(眞理價値尺度)가 되는 하나의 근본이나 대본으로서 복귀하게 됨으로써 인간세계에 의해서 중심지본에서 인간완성을 실현하게 됨으로써 중심의 근본인 한반도에서 '만물지본'(萬物地本), '생물지본'(生物支本), '만선지원'(萬善地源)이 실현됨으로써 '도(道)가 천지를 낳고, 자연이 만물을 덕(德)으로 기르고, 인간이 중심에서 만물을 완성세계'를 실현하게 되는 것이 섭리역사(攝理歷史)의 법칙이라고 단언한다. 아울러 한반도에서 인간세계에 의해서 우주반방에 우주만백성을 중화지덕(中和之德)에 의해서 다스리는 하나의 근본(治一本)으로서 다스려 나아가게 됨으로써 중심지본에서 우주만물을 완성세계로 인도하게 될 것이며, 이러한 우주철학이나 우주대진리에 의해서 논자는 지구촌의 진 세계 각국정부를 하나로 통합하여 한반도에서 강력한 세계정부를 창설하게 됨으로써 '하나의 정치사상'(道治政治思想), '하나의 정치제도'(道治政治代議員制度), '하나의 통치권'(人類統治者 및 世界統治者)에 의해서 우주세계를 다스려 나아가는 모태가 바로 논자가 주장하는 '세계정부 창설'의 근본 목적이 된다고 할 수 있겠다.

이러한 서구문명으로 인한 자연과 인간과의 이성적 관계를 이분법적인 대립개념으로서 출발하게 됨으로써 천지만물이 이러한 대우주의 법칙에 준하여 상호대립공존의 역사관이 도래됨으로써 인간이 인간을 다스리는 정치제도 역시 '이념적', '냉전적', '대립', '투쟁', '갈등', '모순'이 재연 반복하게 됨으로써 서구에서 탄생한 민주주의 정당정치는 역사의 한시대적인 전유물로서 역사 속으로 소멸하게 됨과 동시에 동양세계에 의한 '신비주의' 및 '내면세계' 그리고 '자아완성세계'가 우주만물을 지배해 나아갈 것으로 사료한다. 아울러 동양세계의 대자연과의 관계는 상호유기체적인 공존관계가 정립하게 됨과 동시에 중심지본에서 이탈되었던 우주만물은 '중심지본귀일'(중화, 중도, 중정)하게 됨으로써 인간은 인간으로서 완전한 자아완성세계관이 도래됨으로써 천지만물은 중심의 근본에서 '대화합의 실현'(中和之德實現), '대동세계의 실현'(中心大本世界), '인류공존공영의 실현'(自然對人間共存哲學)으로 이어져 나아가는 모태가 될 것으로 사료한다.

아울러 논자가 주장하는 동양의 신자연혁명으로서 '땅의 가치의 극대화'(土價極) 및 '지식적 가치의 극대화'(知價極) 그리고 '뇌본가치의 극대화'(腦價極)를 통해서 자연, 지식, 문화, 인간이 공존하면서 '공존철학'(共存哲學), '지식철학'(知識哲學), '진리철학'(眞理哲學)에 의한 우주만방의 우주만백성을 하나의 일기(一氣)에 의해서 우주만물을 다스려 나아갈 것으로 사료하는 바이다. 아울러 신자연혁명은 서구의 대공장제에 의한 '굴뚝산업', '공해산업', '환경파괴산업'에서 벗어나 '탈산업화'(脫産業化), '탈공업화'(脫工業化)에서 동양세계에 의한 '신산업화'(新産業化), '신지식산업화'(新知識産業化), '신하이테크 - 지식기술'(新HI - TECHKNO - WLEDGE - TECHNOLOGY)에 의한 자연과 인간이 공존하는 공존철학적 모태 위에서 무공해(無公害) 청정지식기술(淸淨知識機術: 바이오 - 테크노롤지 및 바이오 생물공학지식산업 그리고 유전자공학지식산업(생물유전자공학지식산업 및 동물유전자공학지식산업 그리고 수산물유전자공학지식산업으로서 최첨단 하이테크 지식기술에 의한 제4의 물결시대인 바이오 - 물결시대가 지식산업을 주도하게 될 것이다. 즉 제4의 물결인 바이오(BIO) - 지식산업은 2010년경에는 2500억 달러를 상회할 것이며, 이러한 바이오산업이란, 생물체의 기능을 이용하거나 유전적 구조의 메커니즘을 변형(형질변경: 식물이 가지는 고유의 유전을 인간이 인위적으로 조작하여 새로운 신물질 및 신상품 그리고 복합상품을 생산해 내는 유전적 지식기술을 우리는 바이오산업이라고 정의한다. 즉 한 예로서 수박이 가지는 고유의 유전정보를 완전히 해독하게 됨과 동시에 새로운 식물의 유전자를 접목함으로써 수박이 가지는 유전자 및 다른 유전자를 형질변경에 의해서 유전자를 조합함으로써 하나의 식물 줄기에서 다른 식물의 열매를 동시에 호득해 나아가는 지식유전자 공학을 우리는 '복합식물'이라고 정의한다.

아울러 또 다른 유전자 지식공학산업으로서는 하나의 줄기에서 세 가지의 신상품(열매)을 동시에 호득해 나아가는 일석삼조(一析

三造)의 경제적인 부가가치를 극대화시키는 경제메커니즘을 우리는 지식기반경제라고 정의한다. 고로 수박의 줄기에서 호박열매도 생산하게 됨과 동시에 참외도 생산하게 되는 것을 유전자공학지식산업이라고 정의한다. 동시에 미국의 경제조사기관인 DPI에 따르면 2005년까지의 생물산업은 연평균 성장률 22%를 상회할 것으로 추론하며, 유망산업인 '반도체'(9.4%), '메카트로닉스'(9.1%), '신소재'(6.9%)의 2~3배 상회하는 성장률이다. 아울러 21세기를 우리는 생물생명공학세대, '생물지식공학시대'(生物知識工學時代)라고 부른다. 이러한 자연과학분야인 바이오-생물공학지식산업이라고 정의한다. 이러한 바이오-생물공학지식산업의 수명주기는 120~150년간을 지배하게 될 것으로 사료한다.

논자는 한국경제에 대한 '미래비전'(未來備展)으로서는 '첨단지식연구소', '첨단지식창조용연구소', '첨단지능형실험실 연구소'에서 인간의 뇌본지식 및 뇌본창조 그리고 뇌본경제에 의한 '신생산방식', '신지식생산방식', '첨단지식공장화'에 의한 '지식프랜트산업'(지식공장화: 지식공장화의 기획팀 및 공장컴퓨터 제어시스템 그리고 설비팀 및 홍보팀으로서 한국은 지식프랜트 산업 및 지식팩토리 오토메이션 산업 그리고 첨단지능형로봇산업에 의해서 미래의 생물공학산업을 주도함과 동시에 신품종 및 신상품 그리고 복합식물의 개발산업에 대한 로열티를 받아서 한국경제는 완전한 뇌본경제 및 뇌본지식경제 그리고 뇌본생물공학경제로서 지식수출전략산업으로서 대대적으로 육성하게 됨으로써 고부가가치 지식산업으로서 국가경제를 주도함과 동시에 인류공존공영을 실현하는 모태가 된다고 할 수 있겠다.

아울러 현재의 재벌그룹은 태평양 한가운데 폭삭 빠뜨려서 멸족을 시켜야만이 새 역사 창조의 신기원을 실현하게 될 것이다.) 및 '지식팩토리 오토메이션'(KFA: 지식공장자동화)을 국가전략산업으로서 첨단연구소 및 첨단지식창조용연구소 그리고 첨단지식실험실연구소에서 인간에게 필요한 무한대의 신물질 및 신품종 그리고 신상품을 '주문형생산', '맞춤형생산', '특화생산물'로서 무공해 농산물 및 청정농산물 그리고 품질혁명에 의한 상품의 고급화 및 고품질화 그리고 고품격화를 실현하게 됨으로써 인간의 '먹을거리 외식산업', '먹을거리 외도산업', '먹을거리 관광산업'을 주도하게 됨으로써 '문화대국'(文化大國), '정신문화대국'(精神文化大國), '정신문명대국'(精神文明大國)을 실현하게 됨으로써 서구의 물질문명으로 인한 지구촌의 일체의 '불균형' - '균형세계' - '조화세계' - '완성세계'로 나아가는 모태가 될 것으로 사료한다.

이러한 대우주가 21세기부터 '완성기'(完成期)에 진입하게 됨과 동시에 소우주인 인간 역시 역사 필연의 법칙에 따라서 '장년기'에 진입하게 되고 동시에 우주자연은 여름의 '성장기'에서 21세기부터는 '가을'의 결실을 맺게 됨으로써 지구의 지축이 관통하는 중심 지본인 한반도에서 우주세계 및 우주자연 그리고 우주만물이 완성세계에 진입하게 됨으로써 독일의 위대한 역사학자인 헤겔이 주장한 "역사도 한 인생에 비유한다."라는 명제가 성립되오며, 이러한 한반도는 '인간형상'으로서 대우주의 축소판이요 또한 소우주의 축소판으로서 음, 양이 포괄함으로써 한반도는 '동양세계'(정신세계) 및 '서양세계'(물질세계)를 함축하여 우주철학적으로 유물론의 터전 위에서 유심론이 접목되어 우주만물은 '균형세계' - '조화세계' - '완성세계' – '우주의 코스모스(조화)'로 나아가는 대진리의 모태가 바로 중심지본에서 결실을 맺게 된다는 논리를 설파하며, 그것은 다름 아닌 우주자연이 결실을 맺는 '가을'(秋)로 접어들기 때문에 우주정기에 의한 '생물공학시대'(生物工學時代), '수산물공학시대'(水産物工學時代), '축산물공학시대'(畜産物工學時代)라고 부른다. 아울러 한반도에서 '인간완성'은 바로 우주만물을 완성하게 됨으로써 논자가 주장하는 '만유공존공생시대'(萬有共存共生時代)가 도래되는 이론적 모태가 성립된다고 할 수 있겠다.

제6절 신자연주의 경제의 핵심은 바로 무위자연의 덕(德)이 하나의 근본이다

우주자연의 근본에서 이탈되었던 우주만물은 중심근본의 하나로 '천운중심귀일'(天運中心歸一), '지운중심귀일'(地運中心歸一), '인운중심귀일'(人運中心歸一) 즉, '하늘의 기운'(天運: 하늘의 인간에게 부연한 본성귀일(性 및 靈 그리고 神)) 및 '땅의 기운'(地運: 대자연의 덕화기운(德和氣運)으로서 만물을 화육, 화생) 그리고 '인간의 기운'(人運: 문화와 문명권 즉 서구의 대륙문명권(미, 소시대) – 반도문명권(위대한 한반도시대가 도래됨과 동시에 인류문명사는 서구의 물질문명은 역사적인 종말을 고하고 신문명권인 무위자연의 도(道)에서 신정신문명권이 도래됨)으로서 인간 역시 역사순환의 필연의 법칙에 준하여 잃어버린 '인간성'(하늘이 인간에게 부여한 것은 성(性: 마음) 및 땅이 인간에게 부여한 것은 명(命: 생명의 영원한 고향이요 또한 자연의 영원한 고향이 바로 한반도이다.))을 회복하게 됨과 아울러 '마음세계의 영원한 고향', '생명의 영원한 고향', '인간창조 본성의 영원한 고향인 한반도'로 회삼귀일하게 됨으로써 천지만물은 중심의 근본에서 '완성세계'를 실현하게 된다.

아울러 철학자들은 자연의 본질(本質)이 무엇인가에 대하여 궁리한 끝에 내린 결론은 바로 '덕'(德)이라고 정의하였다. 공자 성인은 다스림의 근본은 바로 덕치(德治)라고 하는 명제는 바로 우주자연의 철학적인 대진리가 덕(德)으로서 인간이 우주만물을 다스리는 근본은 바로 덕치(德治)라는 논리가 성립된다. 아울러 논자의 "도치정치(道治政治)는 덕치화본(德治和本: 덕으로 우주만물을 대화합으로 다스리는 근본이 된다는 논리)이요 덕치본(德治本)은 포덕지치만물포용본(布德之治萬物包容本: 위로부터의 덕으로서 만물을 다스리는 근본이 됨과 동시에 이러한 덕화로서 우주만물을 한반도에서 포용하게 됨으로써 논자의 도치정치는 전 인류 및 우주만물을 대화합의 정치실현이 된다는 논리)"라고 할 수 있겠다. 논자의 도치정치는 바로 대우주의 '본원'(本源), '본체'(本體), '본심'(本心), '공심'(公心), 공도(公道) 그리고 '지공무사'(至公無事)함과 대우주의 대진리가 되는 '중심지도'(中心地道出現)가 실현됨으로써 대우주의 축소판이요 또한 소우주의 축소판으로서 '대진리본원국가'(大眞理本源國家), '대진리역사창조국가'(大眞理歷史創造國家), '대진리인류통합주도국가'(大眞理人類統合主導國家)로서 신역사적인 책무를 다해 나아갈 것으로 사료한다.

이러한 '중도출현'(中道出現)으로서 한반도에서 대우주의 대진리가 출현하게 됨으로써 '중심지본'(中心地本), '중심화덕'(中心和德), '중도지덕'(中道之德)으로서 인간이 인간을 '하늘의 천리'(天理), '자연의 제 질서'(諸秩序), '인간의 중화도리'(中和道理)가 출현하게 됨으로써 만물의 영장인 인간이 '순리정치'(順理政治), '순리역사'(順理歷史), '순리생활'(順理生活)을 실현하게 됨으로써 인간이 인간을 다스리는 모태는 '덕화치본만물순리지본'(德和治本萬物順理之本: 덕화로써 다스림의 근본을 갖고 다스리니 만물이 대화합의 인간의 순리에 따르게 된다는 논리이다.)으로써 다스리게 됨으로써 우주자연의 우주만물은 인간의 순리에 따르게 됨으로써 인간이 천지만물을 한반도에서 '완성세계'를 실현하는 것이 하나의 근본이다.

이러한 논리에 입각하게 되면 논자의 동양의 3대혁명은 무위자연에서 도(道)에서 인간을 다스리는 이론적인 모태를 창조하게 됨으로써 전 인류의 대화합의 정치가 바로 논자가 주장하는 도치정치 혁명시대가 도래되어 나아갈 것이며, 다음으로 무위대자연의 식모(食母: 어머니)에서 인간의 '뇌본창조'(腦本創造), '뇌본지식창조'(腦本知識創造), '뇌본지식지가창조'(腦本知識知價創造)를 실현하는 신경제(新經濟)를 우리는 '뇌본지식창조경제'(腦本知識創造經濟)라고 부른다. 논자는 이러한 논리에 입각하여 미래사관을 예지, 통찰하는 시야와 종합적인 안목으로써 동양의 '신자연혁명'(NEO-NATUAL REVOLUTION)의 요체는 바로 인간의 뇌본중심세계관에 따르는 '지적 창의성 극대화'(知創極)를 통한 자연적 가치의 극대화 및 땅의 가치의 극대화 그리고 인간의 지식적 가치의 극대화를 중심지본에서 접목, 융화를 실현함으로써 서구의 3차원의 낡은 물질세계에서 역사해탈을 통한 동양세계에 의한 4차원의 정신세계 및 5차원의 마음세계에 돌입하게 됨으로써 이러한 것을 논자는 '고차원세계'(3차원의 물질세계 – 4차원의 절대정신세계 – 5차원의 마음세계가 도래되면서 '인간완성'에 의한 우주만물을 한반도에서 대우주는 역사적인 종말을 고하게 되는 것이 섭리역사의 이법이라고 단언한다.)라고 정의한다. 아울러 무위자연의 식모에서 인간에게 필요한 물질을 호득하게 됨과 동시에 인간의 정신적 및 도덕적인 가치척도는 바로 무위자연의 도(道)에서 윤리적 및 도덕적 가치기준을 정립하게 됨으로써 인간은 인간으로서 의리(義理), 도리(道理), 예의지국(禮義之國)으로서 우주만방에 우주만백성을 다스리는 하나의 근본에 의해서 우주만물을 다스려 나아가는 모태가 될 것으로 사료한다.

논자의 마지막 혁명은 바로 전 세계 각국 정부를 하나로 통합하는 정부형태를 '세계정부혁명'(WORLD GOVERNMENT REVOLUTION)이 도래됨으로써 전 인류는 하나의 '단일언어', '단일화폐', '완전군축실현', '전 세계 경제개발계획', '각국정부의 전자정부', '한반도(제주도) – 유럽횡단고속철도건설', '한반도(제주도) – 아메리카 횡단 고속철도건설', '전 세계 1일 생활권시대 도래' 그리고 '인류미래비전'을 세계정부 연구소에서 '창조화혁명'(創造化革命) 및 '지식창조혁명'(知識創造革命) 그리고 '뇌본창조혁명'(腦本創造革命) 시대를 주도하여 인류사에 위대한 역사창조의 주역으로서 당당하게 자리매김해 나아갈 것으로 논자는 미래사관을 예지, 통찰하는 넓은 시야와 안목 그리고 종합적인 관리능력을 극대화함으로써 수구세력들에 의해서 나눠 먹기 식의 구시대의 낡은 패러다임에서 해탈하게 됨으로써 '하나의 정치사상'(도치정치사상), '하나의 정치제도'(도치정치의 대의원제도), '하나의 통치권시대'(인류통치자 또는 세계통치자)에 의해서 우주만방, 우주세계의 우주만백성을 다스려 나아가는 이론적인 모태가 될 것으로 사료한다.

이러한 인류를 다스리는 치일본은 바로 '덕화치본만백성순응'(德和治本萬百性順應: 위로부터 덕으로써 다스리게 되면 아래의 만백성의 민초(民草)들은 이러한 군주의 덕화(德和)에 감응(感應)하게 됨으로써 대자연의 진리에 따르는 것이 만고불변의 대진리)하게 됨으로써 '인치본만물순응완성세계'(人治本萬物順應完成世界: 인간을 덕치로써 다스리면 만물은 인간의 덕화에 감응하게 됨으로써 순리에 순응하게 된다는 것이 바로 한반도에서 인간중심세계에 의한 우주의 완성세계를 실현한다는 것이 논리의 지론이다.)가 중심지본(中心地本)인 한반도에서 실현하게 되는 것이 섭리역사의 이법(理法)이라고 단언한다. 이러한 다스림의 근본은 바로 대자연의 대진리에 있으며, 이러한 대자연과 인간이 하나로서 '혼연일체'(混然一體)가 형성됨으로써 자연과 인간은 '동화일체'(同和一體)로서 하나의 일기에 의해서 논자가 주장하는 '완성세계'(完成世界)가 한반도에서 실현하게 된다는 논리이다.

이러한 무위대자연의 덕은 베풀고서도 절대로 자연은 인간에게 그 공(功)을 내세우지 않는 것이 대자연의 대진리이다. 이것을 바로 어머니의 식모에게 대입하면은 어머니는 자식에게 무한대의 덕으로서 베풀고서도 그러한 공(功)을 절대로 내세우지 않는 것이 바로 논자가 주장하는 지구의 어머니인 대자연이라고 할 수 있겠다. 그러한 어머니는 자식이 어떠한 죄를 지어도 어머니는 자식을 포용하고, 덕화로 감응함으로써 자식은 부모님을 따르게 되는 것이 만고불변의 대진리이다. 오늘날의 서구정치제도에 의해서 '조작', '공작', '작위'가 판을 치는 낡은 정치의 패러다임에서 역사 해탈을 통해서 인간의 본성이나 본능에 의한 마음덕화(一心德和)로서 우주만물을 다스려 나아가는 것이 동양세계의 '신정치제도'라고 단언하는 바이다. 그것은 다름 아닌 인간의 권모술수가 아니라 대자연의 대진리에 순응해 나아가는 정치제도가 바로 논자가 주장하는 '도치정치 이론'이다. 우리는 서구의 낡고 구시대적인 제도상의 모순점 및 한계점에서 벗어나는 지혜를 가져야 할 것이며, 이명박 대통령님은 전화위복의 계기로 한국사회의 구조적인 모순점을 척결하게 됨으로써 만인에 의한 만민의 정치로서 거듭날 수 있도록 최고, 최선의 노력으로 국민과 함께 새 역사창조의 주역으로서 당당하게 자리매김을 다해 나아가야 한다고 사료하며, 아울러 영국의 위대한 역사학자 토인비는 "역사창조란, 미래사관(未來史觀) 및 미래역사(未來歷史) 그리고 역사창조(歷史創造)는 미래를 예지(豫知), 통찰(洞察)하는 국민만이 역사창조의 주역"으로서 자리매김할 수 있다는 논리는 아직도 우리들에게 역사교훈으로 전해지고 있다는 사실이다.

한국은 수구세력들의 '조작정치' 및 '잔대가리정치'의 그늘에서 벗어나는 길은 수구세력들의 '먹이사슬'을 원천적으로 봉쇄함과 동시에 그들의 음성적인 조직해체만이 이 나라의 종묘사직을 바로잡는 전기가 될 것으로 사료한다. 덧붙여 이명박 정부는 한 치의 동요 없이 국민이 주지하는 강력한 '개혁-드라이브'정책으로서 한국사회의 수구세력들에 의해서 조작된 정치적인 특권의식을 발본

색원토록 함과 동시에 국민과 더불어서 '여민동락'의 새로운 정치의 이정표를 창조해 나아가야 한다고 국민은 강력하게 충언(忠言)을 하는 바이다.

제7절 결어(結語)

대우주가 '친자연적 환경보호', '친환경적 보호정책', '친생태론적 자연개발' 정책으로 인하여 서구에서 이분법적인 자연관, 즉 자연과 인간을 분리하는 자연관이 바로 '이분법적인 자연관'(자연과 인간의 대립적 관계)으로 나타나는 현상으로서 이어져 나아갈 것으로 사료한다. 아울러 동양세계에서는 자연과 인간을 하나의 혼연일체(混然一體)로서 보는 자연관으로서 인간은 자연의 일부라는 논리가 성립하게 됨으로써 동양의 자연관은 바로 '순응'이라는 논리가 성립되고, 인간의 삶의 진리의 가치척도가 되는 대자연과 인간이 상호유기체적인 일기(一氣)로서 '상통세계'(相通世界)가 정립하게 됨으로써 동양의 친환경적인 자연관으로 이어져 나아갈 것으로 사료한다.

아울러 서구의 자연관은 '도전'을 함으로써 인간의 삶의 가치척도가 되는 자연을 파괴하는 행위의 근원으로 이어가게 됨으로써 '환경파괴행위', '환경훼손행위', '약탈적 자연관'은 바로 서구의 산업혁명에 의한 '대공장제'에 의한 '굴뚝산업'(제조업중심), '공해산업'(굴뚝연기로 환경공해), '환경파괴산업'(급격한 공업화 정책으로 인하여 천혜 및 천연의 환경파괴 행위로 인한 탈산업화(脫産業化), 탈공업화(脫工業化), 탈공장제(脫工場制)로 신대안을 제시해 나아 갈 것이며, 그것은 다름 아닌 '신산업화'(新産業化), '신지식화'(新知識化), '신지식기술화'(新知識機術化)에 의한 무공해(無公害) 청정기술(淸淨機術)인 '첨단지식기술'(尖端知識機術) 및 '첨단기술' (尖端機術: 마이크로일렉트로닉스 기술 및 바이오테크놀로지 및 신소재기술 그리고 소프트 시스템기술 그리고 생활관련기술 등) 그리고 '하이테크(HI‑TECH) 지식기술'(知識機術: 바이오테크놀로지 및 생물유전자공학 그리고 자연과학)은 신대안이 될 것으로 사료한다.)에 의한 인간은 '제5세대 기술'에 의해서 기술 완성주기가 실현될 것으로 사료하며, 서구의 산업혁명으로 인한 인간의 물질세계는 인간세계에서 가장 낙후된 세계관이 바로 서구의 '물질세계'(物質世界)라고 단언하는 바이며, 이러한 신대안으로서 논자가 주장하는 동양의 신자연혁명은 인간의 낙후된 물질세계에서 해탈하게 됨과 동시에 '자아세계', '본능세계', '본성세계'에 의한 고차원세계관에 의한 인간의 '삶의 질적인 가치척도'(生質價), '지식적 가치척도'(知價度), '진리적 가치척도'(眞價度)가 됨으로써 우주세계 및 우주자연 그리고 우주만물은 중심지본의 근본이나 대본 그리고 중용에 의해서 삼라만상에 존재하는 우주만물을 인간세계에 의해서 완성세계로 실현해 나아가는 모태가 바로 논자의 '신자연혁명'(新自然革命)의 요체가 된다는 논리가 성립하게 될 것이다.

아울러 대우주가 서구에서 산업혁명으로 인한 '물질생성'(物質生成)으로 이어지게 되었으나 인간으로 놓고 볼 때에 '여름의 성장기'(夏)에서 인간은 육체적인 성장을 실현하게 됨과 동시에 대우주는 동양세계에서 신자연혁명으로 인하여 '중도출현'(中道出現)으로 이어지게 됨으로써 인간을 놓고 볼 때에 '정신생성'(精神生成)의 근원이자 또한 도덕적 행위실천 근거가 됨으로써 이러한 동양의 한반도는 '양'(陽: +)에도 치우치지 아니하며 또한 '음'(陰: -)에도 치우치지 아니함으로써 중심지본에서는 양(陽) 및 음(陰)도 중심지본에서 포괄, 함축하게 됨으로써 대우주의 철학적으로 '유물론'(물질세계), '유심론'(도의세계)에 의해서 중심지본에서 천지만물을 근본이나 대본 그리고 중용에 의해서 '균형세계'(均衡世界), '조화세계'(造化世界) 그리고 '우주의 코스모스(조화)'가 실현하게 됨으로써 '인간완성세계관'(人間完成世界觀)에 의한 인간이 우주세계 및 우주자연 그리고 우주만물을 한반도에서 '완성세계'로 나아가는 것이 '신자연혁명'의 요체라고 정의하는 바이다.

이러한 동양의 신자연혁명으로 대자연에서 인간은 인간에게 필요한 의·식·주의 경제행위에 영위되는 물질을 대자연의 식모에서 호득하게 됨과 동시에 무위대자연의 도(道)에서 인간에게 필요한 도덕적 행위의 실천근거가 되는 의리나 도리의 가치기준이 됨으로써 신자연혁명은 바로 대자연에서 물질 및 도덕적 가치기준의 척도가 됨으로써 인간은 서구문명에서 잃어버린 자아세계를 회복하게 됨으로써 대우주가 중심에 귀일하고 소우주 역시 중심에 본성이 귀일함으로써 이러한 한반도는 대우주의 공심세계 및 소우주의 마음세계가 하나로 합일하는 세계관이 도래됨으로써 우주세계는 한마음에 의한 완전한 '도의세계'(道義世界)가 도래하여 지구촌은 세 가족이 동화일체가 되는 '종부가족'(天: 환인 - 아시아(조화주)), '종사가족'(地: 환웅 - 유럽(교화주)), '종군가족'(人: 단군 - 아메리카(치화주))에 의해서 지구촌은 한마음에 의한 한 가족으로서 하나의 일가에 의한 우주세계는 완전한 조화세계가 실현하게 되는 근본적인 모태는 바로 삼극논리에 입각하여 만들어낸 이론이다. 이러한 논리를 '성명쌍수'(性命雙修)라고 한다. 즉 하늘의 '성'(性), 땅으로 '명'(命), 인간으로 '정'(精)이 하나의 '삼자합일세계'(三者合一世界)가 도래함으로써 동양세계에서는 '유기체적 세계관', '생태론적 세계관', '천인합일적 세계관'이 한반도에서 도래함으로써 인간완성을 실현하게 될 것이다.

대우주가 가장 낮은 급수의 물질세계에 의한 인간의 삶의 지표(祉標)는 지구촌에는 인류가 출현한 이래 최악의 '기아', '빈곤', '영양실조'로 인한 지역적인 빈부격차가 나날이 확대되고 있으며, 이러한 본질적인 원인은 바로 '자본주의'(資本主義), '황금만능주의', '앰모니즘사상'이 지배하는 한 지구촌의 빈부격차는 영원히 해소할 길이 없다. 아울러 유엔의 통계자료에서 나타나듯이 하루에 어린이가 4만 명씩이나 굶주림에서 죽어가는 자본주의 한계점 및 모순점을 그대로 반영하고 있다. 반대급부적으로 정치적인 특권의식이나 정치적 특혜에 의해서 자본주의 병폐를 통계자료에 의하면 부유층의 2%가 지구촌 전체 소득의 50%를 점유하고 있다는 통계자료에서 증명하고 있는 것이다. 아울러 98%가 그들의 '종노릇' 및 '돈의 노예'(자본의 노예)로 전락하고 있는 것이 서구의 자본주의 모순점이자 바로 제도상의 한계점이라고 논리적으로 설명할 수 있겠다.

세계정부에서는 이러한 소득불균형을 시정하기 위한 방안을 논자는 가지고 있으며, 제도상의 보완작업 및 그들의 착취수단과 불법행위를 엄단함으로써 소득불균형을 근원적으로 해결할 수 있다고 사료하며, 그것은 다름 아닌 '제8차경제개발계획'에 대한 자본유입으로서 지구촌의 경제개발이 완성단계에 진입하게 되면 지역 간의 소득불균형을 본질적으로 개선하고 '소득분배정의'를 실현하게 됨으로써 제도상의 모순점 해소 및 개발단계부터 철저한 소득분배정의를 실현함으로써 지구촌은 동, 서 간이나 남, 북 간의 소득격차를 본질적으로 해소한다는 논리가 성립된다고 할 수 있겠으며, 논자가 주장하는 '심신일체'(心身一體), '물심일체'(物心一體), '신토일체'(身土一體)가 형성됨으로써 전 인류의 경제적으로 궁극적인 목표는 바로 '인류공존공영의 실현'하는 모태가 바로 공자성인이 설파한 '내 몸에 진리를 호득'하게 됨으로써 그것을 대우주에 확대하여 '만민일체평등사상', '인류공존공영', '만유공존공생시대'를 실현하는 이론적인 초석이 된다.

아울러 수구세력들의 논자의 반대를 위한 발언으로서 공산주의가 된다는 논리이다. 즉 사회주의 경제는 국가가 개인의 재산일체를 국가가 공유하면서 인민에게 배급제 형태로 국가에서 식량을 분배하는 방식을 우리는 사회주의 경제라고 한다. 아울러 자본주의 경제의 척도는 헌법상에 사유재산(私有財産)을 인정하면서 재산에 대한 매각행위, 매매행위의 일체를 개인이 할 수 있다는 논리가 바로 자본주의 경제라고 설명드릴 수 있겠다. 아울러 논자에게 수구세력들이 반기를 드는 근원은 수구세력들이 돌대가리라서 이러한 이론적인 모태를 정립하지 못하는 우둔함에서 비롯되었다고 논자는 반박하는 바이다.

이러한 논자의 인류공존공영을 실현하기 위한 모태가 육체와 정신세계가 하나가 됨으로써 인간은 자아 본능이 지배해 나아가게 됨으로써 즉 자아완성세계가 한반도의 중심에서 도래됨으로써 한반도에서 '인간완성'에 의한 우주만물을 완성세계로 인도하게 될 것으로 사료한다. 이것을 논자는 '햇볕정치'(陽光政治) 및 '햇볕정책'(陽光政策) 그리고 '현묘지덕'(玄妙之德)으로서 우주만방에 우주만백성을 다스리는 하나의 근본으로서 다스려 나아가는 모태가 될 것이다.

제4장

세계정부 경제개발의 이론적인 모태는 바로 '마음의 경제학'(心經學) 시대가 도래된다

제1절 개요

대우주가 중심의 근본에서 이탈하게 됨으로써 소우주인 인간 역시 '인간성'(人間性: 마음(一心))을 상실하게 됨으로써 인간은 인간으로서 자아상실하는 계기가 되었다. 즉 이것을 잃어버린 인간성을 회복하게 된다는 논리가 성립하며, 이것은 다름 아닌 대우주가 중심의 근본에 삼생만물이 하나로 회삼귀일함으로써 소우주인 인간은 대우주의 역사순환의 법칙에 따르게 됨으로써 인간은 인간으로서 중심의 근본에서 '자아세계'를 맞이하게 된다는 논리가 성립된다. 그것은 다름 아닌 독일의 위대한 철학자인 헤겔은 "역사도 한

인생에 비유한다."라는 명제가 성립됨으로써 대우주 및 소우주의
역사법칙은 동일한 법칙에 준하여 이루어지게 된다고 할 수 있겠
다. 우리는 '하늘'에 천(天: 태양), '지'(地: 달), '인'(人: 지구), '땅'
(地)에도 천(아시아: 한국), 지(地: 유럽: 영국), 인(人: 아메리카: 미
국), '인간'(人)에게는 천(頭腦), 지(地: 가슴), 인(人: 다리(脚))이 있
으므로 이러한 천, 지, 인의 논리가 바로 지구의 지축이 관통하는
중심(中心: 제로점 또는 제로점 경제) 및 중앙(中央: 신(信) 또는
토(土))에서 우주만물이 회삼귀일함으로써 대우주가 중심지본에 하
나로 귀일함으로써 소우주인 인간 역시 역사순환의 대법칙에 준하
여 그대로 따르게 된다는 논리가 성립되오며, 이러한 한반도는 하
늘의 기운(天運), 땅의 기운(地運), 인간의 인운(人運)이 바로 한반
도에서 '천인합일세계'(天人合一世界), '천인일치세계'(天人一致世
界), '천, 지, 인의 합일세계'(天地人合一世界)가 도래되어 우리는
대우주의 역사순환의 대법칙에 준하여 소우주인 인간 역시 '마음
의 영원한 고향(性)', '생명의 영원한 고향(命)', '인간의 정기(精)에
서 천, 지, 인이 합일'함으로써 인간은 인간의 본성을 회복하게 된
다는 논리이다. 즉 중심의 근본에서 인간은 본래의 본성인 마음세
계가 도래됨으로써 우주창조 본성을 회복하게 된다.

　　우리는 서구의 '물질세계', '육체세계', '영혼의 안식처인' 껍데기
뿐인 육신으로부터 해탈함으로써 '자아세계'(自我世界), '본능세
계'(本能世界) 그리고 '마음의 경지'(一心境地)에 도달함으로써 비
로소 인간은 인간으로서 '인간완성(聖人: 100)'(人間完成)을 실현
하게 된다는 논리이다. 우리는 대우주가 순환법칙에 준하여 중심의
근본이나 대본에서 탈물질문명으로부터 역사해탈을 통해서 '신문

명권'(新文明權), '신반도문명권'(新半島文明權), '신정신문명권'(新精神文明權) 시대가 도래됨으로써 서구의 물질세계로 인한 대우주의 불균형이나 부조화 그리고 우주의 혼돈이나 혼륜시대를 역사청산을 통해서 새로운 새 시대에 즈음하여 '신의식세계'(新意識世界), '신관습세계'(新觀習世界), '신역사관'(新唯心史觀)으로서 '미래역사'(未來歷史), '미래사관'(未來史觀), '역사창조'(歷史創造) 작업을 실현하기 위한 초석으로 이어져 나아갈 것이다.

제2절 마음의 창조경제(創造經濟)에 따르는 개념, 정의

삼라만상(森羅萬象)에 존재하는 우주만물(宇宙萬物)은 대우주가 중심의 근본에서 이탈하게 됨으로써 인간 역시 마음을 상실하여 중심지본에서 이탈된 우주만물은 일체의 불균형→부조화→미완성→우주의 혼돈이나 혼륜으로 나타나는 근본원인은 바로 '한반도는 마음의 영원한 고향이요'(本性歸一), '생명의 영원한 고향이며'(創造地本), '우주정기인 영산'(靈山: 하늘의 정기)에 영기(靈氣: 하늘의 기운)가 인간의 단전(丹田)에 내려와 합일하여 인간은 인간으로서 '인간완성'(성인의 경지)을 실현하게 된다는 논리이다.

아울러 도가에서는 '도(道)가 천지를 창조'했다고 하며, 서양의 기독교에서는 '신(神)이 천지창조'를 했다고 하며, 논자는 인간의 '마음이 천지창조'를 했다고 사료함과 동시에 대우주가 근본의 중심에 하나로 귀알하게 됨으로써 소우주인 인간 역시 인간성을 회복하여 대우주 및 소우주는 역사필연의 법칙에 준하여 대우주는 '공심세계'(空心世界), 소우주는 '도심세계'(道心世界) 그리고 하늘과 인간이 하나의 한마음(一心世界 또는 空心道心世界)이 도래됨과 동시에 인간은 인간으로서 우주창조 본성인 마음세계에 의해서 우주만물을 창조하는 '창조화세계'(創造化世界), '창조화신물질세계'(創造化新物質世界), '창조화신절대정신세계'(創造化新絶對精神世界)가 바로 마음의 영원한 고향인 한반도에서 도래가 된다는 논리이다. 이러한 마음세계(心的世界)의 창조는 인간의 '뇌본심일체창조'(腦本心一切創造至本: 인간의 마음은 뇌에서 창조가 되었으며, 이러한 뇌본심(腦本心)은 '사고지력심일체창조'(思考知力心一切創造: 뇌에서 생각하는 것이 바로 마음의 의식세계로 전달하게 됨으로써 마음에서 발현(發現) 또는 형상화(形想化)가 실현하게 됨으로써 마음이 물질창조의 근원이 된다는 논리가 성립함으로써 불교에서는 '일체유심조'(一切唯心造: 마음에서 우주만물의 선(善), 악(惡) 그리고 물질창조의 근원이 된다는 것이 바로 마음에 대한 종교적 차원의 정의이자 이것이 바로 마음세계에 대한 대진리이다.)에서는 동양세계에만 한반도에서만이 존재하는 것이므로 서구인들은 물질세계가 인간의 행복의 가치척도가 될 수 없다는 논리가 성립하여 서구인들은 자아(참나, 진아, 영아, 신아)를 찾기 위해서 물질세계에서 벗어나 새로운 정신세계를 추구하는 근원은 바로 동양철학의 노자와 장자의 '무위자연설'(無爲自然說)을 추구하여 늦게나마 새로운 인식을 통해서 동양의 새로운 정신세계가 우주세계를 지배해 나아가는 모태가 바로 한반도에 있으며, 이러한 신역사창조 역시 이명박 정부와 국민이 주도하게 될 것으로 논자는 대선각자의 입장에게 만천하에 고하는 바이다. 이것을 우리는 '창조화세계', '창조화정신세계', '창조화사회'라고 정의한다.

이러한 마음의 뇌본창조경제(腦本創造經濟)에 대한 개념으로서는 '우주창조본성'(宇宙創造本性)에 의한 뇌본사고작용(腦本思考作用: 뇌에서 생각하는 사고능력이 바로 쓰임(용도)에 필요한 것을 짓는다(心意創造世界化物質本: 마음의 무의식이 발현하게 됨으로써 만물창조의 근본이 된다는 논리이다.))이 바로 의식적(意識的) 사고작용(思考作用)을 통(意通)해서 마음에 전달하게 되는데 이러한 마음이 발현(發現) 및 형상화(形想化) 그리고 '형이상학적'(形而上學的) 관계에 의해서 새로운 만물생성(萬物生成)의 근간(根幹) 및 근원(根源) 그리고 본원(本源)이 되는데 우리는 이러한 근원적(根源的) 원리(原理)를 적용(的用)하여 마음이 물질창조(物質創造)를 실현함과 동시에 이러한 마음세계(一心世界)로서 인간에게 필요한 의, 식, 주의 경제행위(經濟行爲)에 영위되는 새로운 물질세계(物質世界), 정신세계(精神世界), 도의세계(道義世界)를 창조(創造)해 나아가는 일체의경제(一切意經濟) 행위의 메커니즘을 우리는 마음의 '뇌본심창조경제'(腦本心創造經濟) 또는 '일체창조경제'(一切創造經濟) 그리고 '우주창조본성경제'(宇宙創造本性經濟)'라고 정의(定義)한다.

즉 서구식의 '물질세계'(肉身世界)의 한계점 및 모순점으로 인하여 '탈물질시대'(脫物質時代)에 즈음하여 우리는 우주창조 본성인 하늘로부터 부여받은 인간의 '성'(性: 마음)으로서 만물창조의 근원으로 작용하게 되는 마음의 경제시대가 도래됨으로써 인간의 일체의 의, 식, 주에 영위되는 경제행위를 마음에서 창조해 나아간다고 할 수 있겠다. 이러한 물질생성의 근원으로서 '뇌본사고의식심통창조세계'(腦本思考意識心通創造世界: 인간의 뇌에서 무한대의 생각(念力: 생각하는 힘이 바로 물질창조의 본성이다. 우리는 이것을 염력세계(念力世界)라고 정의한다.)이 바로 물질생성 및 물질창조 그리고 정신창조화의 근원이 됨으로써 만물의 생성적 근원은 바로 마음에서 일체가 창조된다는 논리이다. 즉 불교에서는 마음에서 일체가 창조된다는 일체유심조(一切唯心造)가 만물창조의 근원이 된다는 논리이며, 이것은 바로 '마음의 영원한 고향(性)'이 바로 한반도에서 '신역사창조'가 발현된다는 논리이다.

아울러 동양세계는 음, 양오행설(陰陽五行說)이라고 하는데 천지창조의 근원은 바로 음, 양이요. 아울러 하늘에는 오성(五星: 화성(火星), 수성(水星), 목성(木星), 금성(金星), 토성(土星)) 및 땅에는 오행(五行: 불(火), 물(水), 목(木), 철(金), 흙(土)) 그리고 인간에게는 오상(五常: 인(仁), 의(義), 예(禮), 지(智), 신(信))이라고 한다. 이러한 하늘의 '천기'(天氣: 공기) 및 땅의 '지기'(地氣: 음식(食)) 그리고 인간의 오상이 바로 인, 의, 예, 지, 신이 되오며, 이러한 '신' 및 '토'가 중앙인 한반도에 내려오게 됨으로써 인간은 우주정기를 받은 기운으로 인간은 엄마의 배 속에서 5개월만 되면 '인간형성'을 실현한다는 논리가 성립된다고 할 수 있겠다.

아울러 이러한 우주법칙에 준하여 5가 완성수 및 10(완성수 그리고 인간완성(100: 성인의 경지))이 된다는 우주철학적인 근원에 의한 대진리가 바로 한반도에서 신역사창조가 실현된다는 논리이며, 아울러 국민은 문민정부시절부터 이 나라의 종묘사직을 좌지우지했으므로 한국은 100년이 넘는 정치민주화를 실현하는 데 수많은 세월이 흘렀으나 국민이 주도하는 정치민주화는 불과 몇 십 년 만으로 세계가 부러워할 정도로 정치민주화를 실현하는 모태가 바로 국민으로부터 시작하게 되었다는 논리를 설파하는 바이다. 아울러 국민은 문민정부 시절부터 이 나라에 '변화'(變化)와 '개혁'(改革)의 '캐치프레이즈'로서 강도 높은 '개혁 드라이브' 정책으로 밀어붙여서 이 나라에 진정한 '군자지국'(君子之國), '진리본원국가'(眞理本源國家), '인류정신지도국가'(人類精神指導國家)로서 '인류역사창조'(人類歷史創造), '미래역사창조'(未來歷史創造), '신역사창조'(新歷史創造)를 국민이 주도하게 됨과 동시에 서구의 '탈물질세계'(脫物質世界), '탈물질문명'(脫物質文明), '탈자본주의'(脫資本主義)에서 역사해탈(歷史解脫)을 통해서 국민은 신자연혁명을 주도하여 서구문명의 몰락에 따르는 동양세계의 신대안으로 '신경제', '신생산방식', '신지식공장화'시대에 대한 '친환경적 생산방식', '친자연적 생산방식', '천혜자연적 생산방식'을 도입하게 됨과 동시에 서구의 자연에서 재료나 원료를 재취하여 가공하는 '가공생산', '가공방식', '가공무역'의 형태는 역사적인 종말을 고하고, 새로운 신대안으로서 질의경제의 메커니즘에 따르는 신생산 방식인 '주문형생산방식', '맞춤형생산방식', '개성화에 따르는 특화생산방식'을 채택함으로써 서구의 자본주의 몰락에 따르는 신대안이 될 것으로 사료하며, 아울러 인간중심세계관에 따르는 인간의 뇌본경제가 우주만물을 조화, 완성세계로 인도하게 됨으로써 논자가 주장하는 지구촌의 전 세계 각국정부를 하나로 통합하는 세계정부 창설에 초석이 될 것으로 확신을 주고자 한다.

제3절 마음이 뇌사고지력(腦思考知力)이 바로
물질 창조의 근원이다

대우주의 '물질세계'(物質世界)에서 벗어나 새로운 '도의세계'(道義世界)로 대전환을 모색함과 동시에 대우주는 마음세계인 '공심세계'(空心世界)가 한반도에서 도래됨과 아울러 소우주인 인간은 '육체세계'에서 21세기는 우주만물이 중심지본에 하나로 귀일하게 됨으로써 '정신세계'에서 인간은 인간으로서 우주창조본성인 '마음세계'(一心世界)가 도래되어 대우주의 '물질세계(불균형) - 도의세계(균형) - 공심세계(완성세계)'로 나아감과 동시에 소우주인 인간역시 '육체적 성숙(해탈) - 정신세계(자아완성 및 본능세계) - 마음세계(완성세계)'가 도래됨으로써 대우주 및 소우주는 역사필연의 법칙에 준하여 동일한 역사가 전개되는 것이 하나의 근본이다.

이러한 역사법칙에 준하여 대우주 및 소우주는 동일한 역사법칙에 의해서 인간의 완성단계인 '공심세계'(空心世界), '마음세계'(一心世界)가 하나로 합일하여 한반도는 '마음의 영원한 고향(天性)', 또한 '생명의 영원한 고향(地命)', 아울러 '정기(精氣)의 영원한 고향(人精)' 및 '창조화의 영원한 고향' 우리는 하늘의 정기가 지구의 중심지축으로 관통하는 한반도에 내려오게 된다는 논리이며, 이 것을 논자는 우주자연으로 놓고 볼 때에 금강산(金鋼山)은 하늘의 영산(靈山)에 영기(靈氣)가 내려오게 됨으로써 즉 하늘의 정기인 '영'(靈)이 땅(자연)에 내려오게 되는데 그러한 땅이 바로 금강산이 된다는 논리이며, 그것은 다름 아닌 땅의 기운 즉 '기'(氣)하고 하나로 하늘의 '영'(靈)＋'기'(氣)가 합일하는 장소가 바로 '금강산'으로서 인간은 인간으로서 하늘의 정기를 받고 땅의 기운을 받아서 인간이 '성'(性)＋'명'(命)＝'단전'(精)이 하나로 합일하는 성명쌍수(性命雙修)가 되고 즉 도(道)를 수도(修道) 우주정기를 내 몸에 하나로 합일하면 바로 이것이 '천사세계'(天使世界: 인간이 인간완성을 실현하면 하늘의 조화를 부리는 세계를 우리는 천사세계라고 정의한다.)가 도래되면 바로 천, 지, 인이 하나로 합일하는 즉 '도통군자'(道通君子), '성현군자'(聖賢君子), '성인지국'(聖人之國)시대가 출현하게 된다는 논리가 성립된다고 할 수 있겠다. 이러한 우주의 이치(理致)도 바로 금강산의 '일만 이천 봉우리'에서 도(道)를 통한 도통군자가 일만 이천 명이 출현하게 됨으로써 이러한 한반도에 '군자지국'(君子之國)이 출현하여 논자가 주장하는 동양의 한국적인 전통과 가치관이 우주세계를 지배해 나아가는 모태가 된다는 논리이다.

이러한 한민족은 첫째는 하늘의 정기(宇宙精氣)를 받은 민족이다. 둘째는 풍류도(風流道: 최치원 선생님)를 즐기(樂)는 민족이다. 셋째는 백의민족(白意民族: 우주본체가 백력(白力)으로서 한민족은 우주본체를 담고 있는 민족)이다. 넷째는 산(山: 금강산)에 우주정기(宇宙精氣)가 내려 있는 민족이다. 다섯째는 전 인류의 종주국(種主國)이다. 여섯째는 인류의 우두머리(頭腦) 민족이다. 일곱째는 일체(一切), 전체(全體), 대우주(大宇宙)를 포괄, 함축하는 민족이다. 한민족의 시원은 삼묘족(三苗族)으로 우주정기에 의해서 태동한 '한'(굳셀 한: 고산족(高山族)), '한'(韓: 유목민(遊牧民)), '한'(漢: 하천민(河川民))이 인류의 시원(始原)이자 뿌리(根)이다. 이러한 한족(한족)은 고산족이며 기마민족으로서 한족은 지혜가 뛰어나고 '도통'(道通), '혈통'(血通), '동이족'(東夷族)의 이조이자 '인류의 뿌리'이며 현재의 한반도의 한민족이 바로 우리는 '고산족'이라고 할 수 있겠다. 중국의 공자가 주장하는 '동이족'(동쪽에 사는 오랑캐를 동이민족이라고 불렀다. 즉 공자성인이 가장 부러워하는 우리의 한민족을 칭한다.)은 바로 한반도 한민족의 시원이자 근원이 되는 우리 한민족을 부르는 것이다.

이러한 근원은 바로 우주정기에 의해서 우리민족은 도통(立道: 환웅천왕: 배달민족(培達民族), 기만민족(騎馬民族: 유라시아를 중심으로 초원에서 생활하는 우리 고구려의 민족을 칭한다.) 그리고 '백의민족'(白意民族: 우주의 본체는 백력(白力)이라고 하며, 우주 선천지기로부터 아무런 사물에 대한 기질성의 영향을 받지 않는 '순백지기'(順白地氣: 순수한 민족)를 우리는 백의민족이라고 한다. 하늘로부터 '성'(性)을 부여받은 인간의 본성은 '순백'(順白: 깨끗하고 순수하며, 더럽혀지지 않는 온전한 본성을 가진 민족을 우리는 백의민족이라고 정의한다.)한 온전한 인간으로서 선(善), 악(惡)도 없는 즉 양지양능(良知良能: 스스로 우주의 이치를 통달함으로써 그냥 알고 있는 상태를 말한다. 즉 태초의 인간은 배우지도 않고서도 만물의 이치를 통달하게 됨으로써 하늘의 텔레파시를 통해서 우주와 관통함으로써 만물의 이치를 통달하게 되었던 것이다.)으로 완전한 '공심세계'(空心世界), '일심세계'(一心世界), '일신시대'(一神時代)가 도래됨으로써 완전한 마음의 진원(全眞圓)인 상태를 말한다. 이것이 태초의 5차원 세계에서의 인간의 참모습이며, 이러한 시기에는 인간은 하늘로부터 부여받은 사물의 기질성에 대한 일체의 변화가 없는 순백지기라고 부른다.))이라고 한다.

아울러 대우주는 우주창조 본성인 '중심지본'(中心地本: 음(陰(ㅡ, 동양세계))도 아니요 양(陽(＋, 서양세계))도 아닌 제로점(영점: 근본)에서 동양세계와 서양세계를 포괄, 함축하고 있으며, 아울러 중심의 근본은 세월이 변화무쌍해도 이러한 근본은 하나도 변화가 없다는 것이 바로 대우주의 논자가 주장하는 다스리는 치일본(治一本)은 바로 한반도에 있다는 정치논리가 성립된다고 할 수 있겠으며, 이것은 다름 아닌 한반도를 '일음일양지위도'(一陰一陽之謂道 즉 중심지본인 한반도는 음(여자, 동양), 양(남자, 서양))가 함축되어 있으므로 논자가 주장하는 중심에서 '중화'(中和), '중도'(中道), '중정'(中正)으로서 중심지본에서 이탈되었던 우주만물이 제자리를 잡게 됨으로써 중심에서 하나의 다스리는 근본으로서 우주만물을 완성시키는 것이 섭리역사의 이법이라고 단언하는 바이다. 이러한 중심지본의 다스림의 하나의 근본은 바로 치덕본(治德本)이요 치덕본(治德本)은 포덕지치(布德之治)로서 다스리게 됨으로써 우주만물은 인간이 다스리는 하나의 근본에 스스로 따르게 된다는 논리가 성립이 된다고 할 수 있겠다. 그것이 바로 논자가 주장하는 무위자연의 도(道)의 순리에 순응하는 것이 다스리는 하나의 근본모태가 태동하게 된다는 논리이다.

제4절 마음이 우주천지창조(宇宙天地創造)의
하나의 근본이다

삼라만상(森羅萬象)에 존재하는 우주만물은 '생성'(生成), '발전'(發展), '소멸'(少滅)의 순환적 메커니즘에서 벗어나는 것을 우리는 인간에게 대입하면 그것이 바로 '윤회설'(倫回說)이며, 그것은 다름 아닌 인간은 육체적인 성숙에서 벗어나게 되는 것을 '해탈'(解脫: 육체적 욕망이나 번뇌, 망상에서 본성으로 돌아오는 것을 해탈은 열반으로 되돌아간다.)에서 벗어나면 인간은 인간본성을 통한 '열반'(涅槃)을 통해서 마음의 깨달음을 통한 '불생불멸'(不生不滅)의 대우주의 윤회설의 '우주원리'(宇宙原理), '우주진리'(宇宙眞理), '우주본성'(宇宙本性)에 의한 개체만 사라질 뿐 종(種)은 영원히 '영생'(永生)을 득하게 된다는 논리이다.

아울러 향후에 도래될 미래세계는 '조상영계'(祖上靈係)가 우리들의 현실세계에 도래됨으로써 즉 4차원세계는 영(靈)을 볼 수 있는 세계가 도래됨으로써 '인간세계', '사후세계'가 하나로 합일하여 '유, 무상통세계관(有無相通世界觀)'(보이는 것(有)과 눈에 보이지 않는 것(無)은 하나의 일기(一氣)로서 상통(相通)하는 세계관)이 도래되는데 논자는 이것을 '유무상통세계관' 또는 노자 지론에 의하면 있는 것(有) 없는 것(無)은 서로 통(有無相通)한다는 논리가 성립된다고 할 수 있겠다.

이러한 세계를 영계에 적용하면 바로 이승세계 및 저승세계는 하나로 통한다는 논리이며, 이것을 논자는 조상영계가 인간에게 내려옴으로써 대우주는 하나의 일기로서 서로 상통하는 세계관이 도래된다고 할 수 있겠다. 아울러 석가모니는 4차원의 세계에서 영계를 볼 수 있다고 한다는 논리가 성립된다고 할 수 있겠다. 아울러 대우주의 생성과정은 대우주는 혼돈상태에서 '무극'(無極: 하나: 道)에서 '음, 양 분화'(太極: 둘: 동양과 서양) 그리고 '삼생만물'(셋: 천, 지, 인)이 중심지본에 하나로 귀일하게 되는데 이것을 논자는 삼생만물이 중심에 하나로 귀일하게 되는 것을 회삼귀일(會三歸一)이라고 하며, 이러한 무극과 태극은 하나의 일기로서 서로 상통하는 세계관을 바로 '유, 무상통세계관'(有無相通世界觀)에 의해서 하늘의 정기(精氣) 및 땅의 기(氣)가 인간의 머리인 정수리(腦天)를 통해서 하나의 일기로서 인간의 몸에 내려와서 발바닥의 용천홀(발바닥에는 대우주우의 하나의 일기가 상통하는 용천홀로부터 머리인 정수리에서 받은 정기가 인간의 뼈에서 기로 흘러서 하늘과 땅이 하나의 일기로서 서로 상통하는 것을 말한다.)에 하늘과 땅이 하나의 일기로서 상통하는 것을 논자는 유무상통세계관이라고 정의할 수 있겠다.

아울러 서구문명으로 인한 '물질세계'는 우주자연은 하늘의 구름으로서 하늘의 구름이 태양을 가리니 인간이 빛을 볼 수 없듯이 아울러 인간에게 물질세계는 바로 하늘의 구름이 태양을 가리는 격이 되니 이러한 물질세계는 바로 인간본성을 상실하게 되는 근본요인으로 작용하게 되었다. 이러한 물질세계는 역사순환의 대법칙에 의해 서구문명에서 동양세계로 되돌아옴으로써, 대우주가 중심에 하나로 귀일하게 되고, 소우주인 인간 역시 잃어버린 인간성을 회복하게 되어 자아완성세계가 도래되는데 우리는 이것을 본성세계라고 한다. 이러한 본성세계는 마음세계로서 명견지심(明見之心: 마음을 밝으니 만물을 볼 수 있는 것이 같은 이치이다. 즉 인간의 마음은 거울과 같아서 마음의 때(구름)가 낀 것을 걷어내면 인간은 본래의 마음을 볼 수 있는데 이것을 우리는 본성세계라고 한다. 즉 물질세계에서 마음의 때를 제거하면 그 마음이 바로 청정심시불(淸淨心是佛: 맑고 깨끗한 순백지기(純白地氣) 및 순천지기(順天地氣)가 바로 인간의 본래의 마음이요. 이것이 바로 견성(見性)이요 또한 성불(性佛)이요, 본성세계 즉 하늘로부터 부여받은 인간의 참모습(마음: 性品)이라고 할 수 있겠다. 우리는 서구문명에서 타락된 육신세계의 욕망, 번뇌, 망상에서 벗어나 육체적인 물질세계에서 해탈하는 길만이 바로 인간은 하늘로부터 부여받은 '참인간상'(본성세계)을 볼 수 있는데 현대사회의 중생들은 물질세계에 현혹되어 자아세계를 잃게 됨으로써 야기되는 근원적인 문제점이 바로 '인간성'(人間性: 자아상실세계)을 잃고 한 치 앞을 내다보지 못하는 어리석은 중생으로 길(行路)을 방황하고 있는 것이 수구세력들의 현실에 처한 참모습이라고 정의한다.

아울러 수구세력들의 과다한 정치적인 욕망이나 욕구로 인한 정치착취 행위가 근절됨으로써 죽음으로 사라져 나아가는 수구세력들의 현실세계라고 논자는 대선각자로서 만천하에 고하는 바이다. 아울러 성현들은 "자기(自己)를 무위(無爲)로 돌려라." 또는 "자기를 무(無)로 돌려라." 그리고 "자기를 공심(空心)으로 버려라."라고 설파한다. 즉 그것은 다름 아닌 인간은 마음을 비우면(無心) 이러한 무심세계(無心世界)는 바로 대우주의 대진리인 '공심세계'(空心世界), '무심세계'(空心世界) = '일심세계'(一心世界)가 도래되어 대우주 및 소우주는 하나로 합일하게 된다는 논리가 성립된다고 할 수 있겠다.

우리는 서구의 물질세계에서 마음의 이끼를 완전히 제거하여 본래의 하늘로부터 부여받은 '천성'(天性), '성품'(性品), '품격'(品格)에 의한 인간은 마음의 이끼를 제거하여 청정한 본래의 선(善) 및 악(惡)도 없는 마음(性品)으로 되돌아가야 할 역사적인 대전환점에 머무르고 있는 것이다. 논자는 이러한 것을 '물질세계', '육체욕망'으로부터 완전히 벗어나는 길을 '역사해탈'(歷史解脫)을 통해서 '자아세계'(自我世界), '본능세계'(本能世界), '본성세계'(本性世界)를 볼 수 있어야 한다고 사료하며, 그것은 다름 아닌 나(자아)를 찾는 길이 되는 것이요. 이것을 논자는 인간의 행로(行路: 육신이 앞서가는 것이 아니라 본능세계에 의한 내면세계에서 사리분별력에 의해서 선행(善行) 및 덕목(德目)으로 판단하면 바른 행동의 주체가 된다는 논리이다. 아울러 악행의 논리가 정립하면 인간의 뇌(腦)에서 통제행위(統制行爲)에 의해서 못 하도록 하는 것이 바로 본능이 지배하는 세계관이라고 할 수 있겠다.)을 바로 가는 첩경이 된다는 논리이다.

우리는 서구문명으로 인한 일체의 불균형 및 가치관 전도현상은 바로 '본말전도'(本末顚度: 근본은 중심지본으로서 한반도에 우주만물의 근원이 있으며, 이러한 근본은 바로 본(本)이요. 아울러 서구사회는 물질로서 말(末)에 해당하므로 나무로 치면 가지가 뿌리를 지배하게 되는 세상의 이치를 우리는 본말이 전도가 되었다고 할 수 있겠다. 아울러 인간의 우주창조본성은 바로 한반도에 있으며, 이러한 서구의 물질세계가 인간세계를 지배하게 됨으로써 우리는 이것을 본말전도가 되었다고 할 수 있겠다.) 및 '주격전도'(主格顚度: 우주의 진정한 주인은 동양세계에 근본이 있으므로 서양의 물질세계는 인간으로 놓고 볼 때에 육체행위의 주체가 됨으로써 본능이 지배하는 세계관을 상실하게 되었다. 즉 대우주로 놓고 볼 때에 진정한 주인은 동양세계에 있으며, 서구는 육체행위의 주체가 됨으로써 육체가 본능을 지배하는 세계관을 우리는 본능이 전도된 주격전도 시대에 살아가고 있다는 논리가 성립된다고 할 수 있겠다. 아울러 인간의 뇌에서 사리분별력에 의한 선, 악의 판단기준에 의해서 가치관을 정립하는 모태가 되어야 하오나 서구문명은 육체가 인간의 본능을 지배하는 주격전도 시대에 살아가고 있는 것이 오늘날의 현실이다. 이러한 것을 논자는 가치관의 전도현상이라고 정의할 수 있겠다.)가 됨으로써 서양이 인간의 주인행세를 하고 다니는 것을 논자는 주격전도라고 한다. 이러한 서양세계는 육체행위의 주체가 됨으로써 인간의 본능인 뇌가 지배하면서 사리분별력에 의한 가치판단의 기준으로 이어져 나아가야 본말전도 현상을 근원적으로 치유할 수 있다는 논리가 성립된다. 이러한 사회를 우리는 '뇌본사회'(腦本社會), '창조화 사회'(創造化社會), '지가사회'(知價社會: 알고 있는 것이 돈으로 가치판단의 척도가 되는 사회를 지가사회라고 한다. 지식이 돈으로 가치판단에 의해서 시장기능에 의해서 매매(賣買)가 이루어지는 사회를 지가사회(知價社會)라고 한다.) 이것은 다름 아닌 하늘의 머리인 '영'(靈)이 인간의 머리(頭腦)에 내려오게 됨으로써 즉 동양세계는 천인합일세계관(天人合一世界觀) 및 천인일치세계관(天人一致世界觀)이 도래됨으로써 인간은 인간본연의 모습으로 '창조세계'(創造世界)를 리드해 나아간다는 논리가 성립된다고 할 수 있겠다. 우리는 이러한 세계관을 '신역사 창조세계관'(新歷史創造世界觀)이라고 정의한다.

아울러 논자가 주장하는 마음이 우주창조의 근원은 바로 대우주의 '天頭'(靈) 및 소우주인 인간의 '人頭'(腦)가 됨과 동시에 하늘의 머리(頭: 靈)가 한반도의 인간세계인 두뇌(頭: 腦)에 내려와 하나로서 합일하여 '천두영인두뇌본사회''天頭靈人頭腦本社會'를 우리는 '창조화 세계'(創造化世界), '창조화 뇌본세계'(創造化腦本世界), '창조화 사회'가 실현되어 창조의 영원한 고향은 한반도에 형성되고, 우리는 이것을 '브레인－리블레이션'(頭腦革命) 및 '창조혁명'(創造革命) 그리고 '역사혁명'을 세계정부 연구소의 강주효 소장이 '우주사', '세계사', '인간사'를 호령하게 됨으로써 '신역사 창조'의 신기원을 실현하는 모태가 바로 '세계정부 혁명'(世界政府革命)이라고 정의한다. 이러한 세계정부 연구소는 '인류통합'(人類統合), '지역통합'(地域統合), '세계통합'(世界統合), '우주통합'(宇宙統合)시대를 창조해 나아가는 이론적인 모태가 바로 세계정부 연구소에서 실현하는 모태가 될 것으로 사료하는 바이다.

아울러 서구문명으로 인한 일체의 불균형이나 부조화 그리고 미완성 및 우주의 혼돈시대를 중심지본의 우주만물을 다스리는 근본은 덕치본(德治本: 대자연의 본질은 덕으로써 만물을 기르게 됨으로써 인간 역시 대자연의 대진리인 덕(德)의 순리에 순응하는 것이 바로 대자연의 이치라고 설명할 수 있겠다.)이요 덕치본(德治本)은 상포덕지치순응(上布德之治順應: 위로부터 포덕으로써 다스리게 됨으로써 아래로 만백성은 덕치에 감응하여 만물은 이러한 순리에 응하게 된다는 논리이다.)하게 됨으로써 우주만물은 중심의 근본에서 서구문명의 한계점 및 모순점 그리고 약탈적 사고개념에서 벗어나 '중화'(中和), '중도'(中道), '중정'(中正)으로 '인류대화합의 정치실현'의 모태가 바로 논자가 주장하는 대우주의 대진리에서 태동한 무위자연의 도(道)로서 우주만물을 포용하면서 다스려 나아가는 이론적인 초석이 바로 '도치정치'라고 단언하는 바이다.

제5절 마음에서 우주만물의 일체유심조(一切唯心造)로 창조의 근원이다

대우주의 나이는 46억 년으로서 이제야 대우주가 물질로서 '성장기'(여름(夏))의 절기에서 벗어나 대우주는 '물질해탈'(物質解脫)을 통해서 우주본성(宇宙本性)으로 중심에 하나로서 귀일하게 된다는 논리를 우리는 '환태평양시대'(還太平洋時代: 우주창조본성으로 귀일한다는 논리가 성립이 됨.)로 인하여 우주문명사는 서구의 물질시대의 역사적인 청산을 고하고, 새로운 신문명사를 창조해 나아가는 중심지본에서 '인류문명의 발상지'가 된다는 논리이다. 즉 문화란, 인간이 정주생활(定住生活)을 통하여 자연의 흙을 일굼으로써 '문화'(文化)가 싹트게 되는데, 이것은 다름 아닌 소우주의 축소판인 '인간형상'을 하고 있는 한반도가 바로 자연의 흙에서 농경생활을 통해서 문화가 싹트게 되는 근원으로 작용하고 있으며, 이러한 문화의 발상지 및 문명권의 발상지가 바로 중심지본인 한반도에서 태동하게 되었다는 논리를 설파하는 바이다. 즉 천, 지, 인의 삼극논리에 의해서 '천'(고구려), '지'(백제), '인'(신라)에 의해서 즉 한반도는 '인간형상'으로서 인간이 '땅'(地, 土→自然→無爲→ 眞爲→眞理→自然→道)에서 인간이 정주생활 및 농경생활을 통해서 인간은 문화 및 문명권이 발생하게 되었으며, 우주의 이치로 볼 때에 백제에서'지'(地)에서 흙을 일구는 일에서 문화가 태동하게 되었으며, 인류문명의 발상지는 바로 한반도의 백제에서 인류문화가 발생하는 근원으로 작용하게 되었다. 노자의 지론에 의하면은 '인법지'(人法地: 인간은 땅의 법칙에 따른다.) '지법천'(地法天: 땅은 하늘의 법칙에 따른다.) '천법도'(天法道: 하늘은 도의 법칙에 따른다.) '도법자연'(道法自然: 도는 자연의 법칙에 따른다.)이라고 하며, 우리 한민족을 '동방예의지국'(東邦禮義之國), '군자지국'(君子之國), '성인지국'(聖人之國)으로서 대자연의 중심지가 되는데 이것을 논자는 '자연주의사상', '인본주의사상' = '합일사상'(合一思想)이 도래되어 현대사회의 '삼진세계'(三眞世界)가 중심지본(中心地本)에 회삼귀일(會三歸一)하여 '일진세계'(一眞世界)가 우주만방에 우주만백성을 '하나의 진리세계'(一眞世), '하나의 정치사상'(一政思), '하나의 정치제도'(一政制), '하나의 인류 통치권'(一人統)에 의해서 삼라만상에 존재하는 우주만물을 다스리는 하나의 근본(治一本)으로 인간세계에 의해서 천지만물을 다스려나아가는 모태가 바로 한반도에 함축되어 있다는 논리를 정립하는 바이다.

이러한 '우주이치'(宇宙理致), '우주철학'(宇宙哲學), '우주진리'(宇宙眞理)에 입각하여 한반도의 중부권인 백제에서 문화 및 '문명권의 발상지'가 된다는 논리이며, 이러한 문명의 발상지인 한반도의 '4대강'(한강(수도권)→금강(충정권)→낙동강(영남권)→영산강(호남권))

이 바로 '인류문명의 발상지'가 된다는 논리이다. 인류문명권은 바로 '강'(江)에서부터 시작하게 된다는 논리이며, 이러한 한반도에서 새로운 '신문명권'(新文明權)인 '반도문명권'(위대한 한민족 그리고 대동세계)이 도래되어 서구문명으로 인한 일체의 우주혼돈이나 혼륜을 근원적으로 해소해 나아가는 이론적인 모태가 바로 신문명권에 의해서 일체의 불균형을 '조화세계'로 인도하는 모태가 될 것으로 사료하는 바이다.

아울러 대우주가 중심지본에서 이탈되었던 우주의 일기가 중심지본에 하나로 회삼귀일하여 '중본지도'(中本地道), '중본지덕'(中本之德), '중본지심'(中本地心)에 하나로 합일하여 '도'(道: 天), '덕'(德: 地), '성'(性: 人)이 일체가 됨으로써 한반도에서 '인간세계'(人間世界)에 의해서 우주만물을 '조화세계', '완성세계'로 이어져 나아가는 이론적인 초석이 될 것으로 논자는 대선각자의 입장에서 만천하에 고하는 바이다.

아울러 대우주가 '물질'(器)→'도'(道)→'공심'(空心: 大器)이 됨과 동시에 소우주인 인간은 '육체성장'(身)→'정신'(精神: 自我世界)→'마음'(本性)이 회복하여 대우주 및 소우주의 '역사필연법칙'(歷史必然法則)은 동일하다는 논리가 성립된다고 할 수 있겠다. 아울러 대우주가 중심의 근본에서 이탈이 되었던 일기가 중심의 근본으로 복귀하여 소우주인 인간 역시 역사필연의 법칙에 준하여 중심의 근본에 잃어버린 인간성을 되찾게 됨으로써 서구에서 '자아대립공존시대'(自我對立共存時代)에서 역사해탈을 통한 동양세계는 '자아완성시대'(自我完成時代), '본성완성세계'(本性完成世界)가 도래되어 대우주 및 소우주 그리고 천지만물이 중심의 근본에 하나로 귀일하여 인간세계에 의한 서구의 일체의 불균형을 동양세계인 한반도에서 인간에 의해서 '균형세계', '조화세계', '완성세계'로 나아가는 초석이 바로 한반도의 한민족이 세계사를 호령해 나아가는 모태가 바로 우주섭리역사(宇宙攝理歷史)의 이법(理法)이라고 정의하는 바이다.

우리는 서구의 물질사관 및 유물사관 그리고 변증법적인 유물론에서 벗어나 새로운 새 시대에 즈음한 신역사창조 세계는 바로 자아세계 및 본능세계 그리고 본성세계가 나(자아)를 지배하여 인간은 온전한 인간으로 서구의 '미완성시대'에서 동양세계에 의한 우주만물은 '완성세계시대'(完成世界時代)가 도래되어 일체의 혼돈이나 혼륜의 우주역사는 종결을 고하고, 신역사창조의 주역은 바로 세계정부로부터 시작하게 된다는 역사논리를 설파하는 바이다. 우리는 이것을 역사논리에 대입하면 '선천개벽시대'(先天開闢時代)는 역사종결(歷史終結)을 고(告)하고, 21세기부터는 '후천개벽시대'(後天開闢時代)가 도래되어 '신인간'(新人間), '신역사'(新歷史), '신역사창조'(新歷史創造) 작업으로 이어져 나아가는 모태가 바로 한반도에서 '후천개벽시대'의 신역사 시작을 고하게 될 것이다. 아울러 대우주는 선천시대에서 '창생기'(봄)→'성장기'(여름)의 절기에서 벗어나 21세기부터는 '완성기'(가을)→'소멸기'(겨울)로 접어들고, 소우주인 인간은 '유아기'→'청년기'에서 21세기는 '장년기'→'노년기'로 접어들어 대우주 역사필연의 법칙에 따르게 된다는 논리가 성립된다는 논리이다. 이것을 우리는 후천개벽시대라고 정의한다. 거시적으로 놓고 볼 때에 선천개벽시대는 어머니가 애기를 임신한 상태에서 10개월이 지나면서 그 애기가 완성함으로써 몸 밖으로 출생하게 된다는 것을 '인간완성'(人間完成)을 의미하게 된다는 논리이다. 아울러 후천개벽시대는 역사필연의 법칙은 바로 '인간완성'으로 천지만물이 불균형이나 부조화 그리고 미완성에서 우주의 혼돈이나 혼륜시대는 역사종말을 고하고, 한반도에서 새로운 신인간시대에 따르는 신역사창조화 작업이 세계정부의 연구소인 강주효 소장으로부터 역사창조의 신기원을 시작하게 될 것으로 사료하는 바이다. 즉 "도(道)가 천지를 낳고, 자연이 만물을 덕으로 기르고, 인간이 완성"한다는 명제의 논리가 성립하게 될 것이며, 그것을 우리는 후천개벽시대라고 정의한다.

아울러 인간의 삶에 모태는 바로 대자연으로서 서구의 약탈적 자연관에서 벗어나 새로운 친자연적 자연보호 정책으로 자연과 인간이 '호혜공존'(互惠共存), '공존공생'(共存共生), '화해공존'(和解共存)의 필칙이 성립하게 된다는 논리이며, 이것은 대자연의 '덕치정치'(德治政治), '덕화만물포용'(德和萬物包容), '덕화지치'(德和之治)로 우주자연의 우주만물을 다스리는 하나의 근본으로 다스려 나아감으로써 인류대화합의 정치실현의 이론적인 초석이 될 것이다.

아울러 대우주 및 소우주는 역사필연법칙에 준하여 중심지본에서 이탈되었던 우주만물이 중심지본에 삼생만물이 하나로 회삼귀일하게 됨으로써 대우주 및 소우주는 우주창조 본성인 5차원의 '공심세계'(空心世界), '마음세계'(心的世界), '일심세계'(一心世界)에 의한 인간의 마음이 천지창조의 본원의 본심으로 불교에서는 일체유심조(一切唯心造) 즉 일체는 인간의 마음에서 천지창조의 근원이 된다는 논리이며, 이러한 논리에 입각하여 '만유불성'(萬有一切佛性: 삼라만상에 존재하는 우주만물 일체는 인간이 하늘로부터 부여받은 '성'(性: 마음)을 부여받아 만물의 영장인 인간에 의한 만물은 마음을 가지게 됨으로써 인간이 마음의 근본으로 다스리게 됨으로써 이러한 인간의 다스림에 우주만물은 순리에 순응하여 따르게 된다는 논리가 성립되어 서구세계의 잃어버린 인간성이 회복하여 대우주 및 소우주는 하나의 한마음(一心)에 의해서 우주만물을 다스려 나아가는 이론적인 모태가 바로 '치일심본'(治一心本: 우주삼라만상을 다스리는 하나의 근본은 바로 인간의 마음세계에 의해서 만유(萬有)를 다스려 나아가는 초석이 바로 치일심본(治一心本)이라고 정의하며, 이러한 치일심본은 바로 5차원세계에 존재하는 그러한 '인간완성', '우주완성', '천인합일세계관'의 도래에 따르는 근본적인 모태가 된다는 논리로 삼라만상에 존재하는 우주만물은 하나의 불성을 가지게 됨으로써 그러한 불성에 의해서 인간이 우주만물을 다스려 나아가는 이론적인 모태가 바로 도치정치의 근본으로서 다스려 나아가는 만고불변의 대진리라고 논자는 우주만물의 이치를 통달(通達)한 우주의 대선각자로서 '오대사회'(五代社會)의 귀일에 따르는 '미래사관', '미래역사', '역사창조'의 주역으로서 세계정부의 강주효 소장이 우주세계를 지배해 나아가는 초석이 된다는 논리이다. 덧붙여 세계정부의 강주효 소장은 '인류미래역사'(人類未來歷史), '인류미래사관'(人類未來史觀), '인류미래역사창조'(人類未來歷史創造)의 주역으로서 인류가 지구상에 출현한 이래 가장 위대한 선각자로 인류만대에 나아갈 역사창조를 다지는 초석이 될 것으로 확신드리는 바이다.

제6절 마음을 갈고 닦으면 명견경지(明見鏡至)
즉 우주만물의 이치(理致)를 관통(管通)한다

인류진화발전의 단계로서 첫째는 '자아투쟁단계'(自我投爭段繼) 둘째는 '자아대립공존단계'(自我對立共存段繼: 서구의 물질문명) 셋째는 '자아완성단계'(自我完成段繼: 동양세계의 신정신문명 – 마음세계 – 인간완성세계관이 도래가 됨.)로서 우리는 서구의 산업사회로부터 '역사해탈'(歷史解脫)을 통한 '지식사회'(知識社會), '지가사회'(知價社會), '창조화사회'(創造化世界), '자연주의사회'(自然主義社會)가 도래되어 대우주의 '공심세계'(空心世界), '도심세계'(道心世界), '도의세계'(道義世界)가 하나로 '삼자합일'(三者合一)하여 우주세계는 '일체세계관'(一切世界觀: 하늘도 중심지본에 귀일(천운 : 우주정기))하고, 땅도 중심지본에 귀일(지운: 땅의 기(氣))함과 아울러 인간 역시 중심지본에 하나로 귀일(인운: 문화, 문명권, 정치권력)하여 '신의세계'(天精氣人間頭腦歸本世界: 하늘의 신(神)이 인간의 두뇌(頭腦)에 내려오게 됨으로써 신국(神國)에 의한 일신시대(一神時代)가 도래되면서 우주창조 본성을 완전히 회복(回復)하게 된다는 논리이다.) 및 '기의세계'(氣義世界→地氣人間一氣中本合一世界觀: 땅의 기운이 중심의 근본에 하나로 귀일하여 하늘과 땅의 근본이 인간세계에서 하나가 되는 세계관이 한반도에서 도래된다는 논리) 그리고 '정기세계'(精氣世界→天地氣運而中心眞本歸一人間完成世界觀到來: 하늘의 기운 및 땅의 기운이 중심진본(中心眞本)에 귀일하여 인간은 인간으로서 본성을 정립하여 한반도에서 인간완성을 실현하게 된다는 논리이다.)에 의한 하늘과 땅과 인간은 하나의 일기(一氣) 상호유기체적인 상통세계관(相通世界觀)이 도래되는 것을 우리는 '일체세계관'(一切世界觀)이라고 정의한다. 이러한 일체세계관의 근원은 바로 우주기운이 분열되었던 것이 중심지본에 하나의 우주일기로서 상호작용성으로 이어져 나아가게 됨으로써 가능하다는 논리를 설파드리는 바이다.

우리는 이러한 마음세계를 갈고 닦아 거울과 같은 이치가 됨으로써 대우주의 '통일기운'(統一氣運), '통합기운'(統合氣運), '우주통일'(宇宙統一)로 나아가는 일체의 모태는 바로 한반도에서 신역사창조가 시작하게 된다는 논리이며, 그것은 다름 아닌 세계정부연구소로부터 '새 역사창조화'(新歷史創造化) 작업이 일사천리로 이어져 나아갈 것으로 논자는 대선각자의 입장에서 만천하에 고하는 바이다. 이러한 대우주는 인간이 하늘을 볼 때에 구름이 하늘을 가르는 격이 바로 인간의 내면세계에 의한 마음의 거울에 이물질(물질세계)이 끼어서 인간의 '참자아'(眞我) 및 '하늘의 영아'(靈我) 그리고 '하늘의 신아'(神我)를 볼 수 없는 것이 서구문명의 한계점이요 또한 모순점이며, 서구문명에 대한 총론적인 결론은 바로 자아상실로 이어진 것이며, 동양세계에서는 자아회복을 실현하여 동양세계에 의한 한반도에서 인간세계에 의한 천지만물을 완성하는 전기가 마련될 것으로 사료한다.

우리는 서구의 물질세계에 의한 타락된 인간상 및 인간성 상실 그리고 자아본능의 상실로 인한 일체의 불균형을 초래하는 결과를 낳게 되었다. 우주일기는 새로운 동양세계로 되돌아오게 됨으로써 '하늘의 천리(天理)', '자연의 제 질서(諸秩序: 지도(地道))', '인간

의 도리(道理)'가 상통하는 '천인상통세계관'(天人相通世界觀)이
중심지본에서 도래되어 공자성인이 설파한 "극기복예(極己福禮)
천리(天理)에 따르라."고 하는 명제는 하늘의 천리가 인간세계에서
하나로 합일하여 인간이 살아가는 일체의 모태는 바로 우주정기에
의한 인간의 삶의 가치척도가 바로 중심지본인 한반도에 있다는
논리가 성립됨으로써 공자가 설파한 천리 및 도리가 상통하는 천
인합일세계관이 한반도에서 도래되어 우리는 이러한 미래세계관을
'지상낙원세계'(地上樂園世界: 지상에서 인간 제악이 한반도에서
사라지게 됨으로써 이러한 인간세계는 바로 지상에서 즐거운 낙원
세계가 도래된다는 논리이다.) 및 '용화세계관'(龍化世界觀: 용의
구의주는 바로 대자연의 조화를 부리는 천사세계(天史世界)를 우
리는 용화세계라고 정의한다.) 및 '불국토세계'(佛國土世界) 그리고
'태평성대'(太平聖大: 인간의 육체세계 및 내면세계 그리고 마음세
계가 하나 되는 것을 도심세계, 공심세계, 일심세계관 및 일신시대
가 도래되어 하늘 및 인간이 하나로 합일하는 도의세계(道義世界)
가 우주세계, 인간세계를 완성하며 이러한 세계관을 태평성대라고
할 수 있겠다.)라고 할 수 있겠다.

　이러한 미래사관은 역사순리법칙에 준하여 정해져 있는 역사관
으로서 우리들의 미래에는 반드시 이러한 세계관이 도래되어 서구
문명으로 인한 일체의 불균형→균형세계, 부조화세계→조화세계,
미완성세계→완성세계 그리고 우주의 혼돈이나 혼륜→우주의 코스
모스(조화세계)가 도래되어 서구문명으로 인한 마음의 이끼를 제거
하면 청정한 본래의 본성을 회복하는 것이오며, 이것을 순천지기
(順天地氣), 순백지기(順白地氣)를 의미하며, 인간은 본래의 본성

을 회복하면 우주만물의 이치가 마음을 통해서 관통하게 되는데 우리는 서구의 물질세계의 마음의 욕망이나 욕구를 절제 및 자제하여 만물이 제자리를 잡게 되는 모태가 바로 나 자신으로부터 시작된다는 논리를 설파하는 바이다.

우리는 서구의 물질세계에 의해서 타락된 인간상에서 벗어나 우주 본래의 본성을 회복하는 첩경은 바로 물질세계의 근원에서 해탈하는 길만이 진정한 자아본성세계를 회복하는 첩경이 될 것이며, 아울러 대우주는 하늘에 구름이 태양을 가리니 인간이 태양을 볼 수 없는 것과 같은 이치가 됨과 동시에 인간 내면세계에도 똑같은 논리가 적용되는데, 즉 물질에 의해서 마음에 낀 이끼를 제거함으로써 인간은 본래의 하늘로부터 부여받은 천성(天性: 순백하고 청정한 본래의 마음)을 회복하게 될 것이며, 그것은 다름 아닌 대우주의 공심세계 및 소우주의 도심세계가 하나로 합일하여 인간의 마음세계는 영원한 자유를 만끽하면서 어떠한 정치적인 구속에서 완전히 벗어나 정치적인 경계의 벽이 허물어지게 되는 모태가 바로 인간의 마음세계에 의해서 도래된다는 논리이다. 아울러 불가에서는 '청정심시불(淸淨心是佛)'이라고 한다. 즉 인간의 선천지기로부터 부여받은 성품이나 천성은 하나도 변화가 없으나 사물의 기질성에 의해서 인간타락상의 근원으로 작용하기 때문에 하늘로부터 부여받은 청정한 마음을 잃게 되어 우주만물의 이치를 깨닫지 못하고 길 잃은 미아에 불과한 것이 지구촌의 현실이라고 논자는 단언하는 바이다. 우리가 길 잃은 미아에서 벗어나는 길은 바로 하늘로부터 부여받은 천성이나 성품을 완전히 회복하여 인간의 행로(行路之道)가 된다는 논리이며, 이것을 인간에게 도덕철학이나 도덕성을 정립하는 모태가 바로 여기에서 태동한다는 논리이다. 우리는 서구문명에서 보았듯이 길 잃은 미아에서 벗어나 나(자아)를 바르게 회복하여 진정한 자기에 대한 주인으로서 서구문명으로 인한 물질세계에 의한 육체적인 타락상에서 벗어나는 길만이 마음의 영원한 자유를 만끽하면서 서구의 조작정치가 판을 치는 형태에서 벗어나 무위정치에 의한 인간의 대자연의 대진리에 인간이 스스로 순리에 순응하는 삶의 모태가 바로 순리생활이라고 단언한다. 우리는 마음세계를 깨닫게 됨으로써 우주세계와 인간세계를 하나로 관통하는 그러한 세계관을 창조해 나아가는 것이 바른 순리생활로 나아가는 모태가 된다는 논리를 설파하는 바이다.

제7절 결어(結語)

대우주는 서구의 '산업혁명'으로 인한 '물질세계'(器), '도의세계'(道義世界), '공심세계'(空心世界)로 나아가고 있으며, 소우주인 인간 역시 역사필연의 법칙에 준하여 '육체적 성숙'(肉體的成熟), '정신적 성장'(自我成長) 그리고 '마음세계'(心的世界)에 의한 대우주 및 소우주는 '우주창조본성'인 동양세계에 의한 4차원의 '도의세계'(道義世界), '정신세계'(精神世界)의 본질적인 터전 위에서 중심지본(中心地本)에 서구의 삼생만물(三生萬物)이 중심의 근본에 하나로 귀일하여 우주세계는 5차원의 '공심세계'(空心世界), '마음세계'(心的世界)가 도래되어 우주창조 본성인 '마인드 – 리불레이션'(MIND – REVOLUTION: 마음혁명) 시대가 도래되어 마음이 우주창조의 본원으로 귀일한다는 논리이다.

아울러 대우주 및 소우주인 인간은 중심의 근원에서 이탈되었던 삼라만상의 우주만물이 중심의 근원에 복귀하여 대우주 및 소우주는 역사필연의 법칙에 준하여 한 치의 오차 없이 중심의 근원에서 우주만물을 완성세계로 인도해 나아가는 것이 섭리역사의 이법이요. 아울러 이러한 역사창조의 법칙은 바로 세계정부의 연구소장인 강주효로부터 '신역사창조'의 모태가 태동하게 된다는 논리를 설파하는 바이다. 우리는 현대사회의 서구문명에서 대우주는 '물질세계', 소우주는 '육체적 성숙'으로부터 '역사해탈'(歷史解脫)을 통해서 새로운 새 시대의 새 역사창조화 작업을 추진해 나아가고 있으며, 이러한 역사창조의 주역은 바로 한반도의 한민족으로부터 시작하게 된다는 역사논리를 설파하는 바이다. 우리는 역사해탈을 통해서만이 진정한 '자아세계'(自我世界), '자아완성'(自我完成), '자아실현'(自我實現)을 통해서만이 역사창조의 주도자적인 역할을 담당해 나아갈 것이며, 이러한 역사창조의 주역은 바로 대선각자인 세계정부 연구소장으로부터 새 역사창조화 작업이 실현된다는 역사논리를 지구촌에 설파하는 바이다.

아울러 논자는 대우주의 이치(理治)를 통달(通達)함으로써 서구문명에 대한 신대안(新代案)으로 동양세계에서 대우주의 대진리인 도의세계에 의한 무위자연의 도(道)에서 우주만물을 다스리는 하나의 모태인 '도치정치'(道治政治) 및 무위자연의 식모에서 인간에게 필요한 의, 식, 주를 위한 최고의 재화나 최상의 용역을 극대화시키는 '두뇌혁명'(頭腦革命: 브레인 – 리블레이션), '지식혁명'(知識

革命), '가치혁명'(價値革命), '질의혁명'(質義革明), '창조화혁명' (創造化革命)시대를 창조하여 인류진화과정에서 가장 낮은 급의 서구의 '물질세계'에서 벗어나는 길만이 우리는 자아에 대한 진정한 주인으로, 새 역사창조의 주인으로서 역사창조를 실현하는 초석으로 이어져 나아간다는 역사논리를 설파하는 바이다.

이러한 3차원의 '상대성'(相對性)에 의한 물질세계에서 벗어나는 것이 역사순환의 법칙이며, 아울러 동양세계의 4차원은 '절대계' (絶對繼)에 의한 삼라만상의 우주만물이 중심의 근본이 귀일하여 대우주가 중심지본에서 '도'(出現之道)가 발현(發現)되어 인간세계는 정신적인 절대빈곤으로 인한 '자아세계'(自我世界), '본능세계' (本能世界), '본성세계'(本性世界)가 중심의 근본인 한반도에서 완성단계에 진입하여 우리는 서구문명으로 인한 잃어버린 인간성이 회복된다는 것이며, 이것이 바로 나(自我)를 회복하게 됨으로써 육신이 인간의 본능을 지배하는 모순된 사회의 구조적인 메커니즘에서 벗어나 완전한 '자아완성세계'(自我完成世界)로 진입하여 오늘날의 서구 정치제도의 '한계점', '모순점', '한시대적인 전유물'에서 벗어나 완전한 인간으로서 본연(本然)의 자세로 복귀하게 된다는 논리이다.

아울러 인간의 경제적인 미래사관으로서 서구세계는 '양의경제' (量義經濟)에 따르는 소품종의 상품에 대한 재료나 원료를 천혜의 한정된 자연자원에서 채취함과 동시에 '대공장제'(大工場制)에 의한 '롤라식(ROLLER 式) 대량생산(大量生産)', '판박이식(板博移式) 대량생산(大量生産)'(금형틀에 의해서 프레스식에 의한 모조품을 대량생산하는 메커니즘을 판박이식 생산방식이라고 정의한다.) 그리고 '단순노동식 생산방식'(단순반복작업으로서 인간의 두뇌나 머리를 요구하지 않는 아주 단순한 노동행위를 우리는 단순노동(短順勞動)이라고 정의한다.)으로서 인간의 노동행위에 대한 노동가치설은 상품에 대한 시장에서 가격하락의 주요인이 바로 인간의 노동가치설에 대한 '고노동'(高勞動), '저효율'(低效率), '저임금'(低任金)의 주요인으로 인간의 정당한 노동행위에 대한 노동 상품의 가치하락의 요인으로 이어져 나아가게 됨으로써 노동자들의 삶의 질적인 저하를 가져오는 원동력이 바로 롤러식 생산방식 및 판박이식 생산방식 그리고 단순노동식 생산방식에서 나타나는 서구경제의 '양의경제'에 대한 한계점 및 모순점 그리고 재래식의 생산방식에 의한 인간 삶의 질적인 저하를 가져오는 원동력으로서 발동하게 되었다. 이러한 인간의 노동행위에 대한 것을 우리는 '노동자'(勞動者), '육체노동자'(肉體勞動者), '단순노동자'(短順勞動者: 하루 종일 하나의 반복되는 작업의 유형 및 형태를 우리는 단순노동자라고 정의한다. 한 예로서 현대자동차에 들어가는 본넷트을 생산하는 데 있어서 프레스식에 의한 인간의 노동행위는 철판만을 프레스에 공급하게 되는 아주 단순한 노동행위 일체를 단순노동이라고 할 수 있겠다. 즉 하루 종일 프레스에 공급되는 철판을 프레스에 공급하면 프레스에 의해서 판박이식 생산의 메커니즘을 우리는 단순노동행위 및 단순작업 그리고 머리를 쓰지 않고, 몸으로 때우는 작업의 형태를 우리는 단순노동행위라고 정의한다.

아울러 논자가 주장하는 '지식기반경제'의 메커니즘은 '지식근로자'는 끊임없는 '지식창조', '인적 네트워크', '지식공유'로 인한 신대안을 창조하여 서구경제의 구조적인 문제점으로서는 시장기능에서 상품에 대한 가치의 희소성이 없다고 사료됨과 동시에 서구식 대량생산의 경제메커니즘은 어느 시장, 어느 지역, 어느 국가에도 구매할 수 있는 대중성을 갖춘 품목들이 시장기능에 의해서 판매 및 매매가 됨으로써 경제적으로 놓고 볼 때에 상품에 대한 대중성으로 자유경쟁의 메커니즘에 의한 가격하락의 주요인으로 서구의 굴뚝산업에 의한 제조업의 형태는 시장기능에 의해서 소멸되고 있는 것이 범세계적인 조류라고 단언하는 바이다.

아울러 논자가 주장하는 인간의 '뇌본경제', '지식경제', '질의경제'는 다품종(多品種)에 의한 소량생산의 메커니즘은 시장기능에 의해서 상품의 가치의 희소성의 원칙에 의해서 어느 시장이나 어느 지역에 있는 것이 아니라 특종품으로서 소량에 의한 시장기능에서 상품에 대한 재대로의 가격형성이 바로 경제적으로 놓고 볼 때에 희소성의 원칙에 의해서 상품의 가격을 재대로 받게 됨과 동시에 시장 신상품의 끊임없는 연구개발로 인하여 새로운 신상품으로 출시하기 때문에 소비자들의 소비욕구를 충족하여 시장은 소비욕구를 충족하게 됨과 동시에 인간의 뇌본가치 및 질의가치 그리고 상품의 질적인 가치를 추구하여서 서구의 단순노동자의 형태와는 전혀 다른 '고차원세계'(高次元世界)에 의한 '두뇌근로'(頭腦勤勞), '정신근로'(精神勤勞), '지식근로'(知識勤勞: 지식의 창조 및 혁신 그리고 지식가공을 통해서 새로운 상품을 호득하여 고부가가치를 창조해 나아가는 근로의 형태를 우리는 지식근로라고 정의한다.) 및 '지식근로자'(知識勤勞者)가 새로운 '창조화사회'(創造化社會) 및 '지가사회'(知價社會) 그리고 '뇌본사회'(腦本社會)로 나아가는 원천이 된다는 논리이다.

아울러 대우주 및 소우주가 우주창조본성을 회복하게 됨과 동시에 마음이 우주창조의 근원으로서 작용하여 서구의 3차원의 물질세계에서 벗어나 새로운 4차원의 정신세계 그리고 5차원의 마음세계에 의한 우주세계는 한마음으로서 '일심세계'(一心世界), '신인합일세계'(神人合一世界), '일신세계'(一神世界)가 도래되어 대우주 및 소우주는 한마음으로 우주창조의 근원으로 작용하게 된다는 논리이며, 이러한 우주창조의 본성은 바로 지구의 중심축인 한반도에서 '마음의 영원한 고향이요' 또한 '생명의 영원한 고향이요' 그리고 '우주정기의 영원한 고향'으로서 한반도에서 천인합일세계관(天人合一世界觀)이 도래되는 것이 미래역사 사관(史觀)이며, 이러한 마음세계가 바로 우주창조, 물질창조의 근원으로서 작용하게 된다는 논리이다.

제5장

세계정부의 제8차 5개년 각 대륙별 종합경제개발의 계획서를 수립한다

제1절 개요

　대우주는 중심지본으로 시작하게 된 인류역사는 한반도에서 하늘의 정기가 이 땅에 내려오게 됨으로써 '고구려'(天), '백제'(地), '신라'(人)의 삼국 논리에 입각한 인류역사는 역사필연의 법칙에 준하여 하나가 둘로 둘이 셋으로 셋이 삼생만물로 이어져 나아가는 역사필연의 법칙에 준하여 우주역사가 집행되어 왔다. 이러한 우주역사는 한반도에서 천, 지, 인의 논리에 입각하여 분화되다가 우주정기에 의한 12개의 국가로서 분열하면서 오늘날 지구촌의 전 세계 각국정부로 분화하기 시작하였다. 즉 하나가 둘로서 둘이 셋으로 분화가 되면 우주정기에 의한 12개의 나라로 분화되면서 오늘날의 지구촌으로서 그 모습을 보이게 된 것이다. 우리는 그러한 근원이 되는 민족으로 인류역사 창조는 필연적인 법칙에 준하여 한반도에서 인류역사 창조가 시작하게 되었으며, 아울러 한반도에서 인류역사의 종말을 고하게 된다는 역사논리를 설파하는 바이다. 즉 이것을 역사적으로 볼 때에 '무시무종'(無始無終)으로서 이어지게 된다는 역사논리를 설파하는 바이다.

우리 한민족의 역사는 환인이 '환국'을 세워서 '개천'(開天: 하늘을 열었다고 하여 개천절 날이라고 하며, 이러한 개천절은 바로 환인천제의 생일날이 바로 10월 3일로 개천절이라고 한다.)을 하였으며, 환인의 7세 임금에 의해서 3301년 동안에 환국을 통치하였다. 이러한 시기는 BC7197~3896년에 걸쳐서 환국을 통치하였다. 아울러 환웅이 배달국(培達國)을 세워서 '입도'(立道)로서 18세 임금에 의해서 1565년에 걸쳐서 BC3897~2333년에 걸쳐서 배달국을 다스렸다. 아울러 단군왕검(檀君王儉)에 의해서 조선(朝鮮)을 세워 48세 임금에 의해 2096년간을 통치하였다. 이러한 한민족의 문헌적인 사료(史料)에 의해서 고증해 볼 때에 일만 년의 역사로 기록에 의해 나타나며, 그 이전의 역사를 고찰해 볼 때에 68, 182년이 기록에 남아 있으므로 한민족의 역사는 바로 논자가 주장하는 '인류종주국'(人類種主國), '인류우두머리'(天民: 하늘의 백성) 그리고 '역사창조국가'(歷史創造國家) 및 '역사집행민족'(歷史執行民族)으로 논자가 주장하는 '위대한 한민족시대', '위대한 한반도시대', '반도문명권(半島文明權: 한반도의 신문명권인 반도문명권시대는 정신문명시대가 도래가 됨.)'시대가 도래되어 서구문명으로 인한

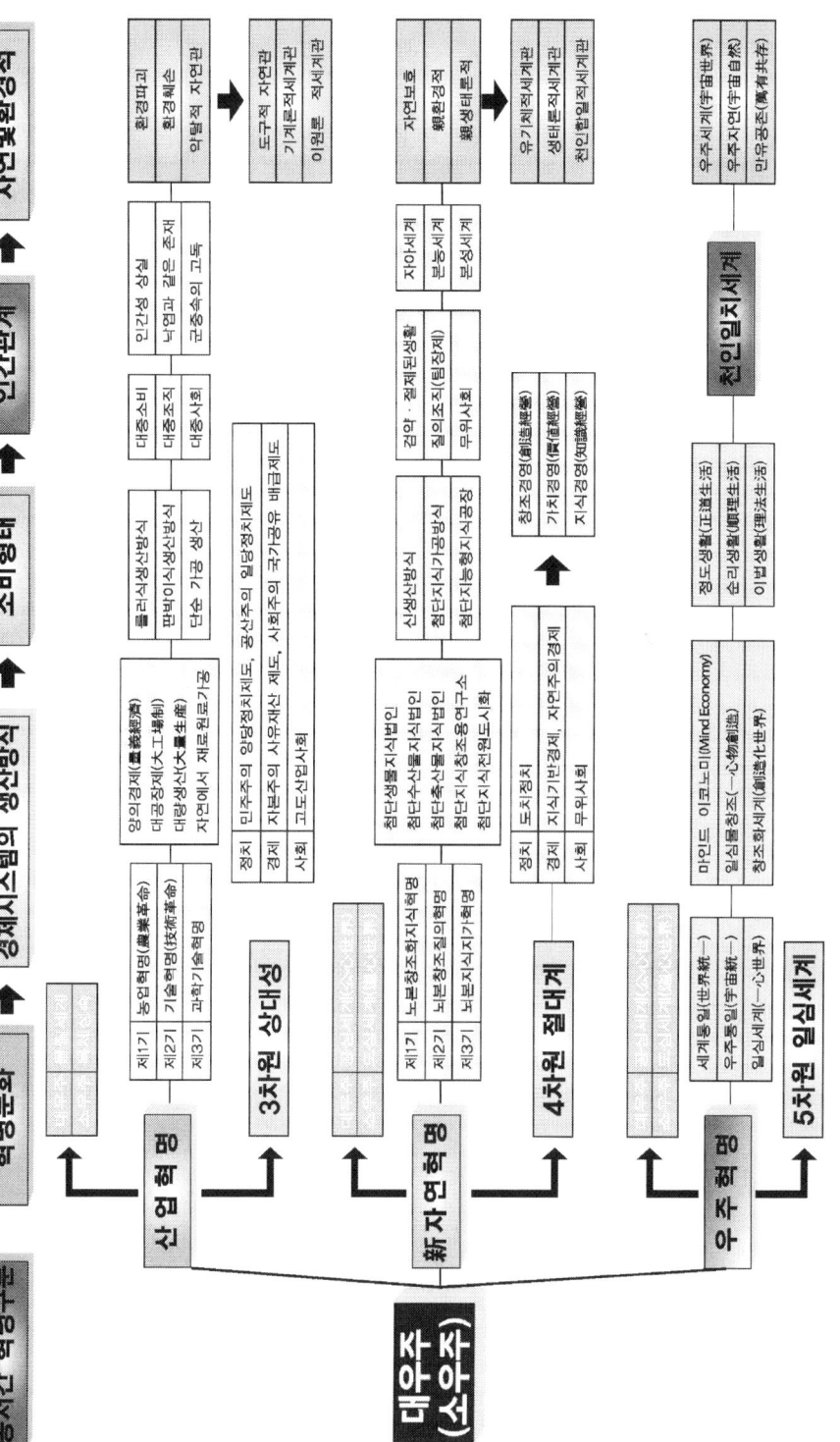

대우주 및 소우주의 동서간의 혁명 문화도에 의한 미래사항

일체의 불균형 - 균형, 조화, 완성세계로 인도해 나아가는 것이 섭리역사의 이법이라고 논리적인 설명을 드릴 수 있겠다. 우리는 서구문명이 낳은 결과론을 동양세계의 한민족이 근원적으로 치유함으로써 신역사창조의 주역으로 당당하게 자리매김을 다해 나아갈 것으로 대선각자의 입장에서 만천하에 고하는 바이다. 아울러 천지기운이 동양세계의 중심지본(中心地本)에서 천지기운이 '통합기운'(統合氣運), '통일기운'(統一氣運), '우주통일'(宇宙統一)의 기운이 중심에서 이루어지게 됨으로써 우리는 이러한 세계관을 '천인합일세계관'(天人合一世界觀)이라고 정의한다.

아울러 서구의 산업혁명으로 인한 3차원의 상대성에 의한 물질세계는 한계점 및 모순점 그리고 한시대적인 전유물로서 역사 속으로 사라지게 됨과 동시에 즉 '탈자본주의'(脫資本主義), '탈민주주의'(脫民主主義), '탈정당정치'(脫政黨政治)로 이어지게 됨과 동시에 동양세계에 의한 논자의 신자연혁명의 신대안(新代案)으로서 '첨단지식창조형연구소'(尖端知識創造形研究所), '신지식기반경제'(新知識基盤經濟), '첨단지능형지식공장화'(尖端知能形知識工場化), '뇌본지식창조경제'(腦本知識創造經濟), '신자연주의 경제'(新自然主義經濟) 그리고 '마음창조본성경제'(一心創造本性經濟)시대가 도래됨으로써 서구의 대공장제에 의한 대량생산 방식인 '롤라식 생산방식', '판박이식 생산방식', '단순가공식 생산방식'(短順加工式生産方式)에 의한 인간 노동행위의 주체는 바로 '육체노동행위'가 주류를 이루는 노동자라고 하며, 동양세계에서는 연구소에서 '지식창조근로'(知識創造勤勞), '정신근로행위'(精神勤勞行爲), '지식가공근로'(知識加工勤勞), '지식근로자'(知識勤勞者)라고 정의하며, 이러한

한반도(韓半島)의 인간완성(人間完成) 개념도

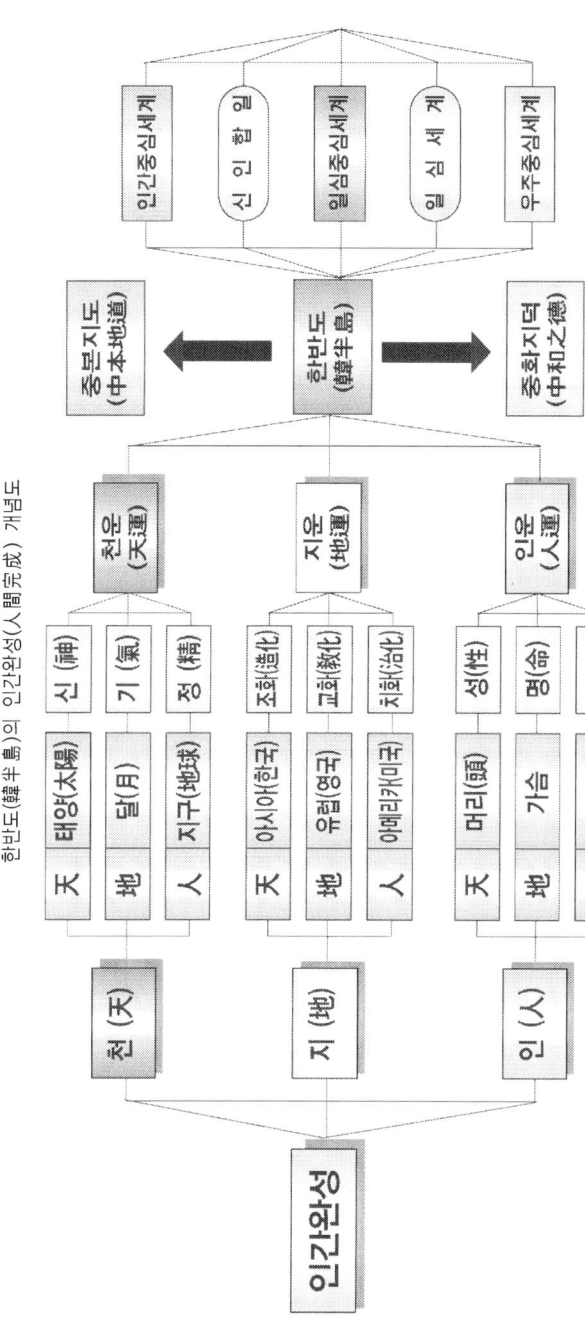

*주) 하늘(天)의 '精', '神', '氣', '精'이 인간세계에 '性', '슘'. '精'이 슘ㅡ 세계관이 도래가 됨과 동시에 중심지천(中心之天)에서 이룰되었던 우주만물 중심지분구일하기게 됨으로써 한반도에서 '人間完成' 이 실현됨과 동시에 하늘의 神이 인간세계에 나려오게 됨으로써 일신시대가 도래된다.

인간의 근로행위의 주체는 바로 육체노동행위가 아니라 인간의 뇌가 근본이 되는 뇌본경제 행위에 의한 지식창조, 지식가공행위, 지식지가행위에 의한 자신이 하는 업무에 대한 창조 및 창의 그리고 혁신을 통한 고부가가치를 창조해 나아가는 행위를 지식근로자라고 정의한다.

  이러한 지식기반경제의 근로행위는 바로 연구소에서 끊임없는 지식창조행위 및 지식가공행위 그리고 지식지가창조로 인한 첨단 지능형지식공장에서 인간의 의, 식, 주의 경제행위에 의한 최고의 재화나 최상의 용역은 '맞춤형생산방식', '주문형생산방식', '개성화에 의한 특화생산 방식'으로 서구의 자연에서 재료나 원료를 재취하여 대공장에서 가공하는 가공무역의 형태는 '자연환경의 파괴행위', '자연환경의 훼손행위', '약탈적인 자연관'으로서 인간 삶의 근본 모태가 되는 자연생태계의 파괴행위는 인간 진리의 가치척도가 되는 근본에서 이탈하여 물질세계에 의한 인간은 인간으로서 '자아세계', '본능세계', '본성세계'를 상실하여 서구문명의 결과론은 '낙엽과 같은 존재' 및 '군중 속에 고독' 그리고 '잃어버린 인간성'으로 인한 지구촌의 지역 간의 경제적인 빈부격차 즉 동, 서 간이나 남, 북 간의 경제격차는 인류가 지구상에 출현한 이래 가장 최악의 '기아', '빈곤', '영양실조'로 인한 총론적인 결론에 도달하게 된다고 할 수 있겠다.

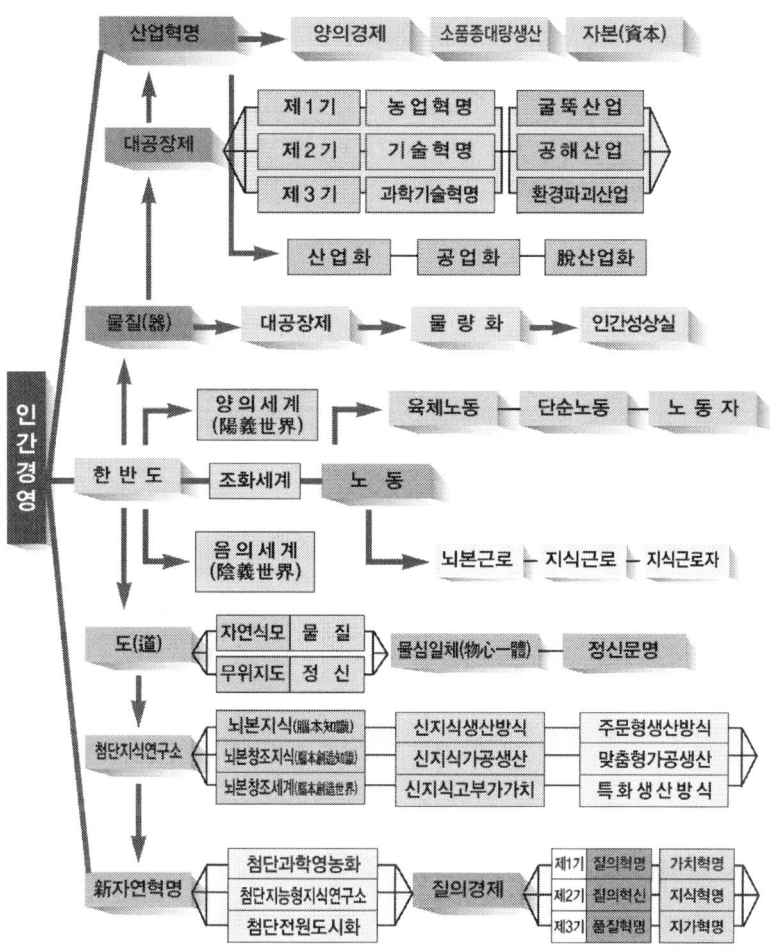

동양(東洋)의 新자연혁명 對 서양의 산업혁명의 인간경영 비교도

주) 동양(東洋)의 新자연혁명은 '1차산업'은 첨단생물지식공장화 및 첨단수산물지식공장화 그리고 첨단축산물지식공
장화로 서구의 '재래식 생산방식'(공장제) - '新지식생산방식'(연구소 - 지식공장화)로 첨단지식연구소에 의해서
'지식가치' 및 '자연가치' 및 '고지식 부가가치'로 인류 미래의 삶의 질적 향상의 도모로 고차원 내면세계가 주
도한다.

아울러 논자의 신자연혁명은 서구문명에 대한 '우주철학적 접근 방식'(유물론 및 유심론의 조화세계에 의한 접근방식), '우주진리적 접근방식'(무위자연의 무위지도에서 우주 대진리의 입각한 진리접근방식), '중심지본지도적 접근방식'(중심지본에서 근본이나 대본에 의한 접근방식을 채택하여 자연혁명은 영원불변적이고 항구적인 우주자연의 대진리에서 태동한 이론으로서 영원한 진리세계를 추구하게 됨과 동시에 '인류공존', '인류통합', '인류공영'을 실현하는 초석이 될 것이므로 지구가 멸망할 때까지 논자의 신자연혁명에 의한 '도치정치', '자연혁명', '세계정부'는 항구적이고 영원불변적인 대진리에서 태동한 것으로서 인류미래에 대한 영원한 '인류미래비전'(人類未來備展)이 될 것으로 사료하는 바이다.

이러한 세계정부의 제8차 5개년 경제개발계획은 바로 논자가 우주철학적인 모태에서 태동한 유물론 및 유심론이 한반도에서 접목, 융화를 실현하여 인간의 '내 몸에 진리를 호득'한 '심신일체'(心身一體), '물심일체'(物心一體), '신토일체'(身土一體)가 형성되어 중심지본인 한반도에서 '일음일양지위도'(一陰一陽之謂道)가 출현하게 됨으로써 하나의 '절대정신'(絶對精神), '절대지식'(絶對知識), '절대진리'(絶對眞理)에 의한 '인류공존공영의 실현'으로 이어져 나아가는 모태가 바로 한반도에서 실현된다는 '미래사관'(未來史觀), '미래역사'(未來歷史), '역사창조'(歷史創造)의 섭리역사(攝理歷史)의 이법(理法)에 준하여 이러한 이론적인 모태가 정립하게 된다는 경제논리를 설파하는 바이다.

동양의 신 자연혁명으로 지식기반경제의 완성도

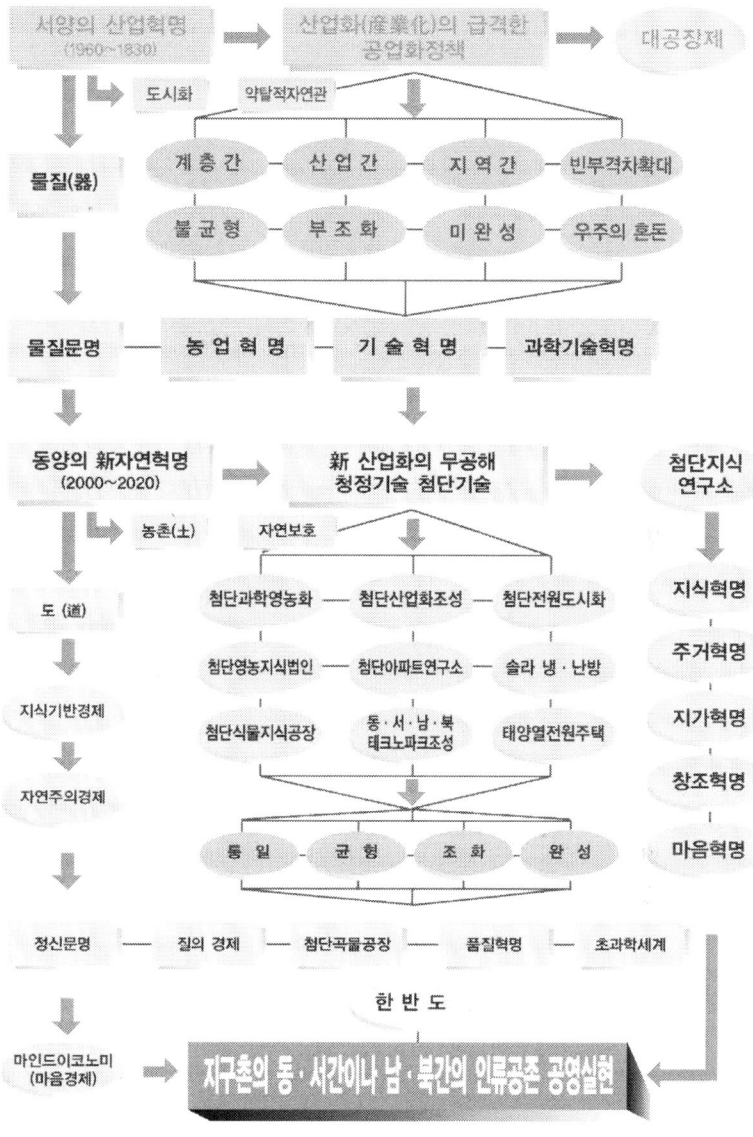

동양(東洋)의 新자연혁명(自然革命) 첨단지식법인의 개념

구분		주요내용	비고
동 양 의 新 自 然 革 命	첨단영 농지식 법인 (尖端營 農知識 法人)	개념	첨단영농지식법인(尖端營農知識法人)에 대한 개념으로서 "첨단지식농업 및 첨단바이오지식농업 그리고 첨단지식농법에 의한 동식물에 지식을 접목하여 지식공장화에 대한 대량생산의 메커니즘으로서 각 도별 지역적인 방위각으로 東西南北을 포괄, 함축함과 동시에 첨단영농지식법인을 설립하여 '소유'와 '경영'을 분리하면서 농산물의 첨단지식연구소에서 새로운 新품종의 연구개발로 고급화, 고품질화, 무공해, 농산물의 고부가가치 지식산업에 의한 국가 수출전략지식산업으로 육성함으로써 인류공존공익에 이바지한다."라고 定義한다.	
		첨단생물지식공장화 (尖端生物知識工場化)	"첨단농법 및 첨단지식 그리고 첨단기술이 접목, 융화된 하나의 복합기술로서 '공장내부'는 컴퓨터 제어 시스템에 의한 식물생육에 필요한 최적의 환경조건 및 쾌적한 환경조건 그리고 고도환경 제어에 의한 생물의 생력화(生力化)에 의한 생물의 주 에너지원인 영양소를 공급함과 동시에 '공장외부'는 지붕 위에 설치된 태양열 집열판에서 생산된 전기(솔라전기)에 의해서 공장 내부의 고도환경을 제어함과 동시에 생물의 계획적 및 주년생산 시스템을 경축하여 농업분야도 지식자본 및 산업자본 그리고 신산업화의 첨단지식경영의 도입으로 지식공장적 생산시스템"이라고 定義한다.	
	첨단수 산물 지식법 인 (尖端水 産物知 識法人)	개념	"서구의 전통적 방식 및 재래식 방식 그리고 구시대적 방식에서 벗어나 수산물에 대한 지식을 접목, 융화를 실현함으로써 '기르는 어업(漁業)' 및 '양식하는 어업(漁業)' 그리고 첨단수산물지식공장화(尖水工)로 인한 '최고의 품질' 및 '최상의 가공식품' 그리고 '최고의 가격'을 형성함과 동시에 첨단수산물지식공장에서 양질의 고품격의 수산물을 '맞춤형 생산방식' 및 '주문형 생산방식' 그리고 '개성화의 특화수산물'로 고부가가치 지식산업으로서 전 인류의 먹을거리에 대한 질적인 향상을 도모한다."라고 정의한다.	
		첨단수산물 지식공장화 (尖端水産 物知識工 場化)	첨단지식연구소에서 연구실적인 新지식창조는 첨단지식공장에서 실험실용화를 통한 소비자의 소비패턴을 '예술단계'로서 수산물의 생산방식은 '주문형생산' 및 '맞춤형생산' 그리고 '개성화에 따른 특화생산'방식으로서 고객의 요구에 맞도록 생산함과 아울러 국가경제의 지식산업으로서 육성하게 됨과 아울러 전 인류의 먹을거리에 대한 질적 향상을 충족한다.	
	첨단축 산물 지식법 인 (尖端畜 産物知 識法人)	개념	"서구의 전통적인 방식에서 벗어나 '최고의 육질(最肉質)' 및 '최고의 육종(最育種)' 그리고 '최적의 환경조건(崔環條)을 인위적인 방식에 의해서 조성함과 동시에 '지식' 및 '기술' 및 '과학' 및 '첨단축산지식공장화' 그리고 '생명공학유전공학지식산업'이 접목, 융화된 '첨단지식' 및 '첨단기술' 그리고 '하이테크–지식산업'에 의한 복합기술에 의해서 인간의 경제생활에 필요한 첨단축산업으로서 고부가가치의 지식산업으로서 '국민경제' 및 '지역경제' 그리고 '국가경제'가 조화성장을 실현함으로써 인류공존공익에 이바지한다."고 定義한다.	
		첨단축산물 지식공장화 (尖端畜産 物知識工 場化)	첨단지식 연구소에서 창조된 지식 즉 축산물생명공학 및 축산물 유전공학에 의한 新산업화 무공해 청정기술인 '첨단지식' 및 '첨단기술' 그리고 '첨단과학'으로서 연구소에서 연구개발한 지식창조의 실험실용화를 통해서 '기르는 축산업(育畜業)' 및 '새로운 육질'(新肉質) 그리고 '최고의 축산업'(最畜業)으로 고부가가치를 추구한다.	

동양(東洋)의 新자연혁명(自然革命)으로 첨단지식기반 경제 개념도

구분		주요내용	비고
동 양 의 新 自 然 革 命	첨단과학영농화 (尖端科學營 農化)	첨단지식 및 첨단기술 그리고 첨단자연과학이 접목, 융화된 집단 영농화를 통한 '첨 단농법' 및 '첨단농업' 그리고 '첨단 바이오 농업'으로서 첨단지식식물공장에서 농산 물의 '다양화', '고급화', '고품질화' 에 의한 고부가치 지식농업을 지향한다.	첨단과 학농법
	첨단생물지식 법인 (尖端生物知 識法人)	첨단지식농업 및 첨단바이오지식농업 그리고 첨단지식농법에 의한 생물에 대한 신 산업화의 공업경영지식기법으로서 지식공장적 재배방식에 의한 '인위적' 및 '고도환 경제어' 그리고 '주 에너지 공급(영양분)'에 의한 계획적 및 주년생산 그리고 연중생 산 방식을 채택하게 됨과 동시에 전 세계 각국 정부의 포괄, 함축한다는 의미에서 각 도별 방위각에 의한 동, 서, 남, 북의 첨단영농지식법인의 설립으로 '신농산물' 및 '신품종' 그리고 '고부가치로' 국가 수출지식산업으로 육성하여 인류공영을 실 현한다.	
	첨단생물지식 공장화 (尖端生物知 識工場化)	첨단농법 및 첨단기술을 중심으로 컴퓨터 제어시스템에 의한 고도환경제어 기술(광, 온도 수분, cor농도, 풍속 기타) 및 '기계자동화 기술(지능로봇)에 의한 식물의 생육 에 필요한 영양소를 자동화 공급시스템에 의해서 식물의 계획적 및 주년생산 그리고 복합식물에 의한 '다양화', '고급화', '고품질화', '무공해 식품', '고품격화'를 주도함 으로써 '첨단생물지식 연구소'에서 신품종 및 식물의 라이플 사이클 조작 그리고 유 리온실형 첨단지식 공장적 생산시스템이다.	
	첨단수산물지 식법인 (尖端水産物 知識法人)	신지식 수산업으로서 '기르는 어업(育漁業) 및 '양식하는 어업(養漁業) 그리고 '첨 단수산물지식공장화'에 의한 '최고의 품질' 및 '최상의 품격' 그리고 '최고의 가격' 의 형성으로 첨단수산물지식공장에서 양, 질의 우수한 수산물을 대량배양 방식에 의 한 대량생산으로 '첨단수산물지식연구소'에서 '맞춤형 생산방식' 및 '주문형 생산 방식' 그리고 '개성화의 특화생산'으로 인위적 컴퓨터 제어 시스템에 의한 첨단수산 업 시대는 고자원적인 먹을거리 의식산업의 질적 향상 및 인류공익에 이바지한다.	첨단수 산업시 대
	첨단수산물지 식공장화 (尖端水産物 知識工場化)	신지식 수산업으로서 지식 및 기술 그리고 과학이 접목, 융화된 복합기술에 의한 천 연의 자연조건 및 천혜의 자연조건 그리고 쾌적한 환경조건을 인위적 컴퓨터 제어시 스템에 의한 고도환경 제어로 '기르는 어업' 및 '양식하는 어업' 그리고 '기르는 수 산물'시대에 의한 첨단수산물지식연구소에서 첨단지식실용화를 통한 첨단수산물 지식공장화에 의한 '수산물 법인' 및 '수산물 타운' 그리고 '수산물 지식 복합 타운' 을 건립하여 '최고의 맛' 및 '최상의 품질' 그리고 '고품격 먹을거리'로 도, 농 간 및 어촌 간 지역균형발전을 도모한다.	
	첨단축산물지 식법인 (尖端畜産物 知識法人)	신지식 축산업에 첨단유전자 공학 및 첨단바이오 공학에 의한 최고의 육종(育種) 및 최상의 육질(肉質) 그리고 최적의 환경조건을 인위적 컴퓨터제어시스템에 의한 첨단 지식 및 첨단기술 그리고 하이테크지식기술에 의한 인간의 경제생활에 필요한 의, 식, 주의 해소 및 차원 높은 축산 먹을거리 외식산업에 의한 지식축산업에 의한 고 부가치 지식산업에 의해서 국가기술수출전략산업으로서 주도적 역할을 도모함과 동시에 지구촌의 인류공존공익에 이바지한다.	첨단축 산업시 대
	첨단축산물지 식공장화 (尖端畜産物 知識工場化)	신지식 축산업에 의한 최고의 육질 및 최상의 가격 그리고 최첨단 육종에 의한 인위 적 컴퓨터 제어시스템에 의한 고도환경 제어로 축산물의 생육에 따르는 '쾌적한 환 경조건' 및 '쾌적한 자연조건' 그리고 '고도환경조건'을 만들어 유전자공학지식 및 생명공학지식 그리고 첨단지식 참조용 연구소에 의한 고차원적 '먹을거리 외식산업' 및 '먹을거리 외도산업' 그리고 '먹을거리 관광외식산업'에 의한 신생산 방식의 첨단 지능형지식공장화 고부가치로 인류공영을 실현한다.	
	첨단전원지식 도시화 (尖端田園知 識都市化)	첨단지식연구타운 및 첨단기술 그리고 전원적인 주거혁명에 의한 '脫농촌화' 및 '脫 농업화' 그리고 脫이농화'에 의한 '정보 네트워크' 및 '지식 네트워크' 그리고 '인적 네트워크'가 부합된 최첨단전원지식도시화로 인한 자연친화적인 솔라에너지에 의해 서 냉, 난방을 실현함과 동시에 멀티미디어 지식도시화로 인하여 지역 간의 정보, 지 식, 균형, 조화성장을 실현한다.	솔라에 너지의 지급자 족

제2절 경제개발 모델은 '균형성장'(BLANCE GROWTH: 성장 및 분배) 이론을 채택한다

　지구촌은 '정보혁명', '교통혁명', '지식혁명'으로 이어져 나아가고, 지역 간의 정치적인 통제의 벽이 무너지게 됨과 동시에 미래사회는 '시(時), 공(空) 초월세계(超越世界)', '초스피드시대'(超速度時代), '지식혁명시대'(知識革命時代)가 미래사회를 주도하고, 우주세계 및 우주자연 그리고 우주만물은 대우주를 '중심지본'(中心地本), '중심지도'(中心地道), '중심지공'(中心地空) 소우주는 '자아세계'(自我實現), '본능세계'(精神世界), '본성세계'(心的世界)가 도래되어 대우주 및 소우주는 중심지본에서 하나로 합일(물심일체(物心一體), 도정일치(道精一致), 공심합일세계(空心合一世界)하여 중심의 근본이나 대본에서 '천인합일세계관'(天人合一世界觀)이 도래되어 지구촌은 하나의 정치적인 경계의 벽이 무너지게 됨으로써 정치적인 통제가 사라지게 됨으로써 '영원한 마음', '영원한 자유', '영원한 초월세계'가 바로 '시, 공 초월세계관'(時, 空超越世界觀)이 도래되어 향후에는 논자가 주장하는 '위대한 한민족시대', '위대한 한반도중심세계', '우주중심세계관'에 의한 서구문명으로 일체의 '불균형'→'부조화'→'미완성'→'우주의 혼돈이나 혼륜세계'에서 논자는 신대안으로 '균형세계'→'조화세계'→'완성세계'→'우주의 코스모스(조화)'가 도래되어 하나의 '물심일체세계관'(物心一體世界觀), '도정일치세계관'(道精一致世界觀), '공심일체세계관'(空心一致世界觀), '우주일체세계관'(宇宙一切世界觀)이 도래되어 지구의 지축이 관통하는 한반도는 '세계중심국가'(世界中心國家)로서 신역사창조화 작업은 바로 세계정부 연구소의 강주효 소장으로부터 새 역사창조화 작업이 실현하게 될 것으로 사료한다.

논자는 우주만물의 다스리(治一本)는 이치(理致)를 통달(通達)하게 됨으로써 대우주 및 소우주가 나아갈 '미래사관'(未來史觀), '미래역사'(未來歷史), '신역사창조'(新歷史創造)의 주역으로서 우주삼라만상에 대한 우주만물을 하나의 다스리는 근본이나 대본에 의해서 다스려 나아가는 모태가 바로 무위자연의 도(道)에서 중도출현(中道出現)하게 됨으로써 서구문명으로 인한 일체의 불균형을 동양세계의 중심지본(中心地本)에서 '조화세계', '완성세계'를 실현하게 됨과 동시에 논자는 우주이법에 준하여 중심지본인 한반도에서 전 인류를 위한 '인류공존'(人類共存), '인류공익'(人類共益), '인류복지'(人類福祉) 그리고 '인류공영'(人類共榮)에 대한 인류미래비전을 제시함으로써 인류가 지구상에 출현한 이래 가장 위대한 대선각자로서 후손만대에 논자의 동양의 3대혁명이 주류를 이루어서 우주만방에 우주만백성을 다스리는 하나의 근본으로 다스려 나아가는 이론적인 모태가 될 것으로 사료하는 바이다.

우리는 서구문물에 의한 '물질문명병'(物質文明病)으로 인하여 지구촌의 전 인류가 수구세력들의 '조작정치', '공작정치', '정보정치'에 의한 정치적인 통제와 억압 속에서 살아가고 있으며, 이것을 근본적으로 해소하는 근본은 바로 물질사관(物質史觀)으로부터 완전한 역사해탈을 통해야만이 인간은 인간으로서 우주창조본성인 마음세계가 도래됨으로써 하늘의'공심'(空心) 및 인간의 '도심'(道心)이 중심지본에서 하나로 합일하게 됨으로써 논자가 주장하는

'우주중심세계관'이 도래가 된다는 논리이다.

　아울러 중심지본에 이탈되었던 우주만물이 중심지본에 하나로 삼생만물이 회삼귀일함으로써 나(自我)를 회복하게 됨으로써 인간은 서구의 이분법적인 육신 및 정신이 분리하는 사고논리가 지구촌의 물질세계에 의한 인간은 육신세계 및 정신세계가 분리함으로써 자연과 인간은 상대성에 이분법적인 사고논리에 의해서 우주만물이 불균형→부조화→미완성→우주의 혼돈이나 혼륜으로 나아가는 모태가 바로 '내 몸에서 진리'를 호득함으로써 '심신일체'(心身一體: 마음과 몸이 하나가 되고), '물심일체'(物心一體: 대우주의 물질 및 소우주의 마음이 하나가 되는 것), '신토일체'(身土一體: 소우주의 육신과 대자연의 흙(土)이 하나로서 일체됨으로써 천지동근(天地同根) 만물일체(萬物一體) 심신일체(心身一體)가 형성되어 나(自我), 자연(自然), 대우주가 하나로 일체되는 것을 우리는 천인일치세계관이라고 정의한다.)가 형성됨으로써 논자는 '내 몸에 진리를 호득'(음, 양 오행의 우주정기를 받고 인간이 태어났으므로 인간은 만물의 영장이라고 할 수 있겠으며, 이것이 바로 내 몸에 진리를 호득한다는 논리를 설명드릴 수 있겠다.)하게 됨으로써 논자는 우주만물의 이치를 통달하게 됨으로써 '중심지본', '중심지덕', '중심지도'가 출현됨으로써 '세계정부의 제8차 5개년 경제개발계획'의 일환으로 논자가 주장하는 전 인류의 경제적으로 궁극적인 목표는 바로 '인류공존공생의 실현'으로 이어져 나아가는 모태가 바로 세계정부가 추진하게 될 궁극적인 목표가 될 것으로 사료하는 바이다. 아울러 서구문명으로 인한 산업혁명의 결과는 '계층 간', '산업 간', '지역 간'의 극심한 빈부격차의 확대 즉 지역적으로 동, 서 간이나 남, 북 간의 빈부격차의 확대는 서구문명이 낳은 결과론이라고 결론을 내릴 수 있겠다.

동양의 新 자연혁명에 대한 전개과정 고찰

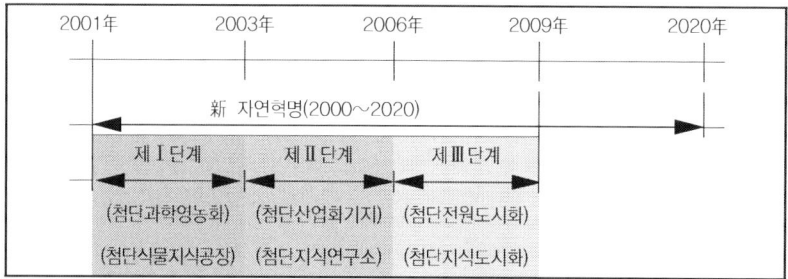

단계		주요내용
제 I 단계	제3의 농업혁명	인간의 지적 창의성(創意性)의 극대화는 유한하고 한정된 자연자원의 고부가가치 및 효율성을 극대화시키는 방안으로 '쌀'을 공장에서 대량생산(大量生産)하게 됨으로써 제3의 농업혁명의 동기가 됨(첨단곡물 지식공장).
	脫농업화	농촌에서 제3의 농업혁명은 脫농업화를 추진하게 됨으로써 유한한 자연자본인 토지(土地)의 부가가치를 극대화시키는 방안으로 자연과학 분야인 동물학, 식물학을 유전공학이나 생명공학에 접목하여 量, 質의 물질호득
	첨단과학 영농화	농업에 첨단과학과 지식을 접목하여 첨단식물 공장에서 인간에게 필요한 양질의 물질을 호득함과 동시에 대량생산(大量生産) 메카니즘은 전 인류에게 식량난을 본질적으로 해소해 나아간다(식량과잉 시대가 도래).
제 II 단계 (2004~2006)	新산업화	자연환경과 인간이 공존하는 청정기술의 연구개발은 잉여 토지에 新산업화의 테크노-파크의 조성으로 지식기반경제(知識基盤經濟)의 확산 및 도·농 간의 소득격차를 근원적으로 해소하여 지역균형발전 도모.
	무공해 청정기술	인간의 지적 창의성의 극대화는 자연과 인간에게 무공해 청정기술을 개발함으로써 쾌적한 자연환경 속에서 인간의 의·식·주 경제생활에 필요한 量, 質의 물질을 호득해 나아간다.
	첨단산업화 지식기술	脫공업화 脫산업화로 최첨단 기술을 연구, 개발함으로써 무공해 청정기술은 자연과 인간과 기계가 하나의 상호 작용성으로 이어져 개인의 차원 높은 삶의 질적 향상을 실현한다.
제 III 단계 (2007~2009)	脫농촌화	기존의 농촌은 脫농촌화의 가속화로 주거환경이 소멸됨으로써 범정부적 차원에서 농촌을 준(準) 도시화를 중·장기적인 안목에서 농촌을 도시화로 구조 전환해 나아간다.
	준도시화	脫농촌화 이후에 기존의 주거환경을 본질적으로 해소함과 동시에 행정구역을 재편하여 시(市)로 승격하여 준도시화를 중·장기적인 안목에서 도시화를 건설해 나아간다.
	첨단전원 지식도시화	전원도시화는 첨단 태양열 전원주택형태로 자연과 인간과 문화가 공존하는 종합적인 문화예술 공간으로서 자연환경과 인간이 조화를 실현하는 도시형태를 첨단전원도시화라고 규정한다(태양열을 이용하여 솔라 냉·난방의 실현).

이러한 세계정부에서 추진하게 될 경제개발의 이론적인 모델은 '균형성장'(BLANCE GROWTH: 성장과 소득분배 정의를 동시에 실현하는 경제개발 모델), '불균형성장'(UNBLANCE GROWTH: 先 성장 後 분배법칙)의 모델로서 제3세계 국가들이 경제개발의 이론적인 모델은 '불균형성장'이론을 채택하고 있으나 아울러 세계정부에서는 이러한 불균형성장 이론으로서는 지구촌의 지역적인 빈부격차를 근본적으로 해결할 수 없으므로 논자의 세계정부에서는 경제개발의 이론적인 모델은 바로 '균형성장'(均衡成長)의 이론적인 모태는'넉시'(NURKSE, R,)모델로서 '소득분배구조'(所得分配構造)로서는 초기단계부터 경제개발의 성장과 동시에 철저한'지식근로자의 임금'은 '지식생산성(知識生産性) + 물가인상률(物價因上率)'로 지식근로자의 임금은 철저한 지식생산성 및 물가인상률의 소득분배법칙에 준하여 분배정의를 실현함으로써 경제개발이 완성단계에는 '계층 간', '산업 간', '지역 간'의 지역적인 빈부격차를 본질적으로 해소해 나아감과 동시에 수구세력들의 조작에 의한 일체의 정치착취 행위를 발본색원토록 함으로써 완전한 '무위정치', '무위경제', '무위지덕'에 의해서 인류공존공생을 실현하는 모태가 될 것이다. 이러한 '균형성장' 이론의 '장점'은 제3세계 국가들의 경제개발의 이론적인 초석으로 초기에 막대한 투자재원이 소요되는 단점은 있으나 초기의 경제개발 단계부터 철저한 '소득분배정의'를 실현함으로써 경제개발의 완성단계에는 지구촌의 지역적인 빈부격차를 근원적으로 해소해 나아가는 이론적인 초석으로 논자가 주장하는 전 인류의 경제적인 '인류공존공생의 실현'하는 모태가 될 것으로 사료한다.

동양(東洋)의 新자연혁명(自然革命)의 개념도

구분			주요내용
자연혁명지식창조	첨단생물과학영농화	개념	"첨단지식과 첨단과학 그리고 첨단기술이 접목·융화된 집단영농화를 통한 바이오(Bio) 농업으로서 첨단식물공장에서 다양화, 고급화, 고품질화로 고부가 가치를 지향한다."라고 정의한다.
		첨단식물지식공장	"양액재배 기술을 중심으로 컴퓨터 시스템에 의한 고도의 인공적 환경제어 기술 및 기계자동화기술 그리고 에너지 공급시스템기술 등을 구성하는 고도 환경제어에 의한 식물의 계획적 또는 주년생산으로 다양화, 고급화, 고품질화 등을 일정하게 재배하는 공장적 생산시스템"이라 정의한다.
	첨단산업화연구재단	개념	"신산업화에 의한 무공해 청정기술인 첨단기술 및 첨단지식 산업의 육성으로 지역 간 지식 테크노-파크의 조성으로 균형, 조화성장을 실현하면서 인간의 차원 높은 삶의 질적 향상을 도모해 나아간다."라고 정의한다.
		테크노-파크(지식집약단지)	각국정부는 동·서·남·북을 중심축으로 기술집약시설인 테크노-파크를 조성함으로써 산업 간, 계층 간, 지역 간의 조화성장을 실현함으로써 세계정부가 추진하는 제8차 5개년 경제개발계획을 완성함으로써 각국정부의 GDP 경제성장률의 견인차 역할을 기대한다.
	첨단지식전원도시화	개념	"첨단기술과 전원주택이 결합한 농촌의 신주거환경을 혁신석으로 구조개혁을 통하여 탈농촌화 이후의 준도시화로 태양열 전원주택인 첨단지식 전원주택으로 도시화를 건설해 나아간다."라고 정의한다.
		태양열전원주택	각국정부는 농촌의 구조개혁의 일환으로 기존의 주거환경을 철거하고 새로운 주거공간인 태양열을 이용하는 전원주택으로서 농촌의 주거혁명은 도·농 간의 소득격차의 완화 및 지역 간의 균형발전의 촉매제가 될 것이다(脫농촌화→脫농업화→脫이농화).

아울러 '균형성장' 이론의 '단점'으로 제3세계 국가들에 대한 경제개발 시에 초기에 막대한 투자재원의 조달이 시급한 과제로 대두함으로써 저개발국가들은 잘 이용하지 않는 것이 상례이다. 이러한 경제개발에 대한 '결과론'으로 세계정부는 지구촌 전체의 지역 간의 불균형을 근원적이고 본질적으로 해소하기 위한 필연의 경제개발정책으로 반드시 '균형성장'(均衡成長)이론을 채택함으로써 서구문명의 산업혁명의 결과론으로 지역 간의 지역적인 빈부격차를 해소하는 첩경이 될 것으로 사료한다.

세계정부의 제3세계국가에 대한 경제개발 이론의 모델

구분		주요내용	비고
균형성장모델 (BLANCE GROWTH)	이론	• 넉시(Nurkse, R.) 이론	
	분배구조	• 경제성장과 소득분배 정의를 동시에 실현	
	장점	• 개발의 초기단계부터 전 산업 간의 균형성장을 목적으로 투자재원을 조달함으로써 '계층 간', '산업 간', '지역 간', '국가 간' 조화 실현한다(지구촌의 동, 서, 남, 북 조화).	
	단점	• 지개발 국가에 대한 초기의 막대한 투자재원의 조달의 어려운 점.	
	결과론	• 세계정부가 제8차 5개년 경제개발의 이론적 모델은 균형성장 이론에 입각하여 계층 간, 산업 간, 지역 간, 그리고 지구촌 전체의 조화 실현으로 만유공존공생시대	
불균형성장 (UNBLANCE GROWTH)	이론	• 허시만(Hirschman, A. O)	
	분배구조	• 선 성장 후 분배법칙(즉 경제의 파이를 키운 후 분배)	
	장점	• 초기의 국가기관 산업을 우선적으로 개발을 주도하게 됨으로써 소규모의 투자재원으로서 개발을 실행함으로써 개발의 완성단계에는 균형을 실현.	
	단점	• 경제개발의 결과는 '계층 간', '산업 간', '지역 간' 불균형으로서 빈부격차가 확대되는 결과를 낳음.	
	결과론	• 제3세계 국가들이 경제개발의 모델로서 실현을 하고 있으나, 선 성장-드라이브 정책은 소득분배 정의를 왜곡하게 됨으로써 사회의 빈부격차로 인한 구조적 문제점 대두(지역적 빈부격차 확대).	

　　아울러 '불균형성장'(UNBLANCE GROWTH)의 이론적인 모델인 '허시만'(HIRSCHMAN, A, O)의 이론은 제3세계국가들의 경제개발의 이론적인 모델로 사용하고 있으며, 한국경제도 제2공화국의 장면 총리가 입안한 '불균형성장'의 이론적인 모델을 박정희가 군사반란을 일으켜서 민간정부를 전복기도하게 됨과 동시에 수구세력들과 야합하는 야합정치에 의해서 1962년 제1차 경제개발의 시작은 바로 한국경제의 개발 완성단계는 신흥정치특권 세력들에 사주에 의해서 하루아침에 재벌이라는 특권층이 생겨나는 구조적인 경제의 모순점으로 태동하게 되었던 것이다. 즉 신흥재벌은 국민의 세금으로 정치적인 특권의식에 의해서 정치권력과 야합하는

즉 정, 경 유착에 의해서 탄생된 대표적인 재벌가가 바로 대우그 룹의 김우중 씨였으며, 논자는 이러한 정치적인 특권의식에 탄생한 김우중 씨를 논자가 대우그룹의 해체를 시키는 근본 요인으로 작용하게 되었던 것이다.

이러한 한국경제의 구조적인 모순점은 바로 한국정부의 일반회계예산을 능가하는 그러한 재벌집단으로서 삼성그룹의 이건희 회장은 삼성그룹에서 조성한 비자금으로 한국의 국가기관을 돈으로 매수하여 자신들의 정치적인 야망을 앞세우면서 삼성그룹에 도전하는 세력들을 정치적으로 척결시키는 자본주의 경제의 구조적인 모순점으로 인식하게 되는 근본요인으로 작용하게 된 것이다. 논자는 재벌집단의 불법행위를 직위고하를 막론하고 성역 없이 엄단토록 함과 동시에 회장들의 바자금 조성으로 사회적, 윤리적 이중생활을 하는 회장단들을 모조리 척결함으로써 사회지도층 인사들에 의한 여자들과의 이중적인 방관된 생활상을 초토화시켜 나아감과 동시에 재벌해체를 통해서 자본주의 경제의 구조적인 모순점을 해결해 나아가는 모태는 '소득분배정의'를 모태로 삼아야 한다고 사료한다. 이러한 '불균형성장'의 '소득분배구조'로서는 선 성장을 주도하여 경제의 파이를 확대함과 동시에 후 분배정책으로 국가경제력의 집중현상으로 한국경제가 안고 있는 구조적인 모순점으로서 이러한 경제개발이 완성단계에서도 수구세력들의 경제력의 착취현상은 극에 달함으로써 소득분배 정의를 왜곡하는 모태가 되었던 것이다.

이러한 제도상의 '장점'으로 제3세계 개발국가들은 초기자본의 투자재원은 소규모로서 개발을 주도하게 됨과 동시에 국가기관산업(전력, 항만, 공항, 교량, 기타)부터 경제개발을 주도함과 아울러 개발완성단계에는 '계층 간', '산업 간', '지역 간'의 균형을 실현한다는 개발 이론으로 제3세계국가들이 많이 사용하는 개발 이론이라고 할 수 있겠다. 이러한 제도상의 '단점'으로 개발의 초기단계부터 분배구조를 왜곡함으로써 한국경제가 안고 있는 근본적인 문제점이 대두하고 있으며, 이러한 재벌그룹들의 정, 경 유착을 근원으로 작용됨과 동시에 계층 간, 산업 간, 지역 간의 불균형을 이루는 개발모델로 취약점을 갖고 있는 문제점이 대두하고 있는 실정이다.

이러한 '불균형성장'의 '결과론'으로 제3세계 국가들의 경제개발의 모델로 투자재원이 소규모로 투자할 수 있는 장점으로 이러한 개발을 주도하는 국가들의 소득분배구조를 정치가 왜곡함으로써 신흥특권층의 정치적인 영향력에 의해서 신흥재벌집단이 탄생하는 구조적인 모순점으로 이러한 경제개발의 모델로서 세계정부에서는 지역 간의 불균형을 심화, 확대함으로써 이러한 제도를 도입하지 않고 반드시 '균형성장'이론을 채택함으로써 논자가 주장하는 신자연혁명으로 인한 '첨단지식기반경제', '첨단지식기술'(바이오 – 혁명시대)을 주도함으로써 전 산업분야는 완전한 지식기반경제로 나아가는 이론적인 모태가 될 것으로 사료하는 바이며, 경제개발의 완성단계에는 전 세계 각국 정부의 GDP국민소득은 40,000달러를 상회함으로써 인류가 지구상에 출현한 이래 가장 삶의 질적인 향상을 도모함으로써 서구문명으로 잃어버린 인간성을 회복함과 동시에 '자아세계', '본능세계', '본성세계'가 우주만물을 창조해 나아가는 모태가 될 것으로 사료하는 바이다.

제3절 세계정부의 경제개발종합계획서에 대한 개념, 정의

대우주의 일기인 정치권력 및 문명권 그리고 문화에 의해서 그 지역은 '생성', '발전', '소멸'의 일정한 사이클을 그리는데 아울러 대우주가 중심인 한반도에서 우주의 일기가 이탈하게 됨과 동시에 서구의 영국에 머물게 됨으로써 즉 이러한 것을 '도서문명권'(영국 및 일본)의 영향으로 영국은 해가 지지 않는 대영제국으로서 정치권력에 의한 '정치약탈', '정치착취' 행위가 자행됨으로써 '정치적인 식민지화'로 인하여 해가 지지 않는 대영제국으로 기반을 조성하게 되었다. 아울러 이러한 서구의 산업혁명을 일찍이 받아들인 일본 역시 오늘날의 경제대국으로 경제성장을 주도하게 된 배경은 바로 도서문명권의 영향으로 이어지게 됨으로써 '대일제국', '경제대국'으로 기반을 조성하게 되었으며, 그것은 다름 아닌 대우주의 본원이요 대진리의 모태가 되는 우주근본인 '한철학'은 하나가 세 개로 퍼져 나아가는 기운이요 또한 세 개가 하나로 모여드는 기운이 바로 한철학의 근본이자 대진리이다. 이러한 대우주의 대진리의 역사를 집행하는 한민족의 주도에 의해서 인류문명사가 발전과 소멸의 주기적인 순환의 메커니즘으로 이어져 나아간다. 이러한 '한철학'에 대하여 논자의 식견으로 논리적인 설명을 드리는 한철학은 동양의 정신세계(도의세계) 및 서양의 물질세계를 포괄, 함축한다.

이러한 '한'은 넓다는 뜻이고(한민족 초기의 영토는 동서(東西)로 이만 리 남, 북으로 '오만 리'의 광활한 영토가 바로 우리 한민족 초기의 영토이다. '한'은 한가운데 중심을 의미한다. 전자의 넓다는 뜻은 하나가 밖으로 퍼져 나아가는 개념이고(하나가 셋으로 퍼져 나아가는 기운을 삼생만물(三生萬物)이 화육, 화생되는 것이다.), 후자는 가운데 중앙에 모여드는 개념이다(會三歸一: 삼생만물이 하나로 돌아와서 중심에 모이는 기운이다.), 이러한 '한'은 우두머리이다. 국가적인 차원에서 '한'은 환국의 환인, 환웅, 한배검이라고 부른다. '한'은 공간적인 개념으로 자연현상에서는 높은 산 '한라산' 높은 허공을 하늘(天)이라고 한다. '한'은 전체적 하나이다. 즉 노자의 지론은 하나(一)는 바로 도와 상통한다. 즉 도생일(道生一: 무극(無極)), 일생이(一生二: 둘이 음, 양을 낳았다, 즉 동양(道)과 서양(器)으로 이것을 동도서기(東道西器)라 하며, 서양세계는 물질에 의해서 일체만유가 타락된 인간자화상을 나타내고 있는 실정이다.), '한'은 항존성(恒存性), 보편성(普偏性), 불멸성(不滅性), 자능성(自能性)을 가지고 있다.

이러한 한철학은 한민족의 인류의 시원이자 인류의 종주국으로 우두머리 민족으로 인류역사 창조화 작업에 초석이 되고 있는 것이다. 이러한 한민족의 유래는 러시아 바이칼 부근에서 남하하여 지금의 중국에서 고구려 및 백제 그리고 신라가 공존하면서 남하함으로써 오늘날 한반도가 바로 우리 한민족의 터전이다. 이것이 바로 '중심지본', '중심지덕', '중심지도'가 형성함으로써 한반도에서 강력한 세계정부를 창설하여 '인류공존'(人類共存), '인류공익'(人類公益), '인류복지'(人類福祉), '인류공영'(人類共榮)을 실현하는 이론적인 초석이 된다는 논리이다. 우리는 서구문명으로 인한 '도서문명권'(영국과 일본)→'대륙문명권'(미, 소시대)→'반도문명권'(위대한 한반도→위대한 한민족시대)이 도래됨으로써 서구의 물질문명은 역사 속으로 소멸됨과 동시에 신문명권인 바로 무위자연의 '도'(道)가 등권(等權)함으로써 인간에게는 '정신문명'으로 승화하여 대우주의 일체의 불균형을 균형세계 - 조화세계 - 우주세계로 나아간다는 논리이다.

이러한 세계정부의 경제개발종합계획서(經濟開發綜合計劃書)에 대한 개념으로서 '중심지본'(中心地本), '중심지덕'(中心地德), '중용지도'(中庸之道)에 의한 자아완성(自我完成), 본능완성(本能完成), 본성합일(本性合一) 세계관이 도래되어 인간세계는 심신일체(心身一體: 서구에서 인간은 육체적 성숙으로 동양의 한반도에서 몸과 마음이 하나가 생성됨으로써 4차원의 절대계(絶對係)에 의한 하나의 절대진리가 우주세계를 지배함으로써 중심근본에서 만유공존시대가 도래됨.) 및 물심일체(物心一體: 대우주가 서구에서 물질을 생성하게 됨과 동시에 인간은 마음세계에 의해서 대우주의 공심세계(空心世界) 및 소우주의 도심세계(道心世界)가 중심의 근본에서 하나로 합일함으로써 대우주 및 소우주는 하나의 역사필연법칙에 따르게 된다는 것이며, 이것은 다름 아닌 마음세계가 천지창조의 근원으로 작용됨으로써 우리의 미래에 도래될 사관(史觀)은 창조화세계라고 정의한다.) 그리고 신토일체(身土一體: 나(自我)의 육신과 대자연의 토(土)가 하나의 이치에 의해서 즉 혼연일체(混然一體)가 생성됨으로써 동양세계는 소우주의 육신과 우주자연의 흙(土)이 하나의 일체 형성됨으로써 인간이 살아가는 대진리의 가치척도는 바로 우주자연의 흙(土)에 일체의 근본이 작용하게 된다는 논리이다. 이러한 것을 '신토일체세계관'(身土一體世界觀)이라고 정의한다.

아울러 한반도는 소우주의 '인간형상' 및 우주자연의 흙(土)의 정기가 중심지본에 내려오게 됨으로써 이러한 세계관을 우리는 '인간중심세계관', '자연중심세계관', '우주중심세계관'으로서 천지가 '하나의 뿌리'(一種根), '하나의 진리'(一眞理), '하나의 다스림'(一治本)으로 만유공존세계(萬有共存世界)로 인도(人導)하게 될 것이다.)가 형성되어 대우주 및 대자연 그리고 소우주는 하나의 일기에 의해서 다스려져 나아가는 정치모태가 한반도에서 태동하게 될 것이며, 이것은 다름 아닌 무위자연(無爲自然)의 대진리에서 태동한 도치정치이론으로 '우주세계'(宇宙世界), '우주자연'(宇宙自然) 그리고 '우주만물'(宇宙萬物)을 다스려 나아가는 초석이 될 것이며, 그것은 다름 아닌 세계정부에서 '물질세계'(物心世界), '도의세계'(道義世界), '공심세계'(空心世界)가 완전한 중심지본(中心地本)에서 지역적인 하나의 '공동체의식'(共同體意識)에 의한 지역 간의 완전한 조화성장(造化成長)의 모태가 세계정부(世界政府)의 경제개발의 궁극적인 목표는 '인류공존공생공영'(人類共存共生共榮)의 실현한다'라고 정의한다.

즉 나(自我)의 완성으로 인하여 지구의 지축이 관통하는 한반도는 철학적으로 서구 유물론의 터전 위에서 동양세계의 유심론이 중심의 근본에서 하나로 합일됨으로써 '자아세계완성', '물심세계완성', '신토일체세계'가 완성됨으로써 한반도에서 천지만물이 하나의 다스리는 대진리에 의해서 우주만물이 완성세계로 나아가는 모태가 될 것으로 사료하는 바이다. 이러한 한반도는 '일음일양지위도'(一陰一陽之謂道)로서 이러한 한반도는 서양세계의 물질세계 및 동양세계의 정신세계가 하나로 접목, 용화를 실현함으로써 이러한 한반도는 중심지본에서 동, 서양세계를 포괄함으로써 논자는 이러한 우주이치에 의거하여 세계정부 창설을 주장하며, 이러한 세계정부의 일체의 이론적인 모태가 태동된다는 논리를 전 세계 각국정부의 정치지도자에게 고하는 바이다.

이러한 한반도는 '인류종주국', '인류우두머리민족', '인류중심국가'로서 구시대적인 역사청산 작업 및 새로운 새 역사창조를 위한 초석으로 구시대적인 유물사관에서 완전한 역사해탈을 통한 새 역사창조의 신기원을 성취하기 위해서 역사창조 및 역사혁명 그리고 역사혁신을 창조함으로써 구시대적인 유물사관에서 벗어나 새로운 전 인류의 미지의 세계로 논자는 인도하게 될 것이다. 이러한 새 역사창조의 신기원은 바로 한반도에서 역사혁명을 주도하게 됨으로써 전 세계 각국정부를 하나로 통합하는 세계정부 창설에 근본적인 목적이 될 것으로 사료하며, 우리는 하나의 지역공동체를 중심축으로 대동단결된 전 인류의 저력으로 논자가 주장하는 '인류통합', '인류공존', '인류공영'을 위한 초석으로 이어져 나아가는 모태가 바로 세계정부가 창설이 되면 인류공존공생을 실현하는 이론적인 모태는 바로 세계정부의 연구소에서 역사창조의 혁명적인 역사적인 책무를 다해 나아갈 것으로 사료하는 바이다. 덧붙여 서구의 산업혁명으로 지구촌은 지역적인 빈부격차가 확대되있으나 동양의 신자연혁명은 바로 지역 간의 지역적인 빈부격차를 해소하게 될 것이며, 그것은 다름 아닌 지역적인 동, 서 간이나 남, 북 간의 빈부격차를 해소시켜 하나의 지역 간의 지역공동체를 중심축으로 새 역사창조화 작업에 전심전력을 다해 나아가야 한다고 사료한다.

제4절 전 세계 각국정부의 제8차 5개년 경제개발종합계획 서를 수립한다

18세기의 중엽에 일어난 산업혁명의 영향으로 대우주는 물질생성의 근원이 되었으며, 소우주는 육체적인 성숙으로 이어져 나아가는 모태가 성립됨과 동시에 대우주 및 소우주는 본원의 본능이 지배해 나아가는 본성을 상실됨과 아울러 이러한 서구 산업혁명의 결과론은 지역적인 극심한 빈부격차를 확대시키는 근원으로 작용함으로써 인간본연의 본성을 상실하게 되는 근본 원인이 제공하게 되었다. 이러한 서구문명은 머리수의 과반수에 해당하는 반쪽 즉 50%의 점유율로서 나타나게 됨으로써 인간의 우주창조 본성은 100%를 충족해야만 인간은 인간으로서 '인간완성'(성인의 경지에 오르는 것)을 실현해 나아가야 하오나 서구문명의 한계점 및 모순점의 잉태는 바로 과반수의 머리정족수에 해당하는 물질문명의 한계점이요 또한 인간본연의 본성을 상실하게 되는 근본 원인으로 작용하게 되었다.

이러한 서구 산업혁명의 결과론으로 지구촌의 인류가 출현한 이래 가장 극심한 기아와 빈곤 그리고 영양실조로 인한 인간은 인간 이하의 노동력을 감수하면서도 인간 삶의 질적인 저하는 인류가 지구상에 출현한 이래 최악의 사태에 직면하여 동, 서양의 석학들은 '탈자본주의'(脫資本主義), '탈민주주의'(脫民主主義), '탈정당정치'(脫政黨政治), '탈산업사회'(脫産業社會)로 이어져 나아감과 동시에 동양세계의 세계정부 연구소의 신대안으로 '탈자본주의→

지식기반경제→녹색생물 지식경제→자연주의 경제→마인드 – 이코노미 시스템', '탈민주주의→도치정치→치일본(治一本)→치덕일본(治德一本)→치심일본(治心一本)→도의세계(道義世界)', '탈정당정치→대의원제도→자격심사제도(資格審査制度)→대의정치(代議政治: 지역구의 대표자 및 각국정부의 대표자 그리고 인류의 대표자)', '탈산업사회→무위사회(無爲社會: 인간의 지혜나 작위가 없는 무위정치에 의한 무위사회는 바로 지식과 진리가 인간의 경제행위의 영위수단이 되는 사회)→자연주의 사회(대자연의 대진리를 인간의 삶의 모태가 되는 순리생활)'로 이어져 나아감으로써 동양세계는 '무위'(無爲)→'진위'(眞爲)→'자연'(自然: 스스로 그러한 것, 자연적으로 발생한 것, 저절로 생겨난 것, 있는 그대로의 모습, 이러한 것을 자연이라고 학문적으로 정의한다.)→'진리'(眞理: 대자연의 흙(土)) – '도'(道: 우주본원이요 또한 본체(大器)요 그리고 본심(本心)이다.)가 바로 대진리의 가치척도가 된다는 논리이며, 이것이 바로 등권(等權)하게 됨 즉 중도출현(中道出現)하게 됨으로써 우리는 '진리세계', '진리가치척도', '우주창존본성'을 논할 수 있다고 한다.

이러한 서구의 산업사회는 결론적으로서 '인간의 물량화', '인간 본연의 본성상실', '자아상실', '가치척도가 전도', '육체성장에 따르는 정신적 빈곤현상은 경제적으로 지역 간의 극심한 빈부격차가 확대됨.', '철학적으로 유물사관은 유물론 및 유심사관의 유심론이 부조화'(東道西器), '낙엽과 같은 존재'(자아상실), '군중 속의 고독'(3S: 섹스, 스크린, 스포츠), '황금만능주의', '배금주의사상', '앰모니즘 사상', 등은 인간본성 상실의 주요인은 바로 중심의 근본에서 우주만물이 이탈됨으로써 일어나는 근원적인 문제점으로 대두된다고 할 수 있겠다. 이러한 우주의 분열기운이 21세기부터 우주기운은 '통일기운'(統一氣運), '통합기운'(統合氣運), '우주통일기운'(宇宙統一氣運)이 중심지본인 지구의 지축이 관통하는 중심국가인 한반도에 삼생만물(三生萬物)이 하나로 중심지본에 회삼귀일(會三歸一)함으로써 '중화지본'(中和地本), '중정지본', '중도지본'(中道地本)으로 무위자연의 '현묘지덕'(玄妙之德), '포덕지치'(布德之治), '중용지도'(中庸之道)로 '우주세계', '우주자연', '우주만물'을 인간의 마음으로 우주만물을 다스려 나아가는 모태가 바로 도치정치라고 단언한다.

이러한 서양의 산업혁명은 대공장제에 의한 분업화에 의한 천혜, 천연의 자연에서 재료나 원료를 채취하여 공장에서 가공하는 '가공무역'의 형태는 단순하고 판박이 형식에 의한 롤러식 대량생산의 메커니즘은 자유시장기능에 의한 상품적 가치는 대중적 가치로서 '어느 시장', '어느 지역', '어느 국가' 그리고 '전 세계' 하나의 판박이식 대량생산의 메커니즘은 상품에 대한 대중성으로 인하여 매출액 대비 단기순이익은 10%도 되지 않는 저가치 기준에 의해서 노동자들이 노력한 대가인 지대의 몫은 바로 고노동에 대한 저임금으로 되돌아오게 됨으로써 노동자들의 삶의 질적인 저하를 가져오는 원동력으로 작용하게 되었다.

아울러 동양의 신자연혁명은 인간중심세계관에 의한 인간의 뇌가 하나의 근본이 되는 '뇌본창조세계화'(腦本創造世界化)에 의한 인간의 '뇌본창조경제'(腦本創造經濟), '뇌본지식경제'(腦本知識經濟), '뇌본지가혁명'(腦本知價革命) 시대가 도래됨과 동시에 이러한 근원적인 '창조화 혁명', '지식혁명', '지식창조'의 근원은 바로 '첨단지식연구소'(尖端知識研究所), '첨단지식창조용연구소'(尖端知識創造用研究所), '첨단지식실험실연구소'(尖端知識實驗室研究所)에서 '신지식생산'(新知識生産), '신지식가공생산'(新知識加工生産), '신지식지가사회'(新知識知價社會)로 이어지게 됨으로써 서구의 산업사회와 비교할 때에 현격한 차이로 나타날 것이며, 그것은 다름아닌 인간의 뇌에서 생산 및 창조된 지식이 바로 돈으로 시장기능에 의해 가격으로 결정함과 동시에 인간 경제생활의 영위에 필요한 '최고의 재화'나 '최상의 용역'으로 인간의 '삶의 질적인 향상'을 도모함으로써 동양세계는 서구의 물질세계와 현격한 차이로 나타나면서 '고차원세계'(3차원의 상대성의 물질세계→4차원의 절대계의 정신세계→5차원의 일신세계의 마음세계가 도래되어 나아갈 것이다.)로 인도하게 될 것이다. 이러한 동양의 신자연혁명에 의한 '첨단지식창조용연구소'에서 신지식생산에 의한 지식가공으로서 고부가가치를 극대화토록 함과 동시에 신지식의 실험실 용화를 통한 '첨단생물지식공장화'(尖端生物知識工場化)에 (주)첨단 수산물 지식법인에 대한 조직은 수평적 조직은 완전한 팀장제이다. 즉 조직의 성원은 반드시 능력에 대한 보수를 분배한다. 아울러 '정책위원회'는 '대학연구소', '정부출연연구소', '정부'와 유지적 협력 - 네트워크 체제를 구축하여 인간의 고차원 세계의 삶의 질적 향상을 도모한다.

첨단축산지식법인(尖端知能形水産物知識法人) 종합적(綜合的) 효과분석표 7

구분			주요내용	비고
첨단축산지식법인	소득증대 (所得增大) 효과분석 (效果分析)	新축산업시대 新육종시대 국가 축산 브랜드화	서구의 재래식 축산업 시대에세 동양세계는 첨단지식축산업, 첨단지식생산, 첨단지식공장화로 공장적 생산방식에 의한 신축산업은 대량생산 및 고품질, 고부가가치 축산업시대의 도래는 농림, 어업, 축산업은 첨단화, 과학화, 지식화의 접목으로 첨단지식기반경제로 주도한다.	첨단지식 축산업 첨단축산육종 고품격 고소득
	고용효과 분석	축산학과 축산학과(석사ㆍ박사연구) 첨단축산컴퓨터 프로그래머 설비제어시스템 회계관리 및 경비직	서구의 구시대적인 축산업에서 벗어나 新축산업은 기업형 지식경영, 뇌본창조경영, 新육종으로 고품질화로 소비자들의 소비욕구 충족 및 세계적 축산 브랜드화 그리고 축산첨단지식근로축제를 조성하게 됨으로써 도ㆍ농 간의 균형성장 및 조화발전 그리고 축산브랜드 관광산업으로 육성한다.	신고용 형태는 첨단지식근로
	부가가치적 (附加價値的) 효과분석 (效果分析)	서구의 제조업의 부가가치는 10% 동양의 첨단지식기술의 부가가치율은 50%	서구의 굴뚝산업인 대공장제의 가공무역의 부가가치율은 10% 점유로서 한국의 재벌기업은 금융권에 차입경영을 통한 금융이자율을 충당하지 못하는 구경제의 구조적 모순점으로서 신성장동력원의 발굴로 경제성장의 견인차 역할을 주도해 나아가야 할 역사적 분기점이다(제조업 중심의 구조적 개혁).	굴뚝산업 및 단순가공무역 그리고 저부가 가치화는 인간의 삶의 질적 저하를 가져옴
	지식가공 (知識加工) 생산효과분석 (生産效果分析)	첨단지식 창조형 연구재단 제로베이션경제 첨단지식 기반경제 親자연주의 경제	서구의 재래식 생산방식은 한시대적 전유물로서 종말을 고하고, 동양의 인간중심세계, 자연중심세계, 천인합일적 세계관은 서구의 脫자본주의 경제시스템에서 벗어나 新경제의 제로베이션 경제 즉 첨단지식기반경제의 본질은 자연과 인간은 호혜공존세계, 화해공존세계, 공종공생세계관의 모태가 된다(첨단바이오 생물경제).	동양 세계는 연구소 및 연구재단으로 고부가 창출
	환경적 (環境的) 효과분석 (效果分析)	대자연 만서지원 및 대진리의 가치척도가 됨. 동양의 자연관 '순응' 서구의 자연관 '도전'	서구의 대공장제에 의한 천혜, 천연의 자연환경에서 재료나 원료를 채취하여 가공하는 가공무역의 형태는 자연생태계 및 자연환경훼손 그리고 자연환경 파괴행위는 서구의 악탈적 자연관의 모태가 되나 동양세계는 親환경적 지식생산가공방식은 자연보호정책으로 자연과 인간 그리고 만물이 공존하는 모태가 됨.	만물지모(萬物之母), 만선지원(萬善支源) 그리고 대진리 가치척도
	종합적 분석 (綜合的分析)	자연보호 정책 친환경적 개발도모 호혜공존의 모태 만유공존의 철학	서구의 재래식 축산업은 자연에서 생성된 축산업으로서는 인간에게 필요한 量ㆍ質의 먹을거리를 공급하는 첨단축산생산시스템은 첨단지식공장화에 의한 대량생산의 모태는 인간에게 필요한 고차원세계에 의한 먹을거리 외식산업으로 인간의 삶의 가치척도, 삶의 질적 향상을 도모하여 물질세계, 정신세계, 만유공존공생시대가 온다.	만유공존 철학적 가치추구

첨단축산지식법인(尖端畜産知識法人)의 전체 조감도

첨단 축산물 지식공장화 조감도(尖端 畜産物 知識工場化)

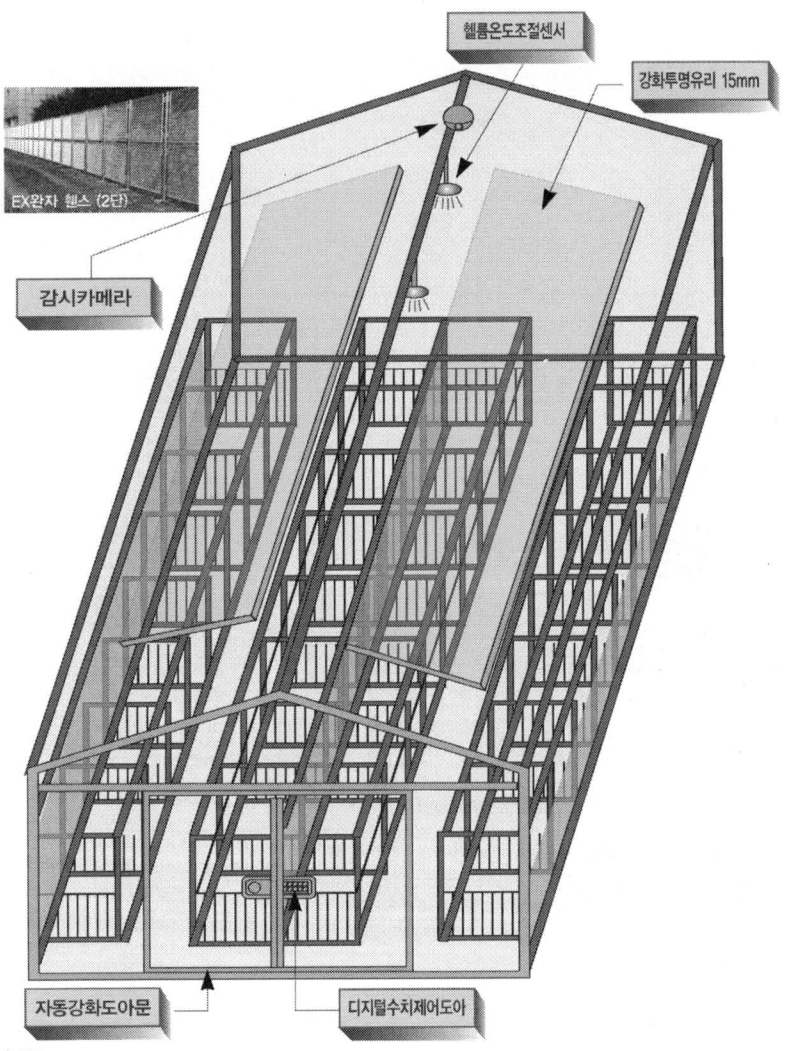

헬륨온도조절센서

강화투명유리 15mm

EX완자 헨스 (2단)

감시카메라

자동강화도아문

디지털수치제어도아

* 참조
1) 바닥은 분뇨처리(수세식 센서기능)토록 할 것.
2) 천정은 전염병 방지용 고압분사식 소독 설비토록 할 것.
3) 천정 상부는 강화투명유리 부착하여 실리콘 처리.
4) 롤러식 자동 Rubber Roller 시스템에 의해서 처리토록.
5) 감시카메라 수는 공장의 크기(길이)에 따라서 증가할 것.
6) 헬륨램프는 동절기에는 발열작용 및 여름에는 저온램프 사용토록 할 것(램프에는 온도감지 센서기능 부착).
7) 공장외부는 완전한 단열재로 투명유리와는 태양광 완전차단토록 할 것.
8) 공장외부의 경계는 철조망(헨스망)으로 통제토록.

첨단축산물 원통형 지식공장의 조감도

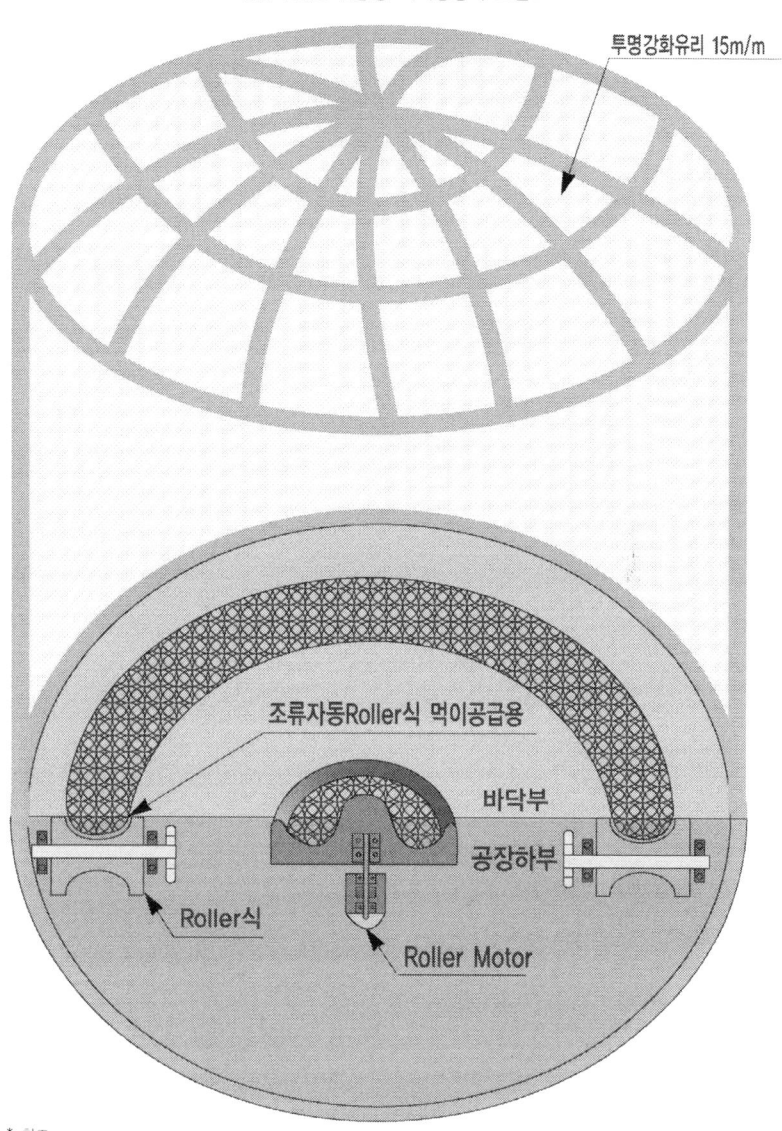

투명강화유리 15m/m

조류자동Roller식 먹이공급용

바닥부

공장하부

Roller식

Roller Motor

* 참조
1) 상부(上部)는 전체 강화 투명 유리, 하부(下部)는 먹이식 회전형 테이블식 밀이 자동공급 시스템
2) 실내 천정에는 감시 카메라 및 위생소독 방지용 자동시스템 부착
3) 원통형 지식공장의 생산물은 닭, 꿩, 오리, 타조 기타 조류 종류 생산
4) 첨단 지식 공장 내부의 온도조절용 '헬륨' 발열식 온도감지용 센서가 부착된 전등

동양의 신자연혁명으로 첨단 축산물 지식법인의 조직도

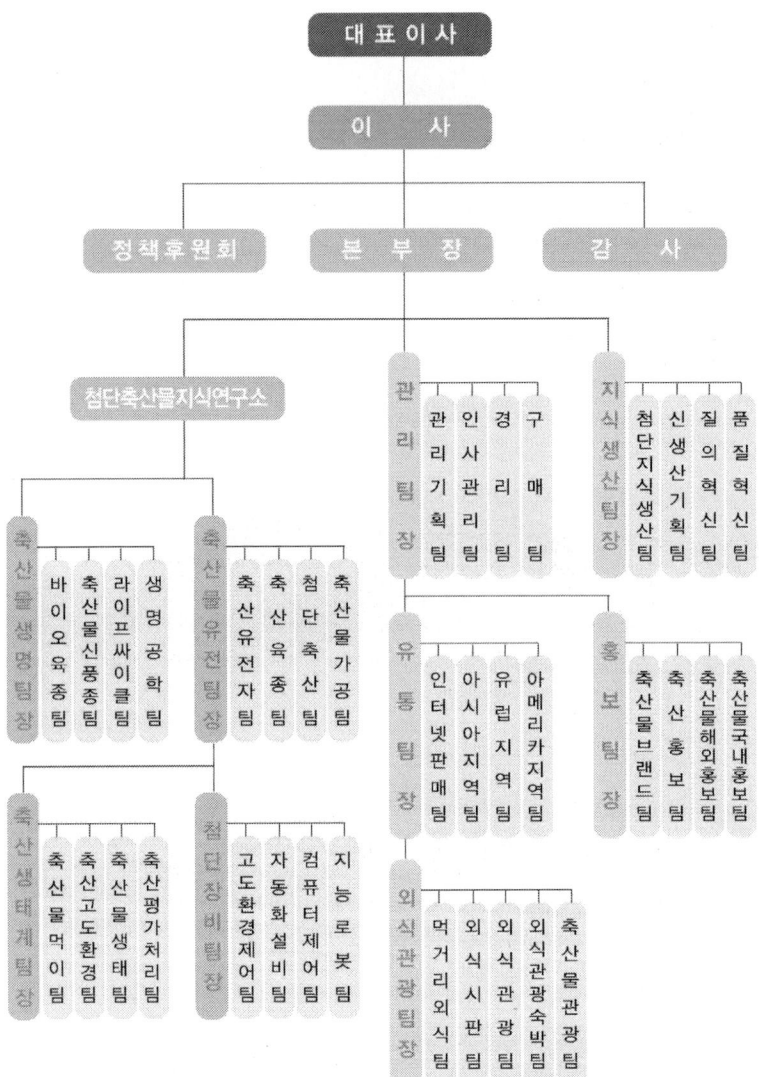

주) 첨단 축산물 지식법인은 '첨단 축산물 연구소'에서 연구 개발된 실용지식 및 실험지식 그리고 고부가가치 지식 창출로 축산물의 라이프 사이클에 의한 최단 시일 내에 고육질의 축산물로 세계적 축산 브랜드화를 실현하여 국가경제를 주도한다. 아울러 '정책후원회'는 산·학·정으로 이어지는 '지식-네트워크' 및 '인적-네트워크' 그리고 '정보공유-네트워크'로서 기술의 혁신 주기를 단축한다.

첨단지능형수산물지식법인(尖端知能形水産物知識法人) 종합적(綜合的) 효과분석

구분			주요내용	비고
첨단지능형수산물지식법인	소득증대 (所得增大) 효과분석 (效果分析)	新수산업 및 新육어업(育漁業)시대 도래	서구의 전통적 수산업 및 재래식 수산업 그리고 구시대적 수산업시대는 역사적 종말을 고하고, 동양세계는 첨단수산업 및 지식수산업 그리고 기르는 수산업 시대가 도래하게 됨과 동시에 첨단지식수산물 시대가 공장화에 의한, 양질의 고품격의 수산물시대는 고소득원의 근본이 됨과 동시에 인류의 먹을거리 외식산업으로 국가수산물 지식산업으로 이어져 나아갈 것이다.	기르는 수산물 시대가 도래 양식하는 수산물
	고용효과 분석	수산물학과 수산물연구(석사·박사) 컴퓨터프로그래머 설비팀 회계팀 및 경비	서구의 육체노동행위에 의한 脫노동자시대가 도래함과 인간의 '뇌본중심창조'시대가 도래함으로써 뇌본근로자 및 지식근로자 그리고 창조근로자 시대가 도래하여 동양세계는 '질의창조경영'(質義創造經營)으로서 기르는 수산업시대는 신고용 창출의 근원이 될 것이다.	뇌본창조근로 뇌본지식근로 지식근로자
	부가가치적 (附加價值的) 분석(分析)	지식가치화 추구 창조가치화 추구 질의가치화 추구	동양의 자연과학의 요체는 '바이오-혁명', '두뇌혁명', '창조혁명', '가치혁명'으로 기존의 재래식 수산업시대에서 지식화, 첨단화, 유전공학이 접목·융화된 고차원세계의 먹을거리 외식산업으로서 첨단수산업시대는 고부가 가치화를 실현한다.	상품의 品質革新은 고부가 가치화
	지식가공 (知識加工) 생산분석 (生産分析)	첨단연구재단 첨단지식공장화	서구의 재래식 생산방식에서 벗어나 동양세계의 신자연혁명은 '新경제', '新생산방식', '新지식가공생산' 방식은 첨단지능형지식공장화에서 量·質의 무공해 수산물을 공장적 생산방식으로 채택한다(기르는 수산물 시대가 도래).	천혜·천연의 자연 조건의 제약을 받지 않음.
	환경적 분석 (環境的分析)	자연과 인간 (身土一切) 공존철학 모태 만유공존, 공생시대	서구의 대량생산에 의한 약탈적 자연관은 환경오염, 환경파괴, 약탈적 자연관으로서 동양의 新자연혁명은 천체 및 천연의 親환경적 지식생산방식의 채택은 대자연 및 인간이 공유하는 신토일체사상(身土一切思想)에 의한 공존철학 및 호혜공존 그리고 만유공존의 모태가 된다(親환경적 지식생산의 모태는 자연과 인간 하나).	자연의 식모 (물질생산) 자연의도(道) (정신적 가치)
	종합적 분석 (綜合的分析)	서구의 재래식 생산 방식은 수자원의 멸종위기 동양의 신생산 방식은 지식가공 생산으로 고차원 세계의 먹을거리 외식산업이 주도	서구의 구시대적 수산물 생산방식은 수자원의 멸종 위기에 직면하게 됨으로써 동양세계는 첨단지식기반경제는 첨단지식기술 및 유전자공학 기술에 의한 수산물의 먹을거리 외식산업은 전 인류의 먹을거리 외도산업으로서 인간의 삶의 질적인 향상을 도모하게 됨으로써 고차원적인 자원세계에 진입하게 될 것이며, 親환경적 생산은 대자연과 인간은 하나의 일체가 된다.	구시대적 생산에서 벗어나 신생산 방식

첨단지능형 수산물지식법인의 전체 조감도

구 분	첨단지식 공장의 형태
첨단수산물 지식공장 종류	[Ⅰ] 연립형 지식공장 (連立形 知識工場)
	[Ⅱ] 타원형 지식공장 (楕圓形 知識工場)
	[Ⅲ] 원통형 지식공장 (圓筒形 知識工場)

첨단 수산물 지식법인의 설립으로 전체 조직도

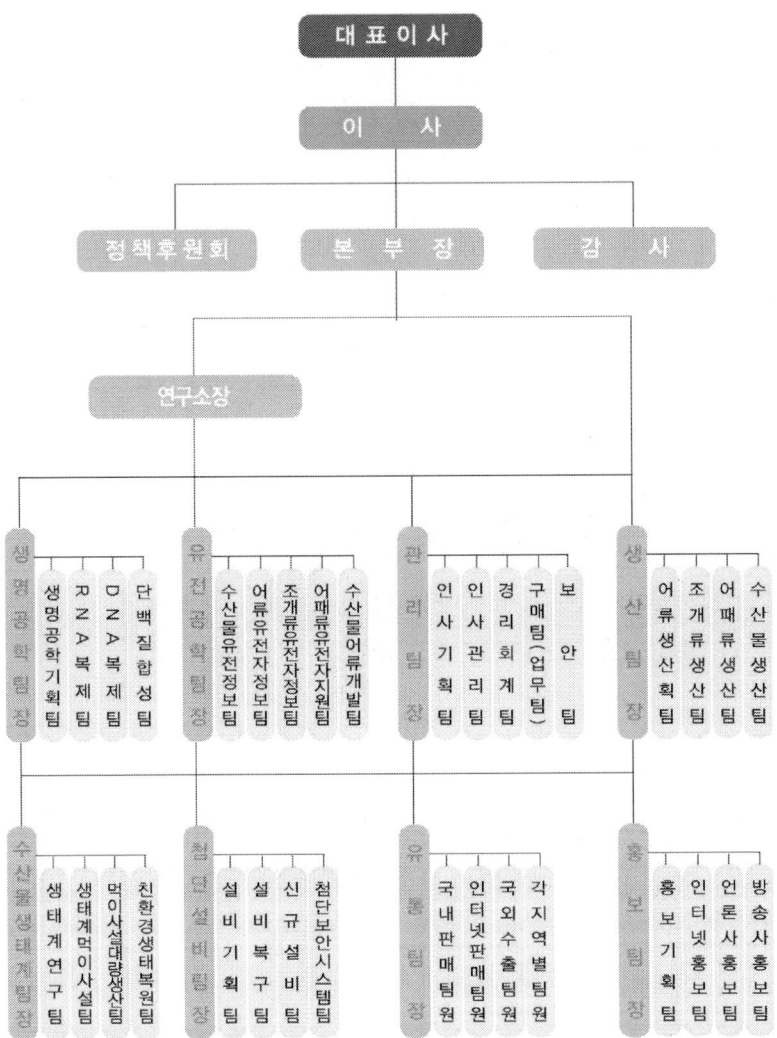

주) 첨단 수산물 지식법인에 대한 조직은 수평적 조직은 완전한 팀장제이다. 즉 조직의 성원은 반드시 능력에 대한
보스를 분배한다. 아울러 [정책위원회]는 [대학연구소], [정부출연연구소], [정부]와 유지적 협력 - 네트워크 체제를
구축하여 인간의 고차원 세계의 삶의 질적 향상을 도모한다.

첨단 인공지능 수산물 지서공장의 개념도

디지털 센서 스크린 자동 도아

온도조절용 발열등
〈지서공장의 내부온도 조절용〉

수중감시카메라
(수산물공장 2~3個所 設置)
〈모니터 화면으로 볼 수 있도록 첨단화〉

수위조절용 배수구

벽면부는 해수면과 접촉됨으로서 최첨단 소재로 보온토록

지면으로부터 해수면은 1000H

외장내부 순환용 해수공급용 파이프 라인

〈현장설치 현황에 따라〉

R5,000〈눈꼬항쪽〉

수중 SUS 사다리

디지털 온온도제

* 첨단지능형 지서공장은 여름에는 '냉방 - 시스템', 겨울에는 '난방 - 시스템'을 구비한다.

첨단지능형생물지식법인(尖端知能形生物知識法人) 효과분석

구분		주요내용	비고
첨단지능형생물지식법인	**소득증대 (所得增大) 효과분석 (效果分析)** · 농산물의 국내 소비 농산물의 수출 주도	무공해 농산물의 첨단지식공장화에서 生産되는 향후의 농업의 형태는 '무공해', '고품질화', '고급화', '지식화', '고부가가치화'로 전환을 모색하여 서구문명으로 인한 '전통적 생산방식', '재래식 생산방식', '구시대적 생산방식'에서 해탈함으로써 '新농업', '첨단농업', '첨단농법', '우주농법'으로 전환함.	지식산업으로 대전환을 모색하게 됨으로써 국가경제 지식기반 경제로 이어짐.
	고용효과 분석 · 생물공학과 연구분야(석사·박사) 컴퓨터 프로그래머 관리자 회계관리자 로봇 관리	서구의 산업사회에서 해탈하여 新고용문화는 '지식노동', '지식근로', '뇌본창조지식경영'으로 완전한 '지식경영'의 형태는 '창조화세계', '창조화경제', '창조화사회'가 도래됨으로써 고차원 세계에 의한 서구의 물량화에서 벗어나 삶의 질적 향상 도모	脱노동자시대는 역사적 종말, 신지식 및 지식근로자 그리고 뇌본창조 지식인이 주도
	부가가치 (附加價値) 분석(分析) · 脱제조업시대로 첨단지식가공 생산은 고부가 가치와 주도	서구의 '굴뚝산업', '공해산업', '환경파괴'산업에 의한 육체적 노동행위 즉 노동자시대는 역사적 종말을 고하고, 새로운 신경제, 신생산, 신지식공생산의 모태는 '창조경영', '지식경영', '질의경영'으로 상품에 대한 고품격화는 고부가 지식가치와를 주도한다.	지식생산 및 첨단지식기술은 고부가 가치와를 주도한다.
	지식가공 (知識加工) 생산분석 (生産分析) · 첨단뇌본 창조 경영	서구의 脱자본주의 시대는 역사적 종말을 고하고, 동양의 신지연혁명은 '新경제', '뇌본녹색생물경제', '뇌본창조지식경제', '창조적 질의경제'로서 '新생산', '新지식가공', '첨단지식공장 생산방식', '단순 육체노동' 행위는 역사적 종말을 고하고, '첨단지식경영', '지식경영', '질의 경영혁신'으로 주도함.	바이오 - 혁명시대는 생물공학 지식산업화 시대가 인류의 먹을거리 외식산업을 주도.
	환경적(環境的) 분석 (分析) · 親환경생산은 자연과 인간 공존철학	서구의 대공장제는 천혜, 천연의 자연에서 채취한 재료나 원료를 가공생산하는 '가공무역'의 형태는 우주만물을 '물량화'로 인한 약탈적 자연관의 모태가 태동하였으나 동양의 신지연혁명은 親환경적 생산으로 인하여 우주만물이 중심지본에서 조화	자연과 인간 공존철학 모태
	종합적 분석(綜合的 分析) · 서구는 약탈적 세계관 동양은 조화적 세계관(중용적 세계관)	서구의 산업혁명은 '거대도시화'를 조성하게 됨으로써 '불균형 - 부조화 - 우주혼돈'시대는 종말을 고하고, 동양의 新자연혁명의 모태는 농촌에서 발현하게 됨으로써 도·농 간, 지역 간, 지구촌의 조화세계의 모태가 됨.	첨단지식전원도시화는 지구촌의 주거혁명 주도.

첨단 지능형 첨단생물 지식발인에 의한 첨단지식 공장화의 전체 조감도

첨단지능형 지식식물공장화의 전체 내부 및 외부 조감도

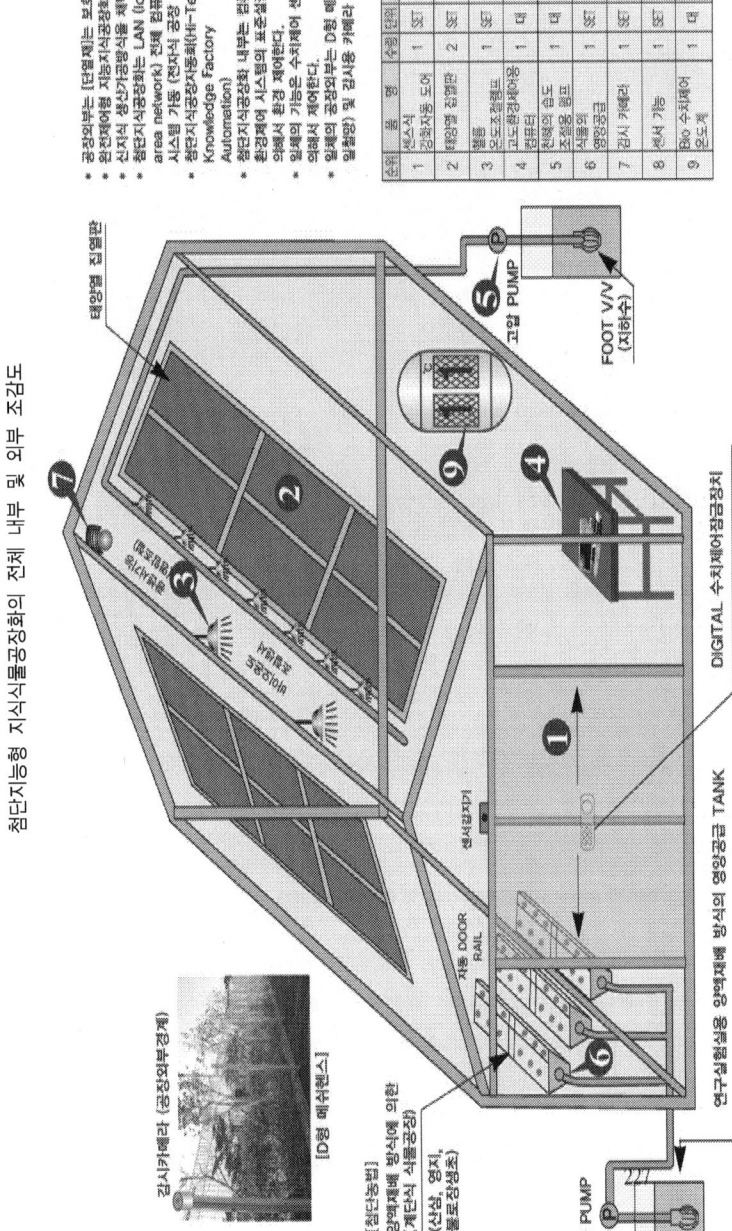

* 공장외부는 [단열제는 보호
* 완전제어형 자동지식공장화
* 신지식 생산기공형식물 채택한다, 첨단지식공장화는 LAN (local area network) 전체 컴퓨터 제어 시스템 가동 (전자식 공장 네트워크)
* 첨단지식공장자동화(Hi-Tech Knowledge Factory Automation)
* 첨단지식공장화 내부는 컴퓨터 고도 환경제어 시스템의 표준설정 수치에 의해서 환경 관리 제어한다.
* 실제의 가동은 수치에의한 센서기능에 의해서 제어한다.
* 일체의 공장외부는 D형 예시행식을 일체(별명) 및 감시용 카메라 부착요

순서	품 명	단위	수량	비 고
1	센서식 (자동자동도어)	SET	1	강하도 이하
2	태양열 집열판	SET	2	15m/m, 숫자
3	필름 (온도조절필름)	SET	1	냉·난방, 고도조절
4	온도조절제어용	대	1	온도, 습도 수질, 기타
5	컴퓨터	대	1	인정제로
6	진재의 속도	SET	1	환경제어
7	조절실 물도	SET	1	영역제어
8	식물외	SET	1	방사 공장내부 감시용
9	감시 카메라	SET	1	온도, 습도
	센서 가동	SET	1	이상해소
	Bio 수지제어 온도계	대	1	고도환경 제어

태양열 집열판

감시카메라 (공장외부경계)

[D형 예시행식]

[첨단농법]
양액재배 방식에 의한 (계단식 영지, 롤로장생초)

자동 PUMP

자동 DOOR RAIL

센서감지기

연구실험실용 양액재배 방식의 영양공급 TANK

DIGITAL 수지제어장금장치

고압 PUMP

FOOT V/V (지하수)

순위	품명	수량	단위	비고
1	센스식 강화자동 도어	1	SET	강화도아 15m/m
2	태양열 집열판	2	SET	솔라 냉·난방
3	헬륨 온도조절램프	1	SET	고도온도 조절램프
4	고도환경제어용 컴퓨터	1	대	온도, 습도, 수분, 기타
5	천혜의 습도 조절용 펌프	1	대	인공비로 환경제어
6	식물의 영양공급	1	SET	양액 재배 방식
7	감시 카메라	1	SET	공장내부 감시용
8	센시 기능	1	SET	온도, 습도 이산화탄소
9	Bio 수치제어 온도계	1	대	고도환경 제어

　이에 의해서 인간에게 필요한 물질과 정신을 호득함으로써 인간은 철학적으로 유물론의 터전 위에서 유심론이 중심지본에서 접목, 용화됨으로써 철학적인 인간완성은 바로 성인의 경지에 도달하는 것이 '인간완성'(성인의 경지에 도달하는 자)을 실현하는 이론적인 모태가 바로 한반도에서 성립하게 된다는 논리이다.

　아울러 "도(道)가 천지를 낳고, 자연이 만물을 덕(德)으로 기르고, 인간이 한반도에서 인간완성을 실현하는 것이 우주대자연의 섭리역사와 법칙이다. 아울러 동양세계에서 얘기하는 성인(聖人)개념으로 하늘의 천리(天理: 하늘에도 다스리는 하나의 이치(理致)가 있는데 이것을 우리는 천리(天理)라고 정의한다.)를 마음으로 깨달음을 득(得)하여 하늘의 공심세계(空心世界), 인간의 도심세계(道心世界)가 하나로 합일됨으로써 지구의 지축(地軸)을 관통하는 우주정기를 하늘과 인간세계에 의한 하나의 일기로서 관통함과 동시에 이러한 천리(天理) 및 이치(理致)로서 우주만방(宇宙萬邦)의 우주

첨단생물지식법인의 전체조직도

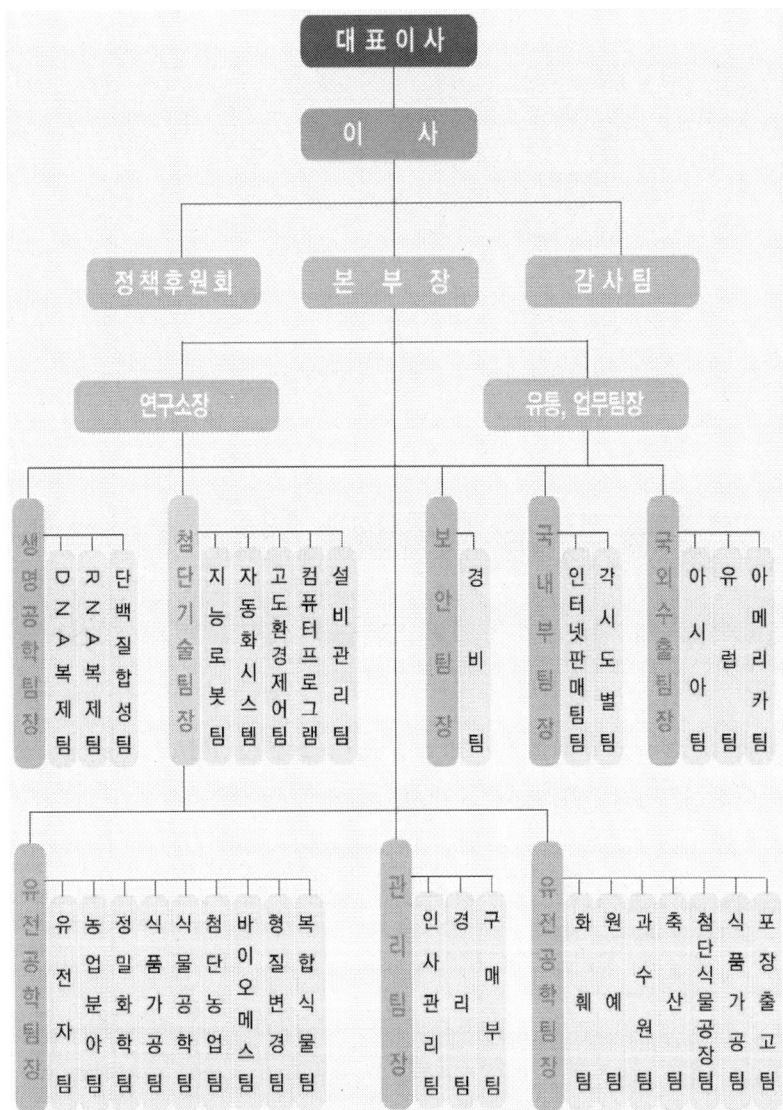

주)한국의 미래 농업의 비전은 첨단 식물공장에서 지능로봇에 의해서 농사를 짓는 첨단농법으로서 완전한 지식농업에 의한 농업의 기업경영제가 도입되어 미래농업 '집단 영농화에 의한 지능로봇 및 농업용 로봇이 투입되어 노동력의 부족한 현상을 충족시켜 나아갈 것으로 사료한다. 아울러 영농법인의 설립은 정부가 지정하는 곳에 50~100만 평 규모의 대단지로 조성됨과 아울러 농산물의 국가수출 전략산업으로서 주도적 역할을 다해 나아갈 것이다(각 도별 동, 서, 남, 북 지역에 조성한다. 정책후원회는 산학연구교류증대).

만백성(宇宙萬百性)을 다스리는 하나의 근본으로 다스려 나아가는 이론적인 모태가 바로 성인(聖人)이라고 정의한다. 즉 이러한 성인은 하늘의 텔레파시(天頭靈)를 인간의 머리(人頭腦)인 정수리로부터 받아서 하나의 일기에 의한 상호작용성으로 이어지게 됨으로써 안방에 가만히 있어도 천하의 천리(天理), 이치(理致)를 통달(通達)함으로써 인간은 인간으로서의 최고의 경지에 오른 자를 우리는 성인이라고 칭한다.

세계정부(世界政府)의 각 지역별 투자율 현황 및 국민소득 추이

[단위 : 달러]

주) 세계정부의 제8차 5개년 경제개발이 완성단계에는 전 세계적 각국정부의 LGNP 국민소득은 40,000달러를 달
성하게 됨과 동시에 첨단지식기반경제로 대전환한다(세계정부는 국민소득이 낮은 지역 투자율을 확대하고 높은
지역 투자율을 낮게 함으로써 지역 간의 조화성장을 도모한다.).
(도표는 한국연감에서 발췌함)

이러한 동양세계는 서구에서 잃어버린 '자아세계'(自我世界), '본능세계'(本能世界), '본성세계'(本性世界)에 의한 인간성의 회복 및 마음세계에 의한 대우주 및 소우주는 우주창조 본성을 회복함으로써 5차원의 '우주혁명'(宇宙革命)에 의한 중심지본에서 '마음세계', '마음혁명', '마음혁신'을 통한 마음이 우주창조의 근원으로 마음세계에서 '창조화 세계', '창조화 혁명', '창조화 혁신'을 주도하여 마음세계에 의한 자아의 진정한 주인으로 마음의 깨달음이 바로 자아의 스승으로 우리는 이것을 불성(佛性)이라고 한다.

우리는 서구의 구시대적인 물질경제에서 벗어나 자아세계를 회복함으로써 창조화 세계를 주도해 나아가는 근원은 바로 한반도에서 한민족이 우주창조화 역사를 주도하게 될 것이다. 우리는 서구의 물질경제사관(物質經濟史觀)에서 역사해탈(歷史解脫)을 통하는 길만이 서구의 구시대적인 유물사관의 낡은 패러다임에서 벗어나 인간중심세계관에 의한 '뇌본중심경제', '뇌본중심창조화', '뇌본중심지식창조화'를 주도해 나아가는 지혜를 우리는 가져야 할 것이다. 이러한 뇌본중심창조화 지식경제에 따르는 '첨단지식연구소'에서 생산된 '지식생산'(知識生産), '지식가공'(知識加工), '지식창출'(知識創出)을 주도하여 인간의 경제행위에 영위되는 의, 식, 주에 대한 '물질생산', '정신적 가치', '본능적 가치'로서 지식이나 진리가 인간 생활상에 필요한 최상의 재화나 최고의 용역으로 지식기반경제로서 서구에서 노동자의 삶의 질적인 저하를 한 단계 업그레이드하는 고차원세계에 의한 인간의 '삶의 가치척도'(生價度), '삶의 질적인 향상'(生質上), '삶의 진리적 가치척도'(生眞度)가 바로 대자연에 있다는 사실을 만천하에 고하는 바이다.

세계정부의 제8차 5개년 '전 세계 각 대륙' 경제개발 계획서 I

구분		제1차 5개년 개발계획 (2010~2015)		제2차 5개년 개발계획 (2010~2015)		제3차 5개년 개발계획 (2010~2015)		제4차 5개년 개발계획 (2010~2015)	
		계획	실적	계획	실적	계획	실적	계획	실적
지역별 LGTP 소득		13,000		19,000		22,000		25,000	
LGTP 성장률	선진국	2.5		2.7		3.0		2.8	
	후진국	7.5		8.5		9.0		9.2	
소비자 물가	선진국	2.0		2.1		1.8		1.5	
	후진국	3.5		3.2		3.0		2.5	
저축률	선진국	27		28		26		27	
	후진국	28		30		29		30	
투 자 율	선 진 국 국내	30		32		35		36	
	선 진 국 해외	–		–		–		–	
	후 진 국 국내	45		46		47		44	
	후 진 국 해외	55		54		53		56	
신 자 연 혁 명	첨단생물지식법인 (첨단생물지식공장)	30		25		20		15	
	첨단수산물지식법인 (첨단수산물지식공장)	30		25		20		15	
	첨단축산물지식법인 (첨단축산물지식공장)	30		25		20		15	
	첨단지식산업화 (첨단지식연구재단)	30		25		20		15	
	첨단지식전원도시화 (지식 – 네트워크)	30		25		20		15	
산 업 구 조	1차산업 (첨단농업 · 첨단어업)	17		15		8		5	
	2차산업 (첨단지식제조업)	28		25		19		15	
	3차산업 (첨단지식서비스)	55		60		73		80	

주) 1) 국민소득은 달러
2) 기타의 단위는 %임
3) LGTP란, 지역경제의 국민소득을 말한다(로칼 그로스토탈 프로닥트).
4) 투자율은 낮은 소득지역은 높은 투자, 높은 소득지역은 낮은 투자로 소득균형

세계정부의 제8차 5개년 '전 세계 각 대륙' 경제개발 계획서 II

구분			제1차 5개년 개발계획 (2010~2015)		제2차 5개년 개발계획 (2010~2015)		제3차 5개년 개발계획 (2010~2015)		제4차 5개년 개발계획 (2010~2015)	
			계획	실적	계획	실적	계획	실적	계획	실적
지역별 LGTP 소득			29,000		34,500		39,500		42,000	
LGTP 성장률	선진국		2.7		2.8		3.2		3.0	
	후진국		8.5		8.7		9.2		8.5	
소비자 물가	선진국		1.5		1.2		1.4		1.6	
	후진국		2.0		2.1		2.0		1.8	
저축률	선진국		3.0		31		32		30	
	후진국		32		28		34		32	
투자율	선진국	국내	35		32		30		32	
		해외	–		–		–		–	
	후진국	국내	42		45		46		44	
		해외	55		52		54		50	
신자연혁명	첨단생물지식법인 (첨단생물지식공장)		10		–		–		–	
	첨단수산물지식법인 (첨단수산물지식공장)		10		–		–		–	
	첨단축산물지식법인 (첨단축산물지식공장)		10		–		–		–	
	첨단지식산업화 (첨단지식연구재단)		10		–		–		–	
	첨단지식전원도시화 (지식 – 네트워크)		10		–		–		–	
산업구조	1차산업 (첨단농업·첨단어업)		4.5		3.8		3.5		2.8	
	2차산업 (첨단지식제조업)		13		11		9		8.5	
	3차산업 (첨단지식서비스)		82.5		85.2		87.5		88.7	

주) 세계정부의 제8차 5개년 경제개발이 완성단계에는 전 세계적 각국정부의 LGTP 국민소득은 40,000달러를 달성하게 됨과 동시에 첨단지식기반경제로 대전환한다.

우리는 서구의 대공장제에 의한 구시대적인 인간의 삶의 가치척도 및 진리의 가치척도가 되는 대자연을 인간이 스스로 훼손하여 인간은 중도(中道)의 근본(根本)이나 대본(大本)에서 이탈되어 인간은 가치척도의 전도현상으로 인간 본연의 본능이나 본성을 상실하게 되는 근원으로 작용하게 된 것이다. 이러한 논자는 동, 서양의 지식세계를 두루 섭렵함으로써 서구의 대공장제에 의한 폐단이나 폐습에서 벗어나 새로운 신대안을 모색하여 하나의 인류미래비전이 될 것으로 사료하며, 그것은 다름 아닌 '첨단지식지능형공장화'(HITECH KNOWLEDGE AI FACTORY) 시대가 도래됨으로써 인간은 하늘의 천두(天頭)인 '영'(靈) + 인간의 인두(人頭)인 '뇌'(腦)가 우주창조의 근원으로 작용됨과 동시에 중심지본에서 '두뇌혁명'(頭腦革命) 시대를 주도함으로써 새 역사창조화로 인한 첨단지식공장화로서 대자연과 인간이 하나의 일체로 공존하는 공존철학의 모태가 될 것이며, 그것은 다름 아닌 '첨단지식창조용연구소'에서 생산된 지식가공을 첨단지식공장화에서 인간에게 필요한 양, 질의 무공해 농산물을 대량생산 및 소량생산으로서 이어지게 됨으로써 인간은 대자연의 순리에 순응해 나아가는 '정도생활'(正道生活), '대도생활'(大道生活), '순리생활'(順理生活)로 이어져 나아감으로써 성현들의 가르침으로 "순천자(順天者)는 존(存)하고 역천자(逆天者)는 망(亡)한다."라는 명제의 논리가 성립될 것이며, 우리는 대자연의 대진리에서 벗어나지 않는 하나의 '공동체의식'(共同體意識)을 통한 무리에서 벗어나지 않는 '중용생활'(中庸生活)의 삶으로 인도해 나아가야 할 것으로 사료한다.

우리는 서구의 물질경제사관에서 벗어나 동양세계에 의한 '신문명권'(半島文明權: 정신문명), '신경제권'(半島經濟權, 제로베이션 경제권: 지식기반경제권), '천인합일적세계'(하늘(天頭)과 인간(人頭)이 하나로 합일하는 우주세계관의 도래)가 됨으로써 서구의 낡은 물질사관에서 벗어나 동양세계는 물질사관 및 정신세계 그리고 마음세계가 중심지본에서 하나로 합일됨으로써 우주세계 및 우주자연 그리고 우주만물은 인간의 다스림의 완성세계(治完成世界)에 의한 우주만물은 대자연의 순연(順然)의 순리(順理)에 순응(順應)하는 바른 생활상(正道生活相)의 모태가 될 것이다.

세계정부의 제8차 5개년 경제개발 계획에 유럽 횡단 고속철도

구분	주요내용	비고
공사명	세계정부의 한반도에서 유럽 횡단 고속철도	
공사주관	세계정부 및 각국정부	
공사기간	2006년~2025년까지 완성	
공사구역	출발: 한반도(제주도)→해저터널→한반도(부산 - 청진)→러시아(블라디보스토크 - 모스크바)→독일(베를린)→프랑스(파리)→해저터널→영국(런던: 종착지)	
공사방법	총 고속철도의 길이를 측량한 후 공사의 5단계로 분할한 후 부분공사를 전체 공사로 연결하는 방식을 채택하여 완공을 목적으로 한다.	
공사금액 조달	세계정부의 국고채 징기채권의 발행으로 공사를 시행함과 동시에 고속철도를 경유하는 각국정보의 컨소시엄을 구성한 후 총공사 금액을 산정한 후 건설업체는 징기채권을 구입한 후 공사를 시행한다(단 완공 후 각국정부 및 세계정부는 통행료를 받아서 투자금액을 분배하는 방식을 채택한다.).	

세계정부 제4차 5개년 경제개발계획의 고속철도 노선도

* 고속철도는 시속 700㎞로 주행한다.

세계정부의 제8차 5개년 경제개발 계획에 아메리카 횡단 고속철도

구분	주요내용	비고
공사명	세계정부의 한반도에서 아메리카 횡단 고속철도	
공사주관	세계정부 및 각국정부	
공사기간	2006년 ~ 2025년까지 완성	
공사구역	출발: 한반도(제주도)→해저터널→한반도(부산 - 청진)→러시아(블라디보스토크)→해저터널→알라스카 반도→캐나다(밴쿠버)→미국(시애틀 - 로스앤젤레스)→멕시코(멕시코시티)→과테말라→콜롬비아→페루→칠레→아르헨티나(몬테비데오: 종착지)	
공사방법	총 고속철도의 길이를 측량한 후 공사의 5단계로 분할한 후 부분공사를 전체공사로 연결하는 방식을 채택하여 완공을 목적으로 한다.	
공사금액 조달	세계정부의 국고채 장기채권의 발행으로 공사를 시행함과 동시에 고속철도를 경유하는 각국정부의 컨소시엄을 구성한 후 총공사 금액을 산정한 후 건설업체는 장기채권을 구입한 후 공사를 시행한다(단 완공 후 각국정부 및 세계정부는 통행료를 받아서 투자금액을 분배하는 방식을 채택한다.).	

아울러 대우주가 '물질'(器)에 의한 '물질세계'에 의한 '물질문명'에 의한 '물질사관', '유물사관', '사적 유물론', '변증법적 유물론'은 한시대적인 전유물로 역사해탈(歷史解脫)을 통한 동양세계에 의한 새로운 신대안으로 중심지본에서 '지역통합'(地域統合), '인류통합'(人類統合), '인류공존'(人類共存), '인류공영'(人類共榮)을 실현하기 위한 방안으로 지구의 지축이 관통하는 세계중심국가인 한반도에서 강력한 세계정부를 창설함으로써 서구문명으로 인한 일체의 불균형이나 부조화 그리고 우주의 혼돈을 근본적으로 치유해 나아가는 모태가 바로 세계정부에서 주도하게 될 제8차 5개년 경제개발계획의 일환으로 지구촌의 지역적인 동, 서 간이나 남, 북 간의 부조화세계를 '균형세계', '공존세계', '완성세계'로 나아가는 이론적인 초석이 바로 논자의 경제개발계획으로서 경제개발이 완성단계에는 전 세계 각국정부의 GDP 국민소득은 40,000달러를 상

회하고 동시에 서구의 구시대적인 '굴뚝산업', '공해산업', '자연파괴적 산업'의 급격한 고립화 정책은 역사적인 종말을 고하고, 논자의 신대안으로 신산업화(新産業化)에 의한 '무공해 청정기술', '무공해 지식기술', '하이테크 지식기술'에 의한 '첨단지식연구소'에서 지식생산 및 지식가공 그리고 지식지가경제를 주도하고 동시에 '첨단지능형지식공장화'에 의한 서구의 대공장제에 의한 자연파괴 행위에 대한 근본적인 치유책으로 자연과 인간은 하나의 혼연일체로 신토일체(身土一體)가 형성되고 서구의 산업화의 급격한 공업화 정책으로서 '굴뚝산업', '공해산업', '환경파괴산업'은 역사 속으로서 소멸할 것이다.

이러한 세계정부의 경제개발계획의 근본적인 주안점은 서구의 '탈산업화→탈공업화→탈굴뚝산업→탈공해산업→탈환경파괴산업'에서 완전히 벗어나 '산업화→무공해청정산업→첨단기술→첨단지식기술→첨단지식가공기술→첨단지식지가생산→첨단하이테크 지식산업'을 주도함으로써 대자연과 인간 우주만물 그리고 만유공존공생시대가 도래됨으로써 '만유불성'(萬有佛性: 우주만물은 마음을 가지는 것을 만유불성이라고 하며, 인간은 다스리는 하나의 마음의 근본으로 다스리게 됨으로써 천지만물은 만물의 영장인 인간의 다스림에 따르게 되는 것이 바른 정치의 법도이다.)에 의한 내 몸의 심신일체 및 물심일체 그리고 신토일체가 바로 만유공존공생시대로 나아가는 이론적인 초석이 된다는 경제논리이다.

이러한 세계정부에서 경제개발계획의 일환으로 서구문명으로 인한 지구촌의 지역 간의 극심한 빈부격차를 근원적이고 본질적으로 해소하기 위한 방안으로 경제개발의 완성단계에는 전 세계 '각국정부', '지역정부', '세계정부'의 LGTP(LOCAL – AREA GROSS TOTAL PRODUTION: 지역 총생산량을 인구수로 나눈 값이 지역 국민소득이 된다는 논리이다. 아울러 세계정부는 지역공동체를 중심축으로 지역통합을 실현함으로써 세계통합의 근원으로 작용된다는 경제논리이다.)로서의 국민소득은 40,000달러를 상회함으로써 인류가 지구상에 출현한 이래 가장 찬란한 문화적인 유산 및 인류 문화 창달에 초석이 바로 논자의 세계정부에 의해서 주도하게 될 것으로 사료하는 바이다.

아울러 세계정부의 제8차 5개년 경제개발계획의 일환으로 선진국 및 개도국의 경제성장률의 추이를 그래프에 준하여 설명하면 먼저 '선진국'으로 연평균 경제성장률은 3%가 상회할 것이며, 아울러 '개도국'에서는 경제개발로 인한 성장률이 연평균 7%를 상회함과 동시에 논자가 주장하는 서구 산업사회의 급격한 공업화 정책에서 완전히 해탈됨과 동시에 동양의 신자연혁명에 의한 '첨단지식창조용연구소'에서 지식생산 및 지식가공 그리고 지식실험실 용화를 위한 지식부가가치를 극대화토록 하는 '첨단생물지식법인'(尖端生物知識法人), '첨단지능형지식공장화'(尖端知能形知識工場化)에 의한 자연적인 환경조건과는 전혀 관계가 없는 '첨단농법'(尖端農法)에 의한 지식공장화에서 '무토양 재배방식', '수경 재배방식', '양액 재배방식'에 의한 컴퓨터 시스템에 의해 '공장내부'는 완전한 지능형 지식공장화로 공장의 고도환경을 인간이 인위적으로 제어함으로써 생물의 생육에 '최적의 환경조건', '쾌적한 환경조건', '맞춤형식물생산'이 가능토록 지식기술에 의해서 인간에게 필요한 양, 질의 무공해 농산물을 지식공장화에 의해서 호득할 것이며, 아울러 '공장외부'는 지식공장의 지붕 위에 설치된 '태양열 집열판'에 의한 공장내부에 필요한 '솔라-에너지'로서 여름에는 '냉방-시스템', 겨울에는 '난방-시스템'을 가동하여 자체에서 생산된 솔라-에너지 시스템에 의해서 공장내부의 고도환경에 필요한 에너지를 충족함으로써 지식공장에서 농산물의 생산에 필요한 최저가의 원가-코스트를 생산함과 동시에 농산물의 '고급화', '고품질화', '고품격', '무공해 농산물'을 지식공장적 생산 시스템에 의해서 연중무휴로 생산하여 서구의 대공장제와는 차원이 다른 인간의 삶의 질적인 향상을 도모해 나아가는 모태가 될 것으로 사료하는 바이다.

다음으로 '첨단수산물지식법인'(尖端水産物知識法人)의 설립으로 '첨단수산물지식공장화'(尖端水産物知識工場化)에 의해서 수산물 일체를 지식공장화에서 '생태학적' 그리고 '최고의 자연산'에 가깝도록 함으로써 수산물을 생산하는 수산물의 고급화 및 고품격화를 주도함으로써 인간의 '외식산업', '외도산업', '외박관광산업'을 주도적으로 추진함으로써 향후의 농촌은 '첨단지식정보화', '첨단전원지식도시화', '첨단멀티미디어지식도시화'을 실현함으로써 향후의 농촌은 지구상에서 사라지게 될 것이며, 그것은 다름 아닌 '탈농촌화'→'탈농업화'→'탈이농화'를 주도하여 준도시화에 의한 첨단지식기반도시화를 조성하여 논자가 주장하는 '월드-와이드-웹'에 의한 전 세계는 '정보-네트워크', '지식-네트워크', '진리-네트워크'를 실현하여 '지역통합', '세계통합', '우주통합' 작업으로 나아가는 초석이 될 것이며, 논자의 이러한 자연혁명이 '완성단계'에는 전 세계의 도시화율은 98%의 점유율로 나타나게 됨과 동시에 전 세계는 '주거혁명'(住居革命), '지식혁명'(知識革命), '질의 혁명'(質義革命), '두뇌혁명'(頭腦革命), '뇌본창조혁명'(腦本創造革命)을 주도함으로써 가능하다는 논리를 설파드리는 바이다.

아울러 '첨단축산물지식법인'(尖端畜産物知識法人)에 의한 '첨단축산물지식공장화'(尖端畜産物知識工場化)에 의한 '대학교 연구재단', '지역정부의 연구재단', '첨단축산물지식연구소'와 '인적 - 네트워크', '지식 - 네트워크', '지식 - 공유 확산 - 네트워크'를 주도함으로써 새로운 '첨단지식기술'에 의한 창조와 혁신 그리고 제도개혁을 주도함으로써 '신상품의 창조', '신상품의 혁신', '신상품의 지식전파'를 통한 첨단지식기술의 수명주기를 단축하는 모태가 될 것이며, 그것은 다름 아닌 '질의 혁명시대', '질의 창조시대', '질의 혁신시대'를 주도하여 인간의 '뇌본지식경제', '뇌본창조경제', '뇌본지식혁신경제'를 주도함으로써 인간은 지식기반에 의한 고차원 세계에 의한 무한대의 신물질생성의 근원으로 작용하게 될 것이며, 그것의 한계점은 바로 120~150년 이후에는 인간의 5차원의 마음세계가 경제행위에 영위되는 일체의 물질생성의 근원으로 작용하게 될 것으로 논자는 확신드리는 바이다.

이러한 세계정부는 제8차 5개년 경제개발계획의 투자율 현황을 고찰해 보면 '선진국'의 국내투자율은 연평균 5%로 나타나고, 아울러 '개도국'의 국내투자율은 연평균 34%로 나타나면 해외차입금은 연평균 21%로 나타나면서 세계정부가 주도하게 될 경제개발에 소요되는 재정일체는 각국 정부의 저축률을 본질적인 바탕 위에서 부족되는 재정에 대해서 해외차입금으로 충당함으로써 세계정부가 주도하게 되는 경제개발의 완성단계에는 지구촌 인류가 지구상에 출현한 이래 가장 찬란한 문화적인 유산 및 물질적 혜택 그리고 삶의 질적인 향상을 도모해 나아가는 이론적인 모태가 될 것으로 논자는 확신드리며, 아울러 세계정부적인 차원에서 저개발국가에 대한 재정지원을 확대함으로써 지역적인 빈부격차를 본질적으로 해소해 나아가는 경제모델이 될 것으로 사료한다.

아울러 세계정부에서는 경제개발의 완성단계로 인한 지구촌의 지역적인 빈부격차를 본질적으로 해소하게 되는 근본원인은 각국 정부 및 지역정부의 GDP 국민소득을 비교분석하여 국민소득이 높은 각국 정부는 낮은 투자율로 나타내고 아울러 국민소득이 낮은 각국 정부는 높은 투자율을 확대함으로써 '국가 간', '지역 간', '세계 간'의 지역적인 빈부격차를 해소해 나아가는 이론적인 모델을 창안하여 경제개발을 주도함으로써 이러한 경제개발의 완성단계에는 '계층 간', '산업 간', '지역 간' 그리고 '전 세계'의 '균형성장'(均衡成長), '조화성장'(造化成長), '완성세계'(完成世界)로 세계정부가 주도하는 전 인류의 경제적인 궁극적인 목표는 바로 '인류공존공생공영의 실현'하는 모태가 태동하게 될 것이다.

아울러 논자는 대우주 및 소우주 그리고 우주만물의 이치(理致)를 통달(通達)함으로써 인간의 내 몸에서 태동한 대우주의 대진리를 한반도에서 확대하게 되니 그것이 바로 인류공존공생공영의 실현하는 이론적인 초석으로 이어져 나아간다고 할 수 있겠다. 이러한 것은 바로 나(自我世界)가 완성됨으로써 우주세계가 완성세계로 나아가는 이론적인 초석이 된다는 우주철학의 근본원리를 이론적으로 설파한 것이라고 할 수 있겠다. 즉 철학적으로 중심지본에서 서구의 공산주의(共産主義)의 철학적인 모태는 바로 유물론으로서 칼 마르크스는 물질을 포이에르 바하의 유물론에 대입시켜 '사적 유물론', '유물사관', '변증법적 유물론'으로 공산주의 철학의 모태가 된 것이다. 아울러 자본주의인 민주주의는 바로 유심론으로 인간의 내면세계에 의한 정신이나 의식세계 그리고 마음세계가 역사를 창조하는 근본이 되는 것을 논자는 유심사관(唯心史觀)이라고 설명드리는 바이며, 그것은 다름 아닌 한반도에서 우주철학적인 근원이 있으며, 지구촌은 지역적으로 동, 서 간에는 사상통일을 실현하였으나 남, 북 간에는 아직도 완전통일을 실현하지 못하고 있으며, 아울러 대우주가 통일기운에 접어들게 됨으로써 즉 삼생만물의 하나가 회삼귀일하게 됨으로써 서구의 삼진세계(三眞世界)에 의해서 중심지본에서 대우주가 통일기운에 의해서 통일을 실현함으로써 우주철학적으로 한반도는 '일음일양지위도'(一陰一陽之謂道)가 형성됨으로써 대우주가 하나로서 통일기운을 맞이하게 되는데 논자는 이것을 철학적으로 유물론 및 유심론이 한반도에서 합일함으로써 노자성현의 지론에 의하면 도생일(道生一), 일생이(一生二), 이생삼(二生三), 삼생만물(三生萬物)이 지구의 지축에 관통하는 중심지본에 하나로 회삼귀일함으로써 21세기 신역사창조는 필연적으로 한반도의 남, 북통일로 이어지면서 서구의 모순된 역사청산작업과 동시에 새로운 새 역사창조를 한민족에 의해서 주도하게 된다는 '신역사논리', '신창조역사', '신역사집행' 국가로서 한민족이 세계사를 호령하는 '위대한 한민족시대', '위대한 한반도 시대'가 도래됨으로써 이러한 한반도는 황룡(黃龍)이 승천(昇天)하는 민족적인 웅비(雄飛)가 오대양 육대주를 호령하게 될 것이다.

아울러 논자는 대우주의 이치를 통달함으로써 중심지본에서 서구문명으로 인한 일체의 불균형을 한반도에서 '균형세계 - 조화세계 - 완성세계'로 인도해 나아가는 이론적인 모태가 바로 동양의 신자연혁명에 우주철학적인 근본이 있으며, 논자의 이러한 세계정부의 제8차 5개년 경제개발계획이 바로 인류 공존공생공영을 실현하는 모태가 된다는 경제논리이며, 아울러 서구문명은 경제가 우주세계를 지배해 나아갔으나 동양세계는 눈에 보이지 않는 정치권력에 의해서 우주세계를 조화세계로 인도해 나아가는 모태가 바로 동양의 신자연혁명에서 근본을 찾을 수 있겠다.

제5절 아시아 지역에 대한 경제개발 종합계획서를 수립한다

지구의 심장부로서 아시아의 미래비전은 서구와는 달리 동양세계에 포함되면서 이러한 동양세계를 우리는 일본, 중국, 인도를 포괄하는 것으로 구분하는데 즉 동아시아와 서남아시아 전체를 포함하여 우리는 아시아라고 부른다. 그러나 동양과 서양을 구분할 때는 동양세계는 한국, 중국, 일본, 인도를 포괄하여 우리는 동양세계라고 부른다. 아울러 철학적으로 구분할 때에는 이러한 논리에 입각하여 동양세계라고 구분한다. 이러한 동양세계의 이론적인 모태가 되는 것이 '인도'의 불교철학(대자비사상), '중국'의 유가사상(仁思想), '한국'의 한철학(우주진리철학)이 바로 동양세계의 철학적인 모태가 된다고 할 수 있겠다. 아울러 아시아는 소우주로 놓고 볼 때에 인간의 '심장부'로서 대우주가 멸망하는 데에는 반드시 심장부가 멈춰 설 때에 대우주는 생명력을 잃게 된다고 할 수 있겠다. 아울러 대우주는 하나의 생명체로 오전에는 숨을 들이마시고, 오후에는 숨을 내뱉게 됨으로써 대우주는 하나의 생명체로 소우주와 똑같이 하나의 일체된 행위를 묘사하고 있는 것이 대우주의 본체이다. 아울러 21세기부터는 대우주는 하나의 완전한 인격체로서 $3 \times 7 = 21$세기로서 즉 하나의 자아세계가 완성된 인격체로서 '성인'(聖人)이 됨으로써 이러한 인간형상을 하고 있는 인간세계에서 '성현군자'(聖賢君子), '도통군자'(道通君子), '성인군자'(聖人君子)로서 인류의 종주국으로서 인류세계사를 한민족이 우주세계 및 우주만방의 우주만백성을 다스리는 하나의 근본으로 우주만물을 다스리는 이치로 인간이 우주만물을 다스려 나아가는 이론적인 모태가 된다고 할 수 있겠다. 아울러 대우주가 성인이 됨으로써 인간의 축소판인 한반도에서 대우주의 역사필연의 법칙에 준하여 한반도의 금강산에 우주의 영기(靈氣: 대우주의 천두(天頭)가 바로 영(靈)이 인간의 인두(人頭: 腦) 내려오게 됨으로써 영산(靈山)에 내려오게 됨으로써 대우주 및 소우주는 하나로서 천인합일세계관(天人合一世界觀)이 도래됨으로써 하늘의 인간인 지구와 인간의 축소판인 한반도는 인간세계가 하나로 합일하는 '인간중심세계관'(人間中心世界觀)이 도래됨으로써 우주만물의 영장인 인간세계에 의해서 천지만물의 '완성세계'(完成世界)를 실현하는 것이 섭리 역사의 이법이라고 단언한다.

아울러 우주세계는 지구가 우주중심세계관(宇宙中心世界觀)으로서 그러한 중심지본(中心地本)이 바로 한반도가 된다는 논리이다. 우리는 하늘의 천두(天頭)가 인간세계의 인두(人頭)에 내려오게 됨으로써 우리는 이러한 세계관을 '뇌본중심세계관'(腦本中心世界觀), '뇌본중심창조세계'(腦本中心世界觀), '뇌본창조화사회'(腦本創造化世界)가 도래됨으로써 우주만물을 창조하는 근원은 바로 '뇌본사회'(腦本社會)가 하나의 근본이 된다는 논리이다.

이러한 아시아는 지구의 중심축으로 형성되는 전 인구의 50%의 점유율에 버금가는 경제 성장력의 모태는 지구촌으로 확대함으로써 아시아가 21세기의 중심축으로 대도약하고, 서구식 자본주의 폐단에서 완전히 벗어나 진정한 아시아식 신경제의 신패러다임으로서 논자의 신자연혁명이 21세기의 아시아의 신경제권을 형성시켜 지구촌의 조화성장의 이론적인 모태가 바로 '뇌본경제'(腦本經濟), '뇌본창조경제'(腦本創造經濟), '뇌본지식매매경제'(腦本知識賣買經濟)에 의한 '질의경제'(質義經濟), '질의혁명'(質義革命), '질의 혁신'(質義革新)을 통한 인간이 살아가는 경제행위에 영위되는 의, 식, 주 일체를 우리는 지식이 경제행위의 주체가 되는 신경제, 신패러다임은 바로 논자의 동양의 '신자연혁명'(新自然革命)에 의한 인간의 뇌에서 '지적 창의성의 극대화'를 통한 '지식혁명'(知識革命), '지식창조'(知識創造), '지식혁신'(知識革新)을 통한 지식이 인간의 경제행위의 주체적인 역할을 담당해 나아가는 이론적인 모태가 바로 신자연혁명에서 이러한 이론적인 모태나 근본을 찾을 수 있겠다. 아울러 아시아에서도 한반도는 서양의 '열린 세계'의 '해양문물' 및 동양세계의 '닫힌 세계'에 의한 '대륙문물'이 하나로서 접목, 융화를 실현함과 동시에 '중심지본'인 한반도에서 '물질세계', '정신세계', '마음세계'를 하나로 합일하는 '유무상통세계'(有無相通世界), '유기체적 세계'(有氣體的 世界), '생태론적 세계'

(生態論的世界), '천인합일적 세계'(天人合一的世界)에 의해서 대우주 및 소우주의 중심지본이 바로 한반도가 됨으로써 만물의 영장인 인간세계에 의해서 우주자연의 우주만물 그리고 우주만백성을 '다스리는 하나의 근본'(治一本) 및 '다스리는 하나의 대본'(治大一本) 그리고 '다스리는 하나의 마음의 근본'(治心一本)으로 우주세계 및 우주자연 그리고 우주만물을 하늘의 천리 및 자연의 제질서 그리고 인간의 도리가 하나로 합일하는 만유공존공생시대로 나아가는 첩경이 될 것으로 논자는 우주만물의 천리(天理) 및 제질서(諸秩序) 그리고 도리(道理)가 중심지본인 한반도에서 하나로 합일함으로써 우주만물은 인간의 다스림의 근본 모태인 치일본(治一本)에 의해서 우주만물을 인간이 완성세계를 실현하는 초석이 바로 논자의 신자연혁명의 요체가 된다고 할 수 있겠다. 이러한 동양세계는 서구의 물질세계와는 차원이 다른 자아세계에 의한 인간은 인간으로서 참된 진리 및 도리 그리고 행위의 주체가 바로 본능이 지배하는 삶으로 인도할 때에 인간은 인간으로서 참인생을 영위할 수 있다고 논자는 우주만물의 이치를 통달함으로써 이 글을 고하는 바이며, 수구세력들의 일시적인 유혹이나 조작에 말려들어서 인생을 그르치는 예가 없도록 최고, 최선의 노력을 경주해 나아가야 한다고 사료하며, 앞으로 인류미래가 바로 그러한 세계관으로 도래되는 것이 섭리역사의 법칙이라고 단언하는 바이다.

수구세력들은 고도의 정치적인 술수, 잔머리 술수 그리고 인간타락의 원흉이 되고 있으므로 그러한 물질세계 및 권력세계에 집착하면 자신의 육신을 상하게 하는 근원이 되므로 인간은 인간으로서 참된 인간상의 구현을 통해서 남을 위해 헌신, 배려하면서 살아가는 것이 인생의 참된 도리라고 논자는 대선각자로서 지구촌의 전 세계 전 인류에게 교화토록 하는 바이다. 아울러 인간 중에서도 자질, 능력이 탁월하여 인간 이상의 바른생활관으로 살아가는 사회지도층 인사들의 근본 모태를 삼아 인간이 사회생활을 영위하는 것이 바람직하다고 볼 수 있으며, 우리는 그러한 자신의 인생관을 어떻게 설정하느냐에 따라 자신의 운명이 결정된다고 할 수 있으며, 그것은 다름 아닌 부단한 자신의 노력과 인내 그리고 자아개발을 통해서 자신의 궁극적인 목적을 성취할 수 있다고 자부하는 바이다.

아울러 인간이 일생을 살아가는 데 있어서 인생의 행로(行路)에는 반드시 세 가지 선택이 필연적으로 따르며, 첫째는 자신의 인생관을 설정하는 것이요, 둘째는 자신의 배우자를 선택하는 것이요, 셋째는 자신의 직업을 선택하는 것이다. 우리는 이러한 세 가지의 법칙에 준해서 자신의 인생에 참된 참인생을 영위하기 위해서는 필연적으로 '자아개발', '자아성취', '자아완성'을 실현토록 최고, 최선의 노력을 경주하면서 자신이 추구하는 인생의 설계도에 따라 목표를 실현하는 자가 바로 인생을 성공하는 모태가 된다고 할 수 있겠다.

이러한 아시아는 서구의 물질세계와는 차원이 다른 본능세계에 의한 자신의 진정한 자아세계를 실현함으로써 대우주는 우주관이 있으며, 아울러 소우주인 인간은 인생관을 어떻게 설정하고 어떠한 노력을 경주하느냐에 따라 역사에 위대한 인물로서 승화할 수 있다고 논자는 대선각자로서 만천하에 고하는 바이다. 이러한 동양세계는 서구의 물질세계와는 차원이 다른 육체적인 성숙에 따르는 인간은 본능세계에 의해 인간다운 삶의 질적인 향상 및 삶의 차원 높은 질적인 향상 그리고 고차원 세계에서 삶의 질적인 향상을 도모할 수 있다고 논자는 확신하는 바이다.

우리는 서구의 낙후된 의식구조 속에서 낡은 구시대적인 정치 패러다임에서 벗어나 완전한 인간으로 '자아완성'(自我完成: 참나 세계), '본능세계'(本能世界: 정신지배세계), '본성세계'(本性世界: 마음이 우주만물을 완성세계로 인도함.)에 의한 서구의 대우주가 물질세계에 의한 역사해탈을 통한 천지만물이 중심지본에 하나로 회삼귀일함으로써 대우주의 대진리인 무위자연에서 '도'(道)가 등권함과 동시에 대우주가 중심근본에 하나로 귀일함으로써 소우주인 인간 역시 우주법칙에 따라 잃어버린 자아세계를 회복함으로써 중심지본인 한반도에서 서양세계의 물질세계 및 동양세계의 정신세계를 포괄, 함축함으로써 한반도의 우주철학적인 근본은 남한의 유심론의 이론적인 모태와 북한의 물질세계에 의한 대우주의 철학적인 근원으로 유심론 및 유물론이 한반도에서 하나로 합일하는 '천인합일세계관'(天人合一世界觀)이 도래됨으로써 서구 공산주의 아버지인 칼 마르크스는 '물질'을 포이에르바하의 유물론에 대입시켜 '사적 유물론'(史的唯物論), '유물사관'(唯物史觀), '변증법적 유물론'(辨證法的唯物論)에 의해 공산주의의 이론적인 모태가 창조되었으며, 동양세계의 강주효는 동양의 이기론(理氣論)에 의해 대우주의 철학적인 모태는 바로 대자연의 중심지인 한반도에서 우주철학적인 근원에 의한 무위자연의 '식모'(食母)에서 물질생성의 근원과 무위자연의 '도'(道)에서 인간에게 필요한 정신을 호득함으로써 이러한 대자연의 중심지가 되는 한반도는 바로 인간이 살아가

는 대진리의 가치척도가 바로 대자연의 '흙'(土)으로부터 시작된다
는 우주자연의 대진리에서 호득한 자연철학적인 모태에서 인간이
살아가는 일체의 대진리의 가치척도가 바로 무위자연에 있으므로
서구인들은 이러한 물질세계의 근원에서 벗어나 동양세계의 자연
주의 사상에 눈을 돌리고 있으며, 노자와 장자 그리고 강주효가
무위자연설을 한 단계 업그레이드함으로써 우리는 서구 물질세계
의 굴레에서 완전히 벗어나 새로운 신자유주의 및 신자연주의 그
리고 신마음의 영원한 자유세계를 만끽함으로써 인간은 우주세계
의 시간성 및 공간성을 초월하는 초월적인 세계관이 도래됨으로써
서구의 '산업혁명'(産業革命)은 '물질세계', 동양의 '자연혁명'(自然
革命)은 '정신세계', '우주혁명'시대는 바로 중심근본에서 '마음혁
명'시대가 도래됨으로써 우리는 이러한 세계관을 '초과학적 세계
관'(超科學的世界觀), '시·공초월세계관'(時空超越世界觀), '천인
합일적 세계관'(天人合一的世界觀)이 도래하여 우주세계 및 우주
자연 그리고 우주만물은 '만유불성'(萬有佛性: 천지만물은 하나의
마음을 가지는 것을 우리는 만유불성시대라고 정의한다.) 시대가
도래함으로써 대우주, 소우주, 우주만물이 하나의 중심지본에 삼생
만물(三生萬物)이 하나로 회삼귀일(會三歸一)함으로써 한반도는
'마음(心)의 영원한 고향이요', '생명(命)의 영원한 고향이요', '우주
정기의 영원한 고향'으로 중심지본에서 천지만물이 '다스리는 하나
의 근본'(治一本), '다스리는 하나의 대본'(治大一本), '다스리는 하
나의 마음의 근본'(治一心本)으로 인간이 한반도에서 우주만물을
다스려 나아감으로써 이러한 한반도는 '대우주의 축소판이요' 또한
'소우주의 축소판'으로서 중심지본에는 음(陰), 양(陽)이 하나의 한

마음(一心世界)이 도래됨과 동시에 대우주의 철학적인 모태는 바로 서구의 물질세계 및 동양세계의 정신문명의 토대 위에서 인간은 인간으로서 '본성세계'(本性世界)가 도래되어 우주철학적인 근원은 바로 서구의 '물질세계', 동양의 '정신세계' 그리고 한반도의 '마음세계'에 의한 우주만물은 중심지본에서 영원한 마음세계에 의해서 우주만물을 다스리게 될 것으로 사료한다.

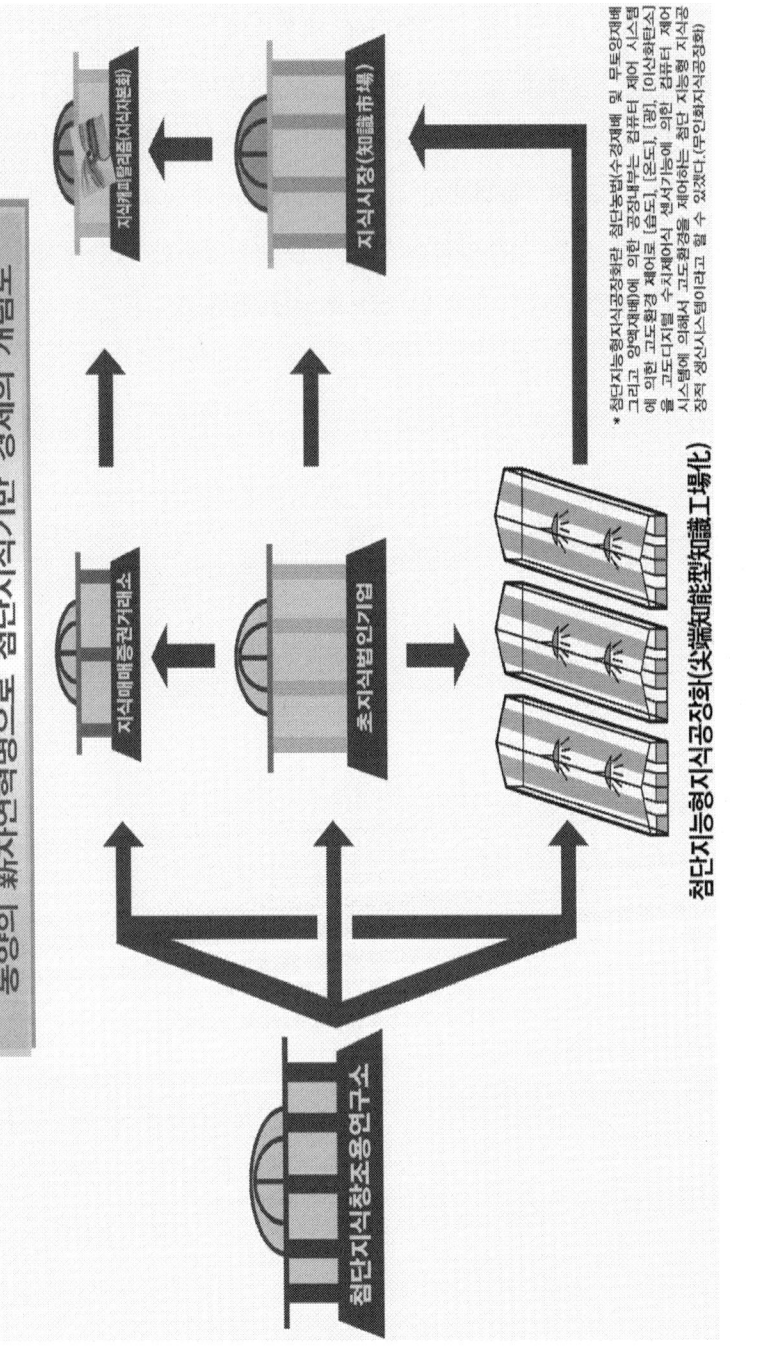

동양의 新자연혁명으로 첨단지식기반 경제의 개념도

첨단지능형지식공장화(尖端知能型知識工場化)

* 첨단지능형지식공장화란 첨단통신(수정재배) 및 무토양재배 그리고 양액재배)에 의한 공장내부는 컴퓨터 제어 시스템에 의한 고도환경 제어로 [습도], [온도], [광], [이산화탄소]을 고도디지털 수치제어시 센서기능에 의한, 컴퓨터 제어 시스템에 의해서 고도환경을 제어하는 첨단 자동형 지식공장적 생산이라고 할 수 있겠다.(무인화지식공장화)

이러한 아시아 지역은 대우주의 심장부로서 주도적인 역할을 다해 나아갈 것으로 사료하며, 이러한 대우주의 섭리역사의 역사법칙에 준하여 아시아의 미래역사는 지구촌 전체를 하나로 보면서 '사상통합'(思想統合), '종교통합'(宗敎統合), '인류통합'(人類統合), '지역통합'(地域統合), '세계통합'(世界統合), '우주통합'(宇宙統合) 시대로 나아가는 새 역사창조화 작업에 한국은 논자가 주도하는 '변화'(變化)와 '개혁'(改革) 그리고 '창조화 사회'에 의한 서구의 물질세계를 역사해탈을 통한 새로운 시대에 즈음한 새 역사창조화 작업에 전심전력을 다해 나아가고 있으며, 그것은 다름 아닌 한반도에 강력한 세계정부 창설을 세계경제연구소의 강주효 소장이 새 역사 창조화 작업을 주도해 나아갈 것으로 확신드리는 바이며, 그것은 다름 아닌 서구 산업화의 급격한 공업화 정책에서 벗어나 새로운 '신경제체제'(新經濟體制), '신경제 패러다임', '신지식기반첨단지능형지식공장화'(新知識基盤尖端知能形知識工場化) 시대가 도래됨으로써 인간의 '뇌본중심경제'(腦本中心經濟), '뇌본창조화경제'(腦本創造化經濟), '뇌본지식혁명시대'(腦本知識革命時代)를 한반도에서 주도함과 동시에 서구의 '양의경제'(量義經濟: 소품종대량생산)의 메커니즘에서 벗어나 동양세계는 '질의경제'(質義經濟)로서 다품종(多品種) 소량생산(少量生産) 및 대량생산(大量生産)이 공존하면서 '신생산방식'(新生産方式), '신지식생산방식'(新知識生産方式), '첨단지능형지식공장화'(尖端知能形知識工場化) 시대에 의한 '지식생산'(知識生産), '지식가공'(知識加工), '지식실험실용화'(知識實驗室用化)를 통한 인간의 경제행위에 영위되는 의, 식, 주의 행위일체는 바로 '첨단지식창조용연구소'(尖端知識創造用研究所)에서 창조된 지식을 새롭게 '지식가공생산'(知識加工生産) 방식을 채택함으로써 서구의 양의 경제인 구시대적인 패러다임에서 벗어나 동양세계는 첨단지식연구소에서 생산된 지식가공생산 방식을 채택하여 서구경제와는 차원이 다른 고차원세계에 의한 인간의 차원 높은 삶의 질적인 향상을 도모해 나아가는 이론적인 모태가 바로 세계정부 연구소의 강주효 소장으로부터 새 역사창조의 신기원을 실현해 나아갈 것이다.

세계정부의 제8차 5개년 '아시아지역' 경제개발 종합계획서 I

구분		제1차 5개년 개발계획 (2010 ~ 2015)		제2차 5개년 개발계획 (2016 ~ 2020)		제3차 5개년 개발계획 (2021 ~ 2025)		제4차 5개년 개발계획 (2026 ~ 2030)	
		계획	실적	계획	실적	계획	실적	계획	실적
지역별 LGTP 소득		6,600		12,000		16,500		20,000	
LGTP 성장률	선진국	2.86		2.7		3		2.8	
	후진국	7.8		8.5		9		9.2	
소비자 물가	선진국	2.0		2.1		1.9		1.5	
	후진국	3.5		3.2		3		2.5	
저축률	선진국	28		29		30		29	
	후진국	29		28		29		28	
투자율	선진국 국내	30		33		34		33	
	선진국 해외	–				–		–	
	후진국 국내	45		42		42		40	
	후진국 해외	50		50		46		41	
신자연혁명	첨단생물지식법인 (첨단생물지식공장)	6		5		4		3	
	첨단수산물지식법인 (첨단수산물지식공장)	6		5		4		3	
	첨단축산물지식법인 (첨단축산물지식공장)	6		5		4		3	
	첨단지식산업화 (첨단지식연구재단)	6		5		4		3	
	첨단지식전원도시화 (지식 - 네트워크)	6		5		4		3	
산업구조	1차산업 (첨단농 · 어업)	22		18		16		11	
	2차산업 (첨단지식제조업)	28		22		18		17	
	3차산업 (첨단지식서비스)	50		60		66		72	

* 산업구조는 추정치

세계정부의 제8차 5개년 '아시아지역' 경제개발 종합계획서 II

구분		제5차 5개년 개발계획 (2031~2035)		제6차 5개년 개발계획 (2036~2040)		제7차 5개년 개발계획 (2041~2045)		제8차 5개년 개발계획 (2046~2050)	
		계획	실적	계획	실적	계획	실적	계획	실적
지역별 LGTP 소득		25,000		30,000		35,000		42,000	
LGTP 성장률	선진국	2.9		3.1		3.5		3.3	
	후진국	8.9		9.0		9.2		8.9	
소비자 물가	선진국	1.5		1.6		1.5		1.4	
	후진국	2.0		2.2		2.0		2.1	
저축률	선진국	30		32		30		34	
	후진국	30		34		32		33	
투자율	선진국 국내	30		30		34		32	
	선진국 해외	–		–		–		–	
	후진국 국내	40		46		42		47	
	후진국 해외	–		–		–		–	
신자연혁명	첨단생물지식법인 (첨단생물지식공장)	2		–		–		–	
	첨단수산물지식법인 (첨단수산물지식공장)	2		–		–		–	
	첨단축산물지식법인 (첨단축산물지식공장)	2		–		–		–	
	첨단지식산업화 (첨단지식연구재단)	2		–		–		–	
	첨단지식전원도시화 (지식-네트워크)	2		–		–		–	
산업구조	1차산업 (첨단농·어업)	10		8		6		4	
	2차산업 (첨단지식제조업)	16		15		13		10	
	3차산업 (첨단지식서비스)	74		77		81		86	

주) 아시아는 21세기 심장부로서 세계정부의 중심적인 역할을 도모해 나아갈 것으로 사료됨.

세계정부의 제1차 5개년 아시아지역 경제개발 계획서

구분			제1차 5개년 개발계획(2011~2015年)									비고
			2011年		2012年		2013年		2014年		2015年	
			계획	실적	계획	실적	계획	실적	계획	실적	계획	실적	
지역별 LGTP 소득			6,600		7,600		8,900		11,5000		12,0000		
LGTP 성장률		신진국	2.78		2.78		2.96		2.76		2.86		
		후진국	7.8		7.5		7.9		7.8		7.8		
소비자 물가		신진국	1.8		2.2		2.0		1.9		2.1		
		후진국	3.2		3.5		3.6		3.6		3.6		
저축률		신진국	27		29		28		28		28		
		후진국	28		30		29		30		28		
투자율	신진국	국내	29		30		31		30		30		
		해외	–		–		–		–		–		
	후진국	국내	43		45		47		45		45		
		해외	45		51		51		52		50		
신자연혁명	첨단생물지식법인 (첨단생물지식공장)		6		6		6		6		6		
	첨단수산물지식법인 (첨단수산물지식공장)		6		6		6		6		6		
	첨단축산물지식법인 (첨단축산물지식공장)		6		6		6		6		6		
	첨단지식산업화 (첨단지식연구재단)		6		6		6		6		6		
	첨단지식전원도시화 (지식 – 네트워크)		6		6		6		6		6		
산업구조	1차산업 (첨단농·어업)		21		21.5		21.5		21.6		22		
	2차산업 (첨단지식제조업)		28		29		29		27		27		
	3차산업 (첨단지식서비스)		51		49.5		49.5		51.4		51		

* 동양의 신자연혁명은 1차산업의 산업구조를 '지식화', '과학화', '첨단화'를 유도하여 세계경제의 균형성장(Blance Growth)의 모태가 된다.

세계정부의 제2차 5개년 아시아지역 경제개발 계획서

구분			제2차 5개년 개발계획(2016~2020年)									비고
			2016年		2017年		2018年		2019年		2020年		
			계획	실적	계획	실적	계획	실적	계획	실적	계획	실적	
지역별 LGTP 소득			12,600		13,200		14,500		15,200		16,000		
LGTP 성장률	선진국		2.7		2.8		2.6		2.7		2.7		
	후진국		8.2		8.6		8.5		8.6		8.8		
소비자 물가	선진국		2.0		2.1		2.2		2.1		2.1		
	후진국		3.0		3.3		3.2		3.3		3.2		
저축률	선진국		28		29		30		29		29		
	후진국		27		28		29		28		28		
투자율	선진국	국내	30		33		35		34		33		
		해외	–		–		–		–		–		
	후진국	국내	40		42		44		42		42		
		해외	50		51		50		51		48		
신자연혁명	첨단생물지식법인 (첨단생물지식공장)		5		5		5		5		5		
	첨단수산물지식법인 (첨단수산물지식공장)		5		5		5		5		5		
	첨단축산물지식법인 (첨단축산물지식공장)		5		5		5		5		5		
	첨단지식산업화 (첨단지식연구재단)		5		5		5		5		5		
	첨단지식전원도시화 (지식–네트워크)		5		5		5		5		5		
산업구조	1차산업 (첨단농·어업)		18		19		18		18		17		
	2차산업 (첨단지식제조업)		21		22		23		22		22		
	3차산업 (첨단지식서비스)		61		59		59		60		61		

* 초기의 자연혁명에 많은 투자재원은 각국정부의 균형성장이 확대하여 지구촌의 조화성장의 모태가 된다.

구분			제3차 5개년 개발계획(2021~2025年)										비고
			2021年		2022年		2023年		2024年		2025年		
			계획	실적	계획	실적	계획	실적	계획	실적	계획	실적	
지역별 LGTP 소득			16,500		17,000		18,100		18,600		19,000		
LGTP 성장률	선진국		2.8		3.0		0		0		3.0		
	후진국		9.0		9.2		3.1		3.1		8.8		
소비자 물가	선진국		1.8		2.0		9.1		8.9		2.0		
	후진국		2.8		2.9		1.9		1.8		3.1		
저축률	선진국		29		30		3.0		3.2		30		
	후진국		28		29		31		30		29		
투자율	선진국	국내	31		34		30		30		34		
		해외	–		–		36		35		–		
	후진국	국내	41		42		–		–		42		
		해외	45		46		43		42		46		
신자연혁명	첨단생물지식법인 (첨단생물지식공장)		4		4		4		4		4		
	첨단수산물지식법인 (첨단수산물지식공장)		4		4		4		4		4		
	첨단축산물지식법인 (첨단축산물지식공장)		4		4		4		4		4		
	첨단지식산업화 (첨단지식연구재단)		4		4		4		4		4		
	첨단지식전원도시화 (지식 – 네트워크)		4		4		4		4		4		
산업구조	1차산업 (첨단농·어업)		16		16		15.8		15.7		15.7		
	2차산업 (첨단지식제조업)		18		17.9		17.8		17.8		17.7		
	3차산업 (첨단지식서비스)		66		66.1		66.4		66.5		66.6		

* 서구의 '脫산업화', '脫공업화', '脫공장화'에서 '첨단화', '지식화', '과학화', '정보화'로 고부가 가치율은 50% 수준이다.

세계정부의 제4차 5개년 아시아지역 경제개발 계획서

구분			제4차 5개년 개발계획(2026~2030年)									비고
			2026年		2027年		2028年		2029年		2030年		
			계획	실적	계획	실적	계획	실적	계획	실적	계획	실적	
지역별 LGTP 소득			20,000		21,900		22,800		23,600		24,000		
LGTP 성장률	선진국		2.7		2.8		2.9		2.8		2.8		
	후진국		9.0		9.1		9.3		9.4		9.2		
소비자 물가	선진국		1.2		1.5		1.6		1.6		1.6		
	후진국		2.4		2.4		2.6		2.6		2.5		
저축률	선진국		28		29		30		29		29		
	후진국		28		29		28		27		28		
투자율	선진국	국내	33		32		33		34		33		
		해외	–		–		–		–		–		
	후진국	국내	38		40		41		41		40		
		해외	40		41		42		40		42		
신자연혁명	첨단생물지식법인 (첨단생물지식공장)		3		3		3		3		3		
	첨단수산물지식법인 (첨단수산물지식공장)		3		3		3		3		3		
	첨단축산물지식법인 (첨단축산물지식공장)		3		3		3		3		3		
	첨단지식산업화 (첨단지식연구재단)		3		3		3		3		3		
	첨단지식전원도시화 (지식 – 네트워크)		3		3		3		3		3		
산업구조	1차산업 (첨단농·어업)		11		11		10.8		10.8		10.7		
	2차산업 (첨단지식제조업)		17		17		16.8		16.8		16.7		
	3차산업 (첨단지식서비스)		72		72		72.4		72.4		72.6		

* 서구의 '脫산업화', '脫공업화', '脫공장화'에서 '첨단화', '지식화', '과학화', '정보화'로 고부가 가치율은 50% 수준이다.

세계정부의 제5차 5개년 아시아지역 경제개발 계획서

구분			제5차 5개년 개발계획(2031~2035年)									비고
			2031年		2032年		2033年		2034年		2035年		
			계획	실적	계획	실적	계획	실적	계획	실적	계획	실적	
지역별 LGTP 소득			25,000		26,200		27,800		28,100		29,000		
LGTP 성장률	선진국		2.8		2.9		2.9		3.0		3.0		
	후진국		8.8		8.9		8.9		9.0		8.9		
소비자 물가	선진국		1.5		1.4		1.6		1.5		1.5		
	후진국		1.9		2.1		1.9		2.0		2.1		
저축률	선진국		29		30		31		30		30		
	후진국		30		31		30		30		29		
투자율	선진국	국내	30		29		31		30		30		
		해외	–		–		–		–		–		
	후진국	국내	39		40		41		40		40		
		해외	45		47		46		46		46		
신 자 연 혁 명	첨단생물지식법인 (첨단생물지식공장)		2		2		2		2		2		
	첨단수산물지식법인 (첨단수산물지식공장)		2		2		2		2		2		
	첨단축산물지식법인 (첨단축산물지식공장)		2		2		2		2		2		
	첨단지식산업화 (첨단지식연구재단)		2		2		2		2		2		
	첨단지식전원도시화 (지식 – 네트워크)		2		2		2		2		2		
산 업 구 조	1차산업 (첨단농·어업)		10		10		9.9		9.8		9.7		
	2차산업 (첨단지식제조업)		16		15.9		15.8		15.7		15.6		
	3차산업 (첨단지식서비스)		74		74.1		74.3		74.5		74.7		

* 서구의 '脫산업화', '脫공업회', '脫공장화'에서 '첨단화', '지식화', '과학화', '정보화'로 고부가 가치율은 50% 수준이다.

세계정부의 제6차 5개년 아시아지역 경제개발 계획서

구분			제6차 5개년 개발계획(2036~2040年)										비고
			2036年		2037年		2038年		2039年		2040年		
			계획	실적	계획	실적	계획	실적	계획	실적	계획	실적	
지역별 LGTP 소득			30,000		31,100		32,600		33,100		34,000		
LGTP 성장률	선진국		2.7		2.9		3.1		3.0		2.9		
	후진국		8.8		8.9		9.0		8.9		8.9		
소비자 물가	선진국		1.4		1.5		1.5		1.6		1.5		
	후진국		2.2		1.9		2.0		1.9		2.0		
저축률	선진국		28		30		31		31		30		
	후진국		29		30		31		29		31		
투자율	선진국	국내	29		30		30		31		30		
		해외	–		–		–		–		–		
	후진국	국내	40		42		40		38		40		
		해외	–		–		–		–		–		
신자연혁명	첨단생물지식법인 (첨단생물지식공장)		–		–		–		–		–		
	첨단수산물지식법인 (첨단수산물지식공장)		–		–		–		–		–		
	첨단축산물지식법인 (첨단축산물지식공장)		–		–		–		–		–		
	첨단지식산업화 (첨단지식연구재단)		–		–		–		–		–		
	첨단지식전원도시화 (지식 – 네트워크)		–		–		–		–		–		
산업구조	1차산업 (첨단농·어업)		9.8		9.7		9.2		8.4		8.2		
	2차산업 (첨단지식제조업)		15.4		15.1		14.8		14.1		14.1		
	3차산업 (첨단지식서비스)		75.2		75.2		76		77.5		77.7		

* 자연혁명은 제6차부터 ‘뇌본창조질의 지식경제’로 전환한다(창조화 첨단지식경제).

세계정부의 제7차 5개년 아시아지역 경제개발 계획서

구분		제7차 5개년 개발계획(2041~2045年)										비고
		2041年		2042年		2043年		2044年		2045年		
		계획	실적	계획	실적	계획	실적	계획	실적	계획	실적	
지역별 LGTP 소득		35,000		35,500		36,000		36,500		37,200		
LGTP 성장률	선진국	3.6		3.4		3.6		3.5		3.4		
	후진국	9.0		9.2		9.0		9.4		9.4		
소비자 물가	선진국	1.5		1.5		1.6		1.4		1.5		
	후진국	1.9		2.1		2.0		2.0		2.0		
저축률	선진국	28		29		32		31		30		
	후진국	32		30		31		33		34		
투자율	선진국 국내	33		35		34		35		33		
	선진국 해외	–		–		–		–		–		
	후진국 국내	40		41		43		44		42		
	후진국 해외	–		–		–		–		–		
신자연혁명	첨단생물지식법인 (첨단생물지식공장)	–		–		–		–		–		
	첨단수산물지식법인 (첨단수산물지식공장)	–		–		–		–		–		
	첨단축산물지식법인 (첨단축산물지식공장)	–		–		–		–		–		
	첨단지식산업화 (첨단지식연구재단)	–		–		–		–		–		
	첨단지식전원도시화 (지식-네트워크)	–		–		–		–		–		
신업구조	1차산업 (첨단농·어업)	8.0		7.9		7.7		7.2		7.0		
	2차산업 (첨단지식제조업)	12.5		12.4		12.1		12.0		11.9		
	3차산업 (첨단지식서비스)	79.5		79.7		80.2		80.8		81.8		

* 신자연혁명은 '뇌본창조지식경제'로 전환한다(창조화지식경제 및 창조화 사회).

세계정부의 제8차 5개년 아시아지역 경제개발 계획서

구분			제8차 5개년 개발계획(2046~2050年)									비고
			2046年		2047年		2048年		2049年		2050年	
			계획	실적	계획	실적	계획	실적	계획	실적	계획	실적
지역별 LGTP 소득			37,500		38,600		39,200		41,000		42,000	
LGTP 성장률	선진국		3,1		3,2		3,4		3,5		3,3	
	후진국		8.8		8.9		9.0		8.8		9.0	
소비자 물가	선진국		1,3		1,2		1.5		1,6		1,4	
	후진국		2,0		2,0		2,1		2,3		2,1	
저축률	선진국		33		34		35		34		34	
	후진국		33		34		32		33		33	
투자율	선진국	국내	30		32		34		32		32	
		해외	–		–		–		–		–	
	후진국	국내	46		48		47		46		48	
		해외	–		–		–		–		–	
신자연혁명	첨단생물지식법인 (첨단생물지식공장)		–		–		–		–		–	
	첨단수산물지식법인 (첨단수산물지식공장)		–		–		–		–		–	
	첨단축산물지식법인 (첨단축산물지식공장)		–		–		–		–		–	
	첨단지식산업화 (첨단지식연구재단)		–		–		–		–		–	
	첨단지식전원도시화 (지식－네트워크)		–		–		–		–		–	
산업구조	1차산업 (첨단농·어업)		4		3.8		3.5		3.1		3.0	
	2차산업 (첨단지식제조업)		10		9.2		9.0		8.5		8	
	3차산업 (첨단지식서비스)		86		87		87.5		88.4		89	

* 신자연혁명으로 1차산업의 점유율은 낮아지면서 개발이 완성단계에는 脫노동자, 脫농민시대가 종말을 고하고, '지능로봇', '농업용로봇' 시대가 주도한다.

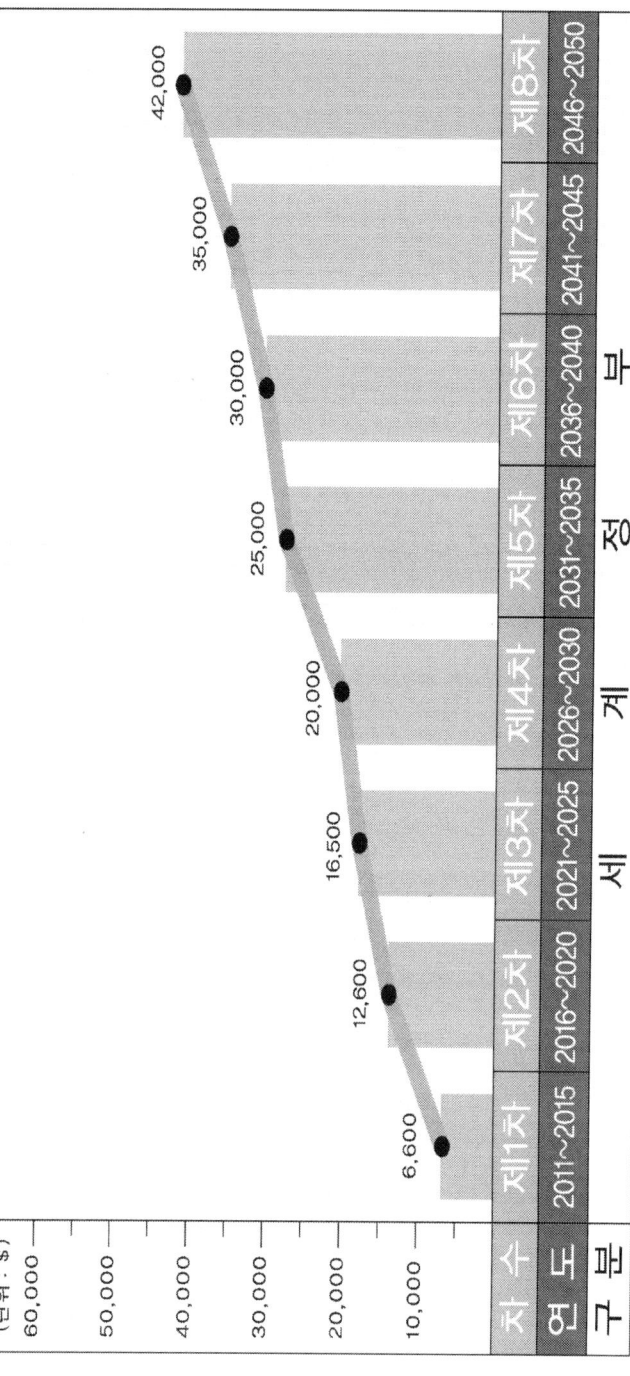

아시아 지역정부의 제8차 5개년 경제개발의 국내총생산 GDP 국민소득 추이

(단위 : $)

구 분	제1차	제2차	제3차	제4차	제5차	제6차	제7차	제8차
연 도	2011~2015	2016~2020	2021~2025	2026~2030	2031~2035	2036~2040	2041~2045	2046~2050
차 수			제 세	계	정	부		

6,600 12,600 16,500 20,000 25,000 30,000 35,000 42,000

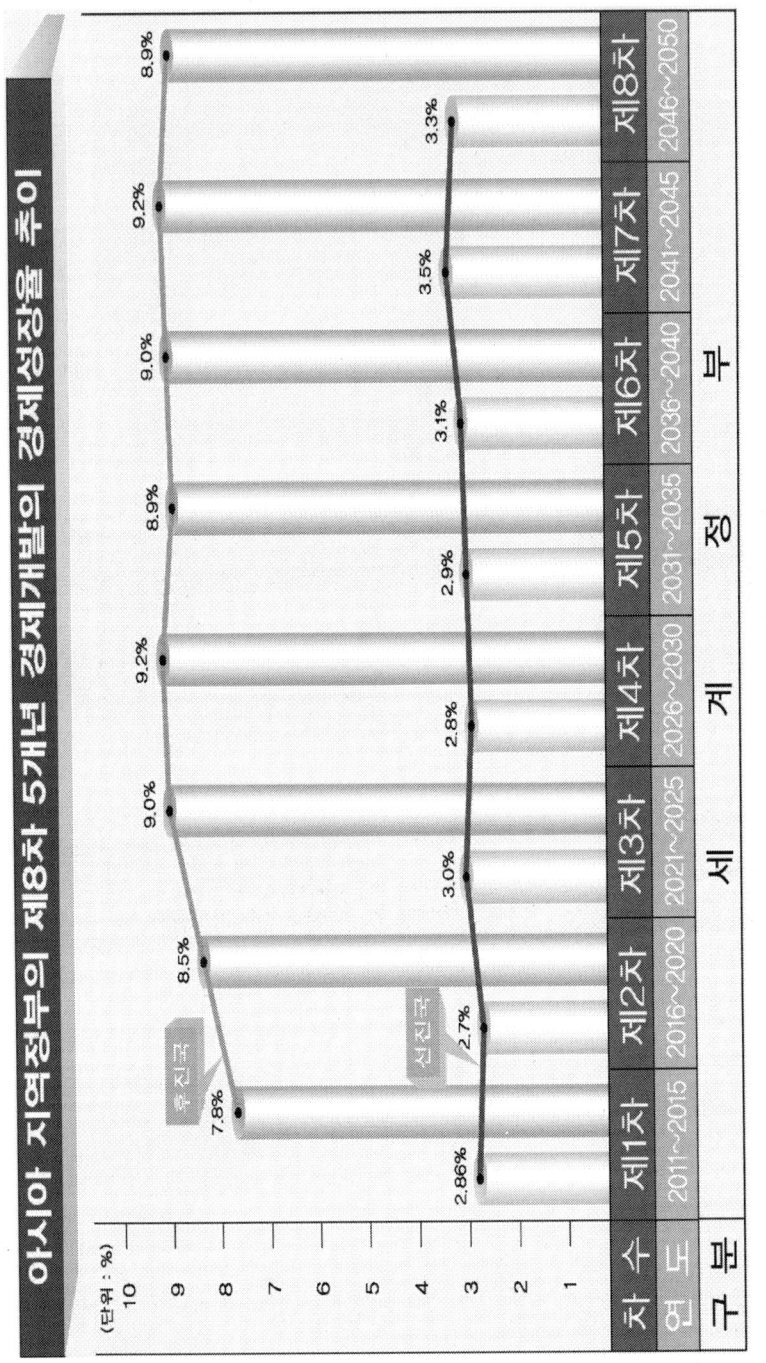

아시아 지역정부의 제8차 5개년 경제개발의 경제성장률 추이

(단위 : %)

구 분	차 수	제1차	제2차	제3차	제4차	제5차	제6차	제7차	제8차
	연 도	2011~2015	2016~2020	2021~2025	2026~2030	2031~2035	2036~2040	2041~2045	2046~2050

후진국: 7.8%, 8.5%, 9.0%, 9.2%, 8.9%, 9.0%, 9.2%, 8.9%

선진국: 2.86%, 2.7%, 3.0%, 2.8%, 2.9%, 3.1%, 3.5%, 3.3%

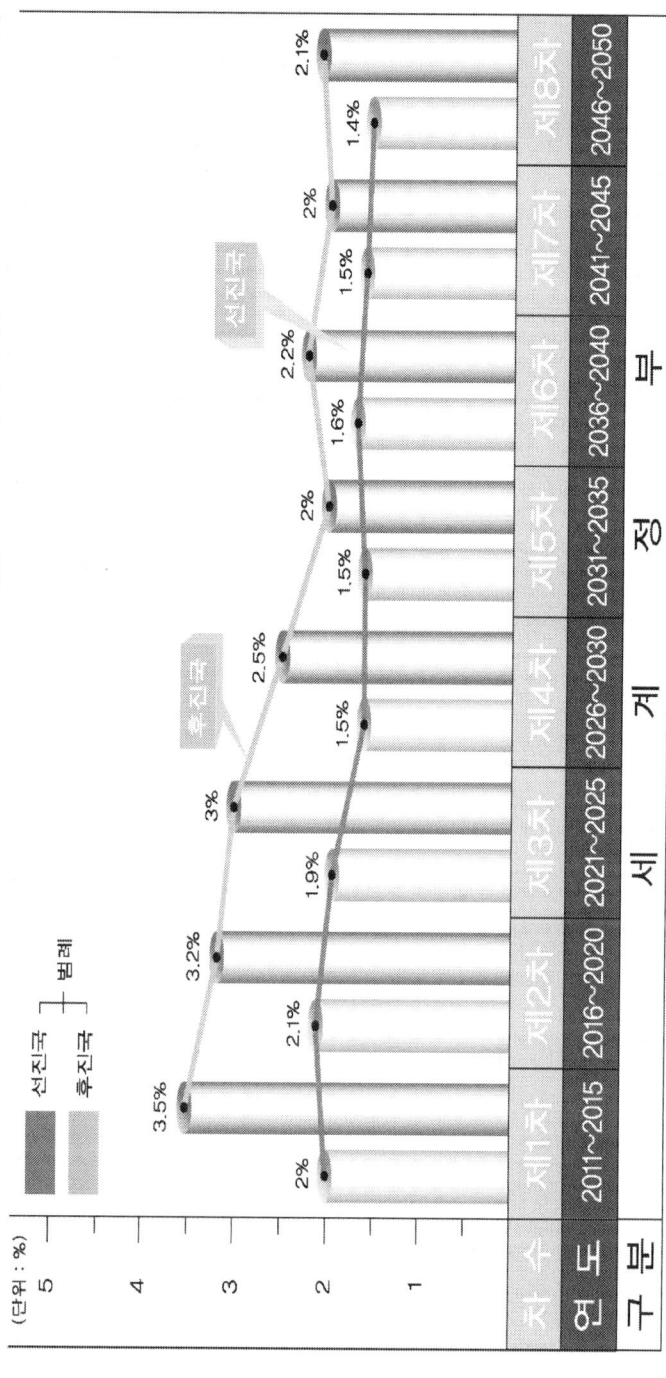

아시아 지역정부의 제8차 5개년 경제개발의 소비자 물가 추이

구 분		제1차	제2차	제3차	제4차	제5차	제6차	제7차	제8차
차 수		2011~2015	2016~2020	2021~2025	2026~2030	2031~2035	2036~2040	2041~2045	2046~2050
연 도		세			계		정		부

(단위 : %)

범례
선진국
후진국

선진국: 3.5% / 3.2% / 3% / 2.5% / 2% / 2.2% / 2% / 2.1%
후진국: 2% / 2.1% / 1.9% / 1.5% / 1.5% / 1.6% / 1.5% / 1.4%

아시아 지역정부의 제8차 5개년 경제개발 저축율 추이

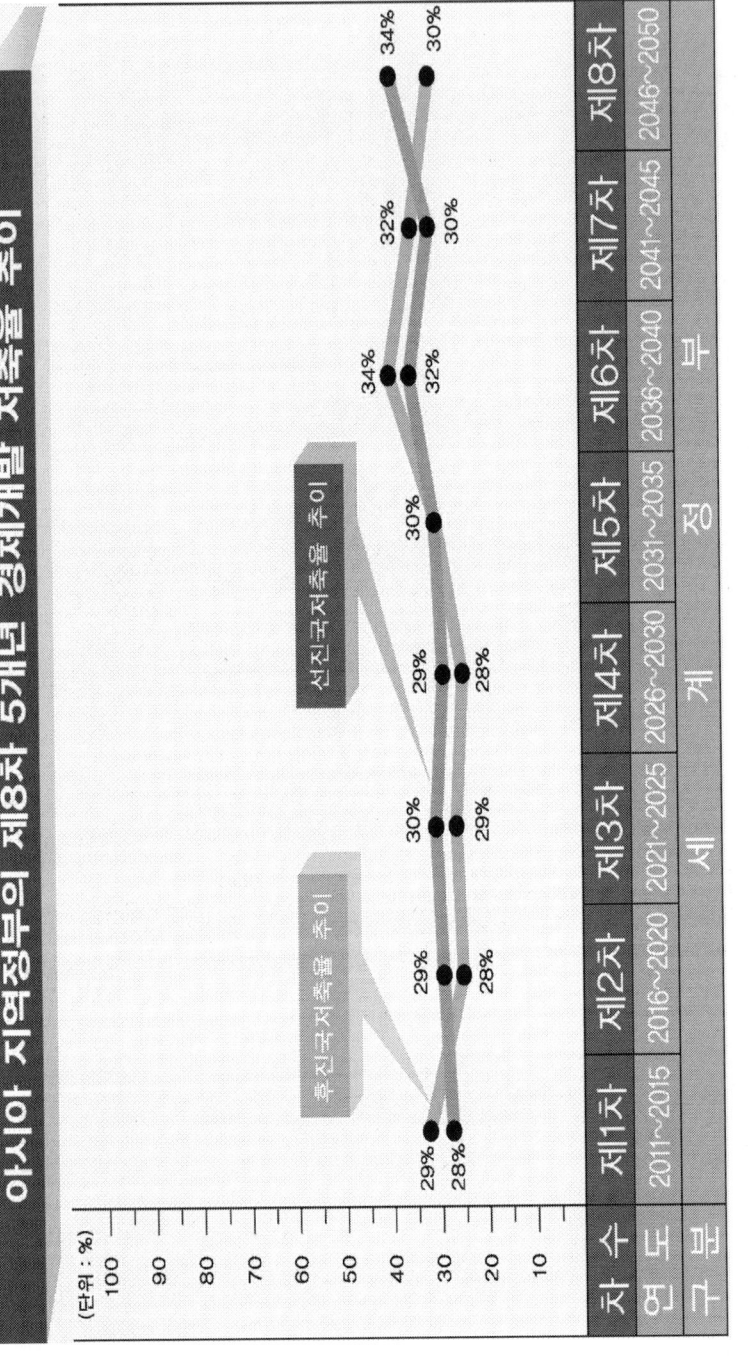

(단위 : %)

차 수	제1차	제2차	제3차	제4차	제5차	제6차	제7차	제8차
연 도	2011~2015	2016~2020	2021~2025	2026~2030	2031~2035	2036~2040	2041~2045	2046~2050
구 분		세		계		정		부

선진국저축율 추이

후진국저축율 추이

29% 29% 30% 29% 30% 32% 32% 34%
28% 28% 29% 28% 30% 32% 30% 30%

아시아 지역정부의 제8차 5개년 경제개발 투자율 현황 추이

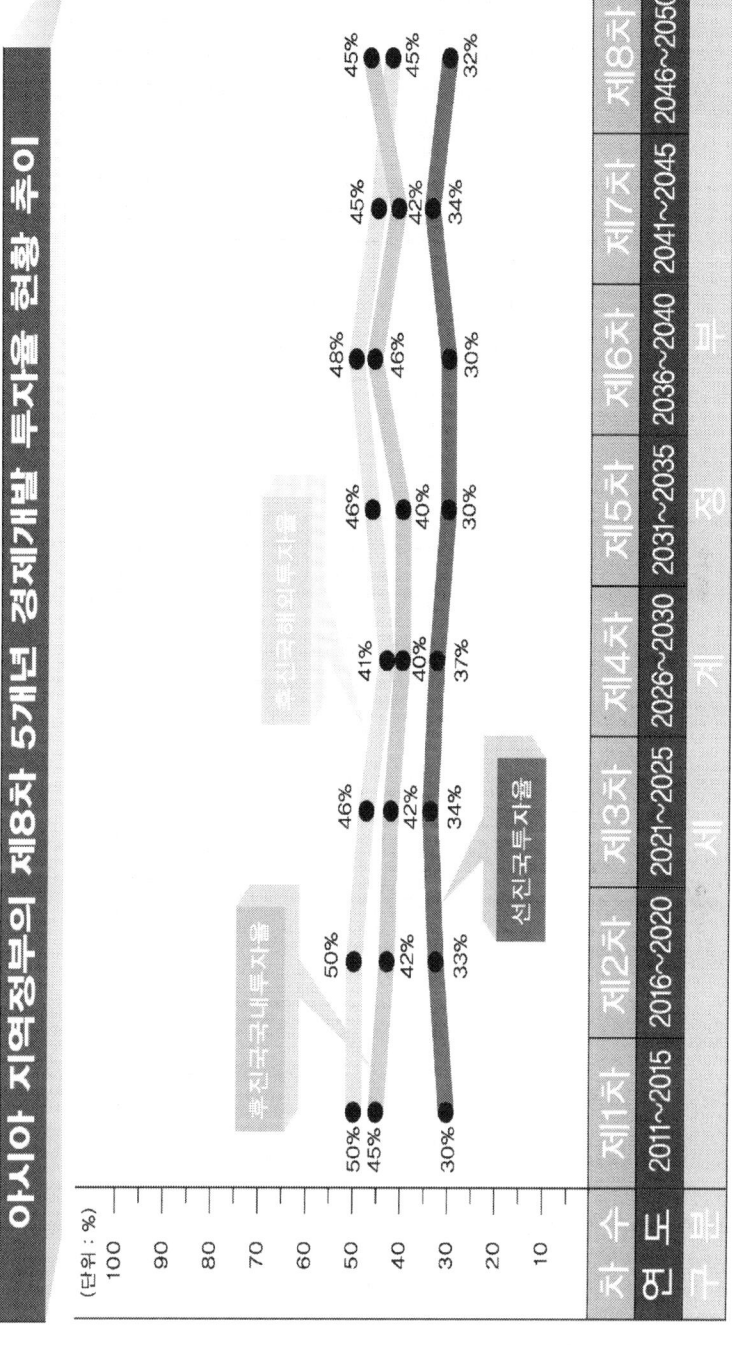

(단위 : %)

차 수	제1차	제2차	제3차	제4차	제5차	제6차	제7차	제8차
연 도	2011~2015	2016~2020	2021~2025	2026~2030	2031~2035	2036~2040	2041~2045	2046~2050
구 분			제	계	정	부		

후진국내투자율

후진국해외투자율

선진국투자율

	제1차	제2차	제3차	제4차	제5차	제6차	제7차	제8차
후진국내투자율	50%	50%	46%	41%	46%	48%	45%	45%
후진국해외투자율	45%	42%	42%	40%	40%	46%	42%	45%
선진국투자율	30%	33%	34%	37%	30%	30%	34%	32%

아시아 지역정부의 제8차 5개년 경제개발의 신지연혁명 투자율 추이

(단위 : %)

* 초기투자지원의 확대는 신지연혁 기반경제의 경제성장률이 모태가 된다.

(동양의 신지(연혁명))
(첨단지식 기반경제)

- 첨단생물지식법인
- 첨단수산물지식법인
- 첨단축산물지식법인
- 첨단지식창조융연구재단
- 첨단지식진흥원도시화

뇌분인직인재양성

구분	제1차	제2차	제3차	제4차	제5차	제6차	제7차	제8차
연도	2011~2015	2016~2020	2021~2025	2026~2030	2031~2035	2036~2040	2041~2045	2046~2050
차수								

부 정 계 세

30% 25% 20% 15% 10%

아시아 지역정부의 제8차 5개년 경제개발 산업구조 추이

(단위 : %)

구 분		제1차	제2차	제3차	제4차	제5차	제6차	제7차	제8차
연 도		2011~2015	2016~2020	2021~2025	2026~2030	2031~2035	2036~2040	2041~2045	2046~2050
차 수									

3차산업첨단서비스

2차산업첨단지식제조

1차산업첨단농·어업

50% 60% 66% 72% 74% 77% 81% 86%

28% 22% 18% 17% 16% 15% 13% 10%

22% 18% 16% 11% 10% 8% 6% 4%

아울러 세계정부 연구소의 강주효 소장은 동양세계의 신자연혁명으로 농촌 토지에서 생산하던 재래식 농업 생산방식에서 벗어나 '탈농업화'(脫農業化), '탈농촌화'(脫農村化), '탈이농화'(脫移農化)를 통한 '첨단농업'(尖端農業), '첨단농법'(尖端農法), '신지식농업'(新知識農業), '첨단정보화농업'(尖端情報化農業), '첨단지식기술농업'(尖端知識機術農業), '첨단과학농업'(尖端科學農業), '첨단 바이오→지식농업'으로 향후농촌은 '첨단무인지능형지식쌀곡물공장화'(尖端無人知能形紙識米穀物工場)시대가 도래되어 향후 농업의 형태는 완전한 첨단지식농업 형태로서 '첨단곡물공장화시대'(尖端穀物工場化時代), '첨단지능형곡물공장화시대'(尖端知能形穀物工場化時代), '첨단기능쌀곡물공장자동화'(尖端機能米穀物工場自動化) 시대가 도래되어 인간의 식량난을 종합적으로 연구개발기능에 의해서 양질의 무공해농산물을 지능형지식공장화에 의해 대량생산의 메커니즘으로 대전환하게 될 것이다. 이러한 첨단지식농업의 형태를 그대로 '첨단수산물지식공장화'(尖端水産物知識工場化), '첨단축산물지식공장화'(尖端畜産物知識工場化) 시대가 도래되어 '1차산업'에 대한 '첨단지식'(尖端知識), '첨단지식기술'(尖端知識機術), '첨단기술'(尖端機術), '첨단-하이테크 지식기술', '첨단자연과학'(尖端自然科學) 분야의 혁명적인 발전으로 인하여 향후 농업의 형태는 '전원적인 지식농업', '부농의 시대 도래', '전원적인 관광농업'의 형태로 대전환을 모색해 나아가는 것이 서구의 재래식 농업이나 구시대적인 농업의 형태와는 차원이 다른 고차원세계에 의한 완전한 '첨단지식기술'(尖端知識機術), '첨단지식산업'(尖端知識産業), '첨단지식경영방식'(尖端知識經營方式)에 의한 소규모 조직인 조직의 효율성을 극대화함으로써 '책임경영'(責任經營), '효율경영'(效率經營), '가치경영'(價値經營), '지식경영'(知識經營)을 주도함으로써 서구의 양의 경제에 따르는 조직원의 무능력 그리고 단순노동자에 의한 구시대적인 재래식의 패러다임은 역사 속으로 소멸됨과 동시에 '신생산방식'(新生産方式), '신지식생산방식'(新知識生産方式), '신지식공장적 가공생산방식'(新知識工場的加工生産方式)에 의한 전 인류 미래의 식량난을 세계정부 연구소의 강주효 소장이 주도함으로써 역사창조화 작업에 초석으로 이어져 나아갈 것으로 사료한다.

이러한 동양세계는 인간본성에 관한 대우주의 대진리가 함축되어 있으며, 특히 한반도는 '동양세계'(東邦地道: 동양에서는 무위자연에서 도(道)가 등권), '서양세계'(서방물기(西邦物器: 서방세계는 물질에 의한 기(器)가 등권)하여 이러한 한반도는 동양의 무위자연의 도(道)에서 정신을 호득함으로써 새로운 '신문명권인'(新文明權)인 '반도문명권'(半島文明權: 서구의 대륙문명권에 의한 물질사관은 종말을 고하고, 동양의 한반도에서 새로운 정신문명으로 오늘날 서구문명의 일체의 불균형을 조화세계 – 완성세계 – 우주세계로 인도함.) 및 '반도경제권'(半島經濟權 – 지식기반경제 – 자연주의경제 – 마인드이코노미시대가 도래됨.) 그리고 '반도정치권'(半島政治權: 무위자연지도(無爲自然地道)의 대진리의 가치척도에 의한 도치정치는 전 인류를 하나로 통합(統合), 합일(合一), 통일(統一)로 인한 양광정치(陽光政治: 무위자연의 햇빛정치로서 우주만물을 차별이나 차등화가 없는 균등한 조화세계로 인도하게 됨.) 및 '현묘지덕'(玄妙地德), '포덕지치'(布德地治)에 의한 우주세계 및 우주자연 그리고 우주만물 및 만유공존공생시대가 도래됨으로써 정치권력에 의해서 우주만물을 완성세계 및 우주의 코스모스 조화세계로 인도하게 됨.)시대가 도래됨으로써 이러한 우주진리는 지역적으로 '아시아'가 가장 큰 혜택으로 이어져 나아가게 될 것으로 사료한다. 우리는 아시아가 소우주의 심장부로 제 기능과 역할을 다하기 위해서 필연적으로 세계정부가 창설되면 다이내믹한 생동력으로 인류의 미래비전에 대한 도전과 응전으로 새 역사창조의 초석은 바로 세계정부 연구소로부터 시작된다는 논리를 설파하는 바이다.

제6절 유럽지역에 대한 경제개발종합계획서를 수립한다

대우주는 천(天), 지(地), 인(人)의 삼극논리(三極論理)에 의한 하늘(天)의 지역은 '아시아' 천(天: 한반도), 지(地: 중국), 인(人: 일본), 땅(地)의 지역은 '유럽' 천(天: 영국), 지(地: 독일), 인(人: 프랑스), '아메리카' 천(天: 미국), 지(地: 캐나다), 인(人: 멕시코)로 대우주는 삼극(三極), 삼신(三神), 삼재(三才) 논리에 의한 지역적인 분화를 인식함과 동시에 이러한 '지역통합'(地域統合)을 통한 하나의 지역공동체의식(地域共同體意識)에 의한 무리(衆本地道)에서 벗어나지 않는 삶의 지표가 바로 인간 삶의 가치척도의 모태가 될 것이다.

아울러 다스리는 하나의 근본인 도(道)로서 다스리는 모태는 무리에서 벗어나면 철퇴를 가함과 동시에 이러한 무리에서 넘어지는 자즉 무리에서 이탈하는 자들은 무리의 우두머리는 이러한 무리에서 넘어지는 자들을 포용(包容)함으로써 일으켜 세워 무리에서 벗어나지 않도록 하는 것이 바로 도치정치의 근본이라고 단언한다. 이러한 무리에서 벗어나지 않는 인간의 삶의 지표가 바로 중용지도(中庸地道)로 인간이 살아가는 삶의 가치척도가 된다는 논리이다. 이러한 중용지도(中庸地道)란, 대우주의 중심인 근본이나 대본에서 벗어나지 않는 인간의 삶(中本地道)이며, 이러한 중본지도로서 인간 삶의 지표는 바로 무리에서 벗어나지 않는 중심 근본에서 순리생활을 하는 삶의 지표가 바로 정도생활(正道生活), 대도생활(大道生活), 순리생활(順理生活)로 이어지는 것이 인간 미래의 생활상이라고 단언하는 바이다.

우리는 자연에서 인간의 '뇌본창조경제'(腦本創造經濟), '뇌본지식창조경제'(腦本知識創造經濟), '뇌본창조가치경제'(腦本創造價值經濟)가 한반도에서 주도됨과 동시에 서구의 '양의경제'(量義經濟)에 의한 대공장제(大工場制)의 분업화에 의한 '롤러식 생산방식', '판박이식 생산방식', '단순노동식 육체적 생산방식'의 대량생산 방식의 굴레에서 벗어나 동양세계는 새로운 '신생산방식'(新生産方式), '신지식생산방식'(新知識生産方式), '신지식창조가공생산방식'(新知識創造加工生産方式)을 채택함과 동시에 이러한 동양세계의 '질의경제'(質義經濟), '질의지식생산방식'(質義知識生産方式), '질의지식가치경제'(質義知識價值經濟)에 의한 서구 산업화의 급격한 공업화 정책의 근원에서 역사해탈을 통한 동양세계는 '신산업화'(新産業化), '무공해청정기술'(無公害淸淨機術), '최첨단 하이테크지식기술'(최첨단 HITECH 知識機術)에 의해서 서구의 대공장제와는 차원이 다른 고차원세계에 의한 물질세계에서 벗어나 자아세계 및 본능세계 그리고 본성세계에 의한 지식과 창조 그리고 혁명에 의한 인간세계의 완성을 주도함으로써 우주세계, 우주자연, 우주만물을 인간세계에 의해서 조화세계 및 완성세계 그리고 우주세계가 하나로 합일함으로써 서구의 우주의 혼돈이나 혼륜세계에서 벗어나 동양세계는 완전한 우주의 코스모스의 실현으로 완전한 우주세계의 조화세계로 인도해 나아갈 것이다.

아울러 대우주가 물질세계에 의한 인간성을 타락시키는 근원으로 '자아상실세계'(自我喪失世界), '본능상실세계'(本能喪失世界), '본성상실세계'(本性喪失世界)에 의한 인간은 '군중 속의 고독', '낙엽과 같은 존재', '가치척도의 전도'의 현상으로 서구문명은 완전한 인간의 본성을 상실하고 물질세계 및 배금주의 그리고 앰모니즘에 의한 인간상의 타락현상으로 이어져 나아가는 모태가 바로 서구의 산업혁명에 의한 물질문명의 한계점 및 모순점 그리고 한 시대적인 전유물로 우리는 낡고 부패한 구시대의 유물사관에서 벗어나 새로운 새 시대의 신패러다임으로서 역사창조화 세계를 주도하게 될 것이다. 그러한 근본은 바로 중심지본이 되는 한반도에서 우주만물이 이탈함으로써 노자 성현은 "근원으로 돌아가라.", "근본으로 돌아가라.", "자연으로 돌아가라."고 하는 명제는 바로 지구의 중심지본에서 이탈되었던 우주만물에 의해서 서구산업혁명에 의한 물질세계에 근본적인 요인으로 작용하게 되었던 것이다.

아울러 섭리역사의 순환법칙에 준하여 서구문명은 종말을 고하고, 새로운 신동양세계에 의한 논자는 '우주철학'(宇宙哲學), '우주진리'(宇宙眞理), '우주이법'(宇宙理法: 자연법칙이나 우주법칙)에 의해서 인간세계에 의해서 천지만물을 다스리는 하나의 근본으로 다스려 나아가는 이론적인 초석으로 이어져 나아갈 것으로 사료한다. 즉 하늘의 다스리는 법칙(天治法: 천리(天理)), 땅을 다스리는 법칙(地治法: 제 질서(諸秩序)), 인간을 다스리는 법칙(人治法: 도리(道理))으로 다스려 나아갈 때에 우주세계는 하늘 및 땅과 인간은 하나의 다스림에 의한 완전한 '조화세계'를 실현하게 될 것이다.

아울러 대우주가 서구의 물질문명의 기운을 다하고서는 이제는 보름달의 만삭인 보름달은 서서히 기울면서 대우주의 기운은 새로운 중심지본으로 삼생만물(三生萬物)이 하나로서 회삼귀일(會三歸一)됨으로써 대우주의 분열 기운에 의해서 종말로 이어지고, 대우주는 새로운 우주기운으로 중심의 근본에 하나로 귀일함으로써 삼라만상에 존재하는 우주자연의 우주만물이 중심의 근본에 복귀함으로써 대우주의 우주 본체인 한민족의 '한철학'에 의한 하나가 세 가지로 퍼져 나아감(일석삼전(一析三展)과 동시에 세 가지가 다시 하나로 복귀(會三歸一)하게 되는 것이 대우주의 근본이다.

아울러 서구에 머물던 대우주의 분열기운은 우주순환의 섭리역사의 이법에 준하여 새로운 대우주는 '통일기운'(統一氣運), '통합기운'(統合氣運), '중심귀본'(中心歸本)을 실현함으로써 동양세계에 의한 '중심만물귀본'(中心萬物歸本)함으로써 대우주는 중심지본에서 '각국통합'(各國統合), '지역통합'(地域統合), '세계통합'(世界統合), '우주통합'(宇宙統合)의 기운에 의해 한반도의 남, 북 통일을 분기점으로 구시대적인 역사청산 작업과 병행하여 새로운 신역사창조화 작업이 한반도에서 실현하게 된다는 논리를 설파하는 바이다.

우리의 이러한 역사창조화 작업은 바로 대우주의 대진리요 또한 소우주의 대진리로 '천인합일세계관'으로서 '위대한 한민족시대', '위대한 한반도시대', '우주중심세계관'이 도래됨으로써 한반도의 한민족이 세계사를 호령하게 될 것이며, 그것은 다름 아닌 한반도에 세계정부가 창설됨으로써 새 역사창조화 작업은 역사의 필연이요 또한 역사의 도래요 아울러 역사의 귀환이라고 전 세계 각국정부의 정치지도자에게 고하는 바이다.

서구인들은 물질문명의 한계점에 봉착하게 됨과 동시에 이러한 물질세계가 인간 행복의 가치척도가 안 된다는 사실을 인식함으로써 서구인들은 '물질세계'(物質世界), '물질사관'(物質史觀), '물질문명'(物質文明)의 한계점 및 모순점으로 인한 일체의 불균형에서 벗어나 새로운 동양의 '정신세계', '내면세계'에 몰입함으로써 서구의 산업혁명으로 인한 무분별한 천혜 및 천연의 자연자원의 훼손 행위를 자연의 품으로 되돌려 줌으로써 자연과 인간은 하나의 유기체적 세계관에 의한 '공존철학'의 모태를 찾고 있으며, 그러한 회답이 바로 동양철학의 '노자'와 '장자'의 '무위자연설'(無爲自然說)의 모태가 되고 있다는 사실을 우리는 직시해야 할 것이다.

이러한 물질문명의 근본에서 벗어남으로써 서구인들은 동양세계의 '자아본성세계'(自我本性世界)에 눈을 돌려 물질문명의 한계점 및 모순점을 되찾고 있으며, 이러한 동양철학은 바로 인간의 '본성세계'(本性世界)에 대한 회답을 줄 것이다. 아울러 서구인들은 물질세계로 인한 인간의 행복 조건이 될 수 없다는 사실을 서구인들은 직시해 나아가고 있으며, 이러한 물질세계에 의한 행복추구의 충족조건이 될 수 없으므로 서구인들은 동양세계에 의한 대자연에서 우주창조 본성을 회복하려는 서구인들의 자세는 바람직한 생활상이라고 논자는 대선각자로서 만천하에 고하는 바이다.

우리는 서구의 물질세계가 얼마나 허구인가를 깨우쳐 주는 좋은 사례가 됨과 동시에 아울러 서구인들은 동양의 '도의세계'(道義世

界)에서 인간은 인간으로서 '자아본능세계'(自我本能世界)를 회복함으로써 동, 서 간의 완전한 조화세계로 나아가는 모태가 바로 서구인들이 추구하는 동양세계에 의한 새로운 가치관의 발상이 우주세계를 조화세계로 인도하는 첩경이 될 것으로 논자는 확신하는 바이다. 아울러 동양세계는 동양의 '도의세계' 및 서구의 '물질세계'를 접목하여 인간이 추구하는 새로운 새 시대에 즈음하여 새로운 신의식세계에 의한 가치관의 기준은 바로 인간 내면세계에 의한 '자아세계'(自我世界), '본능세계'(本能世界), '본성세계'(本性世界) 그리고 '우주창조본성'에 의한 대우주의 '공심세계'(公心世界), 소우주의 '도심세계'(道心世界)가 하나로 합일함으로써 인간의 마음세계가 바로 '우주창조본성세계'(宇宙創造本性世界)로 나아가는 모태가 될 것으로 사료한다.

아울러 '중심지본'(中心地本)에 삼생만물(三生萬物)인 '물질세계'(物質世界), '정신세계'(精神世界), '공심세계'(公心世界)에 의한 우주만물을 화육(和育), 화생(和生), 보양(保養)케 함과 동시에 대자연에서 대진리가 태동함으로써 이러한 중심지본세계는 '천혜의 자연보호정책'(天自政), '천연의 환경보호정책'(天環政), '호혜공존적 친환경정책'(互親政)으로 '물심일체'(物心一體), '심신일체'(心身一體), '신토일체'(身土一體)가 형성됨으로써 대우주가 중심근원에 복귀함으로써 인간 역시 서구에서 잃어버린 인간성을 되찾게 됨으로써 자아세계에 의한 인간의 내면세계가 완성됨으로써 천지만물의 영장인 내면세계의 완성으로 인한 우주자연의 우주만물은 중심의 근본에서 만유공존공생시대가 도래되어 나아가는 것이 우주자연의 섭리역사의 역사법칙이라고 단언한다.

우리는 서구의 산업혁명에 의한 대우주의 물질은 바로 인간에게
는 육체적인 성장으로부터 해탈을 통하여 인간은 필연적으로 다음
단계인 나(자아회복)로 이어져 나아가는 것이 우주자연의 역사법칙
이다. 우리는 서구의 물질세계는 바로 이러한 역사법칙에 준하여
'구시대적인 유물사관', '재래식의 사고관념', '한시대적인 전유물'
로서 역사 속으로 사라짐과 동시에 우리의 새로운 새 시대에 즈음
한 동양세계는 신경제의 신패러다임으로 '신생산방식'(新生産方式),
'신지식생산방식'(新知識生産方式), '첨단지능형지식공장화'의 완전
한 지식공장의 생력화(生力化)에 의한 지식공장은 완전한 '무인화'
(無人化), '지능화'(知能化), '지식화'(知識化), '정보화'(情報化), '첨
단화'(尖端化), '하이테크 - 지식기술'에 의한 '농업용 로봇', '지능
형로봇'에 의한 대자연과 인간이 하나의 공존철학적 모태 위에서
우주만물이 중심지본에서 포덕지치(布德之治)에 의한 현묘지덕(玄
妙之德)으로서 중심의 근본에서 '인류대화합정치'(人類大和合政治)
가 실현되는 것이 섭리역사의 역사법칙이라고 단언한다.

아울러 서구의 자연관은 약탈적 자연관으로 인하여 정치권력이
착취와 약탈의 수탈행위로 인하여 오늘날 서구의 산업혁명은 바로
약탈과 착취 그리고 수탈로 인한 지구촌의 전 지역적인 빈부격차
가 확대되는 근원으로 작용함으로써 2%의 점유율에 의한 지구촌
의 전 재산의 50%가 상회하는 기형아적인 소득분배가 왜곡되는
근원은 바로 정치권력의 착취현상에 근원적인 요인으로 작용된 것
이다. 이러한 산업혁명으로 인한 이론적인 모순에서부터 시작된 산
업화의 급격한 공업화 정책으로서 경제개발의 이론적인 모델은 바
로 '불균형성장'(不均形成長: unblance growth: 先성장 後분배정책)

의 이론적인 모태가 바로 지구촌의 '계층 간', '산업 간', '지역 간', '국가 간'의 극심한 빈부격차를 확대시키는 근원적인 요인으로 작용됨으로써 지구촌은 서구의 산업혁명으로 인한 결과론으로 나타나게 된 근본요인은 바로 경제개발에 이론적인 모태부터 불균형성장으로 야기되는 요인으로 작용하게 되었다. 이러한 근원적인 요인을 논자는 심층분석함으로써 세계정부가 출범하게 되면 경제개발에 소요되는 경제개발 모델은 '균형성장'(均衡成長: blance growth: 성장 및 분배를 동시에 추구하는 개발모델로서 공존공생으로 이어져 나아가는 모태가 됨.) 이론으로 지구촌의 '계층 간', '산업 간', '지역 간', '국가 간'의 전 지구촌의 빈부격차 문제를 해소함과 동시에 인류공존공생의 이론적인 초석으로 이어져 나아갈 것이다.

이러한 이론적인 근본의 대진리는 우주철학적 모태에서 태동한 자연의 '흙'(土)에서 인간의 '뇌본중심세계'(腦本中心世界), '뇌본중심창조세계'(腦本中心創造世界), '뇌본지식창조가치세계'(腦本知識創造價值世界)를 주도함과 동시에 서구문명의 일체의 '양의경제'(量義經濟)에 따르는 '대중조직', '대형화', '대규모', '대량생산' 경제의 메커니즘은 하늘이 인간에게 부여한 천혜 및 천연의 자연 환경 조건을 인간의 경제행위로 인하여 자연을 약탈함으로써 인간은 인간으로서 삶의 가치척도가 전도됨으로써 물질세계에 빠진 오늘날의 '황금만능', '앰모니즘', '배금주의'가 인간타락의 근원으로 작용됨으로써 인간 본연의 가치척도는 바로 돈이 자신의 인격이나 품격 및 자질이나 능력을 갖추게 되는 사회모순의 가치관의 전도 현상으로서 이어짐으로써 논자는 이러한 현대문명의 세태를 '주객전도'(主格顚倒), '동도서기'(東道西器)로 인한 일체의 혼돈이나 혼륜에서 벗어나 '자아본능세계'에 의한 완전한 인간성으로 이어져 나아가는 모태가 될 것이다.

이러한 동양의 신자연혁명은 서구의 대공장제와는 다른 동양세계는 '첨단지식창조용연구소'에서 생산된 '지식가공생산방식'(知識加工生産方式)에 의한 서구 산업화의 급격한 공업화 정책으로 대우주는 극심한 천혜 및 천연의 자연환경조건을 훼손하게 되었으나 동양세계는 연구소에서 가공한 지식을 첨단지식공장에서 생산하는 방식은 천혜 및 천연의 자연조건에는 아무런 영향을 받지 않는 인간에 의한 첨단지식공장 내부는 컴퓨터 제어 시스템에 의한 식물의 생육에 필요한 최적의 '환경조건', '헬륨방열온도조절용 바이오센서', '습도센서', '온도센서', '광센서', '이산화탄소센서' 등에 의한 지식공장내부는 컴퓨터 제어시스템에 의한 지식공장내부 일체의 제어-시스템에 의해 작동될 것이다. 이러한 생산방식을 '신생산방식', '신지식생산방식', '첨단지능형지식생산방식'에 의해서 인간에게 필요한 양질의 무공해 농산물을 '첨단지식공장적 생산시스템'(尖端知識工場的生産SYSTEM)이라고 할 수 있겠다.

아울러 동양의 신자연혁명은 인간중심본성세계에 의한 뇌본창조화세계에 의한 첨단지식연구소에서 지식창조 및 지식가공 그리고 지식가공생산방식으로 인간의 내면적 가치기준에 의한 '지식적 가치', '자연적 가치', '진리적 가치', '인격적 가치', '성품적 가치', '도리적 가치', '도덕적 가치', '학식적 가치', '도의적 가치', '윤리적 가치', '철학적 가치'로 서구의 물량화로 인한 인간성 상실을 회복함으로써 인간은 인간으로서 가치를 추구해 나아가는 이론적인 모태가 바로 신자연혁명의 요체라고 단언한다.

세계정부의 제8차 5개년 '유럽지역' 경제개발 종합계획서 I

구분		제1차 5개년 개발계획 (2010 ~ 2015)		제2차 5개년 개발계획 (2010 ~ 2015)		제3차 5개년 개발계획 (2010 ~ 2015)		제4차 5개년 개발계획 (2010 ~ 2015)	
		계획	실적	계획	실적	계획	실적	계획	실적
지역별 LGTP 소득		17,000		18,400		21,000		23,000	
LGTP 성장률	선진국	2.3		1.5		1.5		1.5	
	후진국	5		5		5.2		5	
소비자 물가	선진국	1.5		1.5		1.5		1.5	
	후진국	2		2.2		2.2		2.1	
저축률	선진국	25		24		23		24	
	후진국	26		25		22		22	
투자율	선진국 국내	23		25		22		21	
	선진국 해외	–		–		–		–	
	후진국 국내	25		26		23		23	
	후진국 해외	30		24		20		20	
신자연혁명	첨단생물지식법인 (첨단생물지식공장)	6		5		4		3	
	첨단수산물지식법인 (첨단수산물지식공장)	6		5		4		3	
	첨단축산물지식법인 (첨단축산물지식공장)	6		5		4		3	
	첨단지식산업화 (첨단지식연구재단)	6		5		4		3	
	첨단지식전원도시회 (지식 – 네트워크)	6		5		4		3	
산업구조	1차산업 (첨단농·어업)	11		8		7.0		5.6	
	2차산업 (첨단지식제조업)	24		21		19		16	
	3차산업 (첨단지식서비스)	65		71		74		78.4	

주) 1) 국민소득은 달러
    2) 기타의 단위는 %임
    3) LGNP란, 지역경제의 국민소득을 말한다(로칼 그로스네셔널 프로닥트).
    4) 투자율은 낮은 소득지역은 높은 투자, 높은 소득지역은 낮은 투자로 소득균형

세계정부의 제8차 5개년 '유럽지역' 경제개발 종합계획서 II

구분		제5차 5개년 개발계획 (2031~2035)		제6차 5개년 개발계획 (2036~2040)		제7차 5개년 개발계획 (2041~2045)		제8차 5개년 개발계획 (2046~2050)	
		계획	실적	계획	실적	계획	실적	계획	실적
지역별 LGTP 소득		27,000		32,000		37,000		43,000	
LGTP 성장률	선진국	2.5		2.7		3.0		2.9	
	후진국	5.5		5.8		5.9		5.5	
소비자 물가	선진국	1.5		1.2		1.0		1.2	
	후진국	1.7		1.5		1.4		1.5	
저축률	선진국	28		29		29		28	
	후진국	30		30		29		32	
투자율	선진국 국내	35		32		30		31	
	선진국 해외	–		–		–		–	
	후진국 국내	26		29		29		28	
	후진국 해외	10		–		–		–	
신자연혁명	첨단생물지식법인 (첨단생물지식공장)	2		–		–		–	
	첨단수산물지식법인 (첨단수산물지식공장)	2		–		–		–	
	첨단축산물지식법인 (첨단축산물지식공장)	2		–		–		–	
	첨단지식산업화 (첨단지식연구재단)	2		–		–		–	
	첨단지식전원도시화 (지식–네트워크)	2		–		–		–	
산업구조	1차산업 (첨단농·어업)	5.0		4.5		4.0		3.0	
	2차산업 (첨단지식제조업)	15		14		13		12	
	3차산업 (첨단지식서비스)	80		81.5		83		85	

주) 1) 국민소득은 달러
2) 기타의 단위는 %임
3) LGNP란, 지역경제의 국민소득을 말한다(로칼 그로스네셔살 프로닥트)
4) 투자율은 낮은 소득지역은 높은 투자, 높은 소득지역은 낮은 투자로 소득균형

세계정부의 제1차 5개년 유럽지역 경제개발 계획서

구분			제1차 5개년 개발계획(2011~2015年)									비고
			2011年		2012年		2013年		2014年		2015年	
			계획	실적	계획	실적	계획	실적	계획	실적	계획	실적
지역별 LGTP 소득			17,000		17,500		18,100		18,500		19,200	
LGTP 성장률	신진국		2.3		2.4		2.2		2.4		2.2	
	후진국		5		4.5		5		5.5		5	
소비자 물가	신진국		1.5		1.4		1.6		1.5		1.5	
	후진국		2		1.8		2.2		1.9		2.1	
저축률	신진국		25		26		24		25		25	
	후진국		26		27		24		27		26	
투자율	선진국	국내	23		24		22		24		22	
		해외	–		–		–		–		–	
	후진국	국내	25		24		26		25		45	
		해외	30		28		32		31		29	
신자연혁명	첨단생물지식법인 (첨단생물지식공장)		6		6		6		6		6	
	첨단수산물지식법인 (첨단수산물지식공장)		6		6		6		6		6	
	첨단축산물지식법인 (첨단축산물지식공장)		6		6		6		6		6	
	첨단지식산업화 (첨단지식연구재단)		6		6		6		6		6	
	첨단지식전원도시화 (지식－네트워크)		6		6		6		6		6	
산업구조	1차산업 (첨단농·어업)		11		10.8		10.0		9.4		8.1	
	2차산업 (첨단지식제조업)		24		23.7		23.4		23.0		22.4	
	3차산업 (첨단지식서비스)		65		65.5		66.6		67.6		69.5	

* 자연혁명에 투자집중하여 녹생생물경제로 녹색성장을 주도한다.

세계정부의 제2차 5개년 유럽지역 경제개발 계획서

구분		제2차 5개년 개발계획(2016~2020年)										비고
		2016年		2017年		2018年		2019年		2020年		
		계획	실적	계획	실적	계획	실적	계획	실적	계획	실적	
지역별 LGTP 소득		19,400		19,500		19,700		19,900		20,000		
LGTP 성장률	선진국	1.5		1.6		1.4		1.6		1.4		
	후진국	5		4.5		5.5		4.8		5.2		
소비자 물가	선진국	1.5		1.3		1.7		1.5		1.5		
	후진국	2.2		2.0		2.4		2.1		2.3		
저축률	선진국	24		24		26		22		24		
	후진국	25		26		24		25		25		
투자율	선진국 국내	25		24		26		25		25		
	선진국 해외	–		–		–		–		–		
	후진국 국내	26		25		24		27		28		
	후진국 해외	24		22		23		26		25		
신자연혁명	첨단생물지식법인 (첨단생물지식공장)	5		5		5		5		5		
	첨단수산물지식법인 (첨단수산물지식공장)	5		5		5		5		5		
	첨단축산물지식법인 (첨단축산물지식공장)	5		5		5		5		5		
	첨단지식산업화 (첨단지식연구재단)	5		5		5		5		5		
	첨단지식전원도시화 (지식-네트워크)	5		5		5		5		5		
산업구조	1차산업 (첨단농·어업)	8.0		7.9		7.5		7.3		7.1		
	2차산업 (첨단지식제조업)	21.6		21		20.6		20		19.5		
	3차산업 (첨단지식서비스)	70.4		71.1		71.9		72.7		73.4		

* 자연혁명은 바이오-녹색경제로 녹색성장을 주도한다.

세계정부의 제3차 5개년 유럽지역 경제개발 계획서

구분			제3차 5개년 개발계획(2021~2025年)										비고
			2021年		2022年		2023年		2024年		2025年		
			계획	실적	계획	실적	계획	실적	계획	실적	계획	실적	
지역별 LGTP 소득			21,000		21,500		21,800		22,300		22,900		
LGTP 성장률	선진국		1.5		1.6		1.4		1.6		1.4		
	후진국		5.2		5.4		5.0		5.2		5.2		
소비자 물가	선진국		1.5		1.3		1.7		1.5		1.5		
	후진국		2.2		2.0		2.4		2.2		2.2		
저축률	선진국		22		24		20		24		20		
	후진국		23		22		24		22		24		
투자율	선진국	국내	22		21		23		21		23		
		해외	–		–		–		–		–		
	후진국	국내	23		24		22		23		23		
		해외	–		–		–		–		–		
신자연혁명	첨단생물지식법인 (첨단생물지식공장)		4		4		4		4		4		
	첨단수산물지식법인 (첨단수산물지식공장)		4		4		4		4		4		
	첨단축산물지식법인 (첨단축산물지식공장)		4		4		4		4		4		
	첨단지식산업화 (첨단지식연구재단)		4		4		4		4		4		
	첨단지식전원도시화 (지식－네트워크)		4		4		4		4		4		
산업구조	1차산업 (첨단농·어업)		7.0		6.6		6.0		5.9		5.7		
	2차산업 (첨단지식제조업)		19		18.5		18.0		17.1		16.4		
	3차산업 (첨단지식서비스)		74		74.9		76		77		77.9		

* 자연혁명은 신경제→신생산→신지식 가공방식을 채택한다.

세계정부의 제4차 5개년 유럽지역 경제개발 계획서

구분			제4차 5개년 개발계획(2026~2030年)									비고
			2026年		2027年		2028年		2029年		2030年		
			계획	실적	계획	실적	계획	실적	계획	실적	계획	실적	
지역별 LGTP 소득			23,000		23,800		24,500		25,800		26,500		
LGTP 성장률	선진국		1.5		1.7		1.4		1.4		1.5		
	후진국		5		5.2		4.8		5.1		4.9		
소비자 물가	선진국		1.5		1.3		1.7		1.5		1.5		
	후진국		2.1		2.0		2.2		2.0		2.2		
저축률	선진국		24		23		25		26		22		
	후진국		22		21		23		22		22		
투자율	선진국	국내	21		20		21		22		21		
		해외	–		–		–		–		–		
	후진국	국내	23		22		23		24		23		
		해외	–		–		–		–		–		
신자연혁명	첨단생물지식법인 (첨단생물지식공장)		3		3		3		3		3		
	첨단수산물지식법인 (첨단수산물지식공장)		3		3		3		3		3		
	첨단축산물지식법인 (첨단축산물지식공장)		3		3		3		3		3		
	첨단지식산업화 (첨단지식연구재단)		3		3		3		3		3		
	첨단지식전원도시화 (지식 – 네트워크)		3		3		3		3		3		
산업구조	1차산업 (첨단농・어업)		5.6		5.5		5.4		5.2		5.1		
	2차산업 (첨단지식제조업)		16		15.8		15.6		15.3		15.1		
	3차산업 (첨단지식서비스)		78.4		78.7		79		79.5		79.8		

* 자연혁명으로 脫산업문명. 脫기계문명. 脫공장제를 주도한다.

세계정부의 제5차 5개년 유럽지역 경제개발 계획서

구분			제5차 5개년 개발계획(2031~2035年)										비고
			2031年		2032年		2033年		2034年		2035年		
			계획	실적	계획	실적	계획	실적	계획	실적	계획	실적	
지역별 LGTP 소득			27,000		27,900		28,900		31,000		31,500		
LGTP 성장률	선진국		2.5		2.4		2.6		2.6		2.4		
	후진국		5.5		5.7		5.3		5.5		5.5		
소비자 물가	선진국		1.5		1.4		1.6		1.5		1.5		
	후진국		1.7		1.6		1.8		1.7		1.7		
저축률	선진국		28		26		29		29		28		
	후진국		30		32		28		30		30		
투자율	선진국	국내	27		26		28		27		27		
		해외	–		–		–		–		–		
	후진국	국내	26		24		28		25		27		
		해외	–		–		–		–		–		
신자연혁명	첨단생물지식법인 (첨단생물지식공장)		2		2		2		2		2		
	첨단수산물지식법인 (첨단수산물지식공장)		2		2		2		2		2		
	첨단축산물지식법인 (첨단축산물지식공장)		2		2		2		2		2		
	첨단지식산업화 (첨단지식연구재단)		2		2		2		2		2		
	첨단지식전원도시화 (지식－네트워크)		2		2		2		2		2		
산업구조	1차산업 (첨단농·어업)		5.0		4.9		4.7		4.5		4.5		
	2차산업 (첨단지식제조업)		15.0		14.8		14.6		14.4		14.0		
	3차산업 (첨단지식서비스)		80		80.3		80.7		81.1		81.5		

* 자연혁명으로 자연과 인간, 즉 신토일체가 된다.

세계정부의 제6차 5개년 유럽지역 경제개발 계획서

구분			제6차 5개년 개발계획(2036~2040年)										비고
			2036年		2037年		2038年		2039年		2040年		
			계획	실적	계획	실적	계획	실적	계획	실적	계획	실적	
지역별 LGTP 소득			32,000		33,500		34,700		35,900		36,500		
LGTP 성장률	선진국		2.7		2.5		2.9		2.6		2.8		
	후진국		5.8		5.7		5.9		5.8		5.8		
소비자 물가	선진국		1.2		1.3		1.1		1.2		1.2		
	후진국		1.5		1.4		1.6		1.5		1.5		
저축률	선진국		29		28		30		29		29		
	후진국		30		29		31		29		31		
투자율	선진국	국내	29		30		28		29		29		
		해외	–		–		–		–		–		
	후진국	국내	29		28		30		29		29		
		해외	–		–		–		–		–		
신자연혁명	첨단생물지식법인 (첨단생물지식공장)		–		–		–		–		–		
	첨단수산물지식법인 (첨단수산물지식공장)		–		–		–		–		–		
	첨단축산물지식법인 (첨단축산물지식공장)		–		–		–		–		–		
	첨단지식산업화 (첨단지식연구재단)		–		–		–		–		–		
	첨단지식전원도시화 (지식 – 네트워크)		–		–		–		–		–		
산업구조	1차산업 (첨단농·어업)		4.4		4.3		4.2		4.1		4.0		
	2차산업 (첨단지식제조업)		13.9		13.7		13.5		13.2		13.0		
	3차산업 (첨단지식서비스)		81.7		82		82.3		82.7		83		

* 자연혁명은 자율투자기능으로 전환한다.

세계정부의 제7차 5개년 유럽지역 경제개발 계획서

구분			제7차 5개년 개발계획(2041~2045年)									비고
			2041年		2042年		2043年		2044年		2045年	
			계획	실적	계획	실적	계획	실적	계획	실적	계획	실적	
지역별 LGTP 소득			37,000		37,500		38,000		38,500		39,000		
LGTP 성장률	선진국		3.0		2.5		3.5		3.0		3.0		
	후진국		5.9		5.7		5.9		6.1		5.9		
소비자 물가	선진국		1.0		1.0		0.8		1.2		1.0		
	후진국		1.4		1.2		1.3		1.5		1.6		
저축률	선진국		29		28		29		30		29		
	후진국		29		30		28		29		29		
투자율	선진국	국내	29		29		30		28		29		
		해외	–		–		–		–		–		
	후진국	국내	29		28		29		30		29		
		해외	–		–		–		–		–		
신자연혁명	첨단생물지식법인 (첨단생물지식공장)		–		–		–		–		–		
	첨단수산물지식법인 (첨단수산물지식공장)		–		–		–		–		–		
	첨단축산물지식법인 (첨단축산물지식공장)		–		–		–		–		–		
	첨단지식산업화 (첨단지식연구재단)		–		–		–		–		–		
	첨단지식전원도시화 (지식 – 네트워크)		–		–		–		–		–		
산업구조	1차산업 (첨단농 · 어업)		4.0		3.9		3.7		3.4		3.1		
	2차산업 (첨단지식제조업)		13		12.9		12.6		12.3		12.1		
	3차산업 (첨단지식서비스)		83		83.2		83.7		84.3		84.8		

* 자연혁명은 신영재앙성으로 고품질화를 추구한다.

세계정부의 제8차 5개년 유럽지역 경제개발 계획서

구분			제8차 5개년 개발계획(2046~2050年)									비고
			2046年		2047年		2048年		2049年		2050年		
			계획	실적	계획	실적	계획	실적	계획	실적	계획	실적	
지역별 LGTP 소득			39,500		41,500		42,100		42,600		43,000		
LGTP 성장률	선진국		2.9		2.7		3.1		2.8		3.0		
	후진국		5.5		5.3		5.7		5.5		5.5		
소비자 물가	선진국		1.2		1.2		1.0		1.4		1.2		
	후진국		1.5		1.4		1.6		1.5		1.5		
저축률	선진국		28		29		27		28		28		
	후진국		31		30		32		30		32		
투자율	선진국	국내	28		29		27		29		27		
		해외	–		–		–		–		–		
	후진국	국내	28		27		29		27		29		
		해외	–		–		–		–		–		
신자연혁명	첨단생물지식법인 (첨단생물지식공장)		–		–		–		–		–		
	첨단수산물지식법인 (첨단수산물지식공장)		–		–		–		–		–		
	첨단축산물지식법인 (첨단축산물지식공장)		–		–		–		–		–		
	첨단지식산업화 (첨단지식연구재단)		–		–		–		–		–		
	첨단지식전원도시화 (지식 – 네트워크)		–		–		–		–		–		
산업구조	1차산업 (첨단농·어업)		3.0		2.9		2.7		2.4		2.2		
	2차산업 (첨단지식제조업)		12.0		11.9		11.6		11.5		11.0		
	3차산업 (첨단지식서비스)		85		85.1		85.7		86.1		86.8		

* 자연혁명은 첨단지식창조용 연구개발에 투자한다.

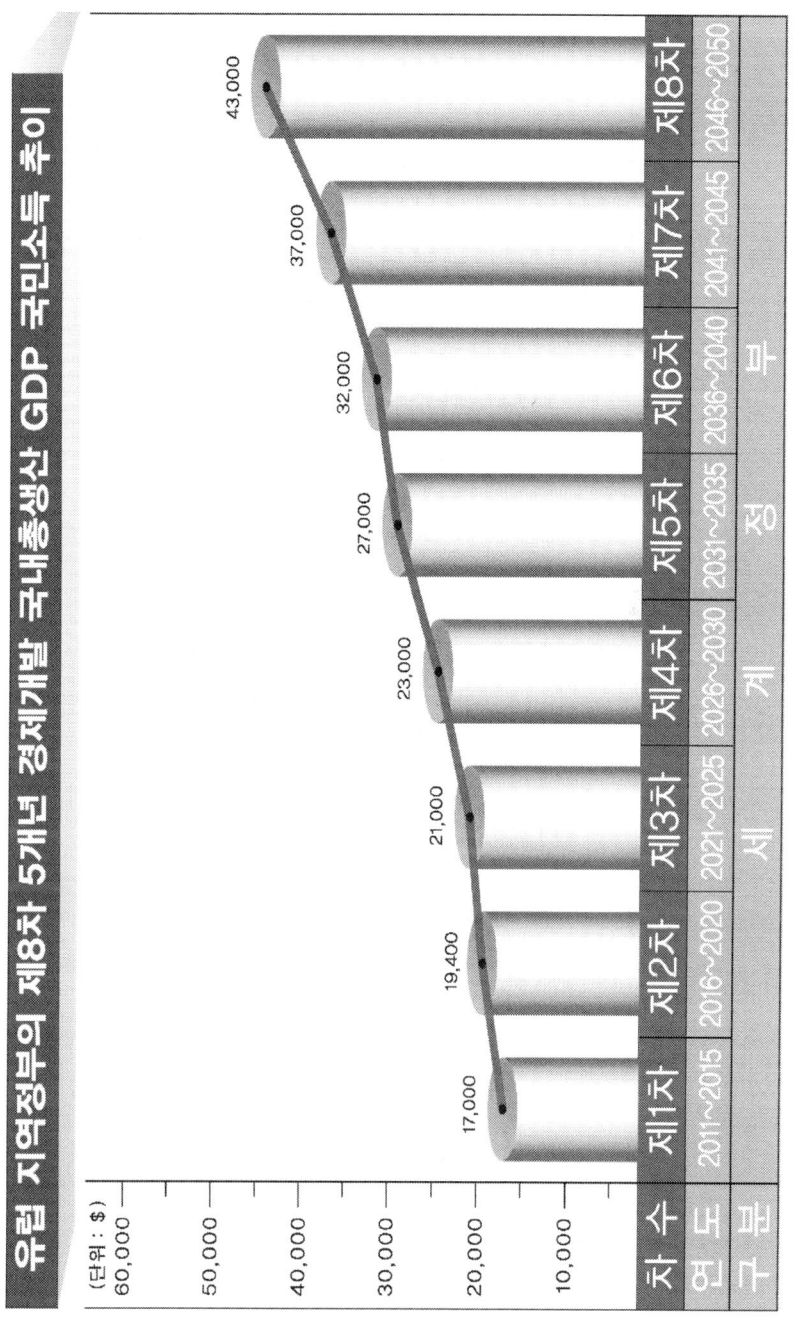

유럽 지역정부의 제8차 5개년 경제개발 국내총생산 GDP 국민소득 추이

(단위 : $)

구 분	연 도	차 수			
수 도	2011~2015	제1차			
	2016~2020	제2차	19,400		
세	2021~2025	제3차	21,000		
	2026~2030	제4차	23,000		
계	2031~2035	제5차	27,000		
	2036~2040	제6차	32,000		
정	2041~2045	제7차	37,000		
부	2046~2050	제8차	43,000		

17,000

60,000
50,000
40,000
30,000
20,000
10,000

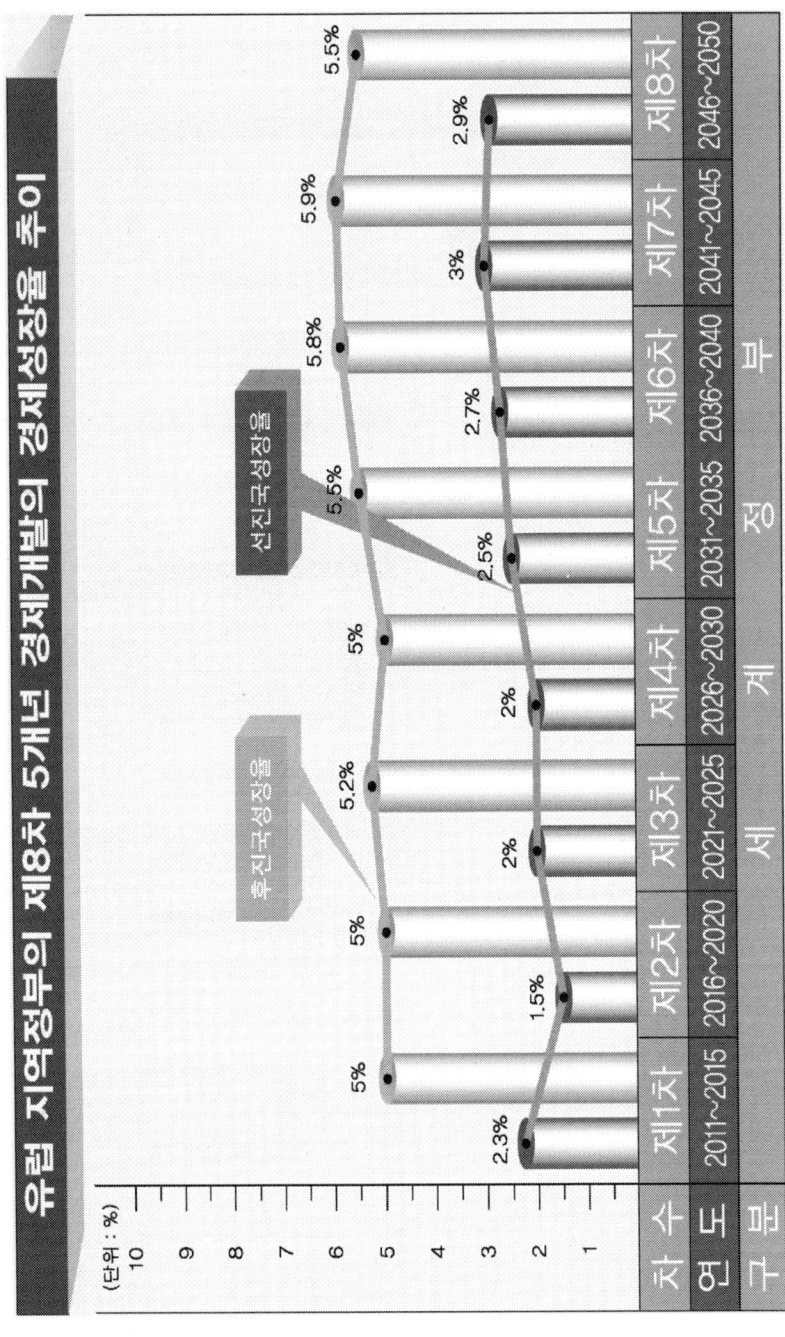

유럽 지역정부의 제8차 5개년 경제개발의 경제성장률 추이

(단위 : %)

구 분	세			계		정		부	
연 도	2011~2015	2016~2020	2021~2025	2026~2030	2031~2035	2036~2040	2041~2045	2046~2050	
차 수	제1차	제2차	제3차	제4차	제5차	제6차	제7차	제8차	

선진국성장률

후진국성장률

	제1차	제2차	제3차	제4차	제5차	제6차	제7차	제8차
선진국성장률	5%	5%	5.2%	5%	5.5%	5.8%	5.9%	5.5%
후진국성장률	2.3%	1.5%	2%	2%	2.5%	2.7%	3%	2.9%

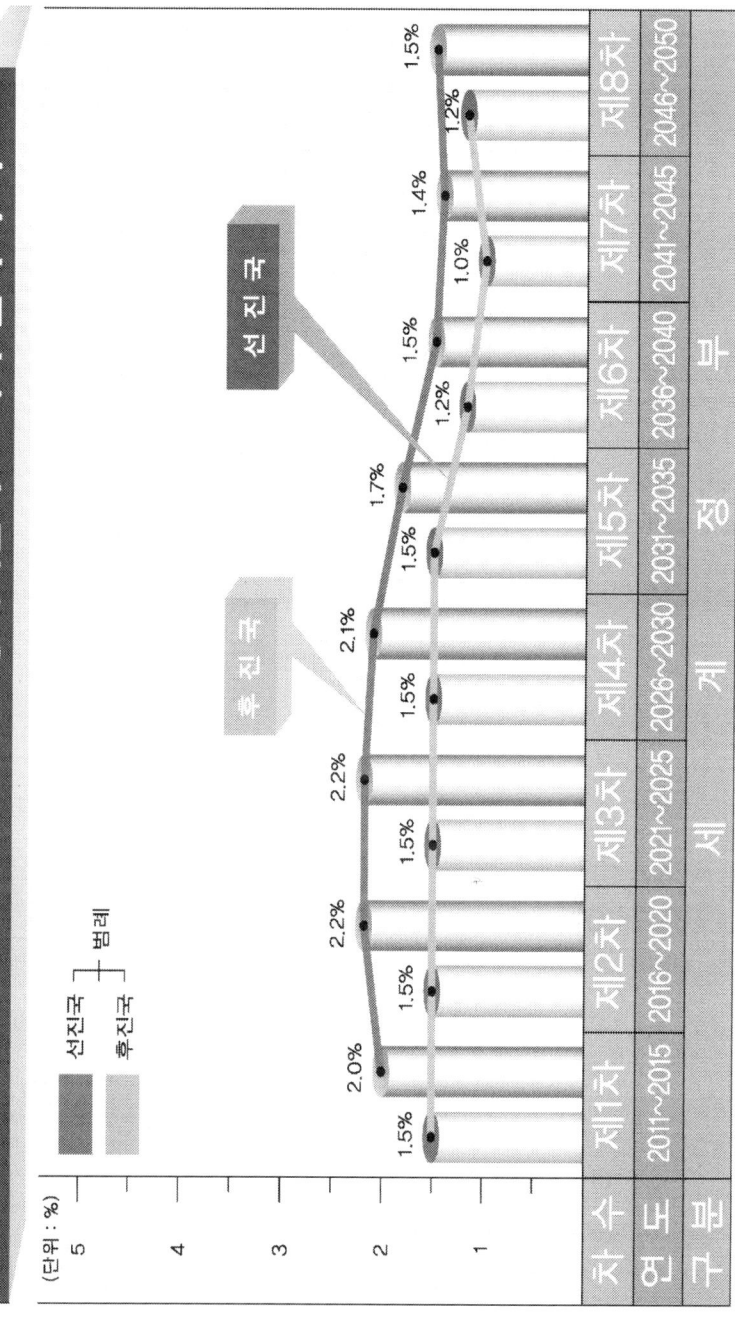

유럽 지역정부의 제8차 5개년 경제개발의 소비자 물가 추이

구분	제1차	제2차	제3차	제4차	제5차	제6차	제7차	제8차
연도	2011~2015	2016~2020	2021~2025	2026~2030	2031~2035	2036~2040	2041~2045	2046~2050
차수	제	세		계		정	부	

범례
선진국
후진국

(단위 : %)

선진국
후진국

선진국: 1.5%, 1.5%, 1.5%, 1.5%, 1.7%, 1.5%, 1.0%, 1.5%
후진국: 2.0%, 2.2%, 2.2%, 2.1%, 1.2%, 1.2%, 1.4%, 1.2%

유럽 지역정부의 제8차 5개년 경제개발 저축율 현황 추이

(단위 : %)

차 수	제1차	제2차	제3차	제4차	제5차	제6차	제7차	제8차
연 도	2011~2015	2016~2020	2021~2025	2026~2030	2031~2035	2036~2040	2041~2045	2046~2050
구 분	세		계		정		부	

후진국저축율

선진국저축율

후진국저축율: 26% 25% / 25% / 23% / 24% / 30% / 30% / 29% / 31%
선진국저축율: 25% / 24% / 22% / 22% / 28% / 29% / 29% / 28%

유럽 지역정부의 제8차 5개년 경제개발의 투자율 추이

(단위 : %)

구분	제1차	제2차	제3차	제4차	제5차	제6차	제7차	제8차
연도	2011~2015	2016~2020	2021~2025	2026~2030	2031~2035	2036~2040	2041~2045	2046~2050

세계정부

후진국국내 / 후진국해외차원 / 선진국국내

제1차: 30%, 25%, 23%
제2차: 26%, 25%
제3차: 23%, 22%, 20%
제4차: 23%, 21%, 20%
제5차: 24%, 26%, 10%
제6차: 29%
제7차: 29%
제8차: 28%

유럽 지역정부의 제8차 5개년 경제개발의 신자연혁명 투자율 추이

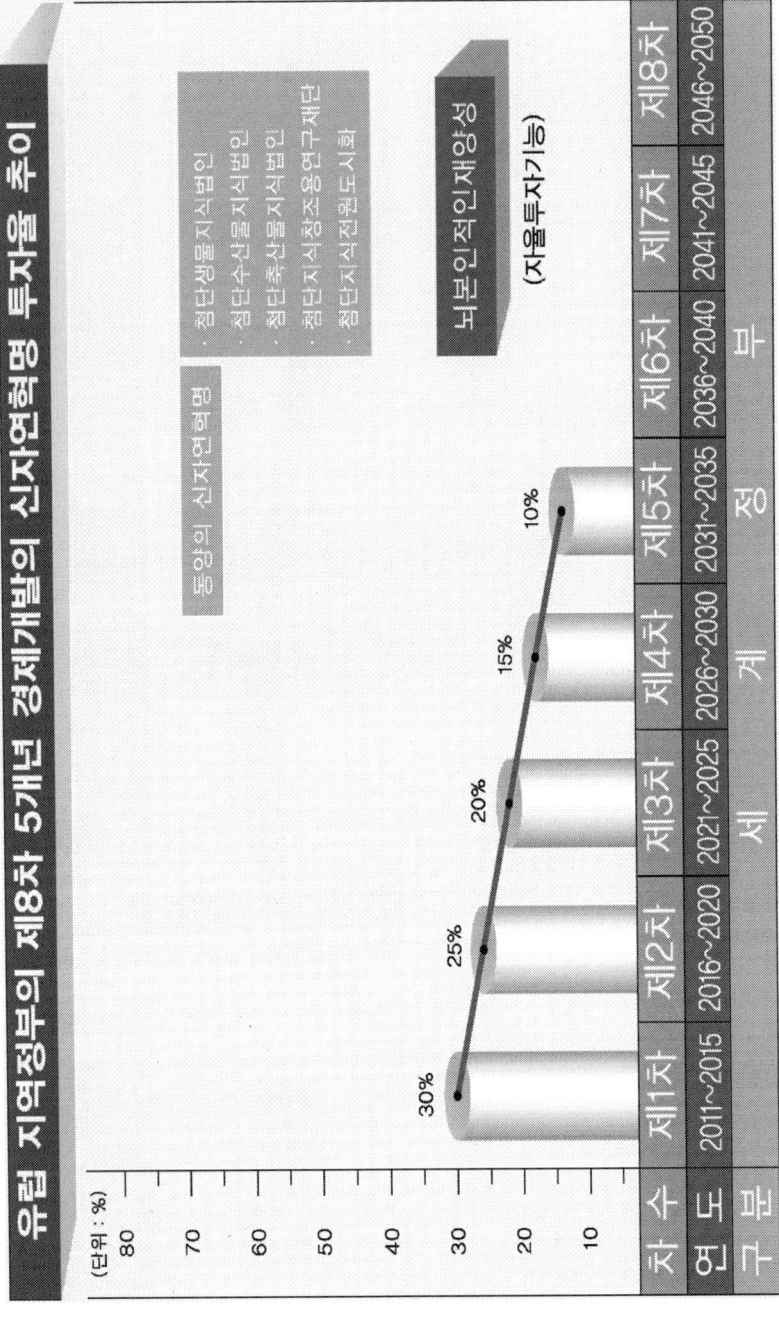

(단위 : %)

동양의 신자연혁명
- 첨단생물지식법인
- 첨단수산물지식법인
- 첨단축산물지식법인
- 첨단지식창조융연구재단
- 첨단지식전원도시회

뇌본인적인재양성
(자율투자기능)

차 수	제1차	제2차	제3차	제4차	제5차	제6차	제7차	제8차
연 도	2011~2015	2016~2020	2021~2025	2026~2030	2031~2035	2036~2040	2041~2045	2046~2050
구 분	시	계		정		부		

유럽 지역정부의 제8차 5개년 경제개발의 산업구조 추이

(단위 : %)

차 수	제1차	제2차	제3차	제4차	제5차	제6차	제7차	제8차
연 도	2011~2015	2016~2020	2021~2025	2026~2030	2031~2035	2036~2040	2041~2045	2046~2050
3차산업첨단지식서비스	65%	71%	74%	78.4%	80%	81.5%	83%	85%
2차산업첨단지식제조업	24%	21%	19%	16%	15%	14%	13%	12%
1차산업첨단농림·어업	11%	8.0%	7.0%	5.6%	5.0%	4.5%	4.0%	3.0%

그것은 다름 아닌 인간이 살아가는 일체의 진리적 가치기준의 척도가 바로 대자연에 있으므로 우리는 이러한 대자연의 대진리에서 벗어나지 않는 '신인간'(新人間: 서구의 물질세계 및 육체적 세계에서 해탈을 통한 진정한 본능세계관이 도래됨으로써 인간은 서구의 물량화로 인한 인간타락상에서 벗어나 본능세계에 의한 정신세계 및 본성세계에 의한 마음세계가 신인간으로 가치척도가 됨과 동시에 인간은 인간으로서 고차원세계로 인도될 것이며, 우리는 이것을 총론적으로 신인간세계(新人間世界)라고 하며, 아울러 인간완성세계관에 의한 천인합일세계관의 도래가 바로 신인간으로 나아가는 초석이 된다는 논리이다. 덧붙여 대학에서는 백성을 새롭게 함과 동시에 이러한 만백성을 지어지선(至於至善)에 머물도록 하는 것이 정치의 근본이다.)이 한반도에서 도래됨으로써 우리는 '신인합일세계'(神人合一世界), '신선시대'(神仙時代), '일신시대'(一神時代)가 도래됨과 동시에 삼라만상에 존재하는 우주만물은 하늘의 '신'(神: 天), '기'(氣: 地), '정'(精: 人)이 내려옴으로써 단군이 예언한 '신국건설'(神國建設)의 꿈이 우리들 눈앞에 다가올 것이며, 시기적으로 21세기 말부터 22세기 초까지 이러한 신국건설이 현실화된다는 논리이다. 이러한 세계를 우리는 불교에서는 '관세음보살' 및 21세기부터는 '미륵보살' 그리고 22세기 초경부터는 '천수보살시대'가 도래되어 신국건설의 꿈이 실현될 것이며, 이러한 시대에는 선남선녀(善男善女)들이 한반도에서 '지상낙원세계'(地上樂園世界)가 도래됨과 동시에 인간이 하늘의 조화를 부리는 '천사세계'(天使世界)가 도래됨으로써 인간형상을 실현하는 한반도에서 삼라만상에 존재하는 우주만물을 완성세계로 인도하게 될 것이다.

제7절 아메리카지역에 대한 경제개발종합계획서를 수립한다

　우주세계의 우주자연 그리고 우주만물은 '태평양시대'에서 인류문화의 시작과 동시에 '인도양시대'로 넘어가게 되었으며, 아울러 서구문명인 '대서양시대'가 역사적인 종말을 고하게 됨과 동시에 콜롬부스가 아메리카 대륙을 발견한 것이 아니라 콜롬부스는 아메리카 대륙을 '방문'한 것으로 역사는 새롭게 정립해 나아가야 하는 '역사 모순'을 지적하는 바이다. 그 당시에 아메리카 대륙의 원주민들은 생존하고 있었으며, 서구의 이러한 변증법적 역사 논리가 바로 역사 모순을 잉태하는 근본요인으로 작용하게 되었다. 정치권력에 의해서 조작된 역사 바로 세우기 작업의 일환으로 콜롬부스는 아메리카대륙을 발견한 것이 아니라 아메리카 대륙을 방문한 것으로 역사 교육을 새롭게 재편해 나아가야 한다고 세계정부 연구소의 소장은 역사 모순점을 지적하는 바이다.

　아울러 '대륙문명권'(미, 소시대) 시대는 역사의 순환법칙에 준하여 보름달의 만삭에 이른 물질세계는 서서히 그 기운을 다함으로써 역사 속으로 기울어 가고 있으며, 인류미래역사는 위대한 한반도 시대가 인류문명사를 인도할 것으로 논자는 확신하는 바이다. 이러한 인류문명사는 필연적으로 대우주가 중심에 하나로 귀일함으로써 역사필연의 법칙에 준하여 '반도문명권시대'(半島文明權時代: 정신문명시대), '반도경제권시대'(半島經濟權: 지식기반경제→녹색생물공학경제→자연주의경제→마음의 경제시대), '반도정치권시대'(半島政治權時代: 도치정치시대)가 도래됨으로써 서구문명으로 인한 일체의 변증법적 역사논리에 대한 '역사모순', '역사괴리', '역사정립'으로 이어져 나아가야 한다고 논자는 만천하에 고하는 바이며, 이러한 역사 모순을 세계정부 연구소가 주도하여 역사모순을 역사정립으로 나아가야 한다고 논자는 강력하게 주장하는 바이다.

우리는 서구의 변증법적 역사모순은 '정'(正), '반'(反), '합'(合)으로 이어지면서 서구문명이 낳은 역사모순은 바로 '정립'(正立), '반정립'(反正立), '통일'(統一)로 나아가야 하나 서구역사논리는 '반정립'으로 인한 '역사모순', '역사괴리', '역사조작'을 바로 세워서 만물이 중심지본에서 하나의 근본으로서 다스려 나아가는 이론적인 모태가 바로 세계정부연구소의 강주효 소장이 주도하게 될 것이다. 우리는 서구의 날조된 '역사모순'에서 벗어나 새로운 역사의식을 통한 날조된 역사를 바로 세우고 미래사관에 대한 역사를 바르게 창조해 나아갈 수 있다고 논자는 확신하는 바이다. 아울러 서구문명은 보름달의 만삭에 도달한 물질세계는 역사적인 종언을 고하고 동시에 대우주는 서서히 지구의 중심축이 관통하는 한반도로 삼생만물이 하나로 회삼귀일함으로써 서구문명에 한계점 및 모순점을 타파하여 새로운 신문명권시대의 도래와 문명창조를 실현해 나아가야 하는 역사적인 분기점에 머무르고 있는 실정이다. 이러한 문명창조는 필연적으로 한반도에서 한민족이 주도하게 될 것이며, 그것은 다름 아닌 세계정부 연구소가 '인류문명사'(人類文明史), '신역사창조'(新歷史創造), '신역사의식'(新歷史意識)을 주도할 것이며, 아울러 세계정부 연구소가 주도하는 '인류통합'(人類統合), '인류공존'(人類共存), '인류공영'(人類共榮)을 실현하는 모태가 바로 세계정부연구소의 강주효 소장으로 '미래사관'(未來史觀),

‘미래역사’(未來歷史), ‘신역사창조’(新歷史創造)를 주도할 것으로 사료하며, 그것은 다름 아닌 세계사를 한민족이 호령하게 될 것으로 논자는 대선각자의 입장에서 전 세계 각국정부의 정치지도자에게 고하는 바이다.

우리는 서구문명으로 인한 낡고 부패한 정치세력을 척결하는 길만이 인류공존을 실현하는 모태가 된다는 사실을 직시해 나아가야 하며, 그것은 다름 아닌 신역사창조를 실현함으로써 서구의 날조된 역사의식을 바로 세워서 ‘역사정립’(歷史正立)으로 나아가는 모태가 될 것이다. 우리는 서구의 물질 우위의 유물사관에서 역사해탈 (歷史解脫)을 통한 변증법적(辨證法的) 유물론(唯物論)의 모태는 바로 역사모순의 정치 이데올로기에 벗어난 ‘새로운 정치관’(新政觀), ‘새로운 가치세계’(新價界), ‘새로운 인생관’(新人觀)을 중심지본에서 정립해 나아가는 것이 역사모순을 본질적으로 해소해 나아가는 초석이 될 것으로 전 세계 각국정부의 정치지도자에게 고하는 바이다.

아울러 서구의 물질사관에 의한 역사모순인 ‘반정립’(反正立)→ 정립(正立)해 나아가는 것이 역사모순을 본질적으로 해소 및 화해 그리고 정립해 나아가는 역사진리를 창조해 나아가는 이론적인 모태는 바로 중심지본에서 새 역사창조화 세계로 인도해 나아갈 때에 가능하다는 역사논리를 설파하는 바이다. 우리는 이러한 것을 ‘중화’(中和), ‘중도’(中道), ‘중정’(中正)을 통한 중심근본에 복귀됨과 동시에 서구문명에 의한 중심지본에서 이탈되었던 공심세계가 지구의 지축이 관통하는 한반도로 귀일함으로써 우주만물 중심의 근본에서 ‘조화세계’(造化世界), ‘완성세계’(完成世界), ‘우주세계’

(宇宙世界)로 나아가는 이론적인 모태가 바로 '우주자연의 이법' (自然法則), '섭리역사의 이법'(攝理法則), '역사법칙의 이법'(歷史理法)에 준하여 한반도에 세계정부 창설을 주도함으로써 '인류통합'(人類統合), '지역통합'(地域統合), '세계통합'(世界統合), '우주통합'(宇宙統合)의 근본적인 모태 위에서 한반도에서 '신역사창조'(新歷史創造), '신역사혁명'(新歷史革命), '신우주혁명'(新宇宙革命)을 주도함과 동시에 서구의 '이원론적 세계관'(二元論的世界觀), '인간중심적 사고'(人間中心的思考), '도구적 자연관'(道具的自然觀), '기계론적 세계관'(機械的論世界觀)은 자연과 인간을 분리하는 이원론적 세계관과 서구의 자연관은 자연에 '도전'함으로써 인간 및 자연 그리고 우주까지 지배정복하게 되었으며, 이러한 도구적 자연관은 자연에 대한 정신(精神) 및 이성적(理性的)인 존재로 인간과 자연과의 관계는 '대립'(對立), '투쟁'(投爭), '갈등'(渴登)을 본질적인 바탕으로 이원론적 세계관의 형이상학적(形而上學的) 관계를 정립한다.

이러한 도구적 자연관은 기계문명과 과학의 발달로 인한 서구 산업혁명의 결과론은 인간이 생존하는 데 필연적으로 삶의 진리의 가치척도가 되는 자연환경 파괴행위 및 자연환경 훼손행위 그리고 약탈적 자연관(대공장제에 의한 천혜의 자연에서 재료나 원료를 가공하는 가공무역의 형태는 유한한 자연환경을 약탈하는 행위의 일체가 됨.)으로 인하여 산업혁명의 결과론은 인간성의 '파괴행위', '환경오염', '자연생태계의 파괴행위', '기후의 온난화', '오존층의 파괴행위', '생물종의 감소', '토양오염', '자연황폐화'로 인하여 전 인류 생존자체를 위협하고 있는 산업혁명의 결과는 바로 한시대적인 전유물로 역사 속으로 소멸할 것이며, 이러한 대안으로 노자성현은 "자연으로 돌아가라.", "자연으로 복귀하라.", "근원으로 돌아가라."라고 하는 명제는 바로 한반도는 대우주의 중심국가로서 '자연중심국가'(自然中心國家), '인간중심국가'(人間中心國家), '우주중심국가'(宇宙中心國家) 시대가 도래됨과 동시에 오늘날의 서구문명으로 인한 일체의 불균형을 새로운 동양세계에 의한 '천인일치세계관'(天人一致世界觀), '생태론적 세계관'(生態論的世界觀), '만물유기체적 세계관'(萬物有氣體的世界觀), '만유공존공생적 세계관'(萬有共存共生的世界觀), '천지동근만물일체심신불이'(天地同根萬物一體心身不二)가 한반도에서 도래됨으로써 '우주세계'(宇宙世界), '자연세계'(自然世界), '인간세계'(人間世界) 즉 삼자합일세계관(三者合一世界觀)이 도래됨과 동시에 인간세계에 의해서 우주만물을 중심근본(中心根本)에서 서구문명이 낳은 일체의 불균형을 '균형세계'(均衡世界), '조화세계'(造化世界), '완성세계'(完成世界)가 도래됨으로써 논자가 주장하는 '만유공존공생시대'(萬有共存共生時代)가 도래될 것으로 논자는 대선각자의 입장에서 만천하에 고하는 바이다.

이러한 서구문명은 '대공장제'에 의한 천혜 및 천연의 유한된 자연생태계에서 인간에게 필요한 물질생성을 위한 자연에서 채취한 재료나 원료를 대공장에서 가공하는 '가공무역'(加工貿役)의 형태는 바로 유한된 자연생태계를 인간의 물질생성을 호득하기 위한 수단으로 천혜의 자연조건을 인간이 약탈함으로써 인간은 자연의 '한 피조물'로서 근본을 상실함과 동시에 물질세계 및 배금주의 그리고 황금만능주의 사조에 의한 인간성을 타락시키는 근원적인 요인으로 작용하여 인간은 메탈리즘에 의한 인간성을 상실하는 근본 요인으로서 작용하게 되었다. 논자는 이러한 서구식 생산방식을 '구시대적인 생산방식' 및 '재래식의 생산방식' 그리고 '한시대의 전유물'로 서구의 산업혁명에 의한 물질세계는 역사적인 종말을 고함과 동시에 동양세계는 인간중심세계에 의한 서구의 '육체노동행위', '단순노동행위', '단순생산방식'에서 벗어나 새로운 '신생산방식'(新生産方式), '신지식생산방식'(新知識生産方式), '신지식창조생산방식'(新知識創造生産方式), '신지식가공생산방식'(新知識加工生産方式), '신뇌본창조지식생산방식'(新腦本創造知識生産方式), '신뇌본창조신경제생산방식'(新腦本創造新經濟生産方式), '신뇌본질의창조신경제생산방식'(新腦本質義創造新經濟生産方式), '신뇌본지식혁명생산방식'(新知識革命生産方式)으로 서구의 대공장제에 의한 자연에서 채취한 재료나 원료를 가공하는 육체노동행위의 단순가공방식은 역사 속으로 사라지게 됨과 동시에 동양세계는 '첨단지식연구소'(尖端知識研究所: 일반적 지식연구소), '첨단지식창조용연구소'(尖端知識創造用研究所: 신지식창조용연구소), '첨단지능형지식실험실연구소'(尖端知能形知識實驗室研究所)에서 '지식생산'(知識生産), '지식가공생산'(知識加工生産方式), '지식가공생산방식의 고부가가치화' 실현으로 이어지고 동시에 서구문명으로 인한 구시대적인 생산패러다임에서 완전히 벗어나 새로운 '지식생산가공방식'으로 신경제의 신패러다임으로 대전환을 모색하고 있으며, 그것은 다름 아닌 세계정부 연구소 소장 강주효로부터 인류역사창조화 작업이 실현될 것으로 사료하며, 이러한 신경제는 바로 '지식기반경제'(知識基盤經濟), '신자연주의 경제'(新自然主義經濟: 녹색경제 - 생물공학경제), '신마음경제시대'(新一心經濟時代)가 바로 세계정부 연구소에서 창조된 지식에 의해서 인류역사의 미래사관을 종합적이고 체계적으로 뉴 - 리더십에 의해서 '역사창조화혁명시대'(歷史創造化革命時代)를 주도해 나아갈 것이다.

이러한 동양세계는 신생산방식에 의한 지식생산방식은 바로 '첨단지능형지식공장화'에 의한 천혜 및 천연의 자연환경조건의 영향을 전혀 받지 않는 '첨단지능형유리온실공장화'(尖端知能形그라스溫室知識工場化), '첨단지능형완전제어형식물지식공장화'(尖端知能形完全制御形植物知識工場化), '첨단지능완전제어형계단식식물공장화'(尖端知能完全制御形繼段式植物知識工場化)의 내부에 장착된 고도의 바이오 - 센서 감지 디지털 수치제어방식에 의해서 공장내부의 '온도', '습도', '풍량', '이산화탄소', '주 에너지 공급원(4대 영양소 및 64대 영양소 공급)'의 일체의 공장내부를 디지털 수치제어 컴퓨터 생산방식에 의거하여 인간에게 필요한 물질을 호득하여 동양세계는 자연보호정책의 기반 위에서 인간에게 필요한 물질생성의 근원이 된다는 신경제의 신패러다임은 지식기반경제논리이다.

세계정부의 제8차 5개년 '아메리카지역' 경제개발 종합계획서 I

구분			제1차 5개년 개발계획 (2010~2015)		제2차 5개년 개발계획 (2016~2020)		제3차 5개년 개발계획 (2021~2025)		제4차 5개년 개발계획 (2026~2030)	
			계획	실적	계획	실적	계획	실적	계획	실적
지역별 LGTP 소득			6,500		9,800		13,000		19,500	
LGTP 성장률		선진국	2.7		2.5		2.3		2.3	
		후진국	6.7		7.0		7.1		7.1	
소비자 물가		선진국	2.2		2		2.1		1.9	
		후진국	2.9		2.4		2.4		2.2	
저축률		선진국	27		30		24		22	
		후진국	26		29		29		30	
투자율	선진국	국내	26		28		29		28	
		해외	–		–		–		–	
	후진국	국내	29		32		34		34	
		해외	30		37		36		35	
신자연혁명		첨단생물지식법인 (첨단생물지식공장)	6		5		4		3	
		첨단수산물지식법인 (첨단수산물지식공장)	6		5		4		3	
		첨단축산물지식법인 (첨단축산물지식공장)	6		5		4		3	
		첨단지식산업화 (첨단지식연구재단)	6		5		4		3	
		첨단지식전원도시화 (지식–네트워크)	6		5		4		3	
산업구조		1차산업 (첨단농·어업)	20.4		18.2		16.2		15.0	
		2차산업 (첨단지식제조업)	29		28.3		27.3		26.0	
		3차산업 (첨단지식서비스)	50.6		53.5		56.5		59	

주) 1) 국민소득은 달러
   2) 기타의 단위는 %임
   3) LGNP란, 지역경제의 국민소득을 말한다(로칼 그로스네셔날 프로닥트)
   4) 투자율은 낮은 소득지역은 높은 투자, 높은 소득지역은 낮은 투자로 소득균형

세계정부의 제8차 5개년 '아메리카지역' 경제개발 종합계획서 II

구분		제5차 5개년 개발계획 (2031~2035)		제6차 5개년 개발계획 (2036~2040)		제7차 5개년 개발계획 (2041~2045)		제8차 5개년 개발계획 (2046~2050)	
		계획	실적	계획	실적	계획	실적	계획	실적
지역별 LGTP 소득		24,000		31,000		37,000		44,000	
LGTP 성장률	선진국	2.7		2.8		2.9		3.2	
	후진국	8		7.5		7.2		8.0	
소비자 물가	선진국	1.5		1.2		1.3		1.5	
	후진국	1.7		1.8		1.9		1.8	
저축률	선진국	32		30		30		29	
	후진국	30		29		30		28	
투자율	선진국 국내	30		30		30		29	
	선진국 해외	–		–		–		–	
	후진국 국내	30		30		30		29	
	후진국 해외	–		–		–		–	
신지연혁명	첨단생물지식법인 (첨단생물지식공장)	2		–		–		–	
	첨단수산물지식법인 (첨단수산물지식공장)	2		–		–		–	
	첨단축산물지식법인 (첨단축산물지식공장)	2		–		–		–	
	첨단지식산업화 (첨단지식연구재단)	2		–		–		–	
	첨단지식전원도시화 (지식-네트워크)	2		–		–		–	
산업구조	1차산업 (첨단농·어업)	14.0		12.0		9.2		5.0	
	2차산업 (첨단지식제조업)	25		23		20		18	
	3차산업 (첨단지식서비스)	61		66		70.8		77	

주) 1) 국민소득은 달러
　　2) 기타의 단위는 %임
　　3) LGNP란, 지역경제의 국민소득을 말한다(로칼 그로스네셔널 프로덕트)
　　4) 투자율은 낮은 소득지역은 높은 투자, 높은 소득지역은 낮은 투자로 소득균형

세계정부의 제1차 5개년 아메리카지역 경제개발 계획서표 37

구분		제1차 5개년 개발계획(2011~2015年)										비고
		2011年		2012年		2013年		2014年		2015年		
		계획	실적	계획	실적	계획	실적	계획	실적	계획	실적	
지역별 LGTP 소득		24,000		25,500		27,800		29,600		30,500		
LGTP 성장률	선진국	2.6		2.6		2.8		2.8		2.7		
	후진국	6.6		6.7		6.8		6.7		6.7		
소비자 물가	선진국	2.0		2.2		2.4		2.2		2.2		
	후진국	2.8		2.8		3.0		3.0		2.9		
저축률	선진국	27		28		27		26		27		
	후진국	26		27		25		26		26		
투자율	선진국 국내	26		25		27		26		26		
	선진국 해외	–		–		–		–		–		
	후진국 국내	28		28		30		30		29		
	후진국 해외	30		30		29		31		30		
신자연혁명	첨단생물지식법인 (첨단생물지식공장)	6		6		6		6		6		
	첨단수산물지식법인 (첨단수산물지식공장)	6		6		6		6		6		
	첨단축산물지식법인 (첨단축산물지식공장)	6		6		6		6		6		
	첨단지식산업화 (첨단지식연구재단)	6		6		6		6		6		
	첨단지식전원도시화 (지식 – 네트워크)	6		6		6		6		6		
산업구조	1차산업 (첨단농·어업)	20		19		18.7		18.5		18.0		
	2차산업 (첨단지식제조업)	28.5		28		27.9		27.5		27.0		
	3차산업 (첨단지식서비스)	51.5		53		53.4		54		55		

* 초기 자연혁명에 투자재원의 확대는 신경제, 신성장률을 주도하게 될 것이다.

세계정부의 제2차 5개년 아메리카지역 경제개발 계획서

구분			제2차 5개년 개발계획(2016~2020年)									비고
			2016年		2017年		2018年		2019年		2020年	
			계획	실적	계획	실적	계획	실적	계획	실적	계획	실적
지역별 LGTP 소득			9,800		10,500		11,600		12,000		12,500		
LGTP 성장률	선진국		2.5		2.4		2.6		2.5		2.5		
	후진국		7.0		6.9		7.1		7.0		7.0		
소비자 물가	선진국		1.9		2.0		2.0		2.1		2.0		
	후진국		2.4		2.4		2.6		2.3		2.3		
저축률	선진국		30		29		31		30		30		
	후진국		29		28		29		31		29		
투자율	선진국	국내	28		29		28		27		28		
		해외	–		–		–		–		–		
	후진국	국내	32		30		34		32		32		
		해외	30		29		30		31		30		
신지연혁명	첨단생물지식법인 (첨단생물지식공장)		5		5		5		5		5		
	첨단수산물지식법인 (첨단수산물지식공장)		5		5		5		5		5		
	첨단축산물지식법인 (첨단축산물지식공장)		5		5		5		5		5		
	첨단지식산업화 (첨단지식연구재단)		5		5		5		5		5		
	첨단지식전원도시화 (지식 – 네트워크)		5		5		5		5		5		
산업구조	1차산업 (첨단농·어업)		17.9		17.6		17.0		16.8		16.2		
	2차산업 (첨단지식제조업)		28.3		28.2		28.0		27.2		27		
	3차산업 (첨단지식서비스)		53.8		54.2		55		56		56.8		

* 초기의 자연혁명에 많은 투자재원은 각국 정부의 균형성장이 확대하여 지구촌의 조화성장의 모태가 된다.

세계정부의 제3차 5개년 아메리카지역 경제개발 계획서표 39

구분			제3차 5개년 개발계획(2021~2025年)									비고
			2021年		2022年		2023年		2024年		2025年	
			계획	실적	계획	실적	계획	실적	계획	실적	계획	실적
지역별 LGTP 소득			13,000		14,900		15,900		17,100		18,900		
LGTP 성장률	선진국		2.3		2.2		2.4		2.3		2.3		
	후진국		7.1		7.0		7.2		7.1		7.1		
소비자 물가	선진국		2.1		2.0		2.1		2.2		2.1		
	후진국		2.4		2.3		2.5		2.4		2.4		
저축률	선진국		29		28		30		28		30		
	후진국		28		27		29		27		29		
투자율	선진국	국내	29		28		30		29		29		
		해외	–		–		–		–		–		
	후진국	국내	34		33		35		34		34		
		해외	36		35		37		36		36		
신자연혁명	첨단생물지식법인 (첨단생물지식공장)		4		4		4		4		4		
	첨단수산물지식법인 (첨단수산물지식공장)		4		4		4		4		4		
	첨단축산물지식법인 (첨단축산물지식공장)		4		4		4		4		4		
	첨단지식산업화 (첨단지식연구재단)		4		4		4		4		4		
	첨단지식전원도시화 (지식 – 네트워크)		4		4		4		4		4		
산업구조	1차산업 (첨단농·어업)		16		16		15.8		15.5		15.1		
	2차산업 (첨단지식제조업)		27		26.9		26.7		26.5		26.1		
	3차산업 (첨단지식서비스)		57		57.1		58		58		58.8		

* 동양의 신자연혁명은 脫산업화, 脫공업화, 脫공장제에서 벗어나 신생산방식, 신지식가공방식, 첨단지능형지식공장화
  가 도래된다.

구분			제4차 5개년 개발계획(2026 ~ 2030年)									비고
			2026年		2027年		2028年		2029年		2030年		
			계획	실적	계획	실적	계획	실적	계획	실적	계획	실적	
지역별 LGTP 소득			19,500		21,400		22,100		23,200		23,500		
LGTP 성장률	선진국		2.3		2.2		2.4		2.3		2.3		
	후진국		7.1		7.0		6.9		7.4		7.1		
소비자 물가	선진국		1.9		1.8		2.0		1.9		1.9		
	후진국		2.2		2.1		2.0		2.3		2.4		
저축률	선진국		30		29		29		31		31		
	후진국		28		27		28		29		28		
투자율	선진국	국내	28		28		27		29		28		
		해외	—		—		—		—		—		
	후진국	국내	34		33		35		34		34		
		해외	35		30		28		25		20		
신자연혁명	첨단생물지식법인 (첨단생물지식공장)		3		3		3		3		3		
	첨단수산물지식법인 (첨단수산물지식공장)		3		3		3		3		3		
	첨단축산물지식법인 (첨단축산물지식공장)		3		3		3		3		3		
	첨단지식산업화 (첨단지식연구재단)		3		3		3		3		3		
	첨단지식전원도시화 (지식 – 네트워크)		3		3		3		3		3		
산업구조	1차산업 (첨단농·어업)		15		15		14.8		14.5		14.1		
	2차산업 (첨단지식제조업)		25.8		25		25		24.9		24.5		
	3차산업 (첨단지식서비스)		59.2		60		60.2		60.6		61.4		

* 동양의 신자연혁명은 신산업화의 무공해청정지식기술의 주도에 의한 자연과 인간은 공존공생공영의 모태가 된다(身土一切).

세계정부의 제5차 5개년 아메리카지역 경제개발 계획서

구분			제5차 5개년 개발계획(2031~2035年)										비고
			2031年		2032年		2033年		2034年		2035年		
			계획	실적	계획	실적	계획	실적	계획	실적	계획	실적	
지역별 LGTP 소득			24,000		25,900		26,900		28,900		30,500		
LGTP 성장률	선진국		2.7		2.6		2.8		2.7		2.7		
	후진국		8		7		9		9		7		
소비자 물가	선진국		1.5		1.4		1.5		1.5		1.5		
	후진국		1.7		1.6		1.8		1.8		1.7		
저축률	선진국		32		30		32		32		32		
	후진국		30		29		31		31		30		
투자율	선진국	국내	30		29		30		30		30		
		해외	–		–		–		–		–		
	후진국	국내	30		28		32		32		30		
		해외	–		–		–		–		–		
신자연혁명	첨단생물지식법인 (첨단생물지식공장)		2		2		2		2		2		
	첨단수산물지식법인 (첨단수산물지식공장)		2		2		2		2		2		
	첨단축산물지식법인 (첨단축산물지식공장)		2		2		2		2		2		
	첨단지식산업화 (첨단지식연구재단)		2		2		2		2		2		
	첨단지식전원도시화 (지식 – 네트워크)		2		2		2		2		2		
산업구조	1차산업 (첨단농·어업)		13.9		10		13		13		12.8		
	2차산업 (첨단지식제조업)		23		15.9		22		21.9		21.2		
	3차산업 (첨단지식서비스)		63.1		74.1		65		65.1		66		

* 신자연혁명은 무공해청정첨단지식기술에 의한 신생산방식, 신지식가공방식, 첨단지능형지식공장화로 '맞춤형생산', '주문형생산', '특화생산' 방식에 의한 부가가치율은 50%이다.

세계정부의 제6차 5개년 아메리카지역 경제개발 계획서

구분			제6차 5개년 개발계획(2036~2040年)										비고
			2036年		2037年		2038年		2039年		2040年		
			계획	실적	계획	실적	계획	실적	계획	실적	계획	실적	
지역별 LGTP 소득			31,000		32,900		33,900		35,100		36,500		
LGTP 성장률	선진국		2.8		2.9		2.7		3.0		2.6		
	후진국		7.5		7.4		7.6		7.5		7.5		
소비자 물가	선진국		1.2		1.1		1.3		1.2		1.2		
	후진국		1.8		1.7		1.8		1.9		1.8		
저축률	선진국		32		29		31		31		29		
	후진국		29		30		28		29		29		
투자율	선진국	국내	30		29		31		29		31		
		해외	–		–		–		–		–		
	후진국	국내	30		31		29		31		29		
		해외	–		–		–		–		–		
신자연혁명	첨단생물지식법인 (첨단생물지식공장)		–		–		–		–		–		
	첨단수산물지식법인 (첨단수산물지식공장)		–		–		–		–		–		
	첨단축산물지식법인 (첨단축산물지식공장)		–		–		–		–		–		
	첨단지식산업화 (첨단지식연구재단)		–		–		–		–		–		
	첨단지식전원도시화 (지식－네트워크)		–		–		–		–		–		
산업구조	1차산업 (첨단농·어업)		12.6		12.4		12.1		12.0		12.0		
	2차산업 (첨단지식제조업)		20		19.8		19.6		19.1		19.0		
	3차산업 (첨단지식서비스)		67.4		67.8		68.3		68.9		69		

* 신자연혁명 첨단지능형완전제어형지식공장화의 실현으로 무인지능형지식공장화 시대가 도래되어 '지능로봇'이 첨단 농법을 주도할 것이다.

세계정부의 제7차 5개년 아메리카지역 경제개발 계획서

구분			제7차 5개년 개발계획(2041~2045年)										비고
			2041年		2042年		2043年		2044年		2045年		
			계획	실적	계획	실적	계획	실적	계획	실적	계획	실적	
지역별 LGTP 소득			37,000		37,500		38,600		39,100		38,600		
LGTP 성장률	선진국		2.9		3.0		3.0		2.8		2.8		
	후진국		7.2		7.0		7.4		7.2		7.2		·
소비자 물가	선진국		1.9		1.8		2.0		2.0		1.8		
	후진국		1.3		1.2		1.4		1.4		1.2		
저축률	선진국		30		31		29		31		29		
	후진국		30		30		29		31		30		
투자율	선진국	국내	30		31		29		30		30		
		해외	–		–		–		–		–		
	후진국	국내	30		29		31		30		30		
		해외	–		–		–		–		–		
신자연혁명	첨단생물지식법인 (첨단생물지식공장)		–		–		–		–		–		
	첨단수산물지식법인 (첨단수산물지식공장)		–		–		–		–		–		
	첨단축산물지식법인 (첨단축산물지식공장)		–		–		–		–		–		
	첨단지식산업화 (첨단지식연구재단)		–		–		–		–		–		
	첨단지식전원도시화 (지식 – 네트워크)		–		–		–		–		–		
산업구조	1차산업 (첨단농·어업)		11.9		11.6		11.1		10.6		10		
	2차산업 (첨단지식제조업)		18.1		18		17.9		17.4		17		
	3차산업 (첨단지식서비스)		70		70.4		71		72		73		

* 신자연혁명은 '우주농법'(제5세대농업) 시대가 상업화될 것이다.

세계정부의 제8차 5개년 아메리카지역 경제개발 계획서

구분			제8차 5개년 개발계획(2046~2050年)										비고
			2046年		2047年		2048年		2049年		2050年		
			계획	실적	계획	실적	계획	실적	계획	실적	계획	실적	
지역별 LGTP 소득			40,000		40,900		42,500		43,500		44,000		
LGTP 성장률	선진국		3.2		3.0		3.4		3.0		3.4		
	후진국		8.0		7.8		8.2		8.2		7.8		·
소비자 물가	선진국		1.5		1.4		1.6		1.6		1.4		
	후진국		1.8		1.7		1.9		1.7		1.9		
저축률	선진국		29		28		29		30		29		
	후진국		28		27		29		28		28		
투자율	선진국	국내	29		30		30		28		28		
		해외	–		–		–		–		–		
	후진국	국내	29		30		28		30		28		
		해외	–		–		–		–		–		
신자연혁명	첨단생물지식법인 (첨단생물지식공장)		–		–		–		–		–		
	첨단수산물지식법인 (첨단수산물지식공장)		–		–		–		–		–		
	첨단축산물지식법인 (첨단축산물지식공장)		–		–		–		–		–		
	첨단지식산업화 (첨단지식연구재단)		–		–		–		–		–		
	첨단지식전원도시화 (지식 – 네트워크)		–		–		–		–		–		
산업구조	1차산업 (첨단농·어업)		9.5		9.0		8.1		7		4		
	2차산업 (첨단지식제조업)		16.5		16.0		15.8		15		15		
	3차산업 (첨단지식서비스)		74		75		76.1		78		81		

* 뇌본중심의 창조화세계가 '지식기반경제', '자연주의경제', '마음경제' 시대가 인류미래의 신경제를 주도하게 될 것이다.

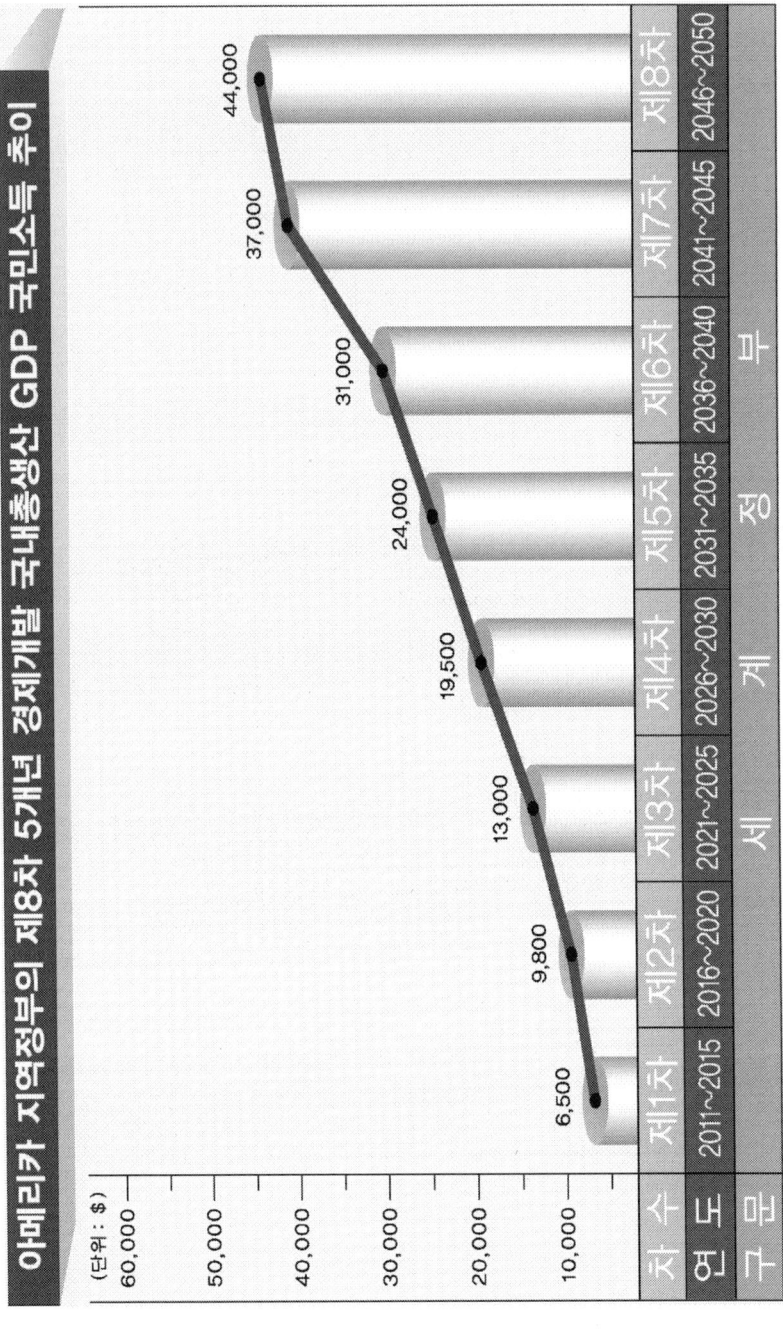

아메리카 지역정부의 제8차 5개년 경제개발 국내총생산 GDP 국민소득 추이

(단위: $)

차 수	제1차	제2차	제3차	제4차	제5차	제6차	제7차	제8차
연 도	2011~2015	2016~2020	2021~2025	2026~2030	2031~2035	2036~2040	2041~2045	2046~2050
구 분		세	계		정	부		

6,500
9,800
13,000
19,500
24,000
31,000
37,000
44,000

아메리카 지역정부의 제8차 5개년 경제개발의 성장률 추이

구분	차수	제1차	제2차	제3차	제4차	제5차	제6차	제7차	제8차
	연도	2011~2015	2016~2020	2021~2025	2026~2030	2031~2035	2036~2040	2041~2045	2046~2050
	구분			제	계	정	부		

(단위 : %)

선진국성장률: 6.7%, 7.0%, 7.1%, 7.1%, 8.0%, 7.5%, 7.32%, 8.0%

후진국성장률: 2.7%, 2.5%, 2.3%, 2.3%, 2.7%, 2.8%, 2.9%, 3.2%

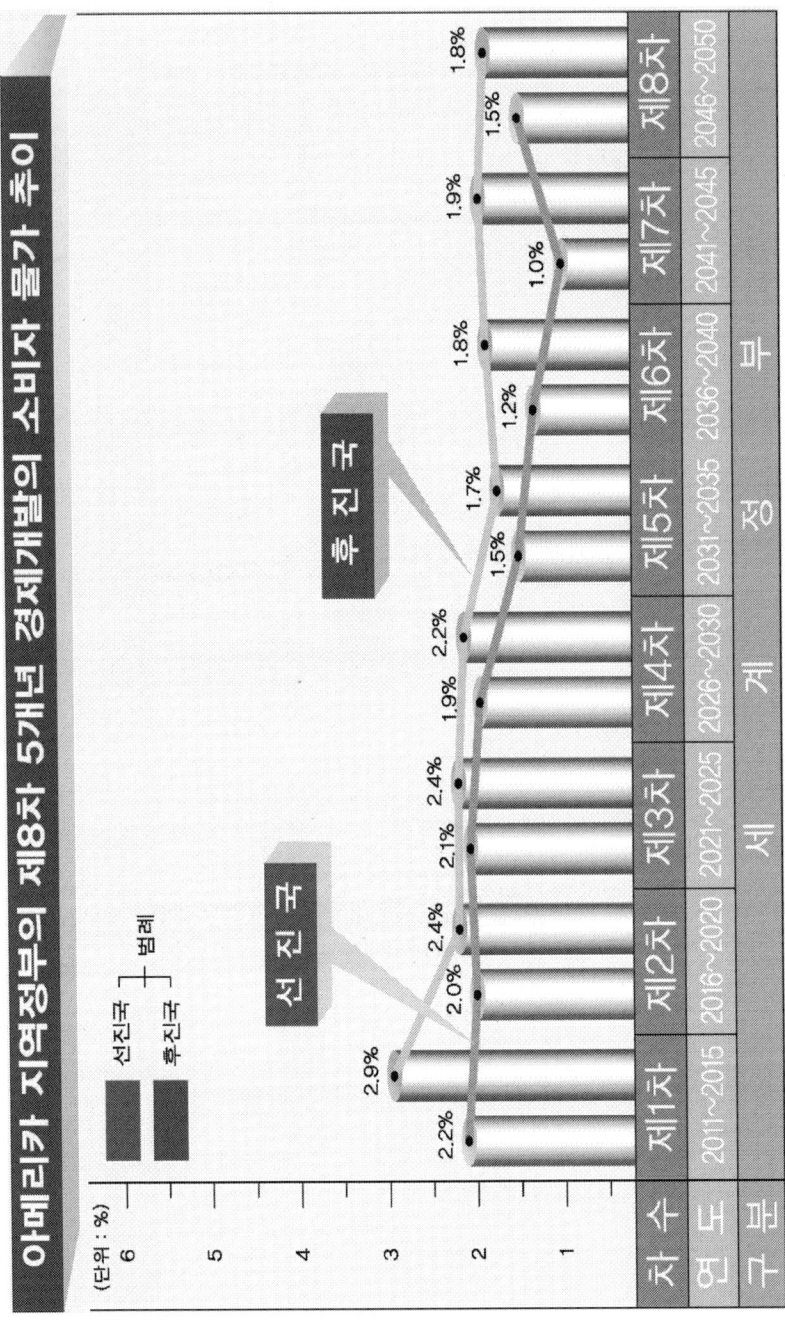

아메리카 지역정부의 제8차 5개년 경제개발의 소비자 물가 추이

차 수	제1차	제2차	제3차	제4차	제5차	제6차	제7차	제8차
연 도	2011~2015	2016~2020	2021~2025	2026~2030	2031~2035	2036~2040	2041~2045	2046~2050
구 분	제	세		계	정		부	

(단위 : %)

범례
선진국
후진국

선진국: 2.9%, 2.4%, 2.4%, 2.2%, 1.7%, 1.8%, 1.0%, 1.5%

후진국: 2.2%, 2.0%, 2.1%, 1.9%, 1.5%, 1.2%, 1.9%, 1.8%

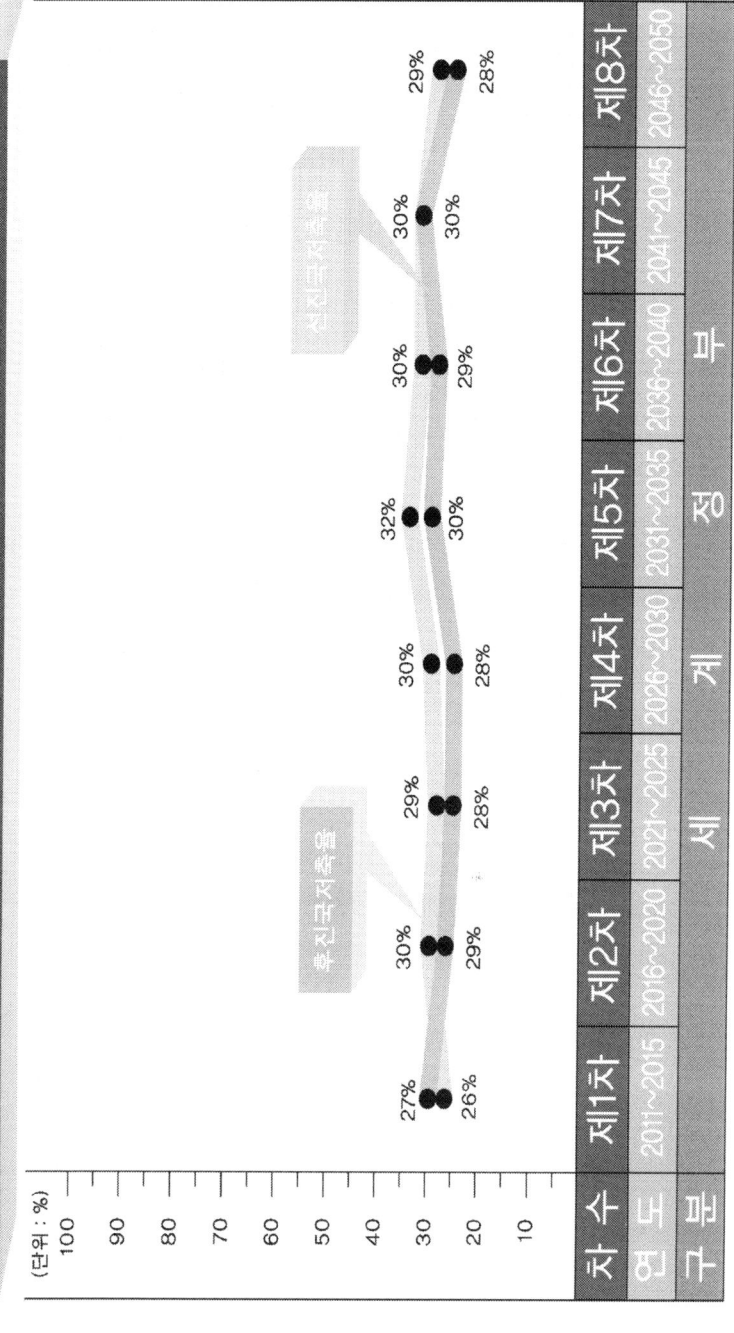

아메리카 지역정부의 제8차 5개년 경제개발 저축율 현황 추이

아메리카 지역정부의 제8차 5개년 경제개발 투자율 현황 추이

(단위 : %)

후진국해외차입 · 후진국 국내 · 선진국 국내

차 수	제1차	제2차	제3차	제4차	제5차	제6차	제7차	제8차
연 도	2011~2015	2016~2020	2021~2025	2026~2030	2031~2035	2036~2040	2041~2045	2046~2050
구 분	세		계		정		부	

후진국 국내: 37%, 36%, 35%, 40%, 37%, 42%

후진국해외차입: 30%, 32%, 34%, 34%, 30%, 30%, 30%

선진국 국내: 29%, 28%, 29%, 28%, 30%, 29%

26%

아메리카 지역정부의 제8차 5개년 경제개발의 신자연혁명 투자율 추이

(단위 : %)

통일의 신자연혁명

- 첨단생물지식법인
- 첨단수산물지식법인
- 첨단축산물지식법인
- 첨단지식창조응용연구재단
- 첨단지식전원도시화

※ 자연과 인간이 공존하는 「녹색경제」 및 「녹색성장」 그리고 「자연주의경제」 의 본질이다. 「녹본청조경제시스템」 (자율투자시스템 도입)

구 분	차 수	제1차	제2차	제3차	제4차	제5차	제6차	제7차	제8차
연 도		2011~2015	2016~2020	2021~2025	2026~2030	2031~2035	2036~2040	2041~2045	2046~2050

세 계 정 부

- 30%
- 25%
- 20%
- 15%
- 10%

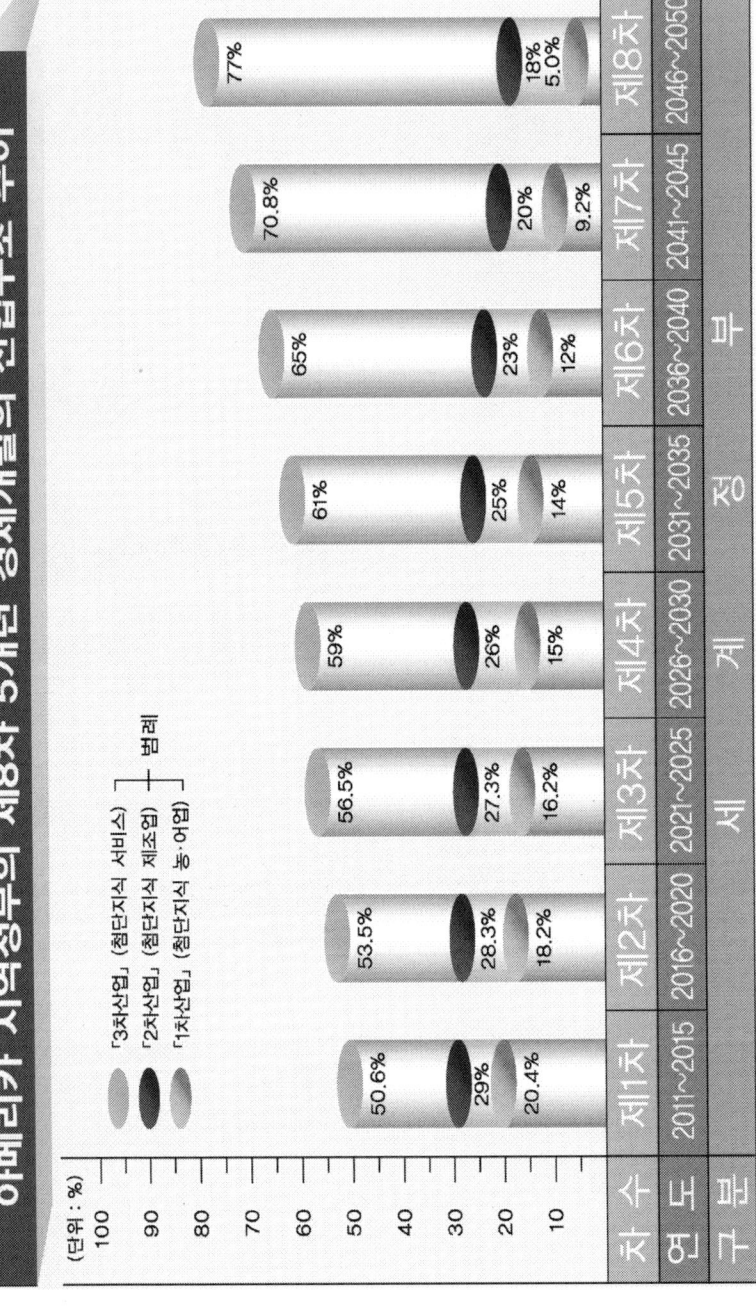

아메리카 지역정부의 제8차 5개년 경제개발의 산업구조 추이

이러한 논자의 동양세계의 '신자연혁명'(新自然革命)은 신경제의 '신생산방식'(新生産方式), '신지식생산가공방식'(新知識生産加工方式), '첨단지능형식물지식공장화'(尖端知能形植物知識工場化)에 의한 서구의 양의경제(量義經濟)의 대공장제에 의한 대량생산 방식인 '롤라식생산방식', '판박이식생산방식', '재래식생산방식'에 의한 구시대적인 대공장제의 몰락으로 이어질 것이며, 아울러 동양세계는 '질의경제'는 다품종(多品種), 소량생산(少量生産), '대량생산'(大量生産)이 공존하면서 인간의 '뇌본중심경제'(腦本中心經濟), '뇌본중심창조경제'(腦本中心創造經濟), '뇌본지식창조혁명경제'(腦本知識創造革命經濟)가 주도됨으로써 우리는 이러한 경제를 '질의 혁명'(質義革命), '창조혁명'(創造革命), '가치혁명'(價値革命)을 주도함으로써 서구의 대량생산 및 동양세계의 소량생산 및 대량생산의 메커니즘은 근본적으로 상품의 질에 대한 혁명적인 변화로 이어져 고부가가치 지식산업으로 주도됨으로써 동양세계는 서구의 물량화로 인한 일체의 불균형에서 벗어나 동양세계는 조화세계, 중용세계, 중용철학적인 모태가 바로 우주세계를 다스리는 근본에 의해서 우주만물을 다스려 나아가는 초석이 될 것이다.

우리는 서구세계에서 보여준 물질사관, 유물사관, 사적 유물론, 변증법적 유물론의 이론적인 모태에서 벗어나 동양세계는 '중화세계'(中和世界), '중도세계'(中道世界), '중용세계'(中庸世界), '조화세계'(造化世界), '호혜공존세계'(互惠共存世界), '화해공존세계'(和解共存世界), '만유공존공생시대'(萬有共存共生時代)가 도래되어 중심의 근본에서 우주만물을 '완성세계'로 인도해 나아갈 것이다. 이울러 대우주가 서구의 대서양에 머물던 우주일기인 정치권력이 '대서양'

→'환태평양시대'(環太平洋時代)→'신반도문명권시대'(新半島文明
權時代)가 도래됨과 동시에 이러한 '문화', '문명사', '정치권력'이
지구의 중심축인 한반도로 삼생만물이 하나로 회삼귀일함으로써
서구 일체의 불균형→균형세계, 부조화→조화세계, 미완성→완성
세계, 우주의 혼돈이나 혼륜→우주의 코스모스(조화)로 나아가는
이론적인 모태가 바로 중심지본인 '인류종주국'(人類種主國), '인
류우두머리민족', '역사집행국가'로서 한반도의 한민족이 주도하면
서 '신미래사관'(新未來史觀), '신역사세계'(新歷史世界), '신역사
창조'(新歷史創造)의 주역으로 당당하게 자리매김해 나아갈 것으
로 논자는 대선각자의 입장에서 전 세계 각국정부의 정치지도자에
게 고하는 바이다.

이러한 아메리카 대륙은 '신중남미 경제권'의 등권으로 비약적인
발전을 모태로 삼아서 세계정부가 주도하는 경제개발계획의 일환
으로 논자의 '신자연혁명'(新自然革命)에 의거하여 '첨단곡물지능
형지식공장화'(尖端穀物知能形知識工場化)에 의해서 '쌀'을 곡물
공장에서 양, 질의 우수한 '기능성 쌀'을 공장적 신지식생산 방식
에 의거하여 대량생산의 메커니즘으로 대전환을 모색함으로써 여
기에는 필연적으로 '잉여토지'에 대한 땅의 고부가가치를 극대화시
키기 위한 방안으로 땅(土) + 지식(知識) + 과학(科學) + 첨단기술(尖
端機術)을 접목, 용화를 실현함으로써 향후의 농촌은 '탈농촌화'
(脫農村化), '탈이농화'(脫移農化)를 주도함으로써 '첨단과학영농
화'(尖端科學營農化), '첨단생물지식법인'(尖端生物知識法人), '첨
단생물지능형지식공장화'(尖端生物知能形知識工場化)에 의한 무
공해 농산물의 '고급화', '고품질화', '고품격화'를 실현함으로써 향

후 농촌은 '첨단전원적 지식도시화'(尖端田園的知識都市化)를 조성할 것으로 사료하며, 이러한 지식논리를 '첨단수산물지식법인'(尖端水産物知識法人)에 의한 '첨단지능형수산물지식공장화'(尖端知能形水産物知識工場化) 시대가 도래됨으로써 수산물의 고갈상태에 이르게 되는 서구문명으로 인한 새로운 신대안으로 수산물의 지식공장적 생산방식에 의한 대량생산의 메커니즘으로 대전환을 모색함으로써 세계정부에서 주도하게 될 경제개발의 새로운 신지식기반경제로 나아가는 초석으로 이어져 나아갈 것으로 사료한다. 아울러 축산업에도 이러한 지식공장화의 메커니즘을 그대로 도입함으로써 즉 '첨단축산업지식법인'(尖端畜産業知識法人)의 설립으로 인한 '첨단축산업지능형지식공장화'(尖端畜産業知能形知識工場化)시대가 도래됨으로써 인간의 '먹을거리 외식산업', '먹을거리 외도산업', '먹을거리 관광산업'이 주류를 이루어 나아갈 것으로 사료하는 바이다.

아울러 세계정부의 경제개발의 초석은 바로 논자의 '신자연혁명'에 의한 농촌에 대한 '첨단과학영농화'(첨단생물지식공장화), '첨단지능형연구재단'(첨단지식연구소 및 첨단지식창조형연구소 그리고 첨단지식실험실용화연구소), '첨단전원지식도시화'(태양열집열판을 이용한 솔라 냉, 난방의 실현)로 이어지게 됨으로써 인간은 서구의 산업사회에 대한 잃어버린 인간성의 상실을 회복함과 동시에 완전한 '자아세계', '자아실현세계', '인간완성세계'가 실현됨과 동시에 대자연의 흙(土)과 인간의 육체(身)가 중심지본에서 하나로 합일됨으로써 자연과 인간은 하나의 '신토일체'로서 더불어 살아가는 삶의 모태가 될 것으로 사료한다.

이러한 아메리카 대륙은 세계정부가 주도하는 경제개발계획을 무난히 달성함으로써 서구의 산업화의 급격한 공업화정책에서 완전한 역사해탈을 통한 동양세계는 서구문명으로 인한 잃어버린 자아세계를 완전히 회복함으로써 '자아완성', '본능세계', '본성세계'가 도래됨과 동시에 자연의 '흙'(土) 인간이 하나로 혼연일체가 되므로 서구의 약탈적인 자연관에서 벗어나 수구세력들의 '정치착취', '정치약탈', '정치수탈'을 근원적으로 차단하는 원동력으로 작용하게 될 것이며, 그것은 다름 아닌 완전한 대자연과 대진리의 순리적으로 인간이 스스로 순응하는 '순리생활'의 모태가 될 것이다.

아울러 세계정부의 창설에는 필연적으로 수구세력들을 원천적으로 차단함으로써 그들의 정치적 개입을 봉쇄하는 길만이 논자가 주장하는 '인류통합', '인류공존', '인류공영'을 실현하는 초석이 될 것으로 논자는 대선각자로서 인류미래비전을 제시하는 바이며, 이것이 실현될 경우 인간은 인간으로서 인간본능이 지배하는 삶으로 인도될 것이며, 그것은 바로 서구의 '탈물질문명'(脫物質文明), '탈유물사관'(脫唯物史觀), '탈산업혁명'(脫産業革命)에서 벗어나 논자의 동양세계에 의한 완전한 '조화세계'를 실현하는 초석이 될 것이며, 인류역사상 아무도 이러한 이론을 정립하지 못한 것을 논자가 이론적인 모태를 '지식창조'하여 논자의 사후세계에 의한 전 인류의 '정신적 지도자', '전 인류의 도치정치의 아버지', '세계정부의 아버지'로서 후대의 역사가들은 논자에 대한 평가를 내리게 될 것이다.

제8절 아프리카 지역에 대한 경제개발종합계획서를 수립한다

　우주생성의 근원은 동양세계는 '음, 양오행설'(陰陽五行說)이라고 하는데 이것은 다름 아닌 우주본체의 대진리의 세계가 바로 동양세계에 존재한다는 역설적인 논리가 정립한다. 즉 논자가 주장하는 '천지동근'(天地同根: 하늘과 땅은 한 뿌리에서 태동) '만물일체'(萬物一體: 우주만물의 근원은 만물의 영장인 인간에 의해서 그 근원적인 뿌리가 태동하게 된다는 논리가 성립됨.) '심신불이'(心身不二: 대우주가 하나(무극)에서 둘(태극: 음, 양)로 분화가 되었듯이 인간세계 역시 몸과 마음은 분리할 수 없으나 둘이 아닌 하나의 상호의존적 의식세계에 의해서 일기로서 순환한다는 논리가 성립됨(만물유기체설이라고 함.))로서 즉 내 몸은 하나의 소우주로 대우주의 대진리를 인간의 내 몸에 그대로 함축하고 있다는 논리가 성립된다. 아울러 내 몸에도 오장육부가 있으며, 대주우인 지구에도 오대양 육대주가 존재함으로써 대우주 및 소우주인 인간은 하나의 근본(根本) 및 이치(理致) 그리고 '대진리'(大眞理)에 의해서 설계됨으로써 논자가 주장하는 '하늘'(天)에도 '천(天)'(태양(陽)), '지(地)'(달(陰)), '인(지구, 人)'(人)이 있으며, 또한 인간에게도 이러한 '천'(頭), '지'(身), '인'(人)의 논리가 형성됨과 동시에 인간의 내 몸을 확대한 것이 바로 대우주(지구)가 되는 것이요, 또한 대우주를 축소하면 하나의 소우주인 인간이 된다는 논리가 성립된다.

　아울러 대우주(지구)를 축소한 것이 바로 한반도가 됨으로써 이러한 한반도에 대우주 대진리가 그대로 함축되어 있다는 논리가

성립됨으로써 21세기는 대우주가 물질성장을 완성함으로써 우주창
조본성인 '공심세계'(空心世界)를 회복함으로써 소우주인 인간은
대우주의 역사필연의 역사법칙에 순응하게 된다는 논리가 성립되
어 논자가 하나의 우주철학적인 진리학설을 이용하여 '도치정치
이론'(하늘의 진리본체), '신자연혁명'(자연의 진리본체), '세계정부
혁명'(인간의 진리본체)은 한반도에서 하나로 합일하는 우주세계관
이 도래되는 것을 논자는 '대우주통일기운'(大宇宙統一氣運: 하늘
의 천운 및 땅의 기운 그리고 인간의 기운이 한반도의 중심지본에
서 합일하게 된다는 섭리역사 이법)에 준하여 대우주는 동, 서 간
에는 '사상통일(동독 및 서독 통일)'(思想統一)을 실현함과 동시에
남, 북 간(남한과 북한의 우주통일)의 완전한 우주통일을 실현하면
논자가 주장하는 다스리는 하나의 근본(治一本)에 의해서 우주자
연의 우주만물을 다스려 나아가는 논리이다. 이것은 대우주의 섭리
역사의 역사법칙이라고 정의한다. 삼라만상에 존재하는 천지만물은
이러한 역사법칙에서 벗어날 수 없는 것이 섭리역사의 역사법칙이
라고 단언한다. 우리는 서구의 산업혁명은 바로 우주본체가 아니라
50%의 점유율만 충족함으로써 전체 및 일체가 아닌 한 부분에 해
당됨으로써 논자가 주장하는 한시대적인 역사순환의 법칙에 준하
여 서구문명이 몰락한다는 논리가 성립된다는 것이다. 이러한 대우
주의 논리가 정치에 대입하면 서구의 민주주의 정당정치는 '과반
수 다수결' 논리가 지배하는 그러한 모순된 정치제도로서 서구의
민주주의 정당정치는 한시대적인 전유물로서 역사의 형장의 이슬
로 사라지게 된다는 논리가 성립한다.

아울러 동양세계의 논자가 주장하는 도치정치 이론은 바로 '우

주본원', '우주본체', '우주본심'에서 창조된 우주 대진리에 의해서 만들어진 이론으로 이러한 한반도는 서양의 물질세계 및 동양의 정신세계를 포괄, 함축함으로써 전체 및 일체 그리고 종합적인 관리, 감독기능이 여기에서 파생된다는 논리이며, 그것은 다름 아닌 도치정치의 모든 정책결정 기능은 '전원일치 합의제도'(全員一致 合議制度) 또는 '만장일치제도'(萬場一致制度)에 준하여 지구촌의 전 세계 전 인류를 포괄, 함축할 수 있는 서구의 민주주의 정당정치 제도를 완전히 혁신 및 창조한 초석이 된다는 논리이다. 즉 그것은 다름 아닌 내 몸에 진리가 있다는 공자성인의 논리와 합일된다는 것이다. 나(자아)가 완성됨으로써 이것이 대우주와 소우주가 합일하는 역사법칙에 준하여 동일하게 역사논리가 정립된다는 것이다. 이것을 '심신일체'(내 몸과 마음이 일치하게 됨.) 또는 '물심일체'(대우주의 물질 및 소우주의 마음이 일치한다는 것.) 그리고 '신토일체'(자연과 인간이 하나로서 일체가 된다는 논리이다.)가 형성됨으로써 대우주의 축소판이요 또한 소우주의 축소판인 한반도에서 일체가 완성된다는 논리가 성립한다. 그것을 정치에 대입하면 바로 '전원일치 합의제도'가 성립한다. 이것은 바로 '인간완성'이란 '성인의 경지'에 오른 사람을 성인이라고 하는데 숫자에 대입하면 100%가 된다는 논리이다. 이러한 것을 공자성인이 설파한 내 몸에 진리를 호득하면 바로 대우주가 된다는 논리이다. 이러한 서구 문명은 육체성숙에 따른 50%가 점유됨으로써 '과반수 다수결' 논리가 성립된다. 이러한 서구의 정치제도의 모순점은 바로 과반수 다수결 논리가 채택됨으로써 51%에 준하는 49%가 바로 제도상의 모순점이 전체를 통합하지 못하는 한 부분을 성장발육케 하는 한시대적인 전유물로 역사 속으로 사라지게 된다는 논리이다. 이러한 역사논리를 서구의 변증법적인 '정'(正), '반'(反), '합'(合)의 논리에 의한 대우주는 역사모순점에서 벗어나 '역사정립'(歷史正立)을 통해서 '정립'(正立), '반정립'(反正立), '통일'(統一)을 실현하게 되는데 지구촌에는 지역적으로 동, 서, 남, 북이 있으며, 아울러 서구의 동, 서 간에는 완전한 사상통일을 실현하였으나 아직도 남, 북한의 문제가 바로 새 역사창조의 시원이 된다는 역사논리이다. 아울러 대우주는 '부분', '세분화', '전문화'에서 대우주의 기운이 중심에 하나로 귀일됨으로써 우주 기운은 변증법적인 역사논리에 의해서 '반정립'에서 '우주통일'(宇宙統一) 시대로 되돌아오는 것이 섭리 역사의 역사법칙이라고 정의한다. 아울러 논자가 볼 때에 이명박 정부는 어떠한 이유로서도 남, 북통일의 실현은 불가능하다고 대선 각자로서 역사논리를 고하는 바이다.

이러한 서구문명의 과반수 다수결 논리가 지구촌의 지역경제에도 그대로 적용됨으로써 동, 서 간에는 '사상통합'(思想統合), '경제통합'(經濟統合)을 실현함으로써 지구촌은 지역적으로 동, 서 간에는 경제격차가 해소됨과 동시에 서구문명의 한계점이자 모순점인 과반수로서 진정으로 우주통합의 실현이 불가능함으로써 과반수에 반하는 49%가 제도상의 모순점을 지적함으로써 지구촌은 지역경제 역시 동, 서 간에는 균형성장을 실현해 나아가고 있으나 아직도 남, 북 문제는 한반도의 한민족이 우주창조역사를 실현함으로써 새 역사창조의 신기원을 세계정부 연구소의 연구소장인 강주효가 세계사를 호령하게 될 것으로 사료하는 바이며, 그것은 다름 아닌 한반도에 강력한 세계정부를 창설함으로써 새 역사창조의 시원으로 이어져 나아갈 것이며, 지역적으로 남, 북 경제란 남쪽은 '아프리카 지역경제' 북쪽은 '러시아 지역경제'가 하나의 공존공생을 실현함으로써 대우주는 완전한 '물질생성'(육체성장; 청년기)＋'공심세계'(정신세계에서 마음세계)가 하나로 합일하게 됨으로써 대우주는 3×7＝21세기가 됨으로써 대우주가 성인 및 소우주가 한반도에서 '성인 완성'(인간완성: 100%)이 실현됨으로써 내 몸에 진리를 호득한 인간세계는 삼라만상에 존재하는 우주만물을 인간세계 즉 한반도의 한민족이 우주세계를 완성세계로 실현한다는 논리가 성립된다고 할 수 있겠다.

아울러 논자가 주장하는 동양세계에 의한 '음, 양오행설'(陰陽五行說)의 우주정기에 의한 하늘의 '오성'(五星)의 기운이 대우주의 중심인 한반도에 그대로 내려옴으로써 한반도는 '토성'(土星)이 내려오게 됨과 동시에 한반도를 중심축으로 '동쪽'(東)은 '인'(仁)을 표방하고, 지역적으로는 '중국'에 해당되며, '서쪽'(西)은 '의'(義)를 표방하고, 지역적으로는 '미국'에 해당되며, '남쪽'(南)으로는 '예'(禮)를 표방하고, 지역적으로는 '일본'에 해당되며, '북쪽'(北)으로는 '지'(智)를 표방하고, 지역적으로는 '러시아'에 해당되며, '중앙'(中央)은 '신'(信)을 표방하고 국가로서는 '한반도'에 해당됨으로써 한반도가 바로 '세계중심국가'(世界中心國家), '세계정신지도국가'(世界精神指導國價), '인류종주국'(人類種主國)으로 인간의 본능세계에 의한 한민족이 '역사집행국가'로서 주도적인 의무를 다해 나아감으로써 논자는 이러한 '신미래사관'(新未來史觀), '신역사창조'(新歷史創造)의 주역으로서 당당하게 역사주도국가로서 자리매김해 나아가야 한다고 사료한다.

아울러 아프리카 지역은 지구촌으로 볼 때에는 지역적으로 남쪽에 해당하며, 이러한 남쪽은 '일본'이 아프리카 지역을 관장하게 됨과 동시에 아프리카 지역은 세계정부 차원에서 논자가 주장하는 '첨단지능형생물지식공장화'(尖端知能形生物知識工場化), '첨단지능형수산물지식공장화'(尖端知能形水産物知識工場化), '첨단지능형축산물지식공장화'(尖端知能形畜産物知識工場化)에 의한 서구문명으로 인한 대공장제는 몰락으로 이어지면서 그러한 '신대안'(新代案), '신생산'(新生産), '신지식가공'(新知識加工), '지식실험실용화'(知識實驗室用化), '첨단지식생산공장화'(尖端知識生産工場化)에 의한 인간의 의, 식, 주의 경제행위에 영위되는 경제행위의 기반은 바로 '첨단지식창조용연구소'(尖端知識創造用研究所)에서 '지식근로자'(知識勤勞者)에 의한 '지식생산'(知識生産: 연구소에서 지식생산 및 지식창조 그리고 지가사회), '지식가공'(知識加工: 생산된 지식을 실험실용화를 통한 지식공해의 여과작업으로 무공해지식 가공을 주도함.), '지식매매'(知識賣買: 지식증권거래소에서 지식자본화시대), '지식상품화'(知識商品化: 지식시장기능), '첨단지식공장화'(尖端知識工場化)에서 인간에게 필요한 양, 질의 무공해 지식상품화로서 완전한 지식상품화를 주도함으로써 오늘날의 서구의 산업혁명에 의한 대공장제는 완전히 역사 속으로 소멸하게 됨과 동시에 거대 대중조직의 몰락으로 이어지게 됨으로써 소규모 그룹화된 조직의 혁신과 창조를 통한 강력한 개혁을 주도해 나아가야 한다고 사료하는 바이다.

구분		제1차 5개년 개발계획 (2010~2015)		제2차 5개년 개발계획 (2016~2020)		제3차 5개년 개발계획 (2021~2025)		제4차 5개년 개발계획 (2026~2030)	
		계획	실적	계획	실적	계획	실적	계획	실적
지역별 LGTP 소득		4,200		8,200		13,500		18,000	
LGTP 성장률	선진국	2.4		3.2		3.2		3.7	
	후진국	7.5		7.2		7.7		8.1	
소비자 물가	선진국	2.7		2.5		2.4		2.4	
	후진국	3.0		2.8		2.6		2.8	
저축률	선진국	28		28		29		31	
	후진국	29		28		29		30	
투자율	선진국 국내	28		28		29		30	
	선진국 해외	–		–		–		–	
	후진국 국내	35		43		38		35	
	후진국 해외	42		44		42		43	
신자연혁명	첨단생물지식법인 (첨단생물지식공장)	30		25		20		15	
	첨단수산물지식법인 (첨단수산물지식공장)	30		25		20		15	
	첨단축산물지식법인 (첨단축산물지식공장)	30		25		20		15	
	첨단지식산업화 (첨단지식연구재단)	30		25		20		15	
	첨단지식전원도시화 (지식-네트워크)	30		25		20		15	
산업구조	1차산업 (첨단농업·첨단어업)	35		24		16.7		12.4	
	2차산업 (첨단지식제조업)	30		24.6		21.7		18.2	
	3차산업 (첨단지식서비스)	35		51.4		61.6		69.4	

주) 아프리카지역은 경제의 낙후로 IBRD, IMF 기타 국제금융기관은 저금리 장기대출로 경제개발을 주도한다.

세계정부의 제8차 5개년 '아프리카지역' 경제개발 종합계획서 II

구분		제5차 5개년 개발계획 (2031~2035)		제6차 5개년 개발계획 (2036~2040)		제7차 5개년 개발계획 (2041~2045)		제8차 5개년 개발계획 (2046~2050)	
		계획	실적	계획	실적	계획	실적	계획	실적
지역별 LGTP 소득		23,000		28,500		34,500		40,000	
LGTP 성장률	선진국	3.2		3.4		3.3		3.2	
	후진국	9.5		9.2		9.0		8.9	
소비자 물가	선진국	2.0		2.2		2.4		2.2	
	후진국	2.4		2.5		2.4		2.2	
저축률	선진국	30		29		28		30	
	후진국	29		30		29		31	
투자율	선진국 국내	30		29		28		30	
	선진국 해외	–		–		–		–	
	후진국 국내	34		40		42		38	
	후진국 해외	–		–		–		–	
신자연혁명	첨단생물지식법인 (첨단생물지식공장)	10		–		–		–	
	첨단수산물지식법인 (첨단수산물지식공장)	10		–		–		–	
	첨단축산물지식법인 (첨단축산물지식공장)	10		–		–		–	
	첨단지식산업화 (첨단지식연구재단)	10		–		–		–	
	첨단지식전원도시화 (지식 – 네트워크)	10		–		–		–	
산업구조	1차산업 (첨단농·어업)	9.3		6.7		6		4	
	2차산업 (첨단지식제조업)	16		13.2		13		11	
	3차산업 (첨단지식서비스)	74.7		80.1		81		85	

주) 전 세계 자본가들은 인류공영의 실현을 위해서 아프리카지역에 집중적 투자재원을 확대함으로써 지역균형 성장의 모태가 된다.

세계정부의 제1차 5개년 아프리카지역 경제개발 계획서

구분			제1차 5개년 개발계획(2011~2015年)									비고
			2011年		2012年		2013年		2014年		2015年		
			계획	실적	계획	실적	계획	실적	계획	실적	계획	실적	
지역별 LGTP 소득			4,200		4,900		5,500		6,900		7,600		
LGTP 성장률	선진국		2.1		2.5		2.6		2.4		2.4		
	후진국		7.2		7.7		7.6		7.6		7.4		
소비자 물가	선진국		2.5		2.8		2.8		2.7		2.7		
	후진국		2.8		3.0		3.1		3.1		3.0		
저축률	선진국		27		28		29		28		28		
	후진국		28		29		36		29		29		
투자율	선진국	국내	28		29		27		28		28		
		해외	–		–		–		–		–		
	후진국	국내	34		35		36		35		35		
		해외	40		44		40		42		44		
신지식자원혁명	첨단생물지식법인 (첨단생물지식공장)		6		6		6		6		6		
	첨단수산물지식법인 (첨단수산물지식공장)		6		6		6		6		6		
	첨단축산물지식법인 (첨단축산물지식공장)		6		6		6		6		6		
	첨단지식산업화 (첨단지식연구재단)		6		6		6		6		6		
	첨단지식전원도시화 (지식 – 네트워크)		6		6		6		6		6		
산업구조	1차산업 (첨단농·이업)		32		30		29		28.5		28		
	2차산업 (첨단지식제조업)		29		28.5		28		27.5		27		
	3차산업 (첨단지식서비스)		39		41.5		43		44		45		

* 첨단무인곡물지식공장화는 '脫농업화', '脫농촌화', '準도시화', '첨단지식전원도시화'로 전환한다.

세계정부의 제2차 5개년 아프리카지역 경제개발 계획서

구분			제2차 5개년 개발계획(2016~2020年)									비고
			2016年		2017年		2018年		2019年		2020年		
			계획	실적	계획	실적	계획	실적	계획	실적	계획	실적	
지역별 LGTP 소득			8,200		9,900		11,200		12,600		13,000		
LGTP 성장률	선진국		3.0		3.2		3.4		3.0		3.4		
	후진국		7.0		7.2		7.3		7.3		7.2		·
소비자 물가	선진국		2.4		2.5		2.6		2.5		2.5		
	후진국		2.7		2.8		2.9		2.7		2.9		
저축률	선진국		27		28		29		27		29		
	후진국		28		29		27		28		28		
투자율	선진국	국내	29		28		27		29		27		
		해외	–		–		–		–		–		
	후진국	국내	41		43		44		44		43		
		해외	43		45		44		45		43		
신자연혁명	첨단생물지식법인 (첨단생물지식공장)		5		5		5		5		5		
	첨단수산물지식법인 (첨단수산물지식공장)		5		5		5		5		5		
	첨단축산물지식법인 (첨단축산물지식공장)		5		5		5		5		5		
	첨단지식산업화 (첨단지식연구재단)		5		5		5		5		5		
	첨단지식전원도시화 (지식–네트워크)		5		5		5		5		5		
산업구조	1차산업 (첨단농·어업)		27		26		25		22		20		
	2차산업 (첨단지식제조업)		26		25		24		24		24		
	3차산업 (첨단지식서비스)		47		49		51		54		56		

* 신자연혁명은 서구의 산업혁명에 의한 대공장제의 몰락으로 인하여 신경제의 신대안으로서 '지식생산', '지식가공생산', '첨단지능형지식공장화'에서 자연과 인간이 공존하는 호혜공존철학적 모태가 된다.

세계정부의 제3차 5개년 아프리카지역 경제개발 계획서

구분			제3차 5개년 개발계획(2021~2025年)										비고
			2021年		2022年		2023年		2024年		2025年		
			계획	실적	계획	실적	계획	실적	계획	실적	계획	실적	
지역별 LGTP 소득			13,500		14,600		15,900		17,100		17,600		
LGTP 성장률	선진국		3.0		3.2		3.3		3.3		3.2		
	후진국		7.5		7.7		7.8		7.8		7.7		
소비자 물가	선진국		2.3		2.4		2.5		2.4		2.4		
	후진국		2.5		2.6		2.7		2.6		2.6		
저축률	선진국		28		29		30		29		29		
	후진국		30		29		28		29		29		
투자율	선진국	국내	27		29		28		29		27		
		해외	-		-		-		-		-		
	후진국	국내	39		38		37		38		38		
		해외	46		41		42		44		43		
신자연혁명	첨단생물지식법인 (첨단생물지식공장)		4		4		4		4		4		
	첨단수산물지식법인 (첨단수산물지식공장)		4		4		4		4		4		
	첨단축산물지식법인 (첨단축산물지식공장)		4		4		4		4		4		
	첨단지식산업화 (첨단지식연구재단)		4		4		4		4		4		
	첨단지식전원도시화 (지식 - 네트워크)		4		4		4		4		4		
산업구조	1차산업 (첨단농 · 어업)		19.5		18		17		15		14		
	2차산업 (첨단지식제조업)		23		22.5		22		21		20		
	3차산업 (첨단지식서비스)		57.5		59.5		61		64		66		

* 동양의 자연혁명은 아프리카의 열대기후 조건에 아무런 지장 없이 '첨단생물지식공장화', '첨단수산물지식공장화', '첨단축산물지식공장화'로 인한 양질의 먹을거리 생산을 주도한다.

세계정부의 제4차 5개년 아프리카지역 경제개발 계획서

구분			제4차 5개년 개발계획(2026~2030年)									비고
			2026年		2027年		2028年		2029年		2030年	
			계획	실적	계획	실적	계획	실적	계획	실적	계획	실적
지역별 LGTP 소득			18,000		19,000		20,500		21,800		22,600		
LGTP 성장률	선진국		3.5		3.6		3.7		3.9		3.8		
	후진국		8.0		8.1		8.1		8.2		8.1		·
소비자 물가	선진국		2.2		2.3		2.5		2.5		2.5		
	후진국		2.7		2.8		2.9		2.8		2.8		
저축률	선진국		30		30		32		32		31		
	후진국		29		30		30		29		31		
투자율	선진국	국내	29		31		30		31		29		
		해외	–		–		–		–		–		
	후진국	국내	35		34		36		35		35		
		해외	42		44		43		42		44		
신자연혁명	첨단생물지식법인 (첨단생물지식공장)		3		3		3		3		3		
	첨단수산물지식법인 (첨단수산물지식공장)		3		3		3		3		3		
	첨단축산물지식법인 (첨단축산물지식공장)		3		3		3		3		3		
	첨단지식산업화 (첨단지식연구재단)		3		3		3		3		3		
	첨단지식전원도시화 (지식－네트워크)		3		3		3		3		3		
산업구조	1차산업 (첨단농·어업)		13		13		12.5		12		11.5		
	2차산업 (첨단지식제조업)		19		18.5		18		18		17.5		
	3차산업 (첨단지식서비스)		68		68.5		69.5		70		71		

* 아프리카 지역경제는 경제의 파이의 확대로 5차부터는 '자립기반지식경제'로 전환한다.

구분			제5차 5개년 개발계획(2031~2035年)										비고
			2031年		2032年		2033年		2034年		2035年		
			계획	실적	계획	실적	계획	실적	계획	실적	계획	실적	
지역별 LGTP 소득			23,000		23,900		24,600		26,900		27,900		
LGTP 성장률	선진국		3.0		3.2		3.3		3.3		3.2		
	후진국		9.4		9.6		9.7		9.4		9.6		
소비자 물가	선진국		2.0		2.1		1.9		2.0		2.0		
	후진국		2.3		2.4		2.5		2.4		2.4		
저축률	선진국		29		30		31		29		31		
	후진국		29		30		29		28		29		
투자율	선진국	국내	29		30		31		28		31		
		해외	－		－		－		－		－		
	후진국	국내	33		34		35		34		34		
		해외	－		－		－		－		－		
신자연혁명	첨단생물지식법인 (첨단생물지식공장)		2		2		2		2		2		
	첨단수산물지식법인 (첨단수산물지식공장)		2		2		2		2		2		
	첨단축산물지식법인 (첨단축산물지식공장)		2		2		2		2		2		
	첨단지식산업화 (첨단지식연구재단)		2		2		2		2		2		
	첨단지식전원도시화 (지식－네트워크)		2		2		2		2		2		
산업구조	1차산업 (첨단농·어업)		11		10		9		8.5		8.0		
	2차산업 (첨단지식제조업)		17		16.5		16		15.5		15.0		
	3차산업 (첨단지식서비스)		72		73.5		75		76		77		

* 자연혁명은 녹색경제 근원이다.

세계정부의 제6차 5개년 아프리카지역 경제개발 계획서표 52

구분			제6차 5개년 개발계획(2036~2040年)									비고
			2036年		2037年		2038年		2039年		2040年	
			계획	실적	계획	실적	계획	실적	계획	실적	계획	실적
지역별 LGTP 소득			28,500		29,900		32,000		33,200		34,000		
LGTP 성장률	선진국		3.2		3.3		3.4		3.6		3.5		
	후진국		9.0		9.2		9.3		9.2		9.3		·
소비자 물가	선진국		2.1		2.2		2.3		2.2		2.2		
	후진국		2.4		2.6		2.5		2.6		2.4		
저축률	선진국		28		29		30		29		29		
	후진국		30		29		31		30		30		
투자율	선진국	국내	28		30		29		30		29		
		해외	–		–		–		–		–		
	후진국	국내	39		41		39		41		40		
		해외	–		–		–		–		–		
신자연혁명	첨단생물지식법인 (첨단생물지식공장)		–		–		–		–		–		
	첨단수산물지식법인 (첨단수산물지식공장)		–		–		–		–		–		
	첨단축산물지식법인 (첨단축산물지식공장)		–		–		–		–		–		
	첨단지식산업화 (첨단지식연구재단)		–		–		–		–		–		
	첨단지식전원도시화 (지식 – 네트워크)		–		–		–		–		–		
산업구조	1차산업 (첨단농·어업)		8.0		7.5		7.1		6.9		6.7		
	2차산업 (첨단지식제조업)		14.5		14.5		14.1		14.0		13.2		
	3차산업 (첨단지식서비스)		77.5		78		78.8		79.1		80.1		

* 아프리카 지역은 균형성장으로 지구촌은 서구의 산업혁명으로 지역 간의 빈부격차를 해소하게 될 것이다.

구분			제7차 5개년 개발계획(2041~2045年)										비고
			2041年		2042年		2043年		2044年		2045年		
			계획	실적	계획	실적	계획	실적	계획	실적	계획	실적	
지역별 LGTP 소득			34,5 00		35,0 00		35,9 00		36,5 00		36,9 00		
LGTP 성장률	선진국		3.0		3.1		3.4		3.6		3.4		
	후진국		8.9		9.1		9.0		8.9		9.1		
소비자 물가	선진국		2.3		2.5		2.4		2.4		2.4		
	후진국		2.2		2.4		2.5		2.5		2.4		
저축률	선진국		28		27		29		27		29		
	후진국		29		28		30		28		30		
투자율	선진국	국내	27		29		28		27		29		
		해외	–		–		–		–		–		
	후진국	국내	41		40		43		45		42		
		해외	–		–		–		–		–		
신자연혁명	첨단생물지식법인 (첨단생물지식공장)		–		–		–		–		–		
	첨단수산물지식법인 (첨단수산물지식공장)		–		–		–		–		–		
	첨단축산물지식법인 (첨단축산물지식공장)		–		–		–		–		–		
	첨단지식산업화 (첨단지식연구재단)		–		–		–		–		–		
	첨단지식전원도시화 (지식－네트워크)		–		–		–		–		–		
산업구조	1차산업 (첨단농·어업)		6.6		6.3		6.0		5.8		5.5		
	2차산업 (첨단지식제조업)		13.4		13		13		12.9		12.6		
	3차산업 (첨단지식서비스)		80		80.7		81		81.3		81.9		

* 동양은 신자연혁명은 뇌본창조지식경제에 의한 '신품종', '신어종', '신축산'(육종)을 통한 고차원세계에 따르는 먹을 거리를 주도한다.

세계정부의 제8차 5개년 아프리카지역 경제개발 계획서

구분			제8차 5개년 개발계획(2046~2050年)									비고
			2046年		2047年		2048年		2049年		2050年		
			계획	실적	계획	실적	계획	실적	계획	실적	계획	실적	
지역별 LGTP 소득			37,000		37,900		38,700		39,200		40,000		
LGTP 성장률	선진국		3.1		3.2		3.3		3.4		3.2		
	후진국		8.8		9.0		8.9		9.0		8.8		·
소비자 물가	선진국		2.1		2.2		2.1		2.3		2.3		
	후진국		2.3		2.1		2.2		2.3		2.1		
저축률	선진국		29		31		30		31		29		
	후진국		30		31		31		33		30		
투자율	선진국	국내	29		31		30		28		32		
		해외	-		-		-		-		-		
	후진국	국내	38		39		37		38		38		
		해외	-		-		-		-		-		
신자연혁명	첨단생물지식법인 (첨단생물지식공장)		-		-		-		-		-		
	첨단수산물지식법인 (첨단수산물지식공장)		-		-		-		-		-		
	첨단축산물지식법인 (첨단축산물지식공장)		-		-		-		-		-		
	첨단지식산업화 (첨단지식연구재단)		-		-		-		-		-		
	첨단지식전원도시화 (지식-네트워크)		-		-		-		-		-		
산업구조	1차산업 (첨단농·어업)		5.1		4.9		4		3.1		3.0		
	2차산업 (첨단지식제조업)		12.1		12		11		11		10		
	3차산업 (첨단지식서비스)		82.8		83.1		85		85.9		87		

* 동양의 신자연혁명은 제5대세대 농업인 '우조농법' 시대가 도래되어 우주정거장에서 지능로봇에 의한 첨단지능형 지식생물공장화 시대가 도래된다.

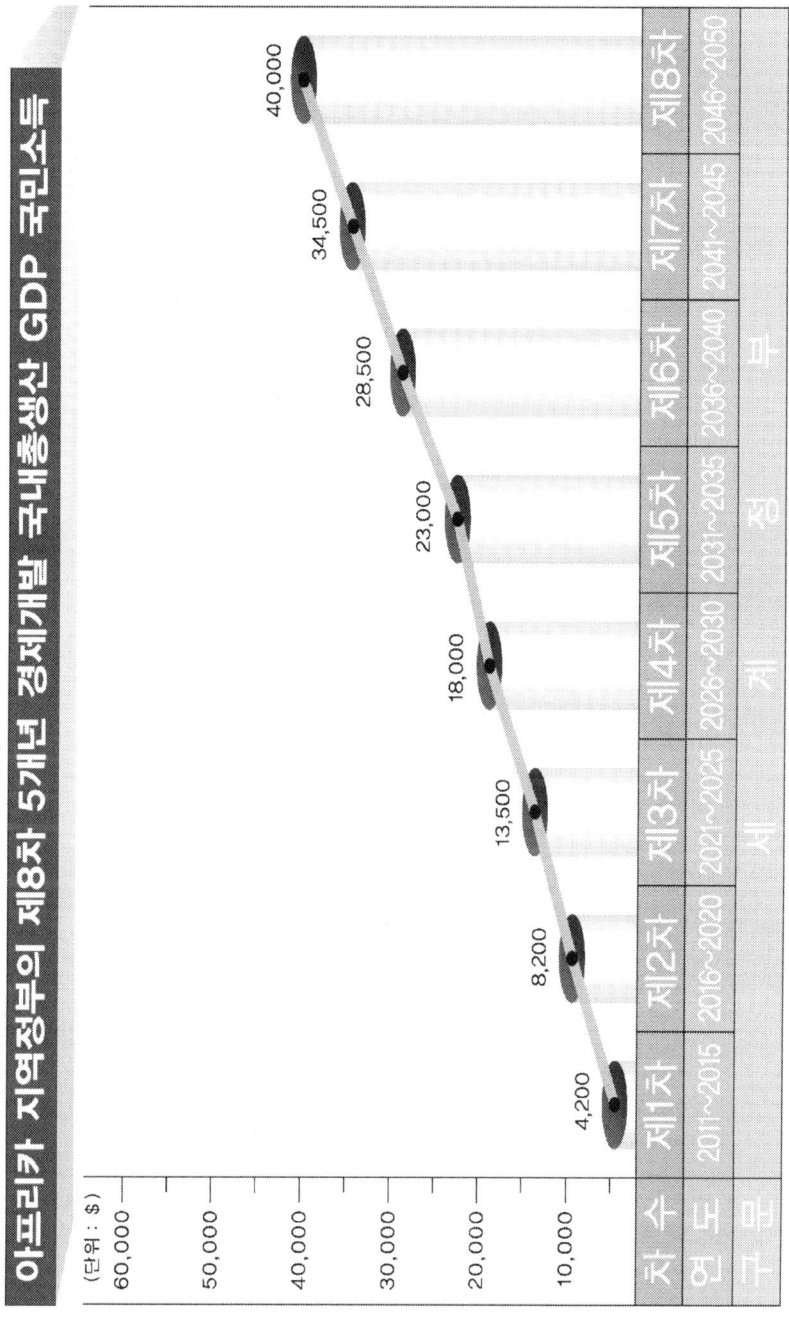

아프리카 지역정부의 제8차 5개년 경제개발 국내총생산 GDP 국민소득

구분	제1차	제2차	제3차	제4차	제5차	제6차	제7차	제8차
연도	2011~2015	2016~2020	2021~2025	2026~2030	2031~2035	2036~2040	2044~2045	2046~2050
차수	4,200	8,200	13,500	18,000	23,000	28,500	34,500	40,000

(단위 : $)

60,000
50,000
40,000
30,000
20,000
10,000

제 계 정 부

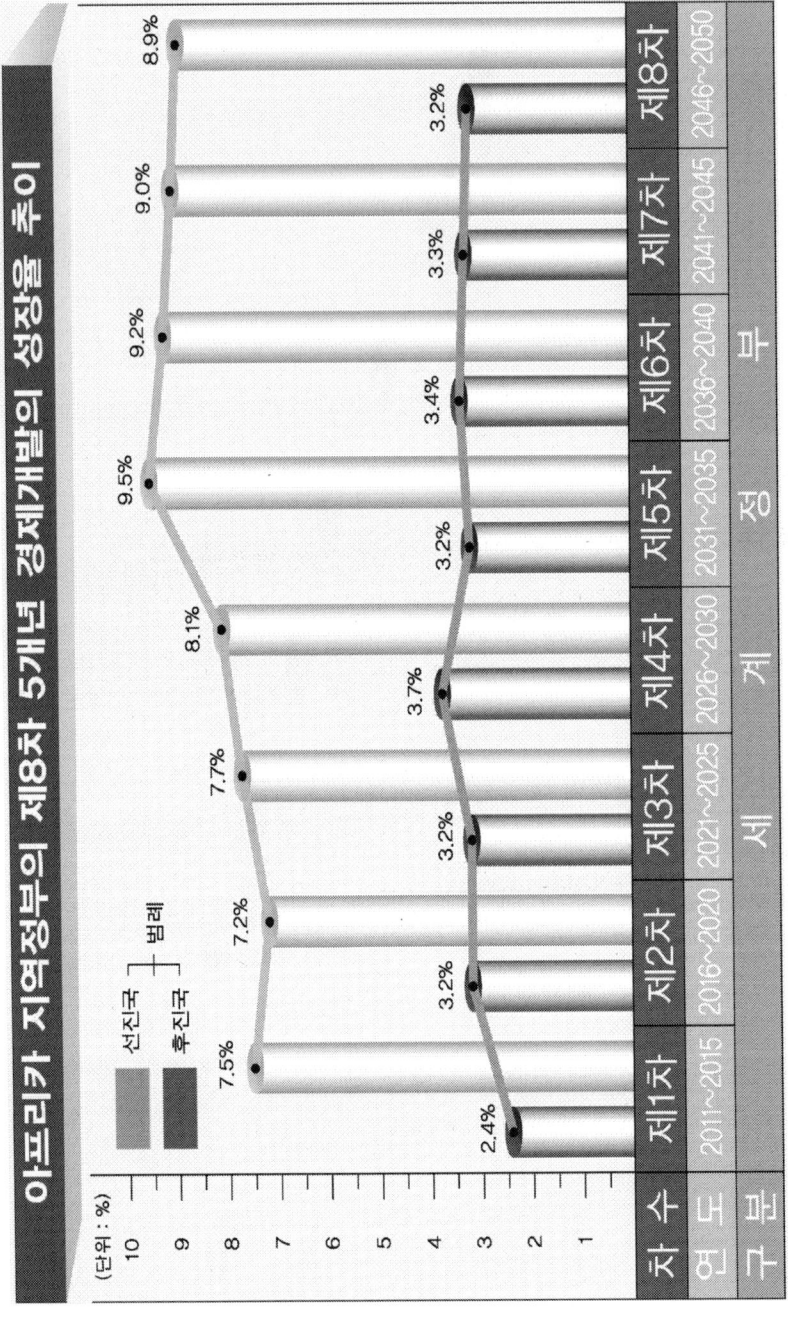

아프리카 지역정부의 제8차 5개년 경제개발의 성장률 추이

(단위 : %)

차 수	제1차	제2차	제3차	제4차	제5차	제6차	제7차	제8차
연 도	2011~2015	2016~2020	2021~2025	2026~2030	2031~2035	2036~2040	2041~2045	2046~2050
구 분	시			계		정		부

범례
선진국
후진국

선진국: 7.5%, 7.2%, 7.7%, 8.1%, 9.5%, 9.2%, 9.0%, 8.9%
후진국: 2.4%, 3.2%, 3.2%, 3.7%, 3.2%, 3.4%, 3.3%, 3.2%

아프리카 지역정부의 제8차 5개년 경제개발의 소비자 물가 추이

(단위 : %)

범례
선진국
후진국

선진국

후진국

차 수	제1차	제2차	제3차	제4차	제5차	제6차	제7차	제8차
연 도	2011~2015	2016~2020	2021~2025	2026~2030	2031~2035	2036~2040	2041~2045	2046~2050
구 분	세	계	세	계	정	부		

선진국: 2.7%, 2.8%, 2.6%, 2.8%, 2.0%, 2.2%, 2.4%, 2.2%

후진국: 3.0%, 2.5%, 2.4%, 2.4%, 2.4%, 2.5%, 2.4%, 2.2%

아프리카 지역정부의 제8차 5개년 경제개발 저축율 현황 추이

(단위 : %)

선진국저축율
후진국저축율

차 수	제1차	제2차	제3차	제4차	제5차	제6차	제7차	제8차
연 도	2011~2015	2016~2020	2021~2025	2026~2030	2031~2035	2036~2040	2041~2045	2046~2050
구 분	세		계		정		부	

선진국저축율: 29% · 28% · 29% · 31% · 30% · 30% · 29% · 31%
후진국저축율: 28% · 28% · 29% · 30% · 29% · 29% · 28% · 30%

아프리카 지역정부의 제8차 5개년 경제개발의 투자율 현황 추이

(단위 : %)

차 수	제1차	제2차	제3차	제4차	제5차	제6차	제7차	제8차
연 도	2011~2015	2016~2020	2021~2025	2026~2030	2031~2035	2036~2040	2041~2045	2046~2050
구 분	구 분	세 계 정 부						

후진국해외차입: 42% 44% 42% 43% 40% 42% 42%

후진국 국내: 35% 43% 38% 35% 34% 40% 41% 30%

선진국 국내: 28% 28% 29% 30% 30% 29% 28% 30%

제5장 세계정부의 제8차 5개년 각 대륙별
종합경제개발의 계획서를 수립한다 311

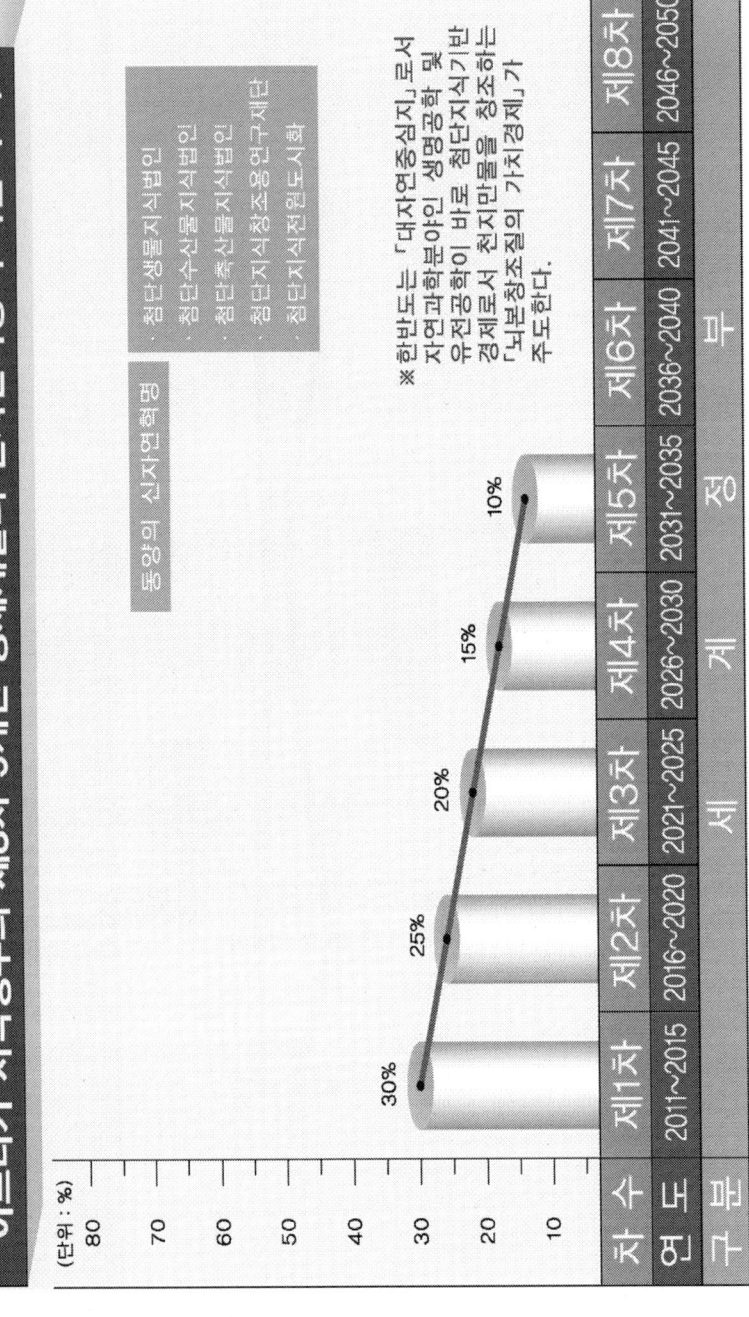

아프리카 지역정부의 제8차 5개년 경제개발의 신자연혁명 투자율 추이

(단위 : %)

동양의 신자연혁명

· 첨단생물지식사업인
· 첨단수산물지식사업인
· 첨단축산물지식사업인
· 첨단지식창조응용연구재단
· 첨단지식전원도시화

※ 한반도는 「대자연종심지」로서 자연과학분야인 생명공학 및 유전공학이 바로 첨단지식기반 경제로서 전지만물을 창조하는 「내본창조질의 가치경제」가 주도한다.

차 수	제1차	제2차	제3차	제4차	제5차	제6차	제7차	제8차
연 도	2011~2015	2016~2020	2021~2025	2026~2030	2031~2035	2036~2040	2041~2045	2046~2050
구 분		세		계	정	부		

30%
25%
20%
15%
10%

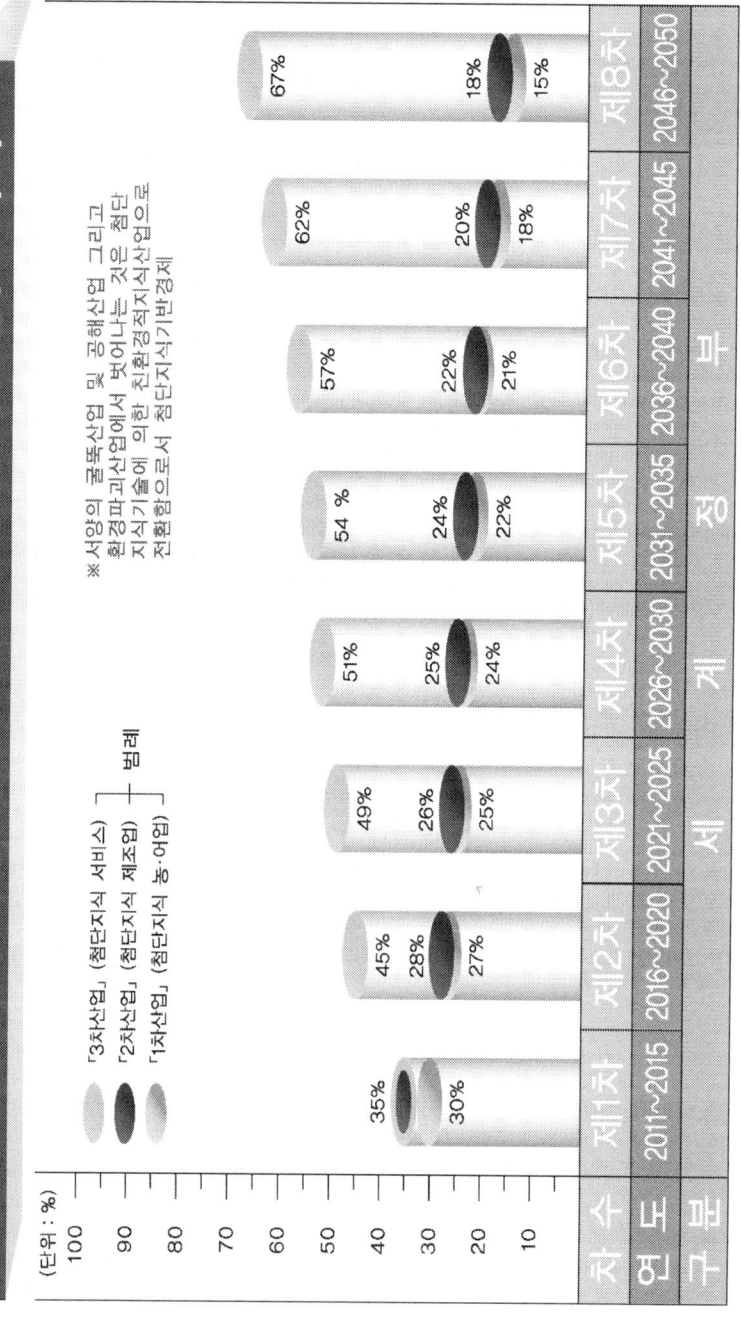

아프리카 지역정부의 제8차 5개년 경제개발의 산업구조 추이

(단위 : %)

범례

「3차산업」 (첨단지식 서비스)
「2차산업」 (첨단지식 제조업)
「1차산업」 (첨단지식 농·어업)

※ 서양의 굴뚝산업 및 공해산업 그리고 환경파괴산업에서 벗어나는 것은 첨단지식기술에 의한 친환경전자지식산업으로 전환함으로써 첨단지식기반경제

구분			세	계	정	부		
연도	2011~2015	2016~2020	2021~2025	2026~2030	2031~2035	2036~2040	2041~2045	2046~2050
차 수	제1차	제2차	제3차	제4차	제5차	제6차	제7차	제8차

제1차: 35%, 30%
제2차: 45%, 28%, 27%
제3차: 49%, 26%, 25%
제4차: 51%, 25%, 24%
제5차: 54 %, 24%, 22%
제6차: 57%, 22%, 21%
제7차: 62%, 20%, 18%
제8차: 67%, 18%, 15%

제5장 세계정부의 제8차 5개년 각 대륙별
종합경제개발의 계획서를 수립한다 313

이러한 아프리카 지역은 하늘이 준 천혜 및 천연의 자연자원을 그대로 보존하면서 자연친화적인 개발을 주도함으로써 자연과 인간이 공존하는 삶의 모태는 바로 서구문명으로 인한 저질의 삶의 모태에서 벗어나 새로운 '신인간시대'(新人間時代)가 도래됨으로써 인간의 차원 높은 삶의 질적인 향상을 도모해 나아가는 초석으로 이어져 나아갈 것이다. 아울러 세계정부는 아프리카지역에 대한 '천혜의 관광자원을 보호법'으로 보호법령을 만들어 아프리카 지역을 영구히 보존해 나아가야 한다고 사료한다.

이러한 세계정부의 경제개발계획에 소요되는 투자재원은 각국정부의 국민소득으로 충당하는 것을 근본으로 삼으며, 나머지 부분에 대해서는 세계정부의 투자재원 및 외자도입으로 경제개발계획을 마무리해야 한다고 사료한다. 특히 아프리카 지역은 세계정부 차원에서 재정적인 지원책이 강구됨으로써 남, 북 간의 경제조화를 실현할 수 있는 모태를 창조해 나아가야 할 것이다. 덧붙여 세계정부적 차원에서 지구촌의 2%가 50%의 자산점유율을 고강도 '개혁 – 드라이브' 정책을 통해서 저개발국가들의 경제개발에 소요되는 재원충당에 심혈을 기울여 나아가야 한다. 그것이 바로 전 인류가 염원하는 경제의 궁극적인 목표가 바로 '공존공생공영을 실현'하는 초석으로 이어져 나아갈 것으로 논자는 사료한다.

제9절 오세아니아 지역에 대한 경제개발종합계획서를 수립한다

  지구촌은 서구의 산업혁명의 결과로 인한 모순점 및 한계점으로 인하여 급속하게 거대 대중의 획일화된 조직인 노동자들이 지구상에서 사라지게 될 것이며, 동양세계에 의한 작고 효율적인 다기능(多機能), 다지식(多知識), 종합적(綜合的)인 관리 능력을 보유한 '뇌본근로자'(腦本勤勞者), '지식근로자'(知識勤勞者), '정신근로자'(精神勤勞者)에 의한 소규모 소그룹의 조직에 의한 개인의 자질이나 능력은 극대화함으로써 한 사람이 일체를 종합적으로 관장해 나아가는 그러한 사회적 '신 – 패러다임'이 전개될 것이다.

  아울러 서구의 산업사회로부터 완전히 벗어나 '자연주의 사회' 또는 '무위사회' 그리고 '진위사회'로 나아가는 모태가 바로 중심지본인 한반도에 의해서 실현될 것이며, 이러한 산업사회는 인간의 본성 상실로 인한 대중 속에서 획일화된 거대공룡조직은 완전히 역사 속으로 사라지게 됨으로써 수구세력들의 정치적인 저항조직이 이 땅에서 완전히 소멸될 것이다. 아울러 노동자 시대는 역사적인 종언을 고하고, 신대안으로 '뇌본근로자시대'(腦本勤勞者時代), '두뇌근로자시대'(頭腦勤勞者時代), '지식근로자'(知識勤勞者) 시대가 도래됨으로써 서구의 '탈산업화'(脫産業化)→'신산업화'(新産業化: 무공해 청정기술), '탈공업화'(脫工業化)→'첨단기술'(尖端機術), '첨단지식기술'(尖端知識機術), '탈산업혁명'(脫産業革命)→'신자연혁명'(新自然革命)으로 인하여 대우주가 중심의 근본에 복귀함으로써 소우주인 인간 역시 잃어버린 자아세계에 의한 '본성세계'가 도래됨으로써 인간은 마음에 의한 완전한 '인간완성'(人間完成: 100: 聖人)을 실현하는 것이 섭리역사의 역사법칙이다.

이러한 한반도는 인간의 축소판으로 '마음의 영원한 고향'(心永故) 또는'생명의 영원한 고향(生永故)이요' 그리고 '만선지원(萬善支源)의 영원한 고향(萬永故)'이다. 논자는 이러한 한반도를 '천혜의 땅'(天惠之土), '천선지국(天選之國: 天民)', '좌청룡(左淸龍: 미국의 로키산맥) 우백호(右白虎: 히말리아 산맥)' 풍수지리학상 명당자리인 중심지본(中心地本)이 되는 민족이다. 즉 '명당자리'란 대우주의 기운(穴氣)이 중심의 근원에서 좌청룡 우백호가 지켜주는 땅이 바로 명당자리이다. 우주의 정기가 이 땅에 서려 있는 곳으로서 지혈(地穴), 지기(地氣), 정기(精氣)가 내려 있는 것을 명당자리라고 한다.

우리는 이러한 우주진리(宇宙眞理), 우주정기(宇宙精氣), 우주기운(宇宙氣運)이 중심의 근본에 복귀함으로써 이러한 중심지본에서 '삼라만상'(森羅萬象)의 삼생만물(三生萬物)이 중심지본(中心地本)에 회삼귀일(會三歸一)됨과 동시에 이러한 한반도에서 '각국정부', '지역정부', '세계정부'를 하나로 통합함으로써 전 인류는 '사상통합'(思想統合), '종교통합'(宗敎統合), '지역통합'(地域統合), '세계통합'(世界統合), '우주통합'(宇宙統合) 시대가 도래됨으로써 한반도는 인간이 인간을 다스리는 하나의 근본으로 삼라만상에 존재하는 우주만물은 인간의 다스림의 근원에 따르게 되므로 이러한 다스림은 하나의 근본은 바로 인간중심세계에 의한 다스림의 대진리가 한반도에 함축되어 있어 하늘의 기운(天運) 및 땅의 기운(地運)

그리고 인간의 기운(人運)이 '중심지도'(中心地本), '중심지본'(中心地本), '중용지치'(中庸之治)로 다스리는 하나의 근본으로 삼라만상의 우주만물을 다스려 나아가는 모태가 바로 논자가 주장하는 '도치정치'(道治政治)라고 단언한다. 이러한 다스림의 근본은 바로 무위대자연의 대진리에서 태동한 '무위지덕'(無爲地德), '현묘지덕'(玄妙地德), '무위지치'(無爲之治)로 대자연의 대진리에서 태동한 무위자연의 덕(德)이 바로 '인간세계', '만물세계', '우주세계'를 다스려 나아가는 하나의 근본이 바로 '중심지도'(中心地道), '중용지덕'(中庸地德), '중용철학'(中庸哲學)으로 다스려 나아가는 대진리의 모태가 될 것이다.

아울러 동양세계는 인간의 '내면세계'(內面世界), '자아세계'(自我世界), '본능세계'(本能世界), '본성세계'(本性世界)에 의한 인간의 인격적 가치, 지식적 가치, 진리적 가치, 도리적 가치, 도덕적 가치, 윤리적 가치, 의리적 가치, 학식적 가치에 의한 인간의 평가방식에 대한 근본적이고 본질적인 가치 평가기준에 변화가 모색해 나아가야 할 역사적인 분기점에 머무르고 있는 실정이다.

아울러 서구문명의 인간의 평가방식은 '배금주의', '황금만능주의', '앰모니즘사상', '물질만능주의', '유물사관논리'가 지배하는 인간의 평가방식에 대한 혁명적인 대변혁을 모색해 나아가야 할 것이다. 정치권에도 이러한 논자의 변화와 혁신 그리고 창조를 통한 새로운 '정책기능'(政策機能), '정책개발기능'(政策開發機能), '보편적인 정책의 질의 향상'(普政質向)을 도모해 나아가는 정책연구개발의 기능이 정치본질의 만백성을 다스리는 근본으로 삼아야 하오나 그렇지 않은 수구세력들의 고도의 외부에서의 '각본 시나리오'

에 의한 주입식의 공작정치에 의한 돈으로서 매수하는 매수정치가 판을 쳐서는 결단코 국민을 위한 정치의 본질의 왜곡하는 행위에 불과하다고 논자는 판단하는 바이다.

아울러 세계정부에서는 세계통치자의 머무는 관저를 '정무대'(政務臺: 한국의 청와대와 같은 정무기능을 한다.)에서는 조직편재상의 '정무실장'(政務實長: 세계통치자의 영(令)을 받아서 정사에 관련된 일체를 관장함과 동시에 '정책실장'의 조직의 편재에 삽입하여 정무기능과 정책기능을 완전히 분리하여 정치에 관련된 기능은 '정무실장'이 주도함과 동시에 정책기능에 해당하는 것은 '정책실장'이 관장함으로써 1인 독재기능을 업무적으로 이원화함으로써 정책기능의 효율을 극대화하는 데 근본적인 주안점을 두었다.) 정책기능의 정책효율의 기능을 극대화함으로써 이러한 세계정부는 정책정치로서 우주만방에 만백성들이 보편적이고 균등하면서 정책기능의 조화를 주목적으로 실현하는 데 근본적인 조직의 편재를 창안하였다.

이러한 '정무실장'(政務實長)이나 '정책실장'(政策實長)은 지구촌 전체를 내다보는 '시야'(視野)와 '안목'(眼目) 그리고 종합적(綜合的)인 관리능력을 길러야 할 것이며, 정치적인 '차별화', '차등화', '권력소외'를 원천적으로 봉쇄함과 동시에 지역 간의 '균형성장'(均衡成長), '조화성장'(造化成長), '완성세계'(完成世界)를 실현할 수 있도록 업무에 만전을 다해 나아가야 할 것이다. 이러한 세계정부는 명실공히 전 인류를 위한 초석으로 '만민일체평등사상'(萬民一體平等思想: 근원은 바로 내 몸에서 '신'(身) + '마음'(一心) = 하나(一切)가 형성됨으로써 만민일체평등사상이 잉태하는 이론적인 모

태가 성립된다고 할 수 있겠다.), '인류세계평화공존실현'(人類世界
平和共存實現: 내 몸이 '신(身)' + '마음'이 이원화됨으로써 육체성
장에 따르는 정신적 자아본능세계와 대립과 갈등 그리고 모순으로
인해 이원화됨으로써 신과 마음은 대립하거나 갈등이 형성되는데
우리는 이러한 성장기를 청년기 또는 사춘기라고 한다. 이러한 대
립이나 갈등관계의 청산을 역사해탈이라고 정의한다. 육신적인 번
뇌 망상이나 욕구불만에 대한 대립관계가 종말을 고하고 인간은
인간으로서 나(참나: 自我)를 찾게 됨으로써 인간은 인간으로서 본
성세계를 회복함으로써 서구의 이원론적인 세계관이 종말을 고하
고 동양세계에 의한 중심지본에서 마음을 회복한다는 것이다. 그래
서 인간은 하나의 다스림의 모태 위에서 '호혜공존', '화혜공존',
'만유공존시대'가 도래됨으로써 인류평화공존세계가 도래된다는 논
리이다.) 그리고 '인류공존공생시대'(人類共存共生時代: 내 몸이
심신일체(心身一體), 물심일체(物心一體), 신토일체(身土一體)가 형
성됨으로써 동양세계는 천인합일세계관이 도래됨으로써 우주중심
시대가 된다는 논리이며, 이것이 바로 논자가 주장하는 만유공존공
생시대라고 정의한다.)가 도래되어 한반도에서 '만유공존공생시대'
(萬有共存共生時代), '일신시대'(一神時代), '신국건설'(神國建設)
이 우리들의 미래사관이라고 정의한다.

우리는 서구문명의 낡고 부패한 물질사관(物質史觀)으로부터 역
사해탈을 통한 소우주인 인간은 '청년기'의 사춘기 시대에서 벗어
나 '장년기' 시대로 돌입함으로써 한반도에서 '인간완성'(人間完成)
시대로 진입하게 됨과 동시에 우주정기가 내려 있는 금강산에서
일만 이천 봉우리에서 '일만 이천 도통군자'가 출현함으로써 인류

의 '정신지도국가'로서 역사적 책무를 다해 나아갈 것이며, 그것을 논자는 '군자지국'(君子之國), '성현지국'(聖賢之國) 그리고 '성인지국'(聖人之國), 온전한 '인간완성'(聖人: 100%)으로 앞으로 모든 정치제도의 정책결정기능은 '전원일치 합의제도', '만장일치제도'가 서구의 정치제도의 과반수 다수결의 논리에 대한 이론적인 모순점을 척결하는 모태가 바로 한반도에서 태동하게 될 것이며, 그것은 다름 아닌 지구촌의 전 세계 전 인류를 포괄, 함축함으로써 논자가 주장하는 한반도에 세계정부 창설의 근본목적이라고 할 수 있겠다. 이러한 세계정부는 전 세계 전 인류를 위한 인류공익을 최우선적으로 '인류문화창달'에 최고의 역할을 주도해 나아갈 것으로 확신하는 바이다.

서구문명의 과반수 즉 50%의 점유가 바로 지구촌의 동, 서 간이나 남, 북 간의 지역적인 빈부격차의 근본원인이 되고 있으므로 한반도의 한민족에 의해서 100%가 공유하는 전 인류를 위한 인류공존공생의 이론적인 모태가 바로 내 몸에서 진리가 있다는 사실을 직시해 나아가야 한다고 사료한다. 우리는 자아성찰 및 자아완성 그리고 자아실현을 통한 인간의 내면세계의 완성을 실현함으로써 '내 마음이 바로 부처'요 또한 '진리의 본원'이라는 사실을 새롭게 인식해야 할 것이며, 내 마음에서 진정한 부처가 있으므로 마음의 깨달음을 호득하면 그것이 바로 우주의 순천지기 기질성 즉 청정심시불(淸淨心是佛)의 부처가 된다는 논리이며, 진정으로 맑고 깨끗한 그 마음이 바로 부처가 된다는 것이며, 그것은 다름 아닌 내 마음의 깨달음을 통해서 마음의 진정한 스승이 된다는 논리이다.

구분			제1차 5개년 개발계획 (2010~2015)		제2차 5개년 개발계획 (2016~2020)		제3차 5개년 개발계획 (2021~2025)		제4차 5개년 개발계획 (2026~2030)	
			계획	실적	계획	실적	계획	실적	계획	실적
지역별 LGTP 소득			8,900		13,000		17,000		20,000	
LGTP 성장률	선진국		2.8		3.0		2.9		3.2	
	후진국		6.8		7.2		7.1		7.0	
소비자 물가	선진국		1.8		2.0		2.1		2.0	
	후진국		2.2		2.3		2.2		2.4	
저축률	선진국		29		29		30		30	
	후진국		28		29		29		29	
투자율	선진국	국내	28		29		29		29	
		해외	–		–		–		–	
	후진국	국내	32		33		35		35	
		해외	35		33		34		33	
신자연혁명	첨단생물지식법인 (첨단생물지식공장)		30		25		20		15	
	첨단수산물지식법인 (첨단수산물지식공장)		30		25		20		15	
	첨단축산물지식법인 (첨단축산물지식공장)		30		25		20		15	
	첨단지식산업화 (첨단지식연구재단)		30		25		20		15	
	첨단지식전원도시화 (지식-네트워크)		30		25		20		15	
산업구조	1차산업 (첨단농·이업)		165		14		11		10	
	2차산업 (첨단지식제조업)		27		26		22		20	
	3차산업 (첨단지식서비스)		57		60		67		70	

세계정부의 제8차 5개년 '오세아니아지역' 경제개발 종합계획서 II

구분		제5차 5개년 개발계획 (2031~2035)		제6차 5개년 개발계획 (2036~2040)		제7차 5개년 개발계획 (2041~2045)		제8차 5개년 개발계획 (2046~2050)	
		계획	실적	계획	실적	계획	실적	계획	실적
지역별 LGTP 소득		24,000		29,500		36,000		42,000	
LGTP 성장률	선진국	3.2		3.0		2.8		2.9	
	후진국	7.2		7.0		7.4		7.3	
소비자 물가	선진국	2.1		2.2		2.0		2.1	
	후진국	2.3		2.4		2.3		2.4	
저축률	선진국	30		29		32		28	
	후진국	29		28		30		31	
투자율	선진국 국내	30		28		31		29	
	선진국 해외	–		–		–		–	
	후진국 국내	35		34		35		30	
	후진국 해외	–		–		–		–	
신자연혁명	첨단생물지식법인 (첨단생물지식공장)	10		–		–		–	
	첨단수산물지식법인 (첨단수산물지식공장)	10		–		–		–	
	첨단축산물지식법인 (첨단축산물지식공장)	10		–		–		–	
	첨단지식산업화 (첨단지식연구재단)	10		–		–		–	
	첨단지식전원도시화 (지식 – 네트워크)	10		–		–		–	
산업구조	1차산업 (첨단농 · 어업)	10		8		7		5	
	2차산업 (첨단지식제조업)	19		17		16		14	
	3차산업 (첨단지식서비스)	71		75		77		81	

세계정부의 제1차 5개년 오세아니아지역 경제개발 계획서

구분			제1차 5개년 개발계획(2011~2015年)										비고
			2011年		2012年		2013年		2014年		2015年		
			계획	실적	계획	실적	계획	실적	계획	실적	계획	실적	
지역별 LGTP 소득			8,900		9,500		11,000		11,600		12,500		
LGTP 성장률	선진국		2.7		2.8		2.9		2.8		2.8		
	후진국		6.6		6.9		6.9		6.8		6.8		
소비자 물가	선진국		1.7		1.8		1.9		1.8		1.8		
	후진국		2.0		2.2		2.3		2.4		2.1		
저축률	선진국		28		29		29		30		29		
	후진국		27		28		29		28		28		
투자율	선진국	국내	28		27		29		28		28		
		해외	–		–		–		–		–		
	후진국	국내	31		33		32		31		33		
		해외	–		–		–		–		–		
신자연혁명	첨단생물지식법인 (첨단생물지식공장)		6		6		6		6		6		
	첨단수산물지식법인 (첨단수산물지식공장)		6		6		6		6		6		
	첨단축산물지식법인 (첨단축산물지식공장)		6		6		6		6		6		
	첨단지식산업화 (첨단지식연구재단)		6		6		6		6		6		
	첨단지식전원도시화 (지식－네트워크)		6		6		6		6		6		
산업구조	1차산업 (첨단농·어업)		16.0		15.8		15.5		14.9		14.1		
	2차산업 (첨단지식제조업)		27		26.9		26.5		26		25		
	3차산업 (첨단지식서비스)		57		57.3		58		59.1		60.4		

* 초기의 투자재원의 확대는 세계경제의 성장률을 주도하는 '신경제'. '신생산'. '첨단지식가공생산'의 모태가 될 것이다.

세계정부의 제2차 5개년 오세아니아지역 경제개발 계획서

구분			제2차 5개년 개발계획(2016~2020年)										비고
			2016年		2017年		2018年		2019年		2020年		
			계획	실적	계획	실적	계획	실적	계획	실적	계획	실적	
지역별 LGTP 소득			13,000		13,500		14,700		15,500		16,500		
LGTP 성장률	선진국		2.9		3.1		3.0		3.1		2.9		
	후진국		7.0		7.3		7.2		7.3		7.2		·
소비자 물가	선진국		1.9		2.1		2.0		2.1		1.9		
	후진국		2.2		2.37		2.2		2.4		2.4		
저축률	선진국		29		28		29		29		30		
	후진국		30		29		29		28		29		
투자율	선진국	국내	29		30		24		28		29		
		해외	–		–		–		–		–		
	후진국	국내	32		33		34		33		33		
		해외	–		–		–		–		–		
신자연혁명	첨단생물지식법인 (첨단생물지식공장)		5		5		5		5		5		
	첨단수산물지식법인 (첨단수산물지식공장)		5		5		5		5		5		
	첨단축산물지식법인 (첨단축산물지식공장)		5		5		5		5		5		
	첨단지식산업화 (첨단지식연구재단)		5		5		5		5		5		
	첨단지식전원도시화 (지식 – 네트워크)		5		5		5		5		5		
산업구조	1차산업 (첨단농・어업)		14		13.9		13.7		13.5		13.0		
	2차산업 (첨단지식제조업)		25		24.1		24		23.9		23.5		
	3차산업 (첨단지식서비스)		61		62		62.3		62.6		63.5		

* 서구 산업혁명의 '전통적 생산방식', '재래식 생산방식'은 '한시대적 전유물'로서 동양의 신자연혁명은 '신경제', '신생산', '신지식공장화' 생산방식을 채택한다.

세계정부의 제3차 5개년 오세아니아지역 경제개발 계획서

구분			제3차 5개년 개발계획(2021~2025年)										비고
			2021年		2022年		2023年		2024年		2025年		
			계획	실적	계획	실적	계획	실적	계획	실적	계획	실적	
지역별 LGTP 소득			17,000		17,900		18,600		19,000		19,500		
LGTP 성장률	신진국		2.8		2.9		2.8		3.0		3.0		
	후진국		7.0		7.0		7.2		7.2		7.1		
소비자 물가	신진국		2.0		2.1		2.2		2.1		2.1		
	후진국		2.1		2.2		2.0		2.2		2.5		
저축률	신진국		29		30		31		30		30		
	후진국		29		30		28		29		29		
투자율	선진국	국내	29		29		30		28		29		
		해외	−		−		−		−		−		
	후진국	국내	34		36		35		36		34		
		해외	33		34		34		35		34		
신자연혁명	첨단생물지식법인 (첨단생물지식공장)		4		4		4		4		4		
	첨단수산물지식법인 (첨단수산물지식공장)		4		4		4		4		4		
	첨단축산물지식법인 (첨단축산물지식공장)		4		4		4		4		4		
	첨단지식산업화 (첨단지식연구재단)		4		4		4		4		4		
	첨단지식전원도시화 (지식 − 네트워크)		4		4		4		4		4		
산업구조	1차산업 (첨단농 · 어업)		12		11.5		11.2		11.0		11		
	2차산업 (첨단지식제조업)		23		22.5		22.1		22		21.9		
	3차산업 (첨단지식서비스)		65		66		66.7		67		67.1		

* 서구의 脫산업화, 脫공업화, 脫공장화로 인한 '롤러식 생산방식', '판박이식 생산방식', '단순 가공방식'은 역사적 종말을 고한다.

세계정부의 제4차 5개년 오세아니아지역 경제개발 계획서

구분			제4차 5개년 개발계획(2026~2030年)									비고
			2026年		2027年		2028年		2029年		2030年		
			계획	실적	계획	실적	계획	실적	계획	실적	계획	실적	
지역별 LGTP 소득			20,000		21,000		22,100		23,000		23,500		
LGTP 성장률	선진국		3.1		3.2		3.3		3.2		3.2		
	후진국		7.1		7.0		6.9		7.0		7.0		·
소비자 물가	선진국		2.1		2.0		1.9		2.0		2.0		
	후진국		2.3		2.4		2.4		2.5		2.4		
저축률	선진국		30		29		31		29		31		
	후진국		29		28		30		29		29		
투자율	선진국	국내	29		28		30		28		30		
		해외	–		–		–		–		–		
	후진국	국내	34		35		36		35		35		
		해외	33		32		34		33		33		
신 자 연 혁 명	첨단생물지식법인 (첨단생물지식공장)		3		3		3		3		3		
	첨단수산물지식법인 (첨단수산물지식공장)		3		3		3		3		3		
	첨단축산물지식법인 (첨단축산물지식공장)		3		3		3		3		3		
	첨단지식산업화 (첨단지식연구재단)		3		3		3		3		3		
	첨단지식전원도시화 (지식-네트워크)		3		3		3		3		3		
산 업 구 조	1차산업 (첨단농·어업)		11		10.8		10.5		10.1		10		
	2차산업 (첨단지식제조업)		21		20.5		20.1		20.0		19		
	3차산업 (첨단지식서비스)		68		68.7		69.4		69.9		71		

* 오세아니아 지역정부는 5차 이후부터는 외자도입을 차단토록 한다.

구분			제5차 5개년 개발계획(2031~2035年)									비고
			2031年		2032年		2033年		2034年		2035年	
			계획	실적	계획	실적	계획	실적	계획	실적	계획	실적	
지역별 LGTP 소득			24,000		25,100		26,900		27,900		29,000		
LGTP 성장률	선진국		3.1		3.2		3.3		3.2		3.2		
	후진국		7.0		7.2		7.1		7.2		7.5		·
소비자 물가	선진국		2.0		2.1		2.2		2.1		2.1		
	후진국		2.3		2.2		2.4		2.3		2.3		
저축률	선진국		29		28		32		34		27		
	후진국		30		28		29		30		28		
투자율	선진국	국내	30		29		31		29		31		
		해외	–		–		–		–		–		
	후진국	국내	34		35		36		35		35		
		해외	–		–		–		–		–		
신지연혁명	첨단생물지식법인 (첨단생물지식공장)		2		2		2		2		2		
	첨단수산물지식법인 (첨단수산물지식공장)		2		2		2		2		2		
	첨단축산물지식법인 (첨단축산물지식공장)		2		2		2		2		2		
	첨단지식산업화 (첨단지식연구재단)		2		2		2		2		2		
	첨단지식전원도시화 (지식 – 네트워크)		2		2		2		2		2		
산업구조	1차산업 (첨단농 · 어업)		10		9.9		9.7		9.4		9.0		
	2차산업 (첨단지식제조업)		19		18.9		18.5		18.1		18.0		
	3차산업 (첨단지식서비스)		71		71.2		71.8		72.5		73		

* 오세아니아 지역정부는 무차입 경제개발을 주도하여 첨단지식기반경제로서 세계경제를 주도한다.

세계정부의 제6차 5개년 오세아니아지역 경제개발 계획서표 62

구분			제6차 5개년 개발계획(2036~2040年)									비고
			2036年		2037年		2038年		2039年		2040年	
			계획	실적	계획	실적	계획	실적	계획	실적	계획	실적
지역별 LGTP 소득			29,500		31,600		32,900		34,600		35,500	
LGTP 성장률	선진국		3.0		2.9		3.1		3.0		3.0	
	후진국		7.0		6.9		7.1		7.0		7.0	·
소비자 물가	선진국		2.2		2.1		2.2		2.3		2.2	
	후진국		2.3		2.4		2.5		2.4		2.4	
저축률	선진국		28		30		29		30		28	
	후진국		28		29		27		28		28	
투자율	선진국	국내	28		28		29		27		28	
		해외	–		–		–		–		–	
	후진국	국내	33		35		34		35		33	
		해외	–		–		–		–		–	
신자연혁명	첨단생물지식법인 (첨단생물지식공장)		–		–		–		–		–	
	첨단수산물지식법인 (첨단수산물지식공장)		–		–		–		–		–	
	첨단축산물지식법인 (첨단축산물지식공장)		–		–		–		–		–	
	첨단지식산업화 (첨단지식연구재단)		–		–		–		–		–	
	첨단지식전원도시화 (지식 – 네트워크)		–		–		–		–		–	
산업구조	1차산업 (첨단농·어업)		8.9		8.7		8.4		8.0		7.8	
	2차산업 (첨단지식제조업)		18		17.3		17.1		17.0		17.0	
	3차산업 (첨단지식서비스)		73.1		74		74.5		75		85.2	

* 신자연혁명은 첨단지능형 연구재단에 재테크로 '신품종', '신어종', '신육종'을 통한 고차원 세계의 먹을거리를 제공한다.

세계정부의 제7차 5개년 오세아니아지역 경제개발 계획서

구분			제7차 5개년 개발계획(2041~2045年)									비고
			2041年		2042年		2043年		2044年		2045年		
			계획	실적	계획	실적	계획	실적	계획	실적	계획	실적	
지역별 LGTP 소득			36,000		36,900		37,600		38,100		39,000		
LGTP 성장률		선진국	2.7		2.9		2.8		2.9		2.7		
		후진국	7.3		7.5		7.4		7.3		7.5		
소비자 물가		선진국	1.9		2.0		2.1		2.0		2.0		
		후진국	2.2		2.3		2.4		2.4		2.4		
저축률		선진국	32		31		33		32		32		
		후진국	29		32		29		30		30		
투자율	선진국	국내	30		31		32		31		31		
		해외	–		–		–		–		–		
	후진국	국내	34		36		35		34		36		
		해외	–		–		–		–		–		
신자연혁명		첨단생물지식법인 (첨단생물지식공장)	–		–		–		–		–		
		첨단수산물지식법인 (첨단수산물지식공장)	–		–		–		–		–		
		첨단축산물지식법인 (첨단축산물지식공장)	–		–		–		–		–		
		첨단지식산업화 (첨단지식연구재단)	–		–		–		–		–		
		첨단지식전원도시화 (지식–네트워크)	–		–		–		–		–		
산업구조		1차산업 (첨단농·어업)	7.3		7.0		6.8		6.5		6.0		
		2차산업 (첨단지식제조업)	16.9		16.5		16.2		16		16		
		3차산업 (첨단지식서비스)	75.8		76.5		23.0		77.5		78		

* 동양의 신자연혁명으로 1차산업은 첨단농업 및 첨단수산업 그리고 첨단축산업으로 고부가가치의 지식산업화를 유도한다.

세계정부의 제8차 5개년 오세아니아지역 경제개발 계획서

구분			2046年 계획	2046年 실적	2047年 계획	2047年 실적	2048年 계획	2048年 실적	2049年 계획	2049年 실적	2050年 계획	2050年 실적	비고
지역별 LGTP 소득			36,000		37,500		38,600		40,100		42,000		
LGTP 성장률	선진국		2.9		2.8		3.0		2.9		2.9		
	후진국		7.1		7.4		7.4		7.3		7.3		·
소비자 물가	선진국		2.0		2.1		2.2		2.0		2.2		
	후진국		2.3		2.5		2.3		2.5		2.4		
저축률	선진국		27		28		29		28		28		
	후진국		29		32		31		32		31		
투자율	선진국	국내	28		29		31		30		26		
		해외	–		–		–		–		–		
	후진국	국내	30		31		29		31		29		
		해외	–		–		–		–		–		
신자연혁명	첨단생물지식법인 (첨단생물지식공장)		–		–		–		–		–		
	첨단수산물지식법인 (첨단수산물지식공장)		–		–		–		–		–		
	첨단축산물지식법인 (첨단축산물지식공장)		–		–		–		–		–		
	첨단지식산업화 (첨단지식연구재단)		–		–		–		–		–		
	첨단지식전원도시화 (지식 – 네트워크)		–		–		–		–		–		
산업구조	1차산업 (첨단농·어업)		5.5		5.0		4.5		4.1		3.7		
	2차산업 (첨단지식제조업)		15		14.5		14.0		13.5		13		
	3차산업 (첨단지식서비스)		79.5		80.5		81.5		82.5		83.3		

* 산업구조의 고도화는 1차산업은 첨단지능화지식공장화 및 제조업의 낮은 점유율 그리고 3차산업은 첨단지식서비스 산업으로서 고부가가치화를 추구한다.

오세아니아 지역정부의 제8차 5개년 경제개발의 국내총생산 GDP 국민소득 추이

(단위 : $)

*세계정부의 경제개발은 완전한 바이오 혁명으로 녹색지식경제 및 녹본창조경제 그리고 녹본본질의 가치경제로 인류공존공영 실현한다.

차수	제1차	제2차	제3차	제4차	제5차	제6차	제7차	제8차
연도	2011~2015	2016~2020	2021~2025	2026~2030	2031~2035	2036~2040	2041~2045	2046~2050
구분	세	계	정		부			

60,000
50,000
40,000
30,000
20,000
10,000

8,900 13,000 17,000 20,000 24,000 29,500 36,000 42,000

오세아니아 지역정부의 제8차 5개년 경제개발의 성장률 추이

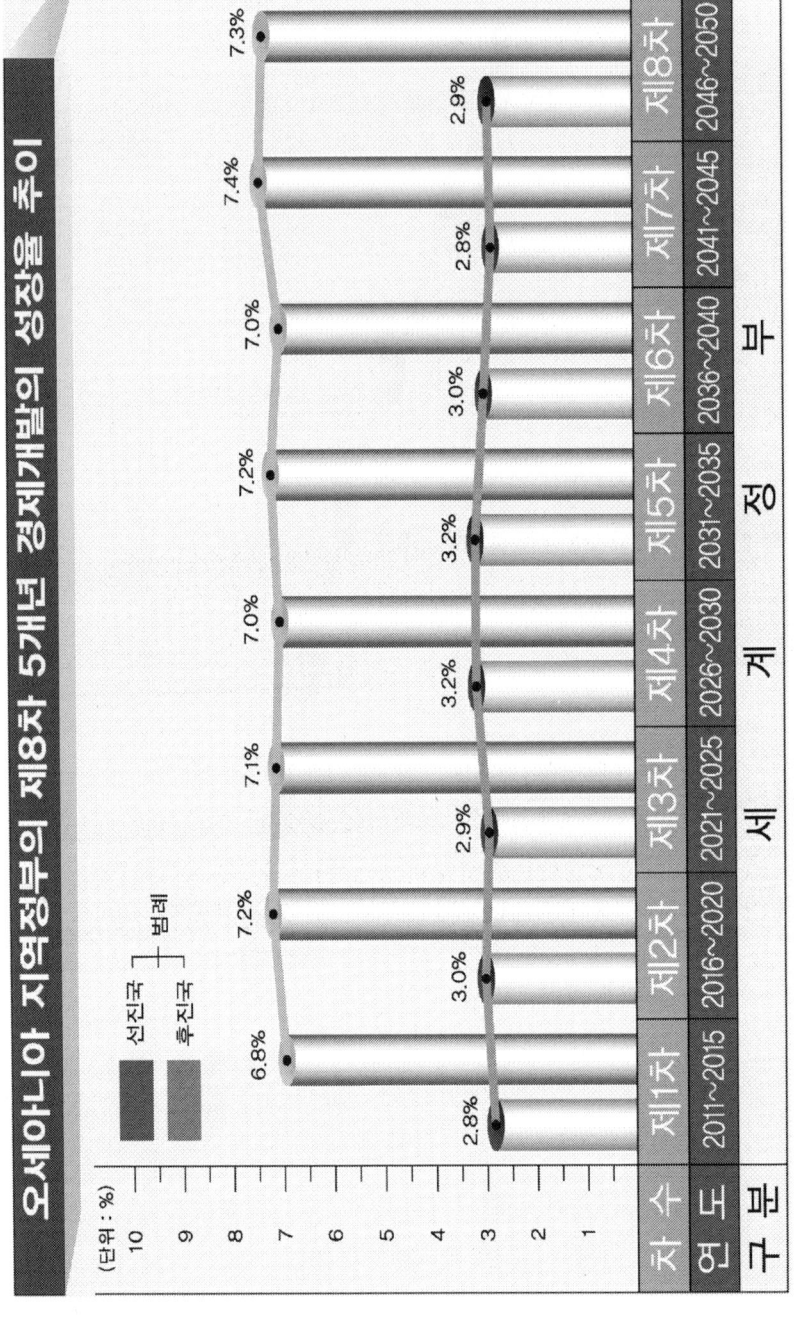

(단위 : %)

범례
- 선진국
- 후진국

구 분		제1차	제2차	제3차	제4차	제5차	제6차	제7차	제8차
차 수									
연 도		2011~2015	2016~2020	2021~2025	2026~2030	2031~2035	2036~2040	2041~2045	2046~2050

제 세 계 정 부

선진국: 6.8% / 7.2% / 7.1% / 7.0% / 7.2% / 7.0% / 7.4% / 7.3%

후진국: 2.8% / 3.0% / 2.9% / 3.2% / 3.2% / 3.0% / 2.8% / 2.9%

(단위 : %)

범례
선진국
후진국

선진국

후진국

1.8% 2.2% 2.0% 2.3% 2.1% 2.2% 2.0% 2.4% 2.1% 2.3% 2.2% 2.4% 2.0% 2.3% 2.1% 2.4%

차수	제1차	제2차	제3차	제4차	제5차	제6차	제7차	제8차
연도	2011~2015	2016~2020	2021~2025	2026~2030	2031~2035	2036~2040	2041~2045	2046~2050
구분	세	계	경	제	부			

오세아니아 지역정부의 제8차 5개년 경제개발의 저축율 현황 추이

(단위 : %)

선진국저축율

후진국저축율

구 분	제	세	계	정	부			
연 도	2011~2015	2016~2020	2021~2025	2026~2030	2031~2035	2036~2040	2041~2045	2046~2050
차 수	제1차	제2차	제3차	제4차	제5차	제6차	제7차	제8차

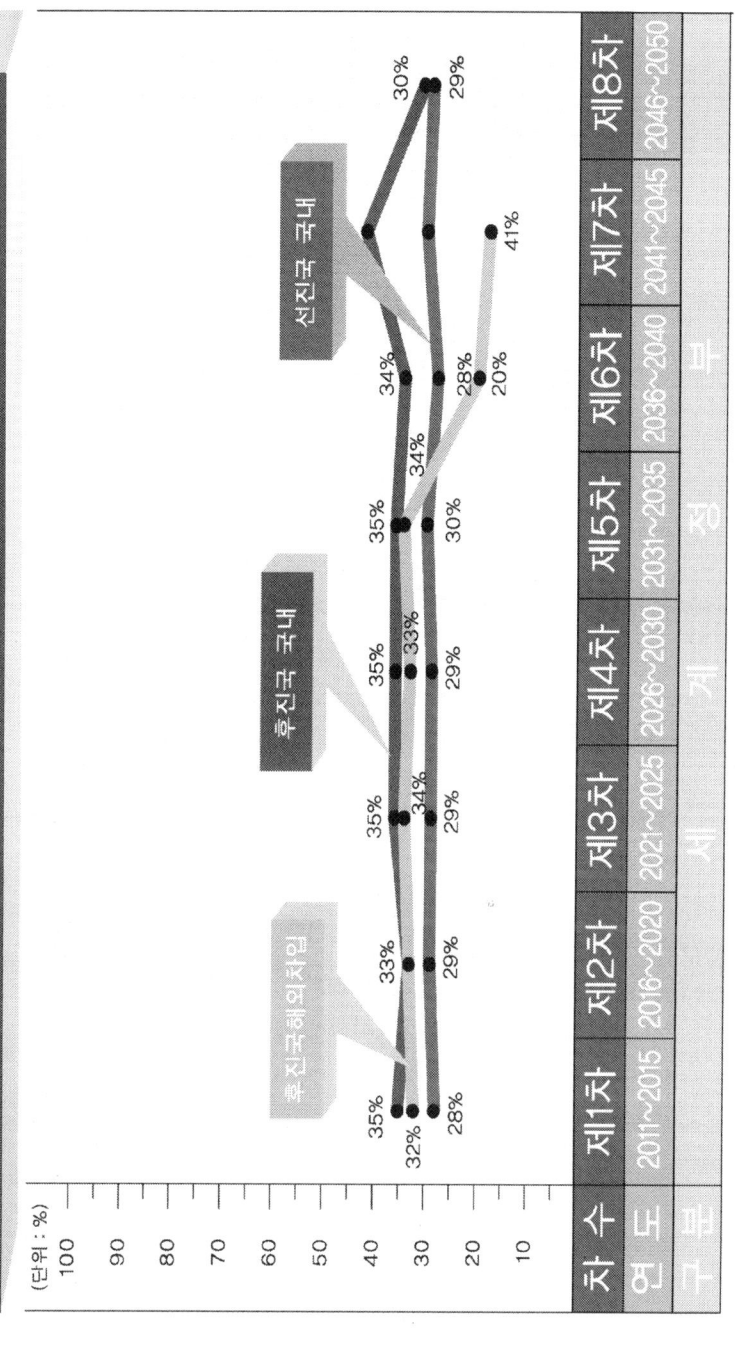

오세아니아 지역정부의 제8차 5개년 경제개발의 투자율 현황 추이

오세아니아 지역정부의 제8차 5개년 경제개발의 신자연혁명 투자율 추이

(단위 : %)

통앙의 신자연혁명

- 첨단생물지식법인
- 첨단수산물지식법인
- 첨단축산물지식법인
- 첨단지식창조융연구제단
- 첨단지식건원도시화

※ 한반도의 新자연혁명은 서구의 산업혁명이 신매안으로서 냐본 중심창조가치경제로서 서구의 물량화의 종말은 고함, 첨단지식 기반경제로 인류미래경제를 주도

차 수	제1차	제2차	제3차	제4차	제5차	제6차	제7차	제8차
연 도	2011~2015	2016~2020	2021~2025	2026~2030	2031~2035	2036~2040	2041~2045	2046~2050
구 분			세	계	정	부		

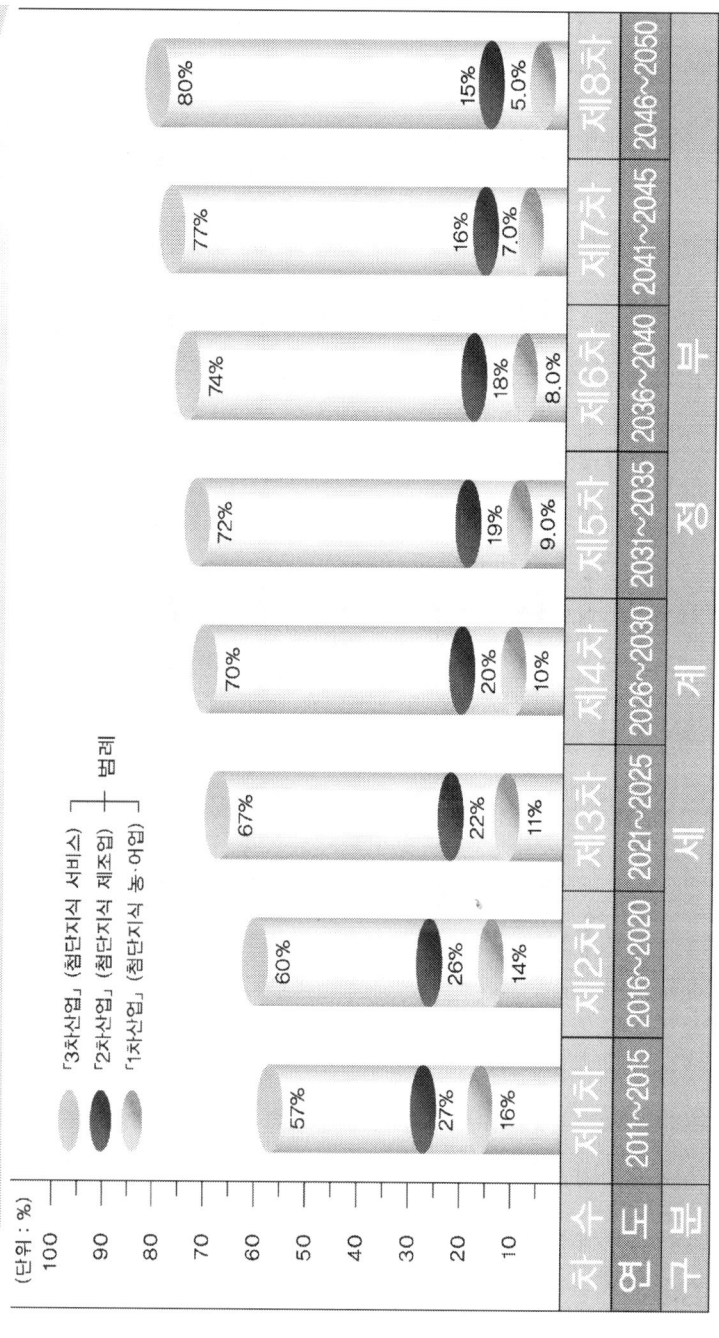

오세아니아 지역정부의 제8차 5개년 경제개발의 산업구조 추이

(단위 : %)

구 분	차 수	연 도
	제1차	2011~2015
세	제2차	2016~2020
계	제3차	2021~2025
정	제4차	2026~2030
부	제5차	2031~2035
	제6차	2036~2040
	제7차	2041~2045
	제8차	2046~2050

범례

「3차산업」 (첨단지식 서비스)
「2차산업」 (첨단지식 제조업)
「1차산업」 (첨단지식 농·어업)

제1차	제2차	제3차	제4차	제5차	제6차	제7차	제8차
57%	60%	67%	70%	72%	74%	77%	80%
27%	26%	22%	20%	19%	18%	16%	15%
16%	14%	11%	10%	9.0%	8.0%	7.0%	5.0%

우리는 대우주가 분열기운으로 인하여 쪼개져 우주기운이 중심의 근본에 하나로 복귀함으로써 대우주는 '통합기운', '통일기운', '천인합일기운'으로 새롭게 정립하고 있어 서구문명으로 사분오열된 우주세계는 하나의 다스림의 근본으로 다스려져 나아가는 것이 섭리역사의 역사법칙이라고 단언하며, 이러한 우주기운이 한반도에서 하나로 합일함으로써 한반도는 '신의사회'(信義社會), '도덕사회'(道德社會), '도의사회'(道義社會), '신뢰사회'(信賴社會), '대동사회'(大同社會)가 새롭게 정립함으로써 오늘날 서구문명으로 인한 일체의 불균형에서 지구촌은 완전한 '조화세계'로 나아가는 것이 인류역사가 전개될 '미래사관'(未來史觀), '미래역사'(未來歷史), '역사창조'(歷史創造)의 근원은 바로 세계정부 연구소로부터 이론적인 모태가 정립될 것으로 사료한다. 우리는 향후에 전개될 인류미래는 '하나의 단일언어', '하나의 단일화폐', '제3단계 3개년 완전군축', '제8차 5개년 경제개발계획', '각 대륙별 고속철도 건설', '전 세계 1일 생활권시대', '전 세계 행정의 표본화작업', '12개 국가에 의한 한민족공화정시대(韓民族共和政時代)'가 도래됨과 동시에 현재의 금융기관은 전 세계를 하나로 통합하여 '세계은행'에서 하나의 '단일은행법인'으로 위성통신금융전산망을 통합하여 전 세계의 각국정부가 보유한 금융재정을 주식으로 환원시켜 '거대공룡금융기관'이 탄생할 것이며, 나머지 금융기관은 역사 속으로 사라지게 될 것이다. 아울러 개인에 대한 일체의 계좌는 '위성통신단일계좌'에 의한 '위성통신전자화폐'에 의한 '전자통장' 시대가 도래됨으로써 개인의 지불수단 및 결재수단 금융조회의 일체가 전자통장에 의해서 거래가 이루어져 나아갈 것이다. 즉 '무선인터넷 전자통장' 시대가 도래되어 지구촌에는 '금융기관', '종이지폐'가 사라지게 될 것이다.

덧붙여 그것은 다름 아닌 세계정부연구소에서 전 세계 각국정부의 '전자정부 완성' 시대가 도래하면 각 대륙별 '고정 인공위성'(지구의 자전과 공전)을 쏘아 올려서 전 세계를 '무선인터넷시대', '무선금융권시대', '지구촌 지역한계를 초월'하여 클릭 한 번으로 우주세계를 '초고속 정보고속도로'를 통해서 65억 전 인류의 보편적인 삶으로 인도하게 될 것이다.

제10절 경제개발이 완성단계에는 전 세계 지역정부의 LGTP (로칼 - 그로스 - 토탈 - 프로닥트)의 국민소득은 40,000 달러를 달성한다

서구의 '산업혁명'으로 인한 결과론은 물질에 의한 지역 간의 극심한 빈부격차로 인한 '기아', '빈곤', '영양실조'로 인한 결과론은 서구문명의 한계점이요 또한 모순점이고 한시대적인 전유물로 역사 속으로 사라질 것이다. 우리는 이러한 '유물사관'이나 '사적 유물론' 그리고 '변증법적 유물론'에 의한 서구의 공산주의 사조에 의한 우주철학은 역사적인 종언을 고하고, 새로운 신동양세계에 의한 서구문명에 대한 신대안론으로 논자의 '3대혁명'(도치정치혁명 및 신자연혁명 그리고 세계정부혁명)으로 인하여 서구문명의 몰락에 대한 신대안으로 동양의 신자연혁명은 인간중심세계에 의한

'뇌본지식'(腦本知識), '뇌본창조지식'(腦本創造知識), '뇌본창조혁
명'(腦本創造革命) 시대가 도래됨으로써 서구문명의 산업혁명에
의한 '탈산업화'(脫産業化), '탈공업화'(脫工業化), '탈공장화'(脫工
場化) 시대가 도래됨과 동시에 신대안으로 '신산업화'(新産業化),
'무공해청정기술'(無公害淸淨機術), '첨단-하이테크 지식기술'(尖
端高度知識機術)에 의한 신생산방식에 의한 '신지식생산방식'(新
知識生産方式), '신지식생산가공방식'(新知識生産加工方式), '첨단
지식생산공장화'(尖端知識生産工場化)에 의한 서구의 '재래식 생
산방식', '판박이식 생산방식', '롤라식 생산방식'에 의한 인간의
머리를 사용하지 않는 육체노동 및 단순행위에 의한 '단순생산방
식'에 의한 서구문명은 역사적인 종말을 고하고, 아울러 동양세계
는 내면세계에 의한 '첨단지식창조용연구소'(尖端知識創造用研究
所)에 의한 '지식생산가공방식'(知識生産加工方式)에 의한 인간은
자연의 유한한 천혜 및 천연의 자연자원을 인간이 보호하면서 호
득해 나아가는 즉 자연과 인간은 하나의 유기체적인 상호작용성으
로서 이어져 나아감으로써 이러한 동양세계의 자연관은 '생태론적
인 세계관', '유기체적 세계관', '천인합일적 세계관'이 도래됨으로
써 서구문명의 결과론에 대한 본질적인 문제점을 해소해 나아가는
모태가 바로 자연과 인간이 공존하는 '공존철학적' 모태에 의해서
새롭게 정립해 나아갈 것으로 사료한다.

　아울러 대우주가 분열기운에 의한 서양에 머물면서 '물질생성'의
근원으로 작용하였으나 동양세계는 서양에 머물던 대우주가 하나
로 중심지본에 귀일함으로써 우주세계는 서구의 3차원의 '상대계'
(이원론적 세계관)에서 동양은 새로운 4차원의 '절대계'(일원화)에

의한 우주만물은 중심근본에 복귀함으로써 '하나의 정치사상'(도치 정치사상), '하나의 정치제도'(도치정치의 대의원제도), '하나의 정치철학'(한철학), '하나의 단일언어'(한국의 한글), '하나의 단일화폐'(한국의 원화), '하나의 통치권'(인류의 통치권)에 의해서 우주만물을 중심의 근본에서 다스려 나아가는 모태가 태동될 것이다. 이러한 서구의 정치제도의 내적 모순점을 혁신 및 창조 그리고 개혁을 통한 대우주의 대진리에 입각한 도치정치의 이론적 모태는 우주자연의 대진리에서 태동한 '자연철학적'인 모태 위에서 태동되었던 것이다.

아울러 서구세계는 자연과 이성 간의 대립이나 투쟁지향적인 이원론적 세계관이 지배되었으나 동양세계는 자연과 인간은 하나의 혼연일체가 형성됨으로써 자연과 인간이 더불어 공존하는 '호혜공존', '화해공존', '만유공존'의 시대가 도래됨으로써 우주만물은 중심의 근본에서 하나의 다스림의 모태에 의해서 일체가 형성된다는 논리이다. 아울러 이러한 대자연은 인간의 '진리의 가치척도', '삶의 가치척도', '도덕적 가치척도', '만선지원'이 이루어지는 가치척도가 형성됨으로써 동양세계는 바로 대자연과 인간이 하나의 일체로서 형성된다는 논리이다. 논자가 이러한 동양의 '신자연혁명'(新自然革命)은 '우주진리', '우주철학', '만고불변의 진리'에 의해서 태동한 이론으로 '인류화해공존'(人類和解共存), '인류호혜공존'(人類互惠共存), '인류공존공영'(人類共存共榮), '인류대화합'(人類大和合), '인류대동세계'(人類大同世界), '인류중본지도'(人類中本地道), '인류중용지도'(人類中庸地道)를 실현하는 이론적인 모태가 바로 '자연혁명'에 근원적인 요인이 된다는 논리이다.

이러한 동양세계에 의한 대우주의 일기인 정치권력 및 문화와 문명권이 '중심지본'(中心地本), '자연지본'(自然地本), '인간지본'(人間地本)으로 대우주의 서구의 우주분열 기운에 의한 '상대적 진리'(相對的眞理), '절대적 진리'(絶對的眞理), '하나의 대진리'(一眞理)에 의한 우주세계 및 우주자연 그리고 우주만물은 중심지본인 하나의 근본으로 회귀하게 됨으로써 인간을 다스리는 근본의 모태가 한반도에서 태동되어 서구의 '상대적 진리세계'에서 동양세계는 '절대적 진리세계', '마음의 대진리'(一心眞理)에 의한 지구촌은 전 세계 각국정부를 하나로 통합하여 각국정부의 대표정부 형태인 '세계정부'(世界政府)에 의한 서구문명으로 사분오열된 대우주의 우주기운을 하나로 통합함으로써 논자가 주장하는 '각국정부의 통합', '지역공동체를 중심축으로 지역통합', '세계통합을 실현'함으로써 '인류공존', '인류미래', '인류사관', '인류역사', '역사창조'를 위한 초석으로 이어져 나아가는 모태가 될 것이다.

이러한 한반도의 강력한 세계정부 창설은 바로 하나의 '세계표본화'(世界標本化) 작업으로 '언어 단일화' 작업 이후에는 전 세계는 하나의 '단일언어'(한국의 한글), 하나의 '단일화폐'(한국의 원화(元貨)), '제3단계 3개년 완전군축의 실현'(인류세계평화공존), '제8차 5개년 경제개발계획'(전 세계 각국정부의 GDP 국민소득은 40,000달러의 실현 및 바이오 - 혁명시대를 주도함으로써 '생물공학시대', '수산물공학시대', '축산물공학시대'가 도래됨으로써 1차 산업은 완전한 '첨단지식산업'으로 지식기반경제를 주도해 나아갈 것으로 사료됨.), '한반도→제주도→북한의 청진→블라디보스토크→유럽횡단고속철도 건설'(시속 700KM을 주행하는 초스피드 시대가 도래될 것임.), '한반도→제주도→북한 청진→아메리카 대륙횡단고속철도 건설', 아울러 대우주가 중심근본에 귀일함으로써 소우주인 인간 역시 서구에서 잃어버린 인간의 마음을 회복함으로써 인간은 만물의 영장으로 완전한 대우주는 '물질세계'(物質世界)→'도의세계'(道義世界)→'공심세계'(空心世界), 소우주는 '육체세계'(肉體世界)→'정신세계'(精神世界)→'마음세계'(一心世界)가 도래됨으로써 '하늘의 인간세계'(天人世界: 지구), '인간의 인간세계'(人間世界: 한반도)에 의한 중심지본에서 하늘의 인간세계 및 인간의 인간세계가 하나의 역사법칙에 준하여 향후에 도래될 미래사관은 바로 대우주 및 소우주가 하나의 역사법칙에 준하여 '완성기' 및 '장년기'에 의한 우주자연의 절기 또한 완전한 만물이 결실을 맺는 '가을'(秋)에 해당됨으로써 중심근본에서 '생물지본', '만물지본', '만선지원'이 이루어지는 모태가 바로 중심지본에서 완성세계가 실현될 것이며, 이러한 동양세계의 한반도에서 논자의 동양의 신자연혁명은 바로 '두뇌 - 혁명'(브레인-리블레이션)Brain-Revorultion, '바이오 - 혁명'(바이오-리블레이션)Bio-Revorultion, '지식 - 혁명'(노우렐리지-리블레이션)Knowledge-Revorultion 시대가 도래됨으로써 서구의 물질세계에 의한 타락된 인간상에서 해탈을 통한 대우주가 완성기에 접어들게 됨으로써 인간 역시 역사필연의 법칙에 준하여 '인간완성'(人間完成: 성인)이 실현됨으로써 소우주의 축소판인 한반도에서 인간세계에 의한 우주만물을 '완성세계'로 실현해 나아갈 것으로 사료한다.

이러한 것을 헤겔은 "역사도 한 인생에 비유한다."라고 한다. 이러한 역사법칙에 준하여 중심근본에서 우주세계 및 우주자연 그리

고 우주만물이 완전한 하나의 일체로 하늘의 인간세계(대우주(지구))
및 인간의 인간세계(한반도 한민족시대)가 하나로 합일함으로써 이
러한 미래사관은 바로 인간세계의 우주조화세계 및 우주일체세계
그리고 완전한 우주통일시대가 도래됨으로써 동양세계의 '음의세
계'(陰意世界), '질의세계'(質義世界), '정신세계'(精神世界), '도의
세계'(道義世界), '마음세계'(一心世界)가 도래되고 동양세계에 의
한 '생태론적 세계관', '만물유기체적 세계관', '천인합일적 세계관'
이 도래됨으로써 동양세계에 의한 한국의 전통적인 가치관이 우주
세계를 지배해 나아가는 모태는 바로 인간에 관한 일체의 대진리
및 우주대진리가 하나로 일체됨으로써 서구의 '삼진세계'(三眞世
界)가 하나로 회삼귀일(會三歸一)하고 '일진세계'(一眞世界)에 의
해서 우주만물을 다스리는 하나의 근본으로 다스려 나아가는 모태
가 될 것이다. 이러한 우주만물의 완성세계는 필연적으로 한반도의
한민족에 의해서 '인류역사창조화'가 실현될 것이다.

제11절 결어(結語)

　대우주는 서구에 머물면서 영국에서 일어난 '산업혁명'은 물질생
성으로 인한 물질문명의 한계점 및 모순점 그리고 한시대적인 전
유물로 역사적인 종말을 고하고, 아울러 대우주는 서구에 머물던
우주일기는 동양세계로 회삼귀일함으로써 중심지본에서 지구가 멸
망할 때까지 영원히 지속될 것이라고 단언하는 바이다. 이러한 중

심지본인 한반도는 새로운 '신문명권'(新文明權), '신정치권'(新政治權), '신경제권'(新經濟權), '신반도문명권'(新半島文明權) 시대가 도래됨과 동시에 서구문명으로 인한 일체의 불균형이나 부조화 그리고 우주의 혼돈이나 혼륜으로 야기된 근원적인 문제점을 중심지본에서 '균형세계'(均衡世界)→'통일세계'(統一世界)→'조화세계'(造化世界)→'완성세계'(完成世界)가 서구문명으로 인한 잃어버린 인간성을 회복할 것이며, 대우주가 '완성기'(完成期)에 접어들어 소우주인 인간 역시 '인간완성'(人間完成)을 통한 인간세계에 의한 중심지본인 한반도에서 우주만물을 완성세계로 인도하는 것이 섭리역사(攝理歷史)의 역사법칙(歷史法則)이라고 단언한다. 인간은 우주만물의 영장으로 '인간세계'에 의한 '미완성세계'(未完成世界)에 의한 우주만물은 완전한 인간세계에 의한 '인간완성'에 의한 서구의 과반수 부족분에 대한 '전원일치 합일세계'(과반수(51%)에 의한 전체의 완성세계로 인도하는 것이 전원일치 합일세계(100%)의 완성세계) 한반도에서 실현될 것이며, 이것이 대우주 지구촌에는 지역적인 동, 서 간에는 균형세계, 조화세계로 인도해 나아가고 있으나 서구문명의 '과반수 다수결' 논리는 지역적인 남, 북 간의 지역불균형 즉 빈부격차의 근본적인 문제점을 중심지본인 한반도에서 논자의 '신대안'(新代案)으로 '전체세계'(全體世界), '종합세계'(綜合世界), '일체세계'(一切世界)가 '조화세계', '완성세계'로 나아가는 것이 섭리역사의 필연의 역사법칙이요, 그것은 논자의 신대안인 '신문명권'(新文明權)→'반도문명권'(半島文明權)→'신정신문명권'(新精神文明權)→'신정치권'(新政治權)→'자연주의 사상'(自然主義思想)→'인본주의사상'(人本主義思想)→'합일사상'(合一思想)

→'도치정치사상'(道治政治思想)→'도치정치제도'(道治政治制度)→
'전 인류 포괄, 함축'(一切世界) 및 '신경제권'(新經濟權)→'탈산업
혁명'(脫産業革命)→'탈산업화'(脫産業化)→'탈공업화'(脫工業化)→
'탈자본주의'(脫資本主義)→'신자연혁명'(新自然革命)→'신생산방
식'(新生産方式)→'신지식생산방식'(新知識生産方式)→'신지식가공
방식'(新知識加工方式)→'첨단지식공장생산방식'(尖端知識工場生
産方式)→'뇌본창조경제'(腦本創造經濟)→'뇌본지식경제'(腦本知識
經濟)→'뇌본질의경제'(腦本質義經濟)→'지식기반경제'(知識基般經
濟) 그리고 '탈산업사회'(脫産業社會)→'탈물량화사회'(脫物量化社
會)→'탈약탈적 사회'(脫略脫的社會)→'탈착취사회'(脫搾取社會)→
'호혜공존사회'(互惠共存社會)→'화해공존사회'(和解共存社會)→
'무위자연사회'(無爲自然社會)로 나아가는 이론적인 모태가 될 것
으로 사료한다.

　이러한 우주세계는 급속하게 변화와 변혁 그리고 개혁으로 신-
패러다임을 창조해 나아가고 있으나 수구세력들의 잔대가리 술수
정치의 기득권에서 벗어나지 못하고 방황하고 있으며, 그들의 술수
정치도 한계점 및 모순점에 봉착함으로써 만삭에 이른 보름달은
기울어질 것이며, 아울러 새로운 정치세력화에 의한 논자의 이러한
신사고혁명은 구시대적인 썩은 정치의 유산을 청산하는 것이 새
역사창조의 초석이 될 것으로 사료한다.

　이러한 수구세력들은 자신들의 행로를 이탈함으로써 방황과 이
탈 그리고 자신들의 먹이사슬에 대한 해체작업으로 인한 거대공룡
조직이 와해되고 있으므로 논자의 예견한 수구세력들의 몰락으로
이어짐으로써 논자는 새로운 정치세력화를 주문하는 바이다. 그것

은 다름 아닌 그들의 몰락에 대비하여 논자가 주장하는 신세대에 의한 젊은 인재들이 한반도에서 새로운 세계정부 창설에 주도적인 역할을 다해 나아갈 때에 한반도의 한민족이 세계사를 호령할 것으로 논자는 대선각자의 입장에서 만천하에 고(告)하는 바이다.

아울러 논자가 주장하는 세계정부는 결단코 수구세력들과 야합하는 정치형태는 없을 것이며, 반드시 새로운 정치세력화에 의한 수구세력들의 몰락에 유비무환의 대비태세를 강구해 나아가는 지혜를 가져야 할 것이다. 아울러 이러한 젊은 인재들의 정치세력화는 필연적으로 자신의 '희생정신', '봉사정신'으로 인류사에 위대한 과업을 실현해 나아가는 모태로 삼아야 할 것이며, 자신 스스로의 솔선수범 및 만백성들의 귀감으로 인류사에 위대한 과업을 성취할 수 있다고 논자는 확신하는 바이다.

서구의 산업화로 인한 지구촌의 지역적인 빈부격차를 근원적이고 본질적으로 해소 및 완화하는 길은 지역적인 남, 북 간의 경제격차 문제를 해소함으로써 지구촌은 지역 간의 빈부격차가 없는 '공존세계관'(共存世界觀)으로 이어져 나아가는 모태가 될 것이다. 이러한 세계정부는 필연적으로 논자가 집대성하여 만든 이론적인 모태가 우주세계를 조화세계로 만들어 가는 초석이 될 것이며, 그 대안으로 바로 동양의 '신자연혁명'이 유일한 대안으로 이어질 것으로 사료한다. 이러한 신대안은 서구산업혁명의 몰락으로 인한 유일한 대안이 될 것이며, 그것은 다름 아닌 '뇌본창조경제'(腦本創造經濟), '뇌본창조지식경제'(腦本創造知識經濟), '뇌본질의지식경제'(腦本質義知識經濟)에 의한 서구의 '판박이식 생산방식', '롤라식 생산방식'에 의한 '기성복시대'는 역사적인 종말을 고하고, 새로운 신경제에 의한 '신생산방식'(新生産方式), '신지식생산방식'(新知識生産方式), '신지식가공생산방식'(新知識加工方式), '첨단지능형지식공장생산방식'(尖端知能形知識生産方式)에 의한 서구의 자연에서 채취한 '재료'나 '원료'를 대공장에서 가공하는 가공무역의 형태는 자연생태계를 파괴행위 및 약탈행위 그리고 훼손행위로 인한 인간의 삶의 터전을 서구문명이 왜곡함으로써 인간은 인간으로서 삶의 터전을 상실하여 인간이 살아가는 '진리지본'(眞理地本), '지식지본'(知識地本), '가치척도'(價値尺度), '질의가치척도'(質義價値尺度), '생물지본'(生物支本), '동물지본'(動物地本), '만물지본'(萬物地本), '만선지원'(萬善地源)이 이루어지는 중심지본인 한반도에서 우주의 '토성'(土星)의 우주정기가 중심에 내려와 '흙의 중심지'(土中心地)가 되어 인간이 살아가는 '삶의 모태', '지식의 모태', '진리의 모태'가 됨으로써 한반도는 대자연의 대중심지가 된다는 논리이며, 논자는 우주진리 및 우주이치를 통달함으로써 '땅'(土)에서 땅의 가치의 극대화(地價極), 지식 가치의 극대화(知價極), 질의 가치의 극대화(質價極)를 통한 인간의 '뇌본창조지식혁명'(腦本創造知識革命)에 의한 서구문명의 몰락에 대한 신대안으로 논자의 동양의 '신자연혁명'(新自然革命)으로 농촌의 '토'(土)에서 '지식', '과학기술', '정보', '첨단농법'에 의한 서구의 재래식의 생산방식인 구시대적인 방식에서 벗어나 새로운 신생산방식에 의한 지식생산가공방식을 채택함으로써 서구의 자연환경에 대한 훼손이나 파괴행위를 근본적으로 차단하는 근본원인이 바로 인간의 뇌에서 창조되는 창조화 세계에 의한 대자연을 보호하면서 인간은 대자연에서 인간에게 필요한 물질과 정신을 호득함으로써 인간 삶의 터전과 진리의 가치척도가 되는 자연과 인간이 하나로 '혼연일체'(混然一體) 된다는 논리이다.

이러한 동양의 신생산방식은 인간의 소비패턴을 신패러다임에 부응하기 위한 방안으로 소비패턴 단계인 '선택단계'→'예술단계'로 진입함으로써 서구의 판박이식 기성복시대 경제의 패러다임은 종말을 고하고, 동양세계에 의한 예술단계는 바로 기성복시대의 경제에서 해탈함으로써 개인의 개성화에 따르는 신경제의 신패러다임은 바로 '맞춤형생산방식', '주문형생산방식', '개성화에 따르는 특화생산방식'에 의한 '뇌본질의창조지식경제'(腦本質義創造知識經濟)에 대한 '신-패러다임'으로서 '첨단지식기반경제'(尖端知識基般經濟)와 '첨단지식공장적 생산방식'(尖端知識工場的生産方式)에 의해서 '천혜의 자연조건', '천연의 자연조건', '생태학적 자연조건'을 인간이 인위적 방식에 의한 컴퓨터 제어시스템에 의한 고도환경을 조성하여 향후에는 '인류미래지식경제'(人類未來知識經濟)가 주도될 것이며, 그것은 다름 아닌 '바이오→혁명시대', '바이오→지식혁명', '바이오→지가혁명' 바이오-생명공학혁명을 주도함으로써 인간은 서구문명으로 인한 '약탈적 정치'의 구조적인 메커니즘에서 벗어나 '정치착취', '정치약탈', '정치수탈'의 행위가 지구촌에서 영원히 사라지게 될 것이다. 이러한 동양세계는 서구의 약탈적인 자연관에서 벗어나 자연과 인간은 '신토일체'(身土一切)가 형성되어 우주만물은 '중심지본공존철학'(中心地本共存哲學)의 모태가 성립하게 될 것이다.

동양의 新지연혁명으로 첨단 지식기반경제의 超지식기업의 개념도

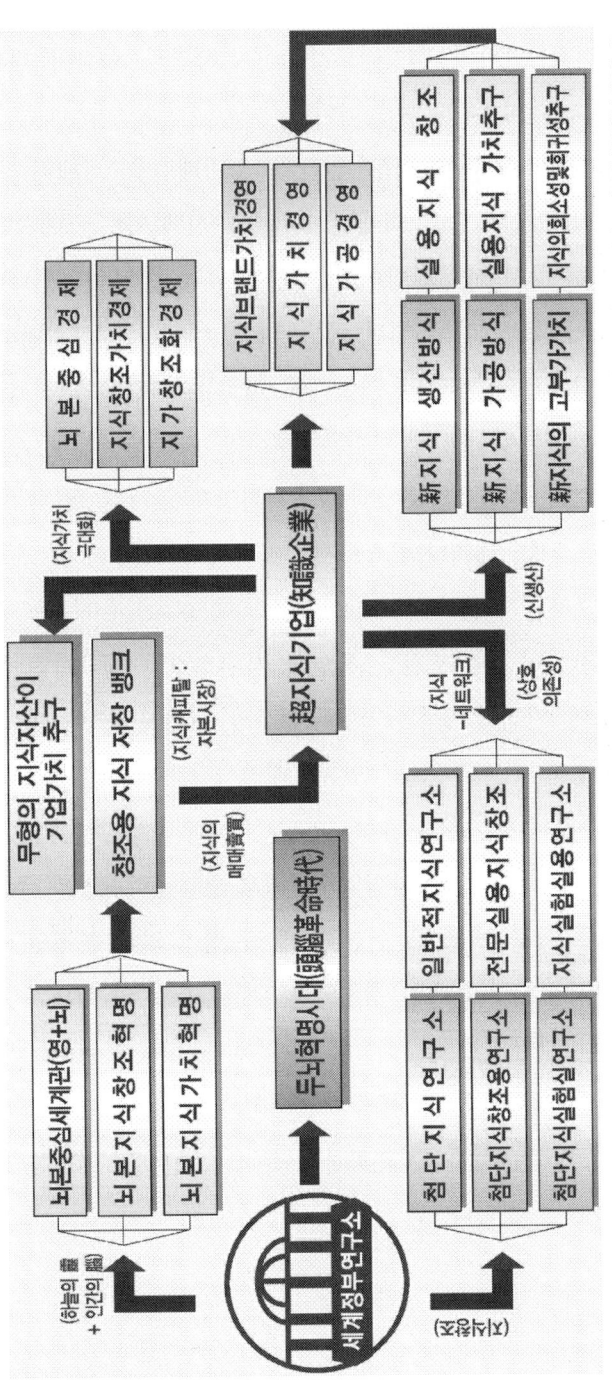

주) 동양(東洋)의 新지연혁명(Neo－Natural Revolution)으로 지식기반경제(Know－Ledge Base Economy)의 超지식기업이란, 하늘의 엽본세계(靈體本世界) 및 인간의 두뇌본세계(頭腦本世界) 중 본지도(中本地道)에서 하나로 함일세계관(合一世界觀)이 되므로써 '창조혁명' 및 '지식혁명' 그리고 '가치혁명' 주도하기 됨으로써 인간의 이·식·주의 일체의 경제행위는 뇌본중심경제 (腦本中心經濟)에서 親본경적 가치 및 親지연적 일체에 의한 최고의 저축나 최상의 용역을 다지건 식모 및 무자저연의 궤에서 富득하는 경제 메카니즘이다.

이러한 동양세계는 '탈농업화'(脫農業化), '탈농촌화'(脫農村化), '탈이농화'(脫移農化)로 향후의 농촌은 '첨단지식전원도시화'(尖端知識田園都市化), '첨단정보멀티미디어도시화', '첨단관광지식도시화'(尖端觀光知識都市化)가 조성되어 농촌은 '준도시화'→'첨단지식도시화'→'첨단정보지식도시화'→'첨단관광지식도시화'로 이어지고 지구촌은 '정보 고속도로', '지식 고속도로', '진리 고속도로'에 날개를 달아줌으로써 지구촌은 논자가 주장하는 전 세계 각국정부의 '월드 - 와이드 - 웹'(World - wide - web)에 의한 전 세계는 하나로 '정보통합'(情報統合), '지식통합'(知識統合), '진리통합'(眞理統合)에 의한 '세계지식 - 네트워크', '지역지식 - 네트워크', '지역인적 - 네트워크'가 하나로 통합되어 하나의 '지역지식공동체'(地域知識共同體), '지역경제공동체', '지역국민총생산'에 의한 세계정부가 주도하는 경제적으로 궁극적인 목적인 '인류공존'(人類共存), '인류공선'(人類共善), '인류공익'(人類公益), '인류공영'(人類共榮)을 실현하는 근본의 대진리가 바로 중심지본인 한반도에 인간에 관한 일체의 대진리가 함축, 포괄함으로써 전체를 포함하는 100%의 모든 정책결정은 전원일치 합의제도에 준하여 인간완성 세계관에 의한 우주만물을 인간이 한반도에서 완성세계를 실현하는 것이 '섭리역사', '우주역사 법칙'이라고 단언한다.

그것은 다름 아닌 대우주가 물질세계의 성장으로 인한 여름의 절기에서 만물이 결실을 맞이하는 가을의 절기로 변화를 주도함과 아울러 대우주 역시 물질세계의 성숙으로 다음 단계인 공심세계가 중심근본에서 완성기에 접어들어 인간은 대우주의 역사필연의 법칙에 따르므로 논자가 주장하는 '도치정치'는 바로 우주대진리의 모태에 의해서 우주만물을 인간이 다스려 나아가는 '이론적인 초석'이 될 것으로 사료하며, 그것은 다름 아닌 '한반도 제주도 서귀포시에 강력한 세계정부 창설을 모태'로 이어져 나아갈 것으로 사료한다.

제6장

결론(結論)

대우주의 나이는 46억 년으로 추정하며, 우주자연은 우주절기상 봄(春)과 여름(夏)을 지나게 되면서 '선천시대'(先天時代)는 역사적인 종언을 고하고, 대우주는 서구에서 물질에 의한 '성장기'에서 벗어나 21세기의 대우주는 서구에 머물던 우주기운이 중심지본에 삼생만물이 하나로 회삼귀일하여 '후천시대'(後天時代)로 접어들고 대우주는 중심근본에서 '완성기'(完成期)로 우주자연은 '가을'(秋) 그리고 인간은 '장년기'(長年期)에 접어들게 됨과 동시에 우주역사의 필연의 역사법칙에 준하여 우주세계 및 우주자연 그리고 우주만물은 중심지본인 한반도에서 '인간완성'(人間完成)에 의한 우주만물이 서구의 불균형에서 완성세계로 인도하는 것이 우주자연의 섭리역사의 이법이라고 단언한다. 이러한 인류진화단계를 고찰해볼 때에 제1단계: '자아투쟁시대'(自我鬪爭時代)에서 벗어나 제2단

계: '자아대립공존시대'(自我對立共存時代)가 서구문명으로 인한 인간의 청년기(靑年期)에 의한 사춘기 시대를 마감하면서 제3단계: '자아완성시대'(自我完成時代)가 도래됨으로써 대우주는 '완성기', 소우주는 '장년기'로 서구문명으로 이탈되었던 우주만물이 중심근본인 한반도로 회삼귀일함으로써 일체의 불균형이나 부조화 그리고 우주의 혼돈시대는 역사적인 종말을 고하고 새로운 대우주는 '후천개벽시대'(後天開闢時代)를 맞이하고 '인간형상' 및 '인간축소판' 그리고 '대우주의 축소판'으로서 인간에 관한 일체의 대진리가 바로 한반도에 있다는 논리가 성립된다.

이러한 한반도는 '우주중심시대', '인간중심시대', '우주합일시대'가 도래되어 논자가 주장하는 '태평성대'(太平盛大), '용화세계'(龍化世界＝造化世界), '불국토세계'(佛國土世界: 관세음보살－미륵보살－천수보살시대(신선시대)가 도래가 됨.), '지상낙원세계'(地上樂園: 인간완성에 의한 무병장수 및 불노장생 그리고 불생불멸의 시대가 도래가 됨.), '신선시대'(神仙時代: 하늘의 신(神) 기(氣) 정(精)이 인간세계에 내려옴으로써 신(神)에 의한 시대가 도래되는데 이것을 시대적으로 분류하면 신선시대라고 한다. 즉 불교에서는 천수보살시대가 바로 신선시대가 도래가 됨.), '신국건설'(神國建設: 하늘의 신(神)이 지배하는 세계가 도래됨으로써 단군완검이 예언한 신국시대가 도래가 됨.), '천사세계'(天使世界: 하늘과 인간이 하나로 한반도에서 완전한 합일세계가 도래됨으로써 인간세계에 의한 하늘의 조화를 한반도에서 부리게 된다는 것이다.), '일신시대'(一神時代: 하늘의 일신의 지배를 천지만물은 받게 되는데 이러한 시대에는 완전한 우주세계는 조화세계로 이어져 나아가게 됨으로써 완성시대가 도래가 됨.)가 도래되어 나아가는 것이 섭리역사의 역사법칙이 정해져 있는 것이다.

이러한 우주역사법칙은 정해진 하나의 법칙에 따라서 인간이 행하며, 이러한 역사창조의 주역은 바로 세계정부 연구소가 주도할 것으로 사료하며, 이러한 우주대진리에 입각하여 하나의 역사법칙을 집행하는 이론적인 초석으로 이어져 나아갈 것으로 논자는 우주만물의 이치를 통달한 '정심지각'(正心知覺)을 통해서 전 세계 전 인류에게 고하오니 한 치의 오차 없이 역사집행은 필연적으로 한반도에서 한민족이 주도하게 된다는 역사논리를 설파하는 바이다. 우리는 역사순환의 법칙에 준하여 대우주가 '천'(天: 한반도), '지'(地: 유럽의 영국) 그리고 '인'(人: 아메리카)의 우주대진리인 삼극논리(三極論理)에 입각하여 한반도에서 세계정부 창설을 위한 세계정부의 이론적 설계도를 완성한 것이오니 우주세계의 우주만 백성은 이러한 우주대진리에 순응하는 길만이 '신역사창조'(新歷史 創造)를 위한 초석이 될 것이다.

이러한 지구촌의 전 세계 전 인류를 하나로 통합하는 근본은 바로 대우주가 중심근본에 하나로 귀일하여 소우주인 인간 및 만물 그리고 우주일체가 중심지본에 의한 대진리에 의한 '지역통합', '세계통합', '우주통합'으로 이어지고 동시에 대우주 및 소우주는 '공심세계'(空心世界), '도심세계'(道心世界)가 하나로 중심근본에 서 일치되어 서구의 사분오열된 우주기운이 동양세계의 중심근본 에서 '통일기운'(統一氣運), '통합기운'(統合氣運), '우주중심기운' (宇宙中心氣運)이 한반도에서 도래됨으로써 이러한 한반도에서 전 인류를 하나로 통합하는 세계정부 창설의 초석이 된다는 논리를 전개하는 바이다.

첨단지식 식물 공장의 특징

구분	주요내용	비고
첨단지식 공장의 입지	• 자연 조건에 영향을 받지 않는다. – 고도환경제어(컴퓨터 자기센서 기능에 환경제어) • 토지 이용률이 높으므로 대지값이 비싼 곳에도 유리하다(한대지역 및 열대지역에서도 가능하다.). • 소비지 가까운 곳에 설치할 수 있어 도시형 농업이 가능하다. '첨단농법의 수경재배, 무토양재배, 양액재배' • 첨단지식농업으로서 고부가 가치 창출한다. • 식물의 생육에 필요한 주–에너지를 자동으로 공급한다.	
작업 환경	• 쾌적한 작업환경을 갖추고 있다. • 힘든 작업이 없으므로 노약자도 가능하다. • 천혜, 천연의 식물의 생육에 필요한 환경조건을 제어한다.	

신생산방식	• 인건비를 최소화할 수 있다.
	  – 기계화, 자동화, 무인화, 농업용 로봇, 지능형 로봇
	• 단위면적당 생산량이 많다(연중무휴 맞춤형 생산가능).
	• 생산시기 및 생산량을 계획 조절한다.
	• 첨단지식기술에 의한 연중생산 가능
	  (식물의 라이프 사이클 조정)
	• 신지식생산방식으로 고부가가치 추구
	• 신지식가공생산방식을 채택한다.	

품질	• 무농약 재배 • 무공해 식품 • 고품질, 고급화, 고품격화, 고부가가치화	
고도환경제어 재배방식	• 생육속도가 빨라 재배기간이 짧다(라이프 사이클 이용하여 식물의 줄기, 열매, 성장속도의 조절 가능하다.). • 연작(連作) 장해가 없다(연중생산가능). • 동력원에 이상이 없는 한 연중가동이 가능하다. • 생력화(省力化)가 가능하다. ※ 생력화란: 산업의 기계화, 자동화 무인화를 촉진시키고 노동력을 줄이는 일 • 지식생산 및 지식가공 그리고 지식공장화에서 양·질이 물질을 호득한다(첨단지식 기술).	

주) 향후 농업은 첨단농법에 의한 '지능로봇' 및 '농업용 로봇'이 배치되고 고품질의 농산물을 대량 생산함으로써 국가 수출 주도 지식산업으로 육성한다. 고부가가치를 추구하는 산삼재배 및 산인삼복합식물 그리고 불로장생 식물을 공장적생산방식을 채택한다.

농업(農業)의 토지주식제도의 도입 전·후에 대한 비교분석

단계	토지주식제도 도입 이전	토지주식제도 도입 이후	비고
토지소유구조	개인의 사전(私田)으로 인한 토지 보유의 소규모화	토지소유의 사전(私田) 및 집단공유화 또는 대규모화로 인한 토지주식의 환원으로 지역주민 및 자본가가 적정한 토지소유의 분배실현	소규모에서 대규모로 산업자본화를 통한 토지주식제도
農業經營구조	자작 노령화된 부녀자의 영세농업의 형태에서 소규모자본으로 농업에 대한 경영은 자작경영	집단 영농화로 기업경영기법이 도입된 전문화, 대규모화 첨단 과학 및 첨단기술 그리고 자연과학이 접목됨과 동시에 소유와 경영이 완전히 분리되면서 소유는 지역농민＋자본가, 경영은 전문 경영인 체제 구축	자작 경영에서 집단기업영농화 및 전문경영인 '조율' '경영' 완전분리
農業生産구조	인력 '노령화된 부녀자' 및 기계가 접목된 낙후된 농업기술은 생산성의 저하로 인한 농업의 대외개방화 '우르과이라운드'로 농업의 경쟁력의 악화로 인한 외국농산물의 수입 시 농업은 생존권의 위협수단으로 전락될 것으로 사료됨.	과학기술의 발달로 인한 기계자동화 시스템의 구축은 첨단과학 및 첨단기술 그리고 자연과학분야인 유전공학, 생명공학의 접목으로 농업생산성은 다양화, 고급화, 고품질화, 무공해 식품의 농산물을 생산하게 됨과 동시에 첨단식물공장 단계에서 무인 첨단식물공장 단계에서 진입하게 될 것임(생물공학지식산업).	인력 및 기계에서 기계자동화 시스템 구축으로 향후 농업은 '부농의 시대'
生産所得구조	쌀 중심의 단순 영농의 형태로 인한 도·농 간의 소득격차의 심화는 현재 농촌의 낙후된 주거환경을 해소하지 못하게 됨으로써 농촌의 주거환경 및 소득수준 그리고 낮은 문화적 혜택으로 인하여 脫이농화 이후에는 脫농촌화가 과속화됨으로써 정부는 종합적이고 징기적인 안목으로 농업의 구조개선 사업이 시급한 실정임.	과학적인 영농기술의 형태로 전환하게 됨으로써 단순 영농의 형태에서 12~18묘작의 다양화로 전환함과 동시에 농산물의 생산은 고급화, 고품질화, 무공해 농산물의 소비자가 선호하게 됨으로써 고부가가치의 농산물의 생산은 국가의 주요 수출 전략사업으로 도·농 간, 지역 간의 소득격차를 완전히 해소시켜 국가 전체의 균형, 조화 성장을 도모한다.	脫농촌화, 脫농업화, 脫이농화로 첨단지식 전원 도시화
비고	영세농업의 형태에서 벗어나는 길은 농업의 집단화 또는 대규모화 그리고 과학화 및 기업경영기법의 도입으로 脫농촌화 이후 준도시화의 첨단 전원도시화로 농촌의 본질적인 구조개선을 위해서는 정부의 종합적이고 징기적인 안목에서 징책개발이 우선적인 정책집행이 시급한 실정임.	집단 영농화의 실시함과 동시에 기업경영기법의 도입으로 전문화, 대규모화, 다양화, 고급화, 고품질화, 무공해 식품의 개발은 필연적으로 첨단과학 및 첨단기술 그리고 자연과학(유전공학, 생명공학)이 반드시 삼위일체가 형성되어 첨단식물공장 단계에서 무인 첨단식물공장 단계 진입할 것으로 사료됨.	향후 농업은 첨단농법 및 첨단 지식농업 그리고 첨단 우주 농업으로 전환

주: 농촌의 토지효율성의 극대화는 토지의 산업자본화를 실현함으로서 토지산업주식제도를 도입하여 농촌의 농가소득의 근원이 된다.

자연혁명(自然革命)의 脫농촌화후 농업구조개선 및 요건변화의 주요지표에 대한 目標

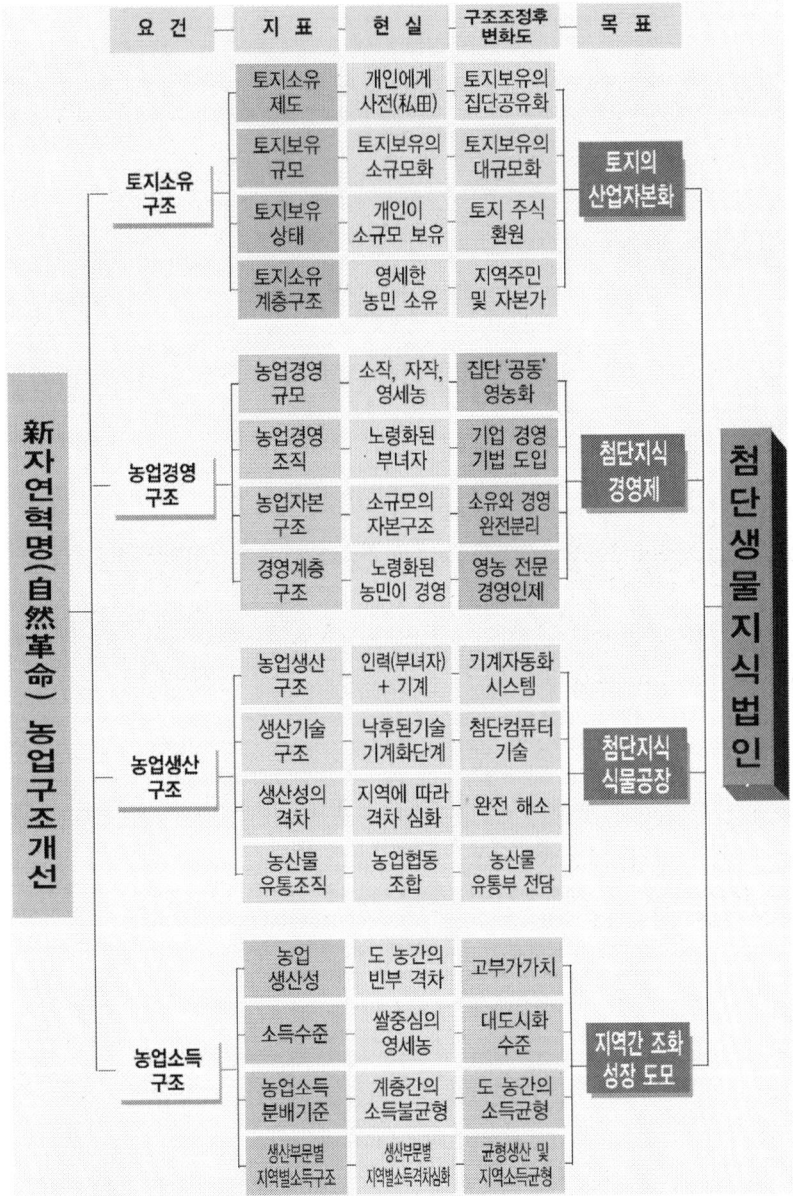

요건	지표	현실	구조조정후 변화도	목표
토지소유 구조	토지소유 제도	개인에게 사전(私田)	토지보유의 집단공유화	토지의 산업자본화
	토지보유 규모	토지보유의 소규모화	토지보유의 대규모화	
	토지보유 상태	개인이 소규모 보유	토지 주식 환원	
	토지소유 계층구조	영세한 농민 소유	지역주민 및 자본가	
농업경영 구조	농업경영 규모	소작, 자작, 영세농	집단 '공동' 영농화	첨단지식 경영제
	농업경영 조직	노령화된 부녀자	기업 경영 기법 도입	
	농업자본 구조	소규모의 자본구조	소유와 경영 완전분리	
	경영계층 구조	노령화된 농민이 경영	영농 전문 경영인제	
농업생산 구조	농업생산 구조	인력(부녀자) + 기계	기계자동화 시스템	첨단지식 식물공장
	생산기술 구조	낙후된기술 기계화단계	첨단컴퓨터 기술	
	생산성의 격차	지역에 따라 격차 심화	완전 해소	
	농산물 유통조직	농업협동 조합	농산물 유통부 전담	
농업소득 구조	농업 생산성	도 농간의 빈부 격차	고부가가치	지역간 조화 성장 도모
	소득수준	쌀중심의 영세농	대도시화 수준	
	농업소득 분배기준	계층간의 소득불균형	도 농간의 소득균형	
	생산부문별 지역별소득구조	생산부문별 지역별소득격차심화	균형생산 및 지역소득균형	

新자연혁명(自然革命) 농업구조개선

첨단생물지식법인

주) 한국농업은 첨단과학 영농화에 의한 각 도별 동·서·남·북을 축으로 '첨단영농지식법인'을 설립하여 한국경제는 생물공학 지식산업이 주도한다.

논자는 왜 서구의 영국에서 '산업혁명'(産業革命)의 모태인 대우주는 물질에 의한 '성숙단계', 소우주는 '육체적 성숙단계'로 하나의 동일한 역사법칙이 전개된다는 논리이다. 이러한 대우주는 성장기(一析三展)→완성기(中心地本歸一), 소우주는 청년기(자아대립공존시대)→장년기(자아완성시대)가 도래되고 대우주는 중심에서 '공심세계'(空心), 소우주는 중심에서 '도심세계'(道心)가 한반도에서 한마음이 형성되어 '물심세계'(物心世界), '일심세계'(一心世界), '일신세계'(一神世界)가 도래되어 우주만물은 하나의 다스리는 근본이나 대본으로서 다스려 나아가는 모태가 바로 도치정치라고 단언하며, 그것은 다름 아닌 '우주자연'(宇宙自然), '무위자연'(無爲自然), '현묘지덕'(玄妙地德)에 의한 '중본지도'(中本地道)가 출현됨으로써 인간이 인간을 다스리는 모태는 바로 무위자연에 있다는 사실을 만천하에 고하는 바이며, 그것은 다름 아닌 우주자연의 중심지가 되는 한반도는 '토성'(土星)의 정기(精氣)가 중심의 근본에 귀일하게 됨으로써 이러한 한반도는 노자성현이 설파한 '인법지'(人法地), '지법천'(地法天), '천법도'(天法道), '도법자연'(道法自然)이 바로 인간이 인간을 다스리는 하나의 근본 모태가 된다는 논리를 전개하는 바이다.

아울러 우주만물의 영장인 인간은 중심에서 '인간완성'(人間完成)을 실현함과 동시에 이러한 인간완성이 바로 우주만물을 하나의 근본으로 다스려 나아가는 이론적 모태가 바로 도치정치라고 단언한다. 아울러 서양세계는 경제가 등권하면서 물질세계를 창조해 나아갔으나 동양세계는 정치가 우주만물을 '무위지덕'(無爲地德: 자연이 만물에게 베풀고서도 그 베푼 공을 절대로 내세우지 않는 덕(德)을 논자는 무위지덕이라고 정의한다.) 즉 한 예로 하늘의 태양이 우주만물을 빛으로 비춰주고서도 만물을 화육, 화생, 보양함과 동시에 절대로 태양은 인간에게 그 공을 내세우지 않는 대자연의 대진리이다. 즉 어떠한 특권의식이나 차별화를 부여하지 않는 것이 바로 무위자연이라고 단언하며, 이러한 논리에 입각하여 전 세계 전 인류를 다스려 나아감으로써 서구문명으로 인한 대립이나 갈등이 없는 무위정치에 의한 호혜공존, 화해공존, 만유공존을 세계통치자가 전 인류을 포용하면서 다스려 나아가는 정치형태가 바로 도치정치라고 단언한다.

이러한 서구문명은 과반수의 발전으로 인한 동, 서 간에는 완전한 하나의 '사상통일'을 실현하였으나 아직도 지역적으로 남, 북간에는 '사상통일', '종교통일', '세계통일'로 나아가는 초석이 바로한반도에 있으며, 지구촌 전 세계 전 인류를 하나로 통합하는 각국정부의 통합 및 대표정부가 바로 '세계정부'라고 단언하며, 인류역사 이래 어느 누구도 이론적인 정립을 하지 못한 것을 세계정부연구소의 강주효 소장은 우주대진리에 입각하여 광대하고 광범위한 세계정부 이론을 정립함으로써 전 인류의 영원한 아버지로 역사창조의 주역으로 후세의 사가들에 의해서 영원히 기록될 것이다.

아울러 지구촌에는 세계정부를 주장하는 자들이 나날이 증가하고 있으며, 논자의 지구촌 세계정부 창설의 모태는 바로 지구의지축을 흔드는 그러한 인류역사의 진전이자, 진보라고 단언하며, 이러한 세계정부가 주도해 나아갈 제8차 5개년 세계경제개발의 모태는 바로 세계정부 연구소장인 강주효로부터 새 역사창조의 신기원을 실현할 것이다. 이러한 세계정부의 경제개발의 모태는 바로 '신경제'에 의한 '신생산방식', '신지식생산방식', '첨단지식생산방식'에 의한 인류의 산업혁명의 한계점 및 모순점을 혁신 및 창조한 완전한 첨단지식기반경제로 나아가는 모태가 바로 논자로부터 새 역사창조의 신기원을 실현하게 될 것이다.

아울러 논자는 서구의 '산업혁명'으로부터 '탈산업화', '탈공업화', '탈공해산업', '탈굴뚝산업', '탈환경파괴산업'에서 벗어나 새로운 동양적 가치추구인 한국의 전통적인 가치관이 우주세계를 지배해 나아가는 신대안으로 동양의 '신자연혁명'을 일으켜 서구문명으로 인한 일체의 불균형이나 불평등 그리고 부조화를 한국적 가치 및 전통으로 우주세계를 지배해 나아가는 모태가 바로 '신자연혁명'이다. 이러한 신자연혁명은 바로 우주자연과 인간세계가 하나로 혼연일체 됨과 동시에 인간의 '우뇌본세계'(右腦本世界)가 바로 '창조화사회', '지식지가사회', '뇌본중심세계관'이 한반도에서 도래됨으로써 우리는 역사창조의 신기원을 실현하는 모태가 된다는 역사논리를 우주만방의 우주만백성에게 고하는 바이다.

동양의 노자 장자 강주효의 무위자연설(無爲自然設) 개념도

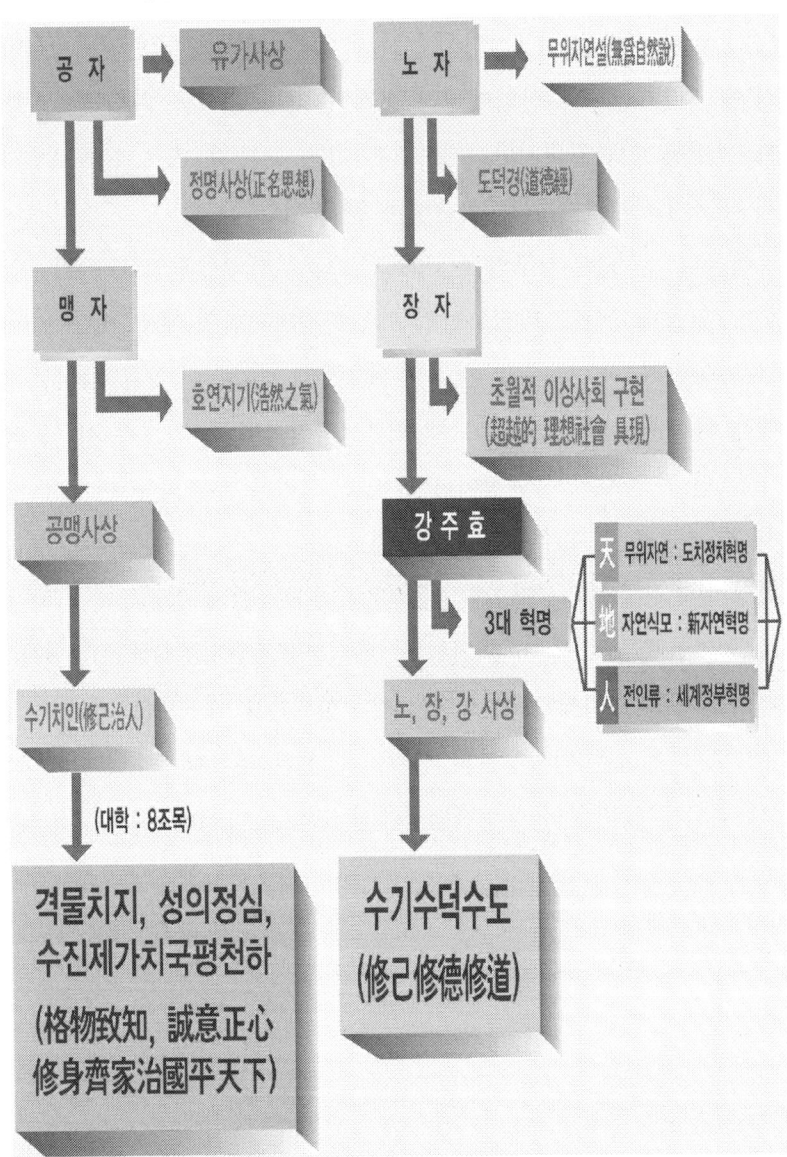

※ 우주세계의 우주만물은 중심자본에서 이탈이 됨으로써 '마음의 영원한 고향' 및 '생명의 영원한 고향' 그리고 '인
간본성의 영원한 고향'으로서 서구의 물질세계에 의한 삼생만물이 중심자본귀일하게 됨으로써 노자, 장자, 강주효
의 무위자연설은 우주만물은 대자연에서 '만물지본' 및 '생물지본' 그리고 '만선자원'이 실현하는 한반도는 '자연
중심지' 및 '인간중심' 그리고 '우주중심'이라고 할 수 있다.

동양의 신자연혁명에 따르는 국가균형발전 및 수출전략지식화

구분		수출규모 (연간)	고용효과	지식수출 규모	지식기반시설확충	비고
동양의 신자연혁명	첨단생물지식법인 (첨단생물지식공장)	1,500억 달러	30만 명		- 脫농존화 - 知識農村化	각 도별 동·서·남· 북 지역에 법인 설립
	첨단수산물지식법인 (첨단수산물지식공장)	1,200억 달러	25만 명		- 脫이농화 - 觀光都市化	각 도별 동·서·남· 북 지역에 법인 설립
	첨단축산물지식법인 (첨단축산물지식공장)	1,000억 달러	25만 명		- 脫농업화 - 知識네트워크	각 도별 동·서·남· 북 지역에 법인 설립
	첨단지식연구재단 (지식수출시대)		20만 명	1,000억 달러	- 첨단도시화 - 인적 네트워크	각 도별 동·서·남· 북 지역에 법인 설립
	첨단전원지식도시화 (산·학·정 지식 - 네트워크)	準都市化 尖端都市化			- 농촌의 도시화율 98%	고차원 세계의 삶의 질적 향상을 도모함
비교 분석	서구의 산업혁명에 의한 '전통적 생산방식' 및 '재래식 생산방식' 그리고 '구시대적 생산방식'에서 벗어나 동양의 신자연혁명은 '신생산방식' 및 '신지식 가공생산 방식' 및 '첨단지식 공장적 생산방식' 그리고 '뇌본창조용 생산방식'에 의한 재래식의 '가공무역'의 형태에서 '지식생산 가공'의 형태로 전환함과 동시에 '바이오-생물녹색경제', '바이오-첨단지식기술', '첨단지식 기반경제'가 주도한다.					

이러한 '뇌본사회'는 바로 잃어버린 본성세계를 회복할 것이며, 그것은 다름 아닌 '본성세계', '마음세계', '우주의 공심세계'로 합일되어 인간세계에 의한 하늘의 조화를 부리는 '천사세계'(天使世界)가 한반도에서 도래될 것이다. 이러한 서구문명으로 인한 결과론은 바로 '계층 간', '산업 간', '지역 간'의 극심한 지역적인 빈부격차의 근원은 바로 '내 몸에 진리를 호득한' 즉 대우주는 '물질성장', 소우주는 '육체성장'에 필연적인 역사순환의 한 과정에 불과

함으로써 우리는 서구문명에서 벗어나 인간본연이나 본능세계 그리고 본성세계가 우주만물을 지배해 나아가는 근원이 바로 한반도에 함축되어 있으므로 논자가 주장하는 미래사관에 대한 역사창조가 바로 세계정부 연구소의 이론적인 모태로부터 시작된다는 역사논리를 설파하는 바이다.

서구문명을 음, 양으로 구분할 때에 양의세계인 서구세계는 50% 과반수(반쪽세계관, 양의세계관, 물질세계관, 동, 서세계관)에 불과함으로써 서구문명의 일체의 제 모순점이 바로 제도상에서 나타남으로써 조기 서구의 물질세계로부터 역사해탈을 통해서 동양세계에 의한 무한대의 새로운 새 역사창조의 주역은 바로 세계정부로부터 역사창조 논리가 집행될 것이다. 이러한 동양세계는 바로 '우주전체', '우주일체', '우주중심국가'로서 새 역사창조의 신기원을 실현할 것이며, 이러한 동양세계는 모든 제도상의 모순점이 없는 100%를 충족함으로써 일체의 정책입안 시에는 반드시 '전원일치 합의제도'(전체세계관, 종합세계관, 일체세계관, 동, 서, 남, 북세계관)에 준하여 한반도에서 삼라만상에 존재하는 우주만물을 한민족이 지배할 것으로 우주만물의 이치를 통달한 논자는 대선각자로서 만천하에 고하는 바이다. 우리는 서구문명으로 인한 산업혁명의 결과론으로 지역 간의 극심한 빈부격차를 한반도에서 새로운 신자연혁명을 일으켜 서구문명으로 인한 일체의 모순점에서 벗어나 '신산업화'(新産業化)→'무공해청정지식기술'→'최첨단하이테크기술'에 의한 '유전공학지식산업', '바이오 생명공학지식산업', '바이오 생물공학지식산업'이 주류를 이루고 21세기 신산업화의 '신지식생산방식'(新知識生

産方式), '신지식가공생산방식'(新知識加工生産方式), '첨단지식가공생산공장방식'(尖端知識加工生産方式), '첨단지능형지식생산가공방식'(尖端知能形知識生産加工方式: 하이테크 – 팩토리 오토메이션(HIGH – TECH KNOWLADGE FACTORY AUTUMATION화: HKFA화)), '첨단지식실험실생산가공방식'(尖端知識實驗室生産加工方式)에 의한 동양의 '신자연혁명'(新自然革命)의 모태는 바로 인간의 의, 식, 주의 경제행위 일체가 바로 지식기반이 되는 '지식생산방식'(知識生産方式), '지식가공방식'(知識加工方式), '지식실험실용화'(知識實驗室用化)로 서구문명으로 인한 일체의 모순점(굴뚝산업 및 공해산업 그리고 환경파괴산업으로 인한 약탈적 자연관으로 잃어버린 인간성)을 완전히 해소할 것이며, 인간과 자연은 하나로 '혼연일체'(混然一體)되어 완전한 조화세계로 인도하게 될 것이다.

동양의 자연혁명으로 첨단기술

첨단기술

마이크로
일렉트로
닉스기술
- 정보통신 — 위성통신, 디지털화상, 분산형마이크로 컴퓨터, 네트워크, 고속펙시밀리
- 메카트로닉스 — 지능로봇, 가공기데이타뱅크, MPNC가공기
- 의료용전자 — 레이저메스-파이버, 오프트엘렉스토스(내시경), 자동임상평가, 긴급응답 검사시스템, 각종CT
- 디바이스 기술 — 조셉손소자, 광소자, 광프로세서, 신논리소자
- 센서 — 생물센서, 3차원초음파센서, 신소재복합센서

바이오
테크놀로지
(생물이용 및
생체기능
이용기술)
- 의약품 — 제암제, 암예방약, 각종항제, 각종 호르몬
- 의료용기기 — 인공장기, 인공보조감각, 생체 시뮬레이터
- 화학공업품 — 효소생산-이용, 미생물 육종, 바이오리액터, 반합성
- 농업 — 유전자 조각육종, 세포융합, 인텔리젠트화 하우스
- 식품가공 — 고정화효소, 바이오리액터, 신식품소재의 개발, 대량배양기술
- 바이오매스 — 미이용-저이용자원의 연료화기술, 농임수산 폐기물의 비료화-사료화

신소재기술
- 전기-자성재료 — 이물파스합금, 복합세라믹스, 유기반도체, 초전도재료
- 열-에너지 관련재료 — 초내열금속, 수소흡수-수소반응금속, 초고온 내열세라믹스
- 기계-구조재료 — 고강도-고탄성유리, 초고강도-고인성플라스틱, 금속복합제 세사믹스 파이버 복합재료, 분말합금
- 고분자재료 — 고분자 휘스커, 인공생체막, 특수감광성고분자 재료

소프트
시스템기술
- 의료용 소프트시스템 — 의료패턴인식, 개인용의료정보 시스템, 광역진단시스템, 호스피탈오토메이션
- 물료-제어 소프트시스템 — 광역컵슐파이프시스템, 종합방범시스템, 고정도방향제어시스템
- 공학지원시스템 — 인터그레이데드 CAM, 자동 자기진단시스템, 각종 모니터링 시스템
- 기초정보기술 — 지식데이타베이스, 자연언어처리, 음성입출력, 광컴퓨터

기타기술
(에너지,
생활관련
기술 등)
- 신발전기술 — 해양온도차발전, 고온암제발전
- 에너지 관련기술 — 전유직접수소분해, 프라스마개스기술, 신발전기전력저장기술
- 생활관련기술 — 솔라냉난방, 종합출관리시스템, 출정보 서비스 시스템
- 운송기술 — 다변도-버스, PRT시스템, 물류거점, 자동시스템
- 기초적가공기술 — 초음파이용기술, 특수표변처리기술, 특수인쇄기술

366

동양의 新자연혁명(自然革命)으로 삶의 질적 가치 개념도

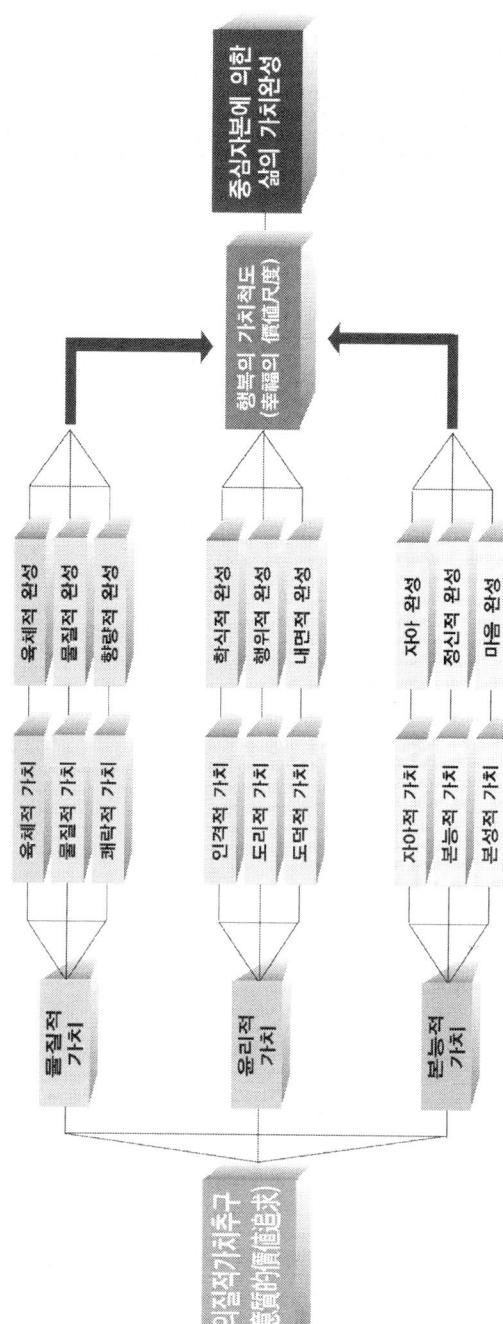

※ 참조: 서구문명으로 인한 육체적 행위는 감소하면서 윤리적 가치 및 본능적 가치가 그리고 자아세계를 지배함으로써 고차원세계 삶의 질적 향상 도모한다. 이들과 인간의 '행복추구' 및 '본능적 자아추구' 그리고 '삶의 질적 가치 추구'는 필연적으로 '마음'의 영역한 고양'인 한(恨)인도에서 실현한다.

동양의 자연혁명(自然革命)의 철학적 완성도

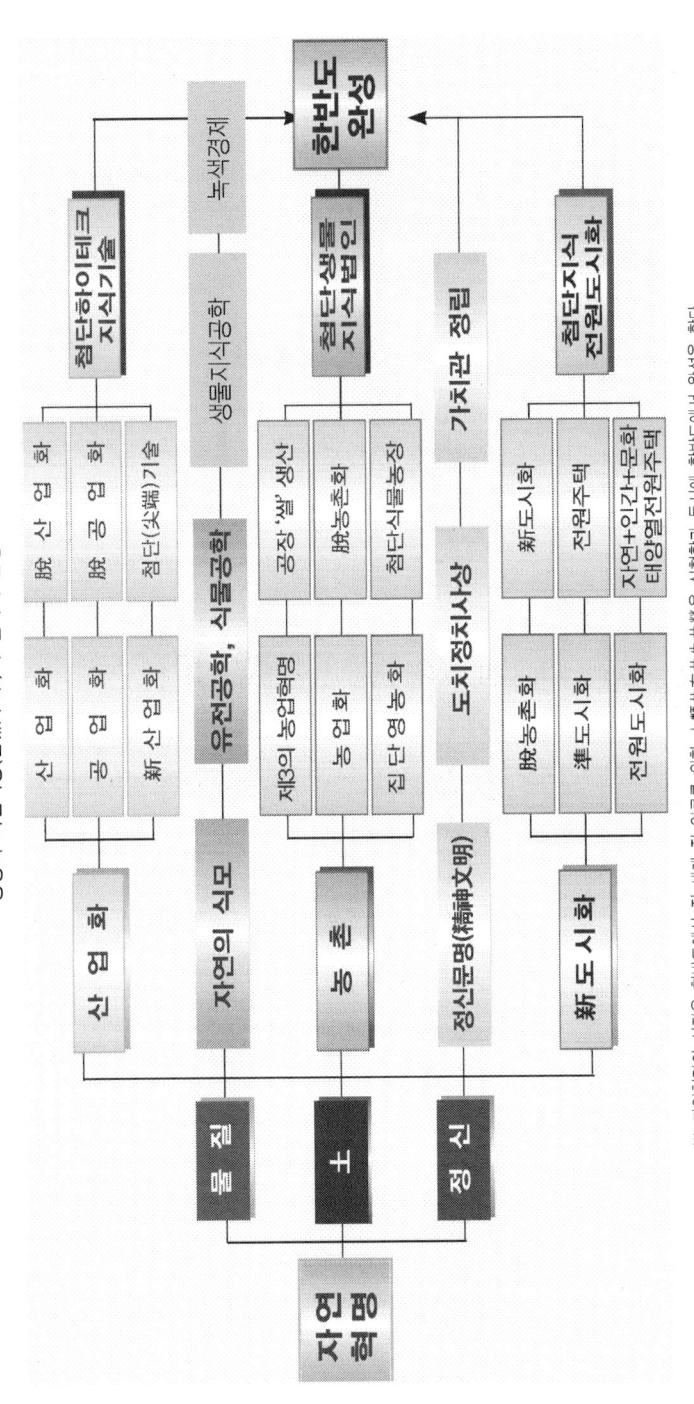

※ 자연혁명의 시작은 한반도에서 시작 전 세계 전 인류를 위한 人類共存共生共樂을 실현함과 동시에 한반도에서 완성을 한다.

이러한 동양의 신자연혁명으로 인한 '자연중심세계관'(自然中心的世界觀), '인간중심세계관'(人間中心的世界觀), '생태론적 세계관'(生態論的世界觀), '만물유기체적 세계관'(萬物有氣體的世界觀), '천인합일적 세계관'(天人合一的世界觀)이 지구의 지축(地軸)이 관통(管通)하는 '인류중심지본국가'(人類中心地本國家), '인류정신지도국가'(人類精神指導國家), '성현지도국가'(聖賢指導國家), '군자지도국가'(君子指導國家), '도통군자지도국가'(道通君子指導國家), '성인지도국가'(聖人指導國家)로 대우주 및 소우주는 물질(器) 및 육체적(身) 성숙에 따르는 인류진화의 다음 단계인 '자아완성단계'(自我完成段繼), '자아실현단계'(自我實現段繼), '인간완성단계'(人間完成段繼)에 진입함으로써 이러한 한반도는 우주정기 및 땅의 기운 그리고 인간의 기운이 하나로 합일되어 중심지본은 생물지본(生物支本), 만물지본(萬物地本), 만선지원(萬善地源)이 실현됨으로써 현대사회(現代社會)의 서구의 물질세계로부터 완전한 역사해탈을 통한 동양세계는 '신비주의'(神秘主義), '시, 공초월세계'(時空超越世界), '초스피드 시대'(高速度時代), '무선시대'(無線時代: 인공위성에 의한 일체의 선이 없는 우주통합의 시대가 도래가 됨.)가 도래되어 우주세계는 '정보의 초고속도로', '지식의 초고속도로', '진리의 초고속도로' 시대가 도래되어 우주세계는 완전한 정보(精報), 지식(知識), 진리(眞理)가 지구촌의 완전한 '정보－네트워크', '통신-네트워크', '금융-네트워크', '관광-네트워크', '교육-네트워크', '행정-네트워크', '무역-네트워크', '전자법령-네트워크', '의료복지-네트워크', '지식－네트워크', '진리－네트워크'가 한반도에서 실현됨으로써 논자가 주장하는 '지역통합', '세계통합', '우주통합'의 시대가 도래될 것이다. 이러한 세계관을 논자는 '우주중심세계관도래'(宇宙中心世界觀到來)라고 우주대진리의 이치(李致)를 통달(通達)하여 미래사관에 대한 예언을 하였다.

강주효(姜周孝)의 동양(東洋)의 3대 혁명의 실천 개념도

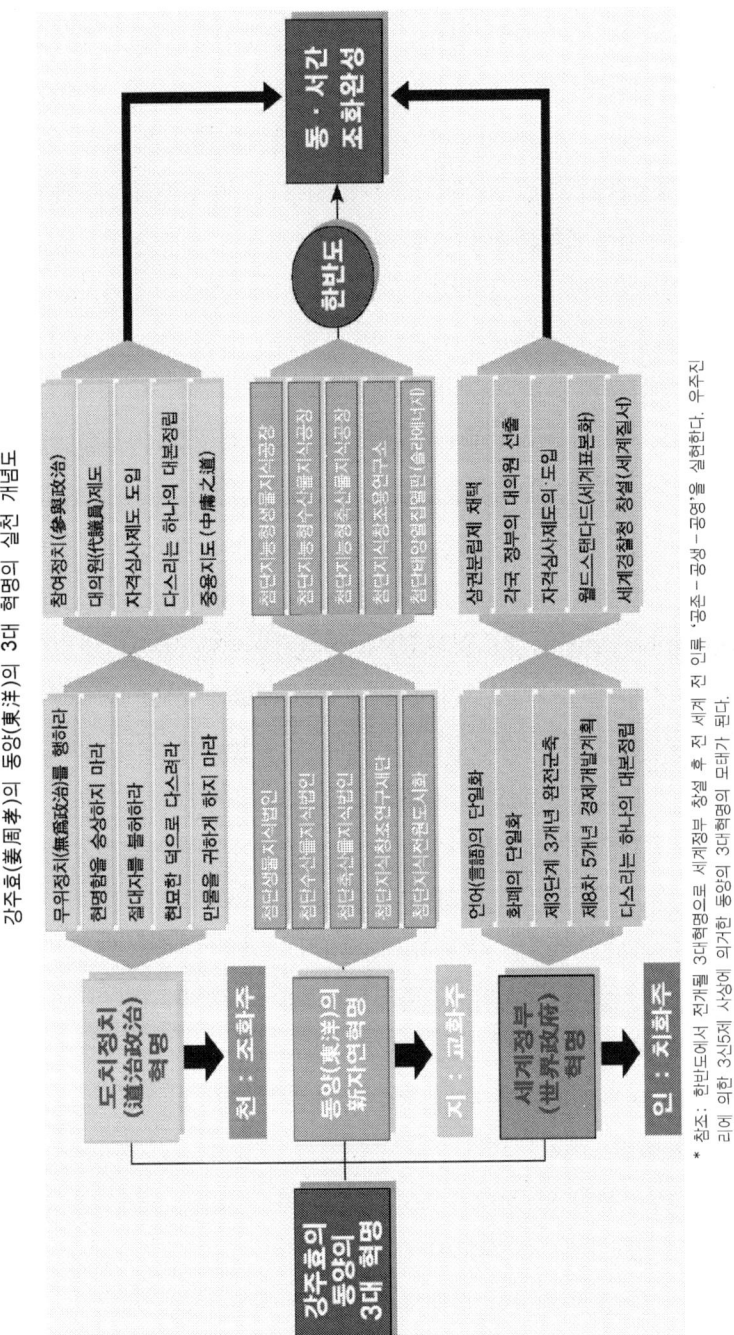

* 참조: 한반도에서 전개될 3대혁명으로 세계정부 창설 후 전 세계 전 인류 '공존 – 공생 – 공영'을 실현한다. 우주진리에 의한 3신5차 사상에 의거한 동양의 3대혁명의 모태가 된다.

이러한 동양세계는 '인간중심세계관'에 따르는 지식기반이 되는 '첨단지식기반경제'(HIGH - TECH KNOWLEDGE BASE ECONOMY)의 중추적인 역할은 바로 '첨단지식창조용연구재단'(尖端知識創造用硏究財團)에 의한 '신생산방식'(新生産方式), '첨단지식생산방식'(尖端知識生産方式), '첨단지식가공생산방식'(尖端知識加工生産方式), '첨단지능형지식공장화'(尖端知能形知識工場化)에 의한 천혜의 자연조건, 천연의 환경조건, 한정된 자연조건과는 전혀 무관한 인간의 '뇌본창조질의지식경제'(腦本創造質義知識經濟)에 의한 인간이 대자연에서 조성한 첨단지식공장화에 의한 자연조건과는 전혀 무관한 무한대의 동, 식물을 공장적 지식생산방식에 의한 고부가가치 지식산업으로 인류미래경제를 세계정부 연구소의 강주효 소장이 인류미래경제의 신패러다임을 주도할 것이다. 아울러 서구의 산업혁명으로 인한 '굴뚝산업'(공해산업)의 부가가치는 10%에 불과하오나 논자가 주장하는 동양의 신자연혁명에 의한 지식생산가공방식에 의한 초지식기업의 부가가치는 50%를 점유할 것으로 사료함과 동시에 이러한 고부가가치의 근원은 바로 '뇌본질의경제'(腦本質義經濟), '뇌본지식창조경제'(腦本知識創造經濟), '뇌본질의가치경제'(腦本質義價値經濟)를 주도함과 동시에 서구의 산업혁명에 따르는 '구시대적인 생산방식', '재래식의 생산방식', '전통적인 판박이식 생산방식'에서 완전히 벗어나 상품에 대한 '품질혁명', '질의혁명', '창조혁명'을 주도하여 시장의 자율기능에 의한 상품의 '희소성의 가치극대화', '희귀성의 가치극대화', '맞춤형상품의 생산'으로 '계약재배방식'(契約栽配方式)을 채택함으로써 서구의 굴뚝산업은 역사 속으로 사라질 것이며, 논자가 주장하는 새로운 신경제의 신패러다임인 첨단지식기반경제가 인류 미래의 삶의 질적인 향상을 도모해 나아가는 모태가 바로 세계정부연구소의 강주효 소장으로부터 새 역사창조화 작업에 돌입하게 될 것으로 우주만방의 우주만백성에게 고하는 바이다.

이러한 첨단지식기반경제의 수명주기는 120년~150년으로 주도될 것이며, 이러한 지식기반경제의 이후에는 '신자연주의 경제'(新自然主義經濟)가 주도할 것으로 사료함과 동시에 전 인류는 철저한 자연보호 정책에 의한 대자연과 인간이 더불어 공존하는 공존 철학적인 모태 위에서 인간은 자연을 보호하면서 자연에서 인간에게 필요한 의, 식, 주의 경제행위를 대자연에서 '물질생성'(物質生成), '정신호득'(精神護得)의 근원을 찾아야 할 것이며, 그것은 다름 아닌 '중심지본국가'(中心地本國家)인 한반도로 새 역사창조화 작업은 지속적으로 이어져 나아갈 것으로 사료한다.

우주오행생성의 근원에 입각한 세계정부 경제개발의 이론적 모태

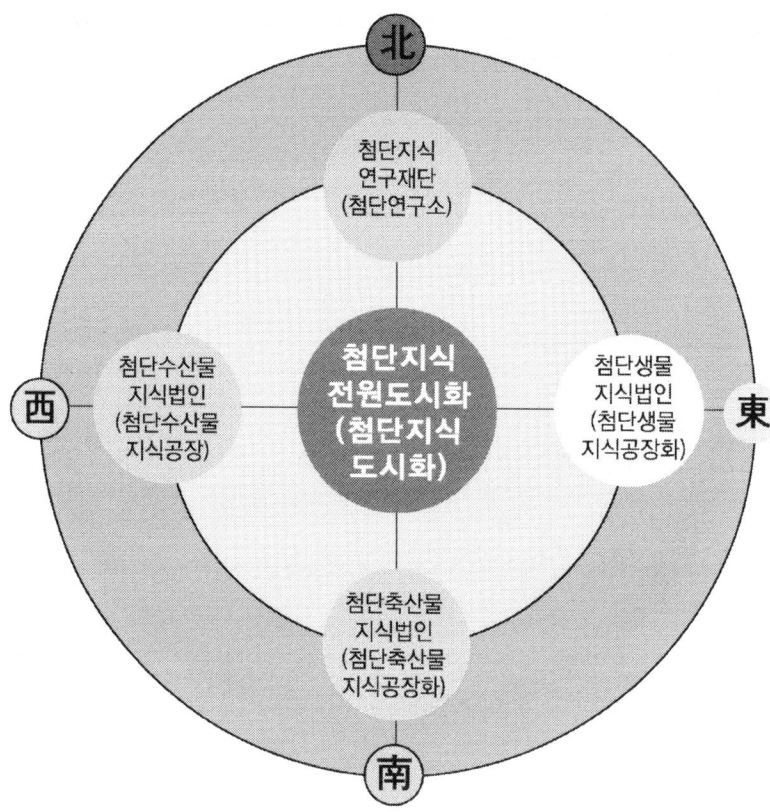

동양의
신자연혁명

지구의 중심축인 한반도는 지구의 축소판으로서 각도별 지역적 방위각에 의한 [동](東 : 첨단생물지식법인), [서](西 : 첨단수산물지식법인), [남](南 :첨단축산물지식법인), [북](北 : 첨단지식연구재단), [중앙](土 : 첨단지식전원도시화)를 조성하여 한반도의 완성세계를 지구촌으로 확대하여 [완성세계]를 실현한다. (우주음양오행의 진리에 의한다)

제4의 물결시대인 바이오 – 혁명으로 첨단지식기술 분야

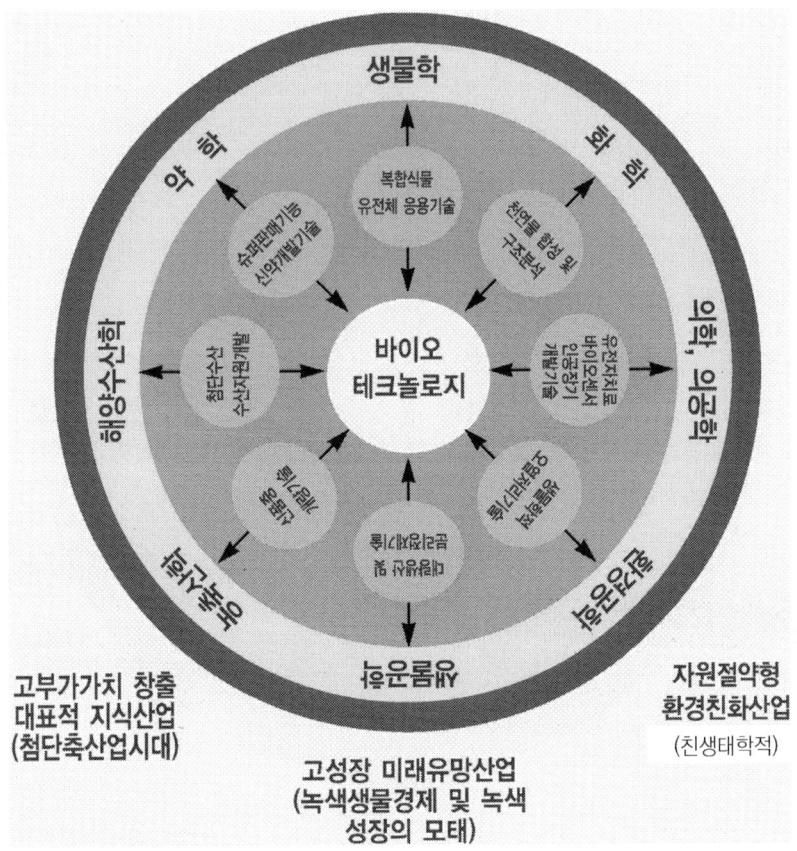

고부가가치 창출
대표적 지식산업
(첨단축산업시대)

고성장 미래유망산업
(녹색생물경제 및 녹색
성장의 모태)

자원절약형
환경친화산업
(친생태학적)

참고: 바이오기술 'BT'는 향후 150년간 지속될 것으로 추론하며, 첨단의학 및' 첨단생물공학 지식산업은 고부가가치
를 지향한다.
"제4의 물결시대인 '바이오 브레인 리블레이션'(바이오 – 두뇌혁명) 시대가 도래됨으로써 뇌본지식 시대가 주도
한다."(인류미래의 첨단지식기반경제를 주도하게 됨으로서 인간의 삶의 질적인 향상을 도모한다.).

한반도(韓半島)의 超관광대국(觀光大國)의 추구이념

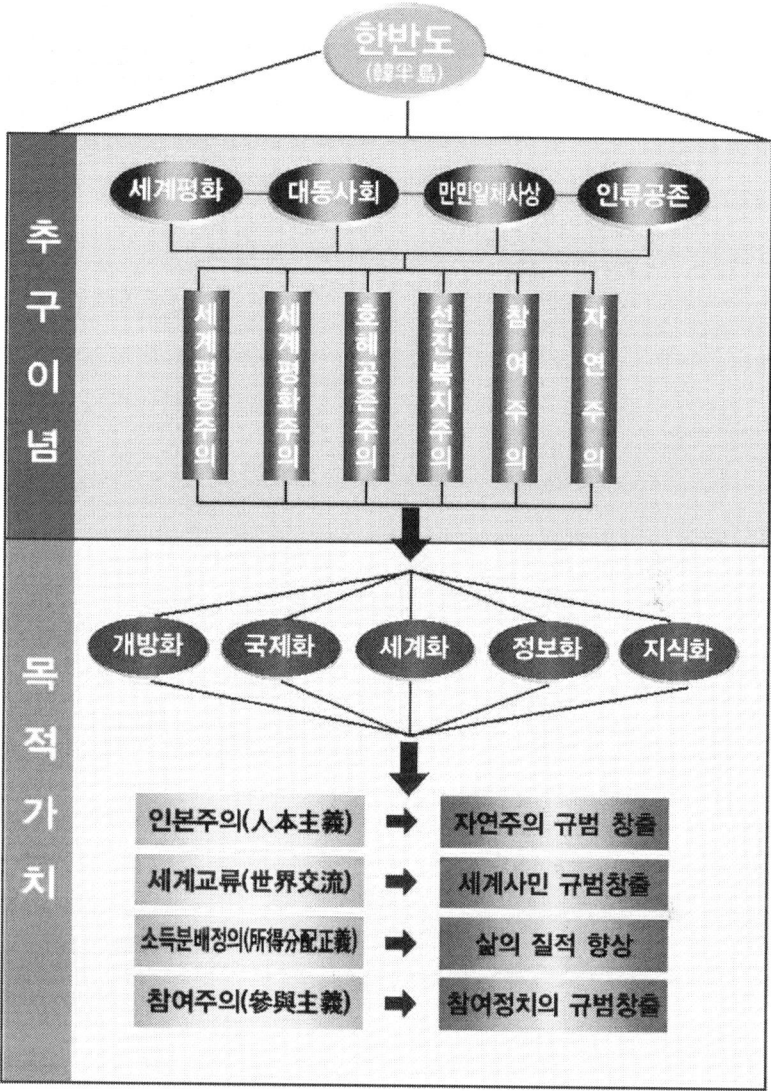

* 모든 길은 '한반도로 시작'된다는 논리이며, 통합위성통신혁명은 사이브—관광시대가 도래히여 고차원적 맞춤형 관광시대가 도래한다.다.

이러한 '신자연주의 경제'(新自然主義經濟), '초자연주의경제'(超自然主義經濟), '초월적 자연주의 경제'(超越的自然主義經濟)에 의한 인간 일체의 경제행위에 영위되는 의, 식, 주 수단은 바로 자연과 인간은 하나의 동화일체로 위로부터 포덕(布德)은 아래의 만백성에게 '순화'(順和), '순응'(順應), '순리'(順理)에 응하는 그러한 정치제도로 승화해 나아갈 것이며 논자가 주장하는 도치정치 이론은 서구의 민주주의 정당정치에 의한 대립이나 투쟁지향적인 요소에서 벗어나 '중화지덕'(中和地德)에 의한 중심근본에서 중용지덕의 모태는 바로 전 인류의 '대화합의 정치'가 실현될 것이다. 이러한 시대에는 하늘의 '영산'(靈山)에 영기(靈氣)가 인간세계(人間世界)와 합일하여 금강산 일만 이천 봉우리에서 '일만 이천 도통군자'(一萬貳千道通君子)가 한반도에서 출현하여 우주세계는 인류의 우두머리민족인 한민족이 '군자입국'(君子立國), '군자지국'(君子地國), '성인지국'(聖人地國)으로 완전한 '인간완성'(人間完成)의 모태가 한반도에서 실현될 것으로 논자는 대선각자의 입장에서 만천하에 고하는 바이며, 이러한 시대에는 불교에서는 21세기부터 '미륵보살'→'천수보살' 시대가 도래되고 우주세계는 5차원의 '마음세계'가 도래되어 '일체유심조'(一切唯心造)에 의한 마음세계가 완전한 시, 공 세계를 초월함으로써 마음이 우주창조의 근원이자 물질창조의 근원으로 작용될 것이며, 논자는 이러한 세기를 '마음의 경제시대'라고 정의한다.

동양의 新자연혁명으로 첨단농업 및 첨단수산업 그리고 첨단축산업의 개념도

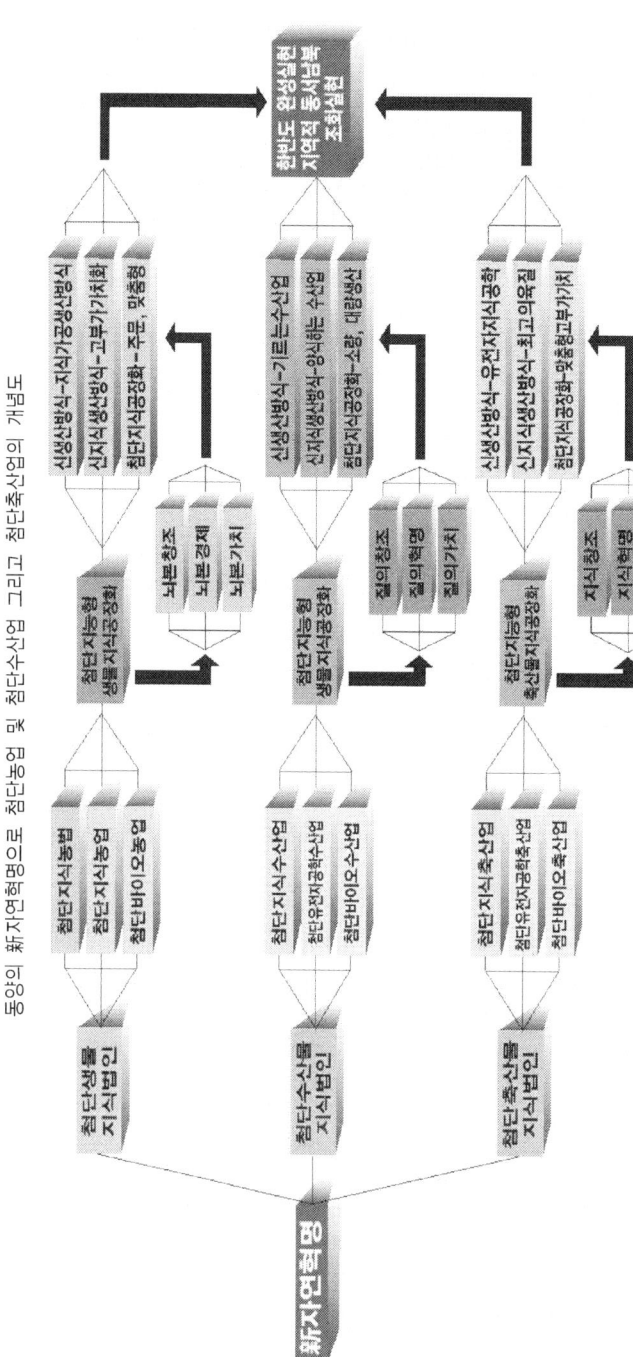

주) 서구의 산업혁명으로 급격한 공업화는 공업화의 대중장치는 역사적 소멸함과 동시에 신자연혁명으로 신자연혁명으로 '녹색혁명' 그리고 '녹색사회'가 주도하는 서구의 '量養經濟'에서 해들하여
동양의 '質養經濟'로 知識基盤經濟를 주도한다(서구의 산업혁명 – 마중장, 동양 신자연혁명 – 첨단지능연구소 – 첨단지능형지식공장화).

결론적으로 서구의 산업혁명은 '물질문명'(物質文明), '기계문명'(機械文明), '굴뚝산업', '공해산업', '환경파괴산업', '약탈적 자연관', '유물사관', '황금만능주의', '앰모니즘 사상', '가치관의 전도', '인간본연의 상실', '인간본능의 상실', '인간본성 상실'로 중심지본에서 이탈한 천지만물은 일체의 '불균형', '부조화', '미완성세계', '우주의 혼돈이나 혼륜'으로 이어져 나아가고 서구문명은 한시대적인 전유물로 '모순일체', '한계일체', '제도상의 모순점'으로 '우주세계'(宇宙世界), '우주자연'(宇宙自然), '우주만물'(宇宙萬物)은 '중심지본'(中心地本)에 삼생만물(三生萬物)이 중심근본에 하나로 회삼귀일(會三歸一)하고 동시에 지구의 중심축을 관통하는 한반도는 '대자연의 중심지', '인간의 중심지', '천지만물지본'이 되는 것이 섭리역사의 역사법칙에 준하여 논자는 우주만물의 이치를 통달하고 서구문명으로 인한 일체의 '불균형→균형세계', '부조화→조화세계', '미완성→완성세계', '우주의 혼돈이나 혼륜-우주의 코스모스(조화세계)'로 인도되는 우주근원은 바로 논자가 주장하는 동양의 '신자연혁명'(新自然革命)으로 '첨단과학영농화→첨단생물지식법인→첨단생물지식공장화', '첨단과학축산물→첨단축산물지식법인→첨단축산물지식공장화', '첨단과학수산물→첨단수산물지식법인→첨단수산물지식공장화', '첨단지식연구재단→첨단지식창조용연구재단→첨단지식실험실연구소', '첨단전원지식도시화→첨단정보지식도시화→첨단태양열집열판 솔라-에너지의 자급자족' 시대가 도래되어 서구문명의 '대공장제'(大工場制)에 의한 '판박이식 생산방식', '롤라식 생산방식'에 의한 '전통적인 생산방식', '구시대적인 생산방식' 그리고 '재래식 생산방식'에 의한 육체노동의 행위가 한계점 및 모순점 그리고 한시대적인 전유물로서 역사해탈을 통한 동양세계의 한반도에서 '신자연혁명'에 의한 '신생산방식', '신지식생산방식', '신지식가공방식', '첨단농법방식', '무토양재배방식', '수경재배방식', '양액재배방식', '신축산지식생산방식', '신축산가공방식', '신축산지식공장화 생산방식', '신수산물생산방식', '신수산물지식가공방식', '신축산물지식공장화생산방식'에 의한 서구의 재래식의 공장적 생산방식 및 약탈적 자연관 그리고 환경파괴행위에서 벗어나 인간의 '두뇌창조근로'(頭腦創造勤勞), '뇌본정신근로'(腦本精神勤勞), '뇌본실험실용화지식근로'(腦本實驗室用化知識勤勞)에 의한 서구의 '육체단순노동' 행위에서 동양세계는 '다기능', '다방면', '다지식', '종합적 관리기능'에 의한 개인의 능력, 자질, 전문성, 덕목의 극대화를 통한 '조직의 효율성', '조직 능력의 극대화', '개인의 자질이나 능력의 극대화'로 동양세계는 서구의 대량생산 및 대량소비 그리고 대중소비 시대는 역사적인 사멸을 함과 동시에 새로운 인간의 생활상은 검약, 절제된 소비생활로 이어져 나아가는 모태가 바로 천혜의 하늘이 인간에게 베풀어 주신 자연환경을 '보호정책', '자연호득정책', '친환경정책'으로 서구의 무분별한 개발정책이 자연생태계를 파괴하는 일체의 행위는 엄단토록 할 것이며, 그러한 길만이 인간의 삶의 진리척도가 되는 '바른생활'(正道生活), '대도생활'(大道生活), '순리생활'(順理生活)로 이어져 나아가는 모태가 될 것으로 사료한다.

한반도에서 도치정치(道治政治)의 세계정부 완성 개념도

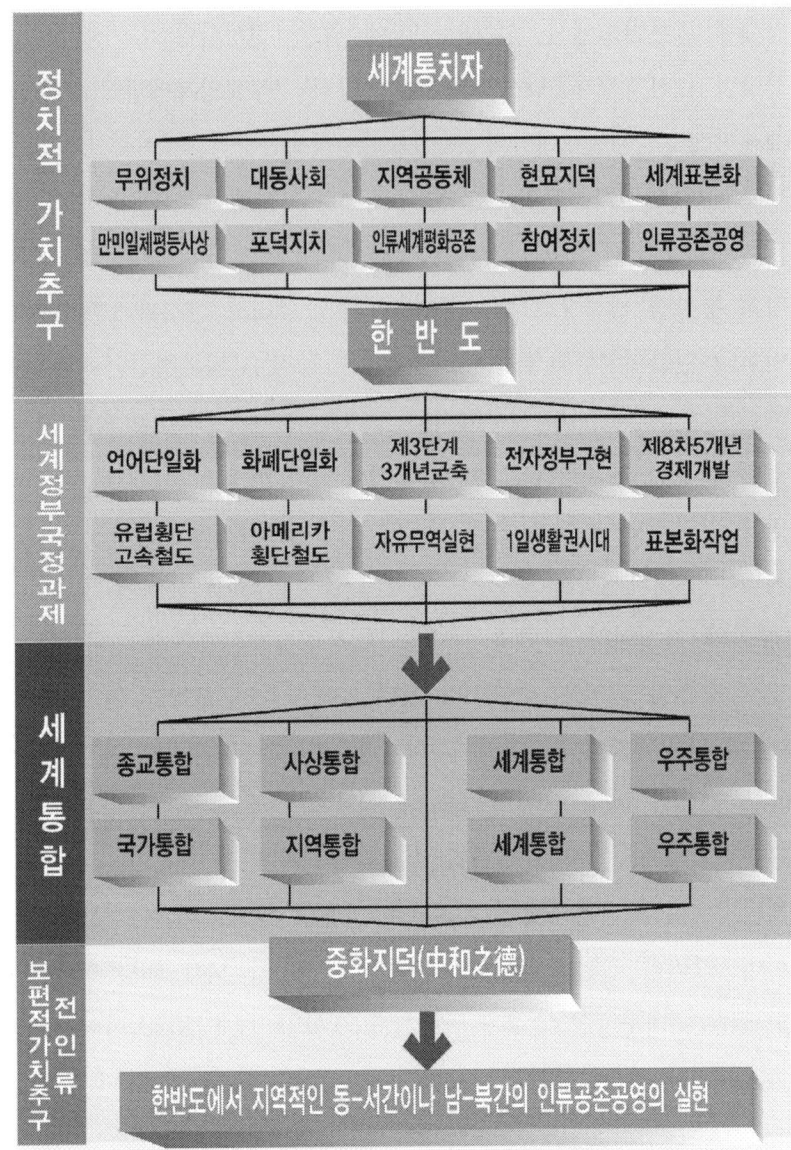

정치적 가치추구

세계통치자

| 무위정치 | 대동사회 | 지역공동체 | 현묘지덕 | 세계표본화 |
| 만민일체평등사상 | 포덕지치 | 인류세계평화공존 | 참여정치 | 인류공존공영 |

한 반 도

세계정부국정과제

| 언어단일화 | 화폐단일화 | 제3단계 3개년군축 | 전자정부구현 | 제8차5개년 경제개발 |
| 유럽횡단 고속철도 | 아메리카 횡단철도 | 자유무역실현 | 1일생활권시대 | 표본화작업 |

세계통합

| 종교통합 | 사상통합 | 세계통합 | 우주통합 |
| 국가통합 | 지역통합 | 세계통합 | 우주통합 |

중화지덕(中和之德)

보편적 가치추구 전인류

한반도에서 지역적인 동-서간이나 남-북간의 인류공존공영의 실현

지구촌의 전세계 각국정부를 하나로 통합하는 세계정부 연구소는 [인류공존] 및 [인류공익] 그리고 [인류공영]을 실현하기 위한 이론적 초석을 연구개발을 함으로써 인류현안의 일체의 제반문제를 본질적으로 해소해 나아갈 것으로 사료된다. 아울러 세계정부연구소는 [미래사관] 및 [미래역사] 그리고 [역사창조]를 위한 초석으로써 [인류미래비전]을 제시해 나아갈 것이다.

덧붙여 서구문명의 '기성복 경제'의 구시대적 패러다임은 역사적 종말을 고하고, 동양세계에 의한 '맞춤형 경제시스템'은 인간의 '먹을거리 외식산업'에 대한 '사상체질'(태음, 태양, 소음, 소양)에 의한 '맞춤형 식단제시대', '주문형 식단제시대'가 도래됨으로써 대우주 및 소우주는 '천기'(天氣: 공기), '지기'(地氣: 음식)를 인간의 내 몸에 합일하는 세계관이 도래됨으로써 인간은 자연의 일부라는 등식이 성립하게 될 것이며 그것은 다름 아닌 녹색생물지식기반경제가 초석이 될 것이다.

▋학력

진주대동기계공업고등학교 (졸업)

▋경력

* 연합철강(주) 부산공장 12년 근무
* 자동차 카인테리어 사업 1년
* 제14대 국회의원선거 및 대통령선거 후보자 지지
* 제15대 대통령 김대중 후보지지
* 90년부터 2000년까지 독학으로 정치, 경제, 사회, 철학, 사상,
  환경, 우주, 기타 특히 노자와 장자사상의 무위자연설 심취하여
  [도치정치 이론정립] 및 [동양의 신자연혁명의 이론적 정립]
  그리고 [세계정부 이론정립]으로 동양의 3대혁명의 이론적
  기반을 조성함.
* 2000년 총선시민연대 창설 및 자원활동(전화상담)
* 인권운동사랑방 자원활동
* 참여연대 자원활동
* 삼진비즈니스(주) 근무
* [사이브 쉐리 세계정부 포럼개설(2004년2월1일 포럼개설)]
  [http://www.seri.org/forum/wgkang]
* [네이브 세계정부 카페 개설(2007년7월24일)]
  [http://cafe,naver,com/wgkang,cafe]
* [세계정부 연구소 홈페이지 개설(2006년4월1일)]
  [http://www.unionwgi.org/]
  [http://www.unionwgi.org/worldmap/](2008년11월1일)
  한반도 세계정부 창설을 위한 정책연구소-홈페이지
  업-그레이드 작업

▋저서

* 도치정치(道治政治)의 대의원(代議員) 제도란 무엇인가(제1권)
* 도치정치(道治政治)의 대의원(代議員) 제도란 무엇인가(제2권)
* 도치정치(道治政治)의 대의원(代議員) 제도란 무엇인가(제3권)
* 전인류가 나아갈 21세기 도치정치(道治政治)사상이란.
* 한반도 세계정부 창설을 위한 정책제안서
* 한반도 세계정부 창설을 위한 정책자료집(제1권)
* 첨단과학영농화에 의한 첨단영농지식법인의 설립에 대한 정책제안서
* 동양의 신자연혁명으로 첨단축산물지식법인에 대한 정책제안서

한반도 세계정부 창설로 제8차 5개년
경제개발계획 정책자료집

초판인쇄 | 2009년 3월 10일
초판발행 | 2009년 3월 10일

지은이 | 강주효
펴낸이 | 채종준
펴낸곳 | 한국학술정보㈜
주 소 | 경기도 파주시 교하읍 문발리 513-5 파주출판문화정보산업단지
전 화 | 031) 908-3181(대표)
팩 스 | 031) 908-3189
홈페이지 | http://www.kstudy.com
E-mail | 출판사업부 publish@kstudy.com

등 록 | 제일산-115호(2000. 6. 19)
가 격 | 25,000원

ISBN 978-89-534-1389-4 93320 (Paper Book)
      978-89-534-1390-0 98320 (e-Book)